교사와 학부모를 위한 좋은 성품을 키우는 성품교육 입문서

인성을 가르치는 학교 만들기
Developing Character in Students

1
좋은 성품으로
행복한 세상
만들기

교사와 학부모를 위한 좋은 성품을 키우는 성품교육 입문서

인성을 가르치는 **학교 만들기**
Developing Character in Students

지은이 이영숙 · 필립 핏치 빈센트

1판 1쇄 발행 2013년 9월 26일

1판 2쇄 발행 2014년 1월 28일

1판 3쇄 발행 2014년 7월 20일

1판 4쇄 발행 2016년 2월 17일

펴낸곳 도서출판 좋은나무성품학교

등록번호 제25100-2012-000057호

등록일자 2005년 7월 27일

주소 서울특별시 송파구 백제고분로 187

전화 1577-3828　**팩스** 02-558-8472

전자우편 goodtree@goodtree.or.kr

홈페이지 www.goodtree.or.kr

© 이영숙, 2013

페이스북 /characterlee

ISBN 978-89-6403-302-9　93370

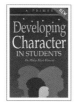

본 도서는 문화체육관광부가 선정한
2014 세종도서 학술부문(구 문화체육관광부 우수학술도서)
지정도서입니다(2014. 6. 27).

2014
세종도서 학술부문

교사와 학부모를 위한 좋은 성품을 키우는 성품교육 입문서

인성을 가르치는 학교 만들기

이영숙 · 필립 핏치 빈센트 공저

DEVELOPING
CHARACTER
IN STUDENTS

1
좋은 성품으로
행복한 세상
만들기

도서
출판 좋은나무성품학교
GOODTREE CHARACTER SCHOOL PUBLISHING

현재 한국의 일반학교 교육과 가정·교회 교육은 주로 지식교육에 치우쳐 기형적이되어 있는데, 성숙한 성품의 중요성을 일깨우고 그 방법을 제시하는 책이 출간되는 것에 대해 진심으로 축하한다. 이 책이 한국 사회와 학교·가정·교회의 인간 교육을 정상화하고 수많은 한국인이 올바른 성품을 갖추는데 크게 공헌할 수 있기를 간절히 바란다.

사회의 정의와 공정성은 옳은 성품에서 나온다. 불법의 사회를 변화시키고 서로를 위해 배려하는 아름다운 사회가 만들어지는 데는 그 바탕에 옳은 성품이 반드시 필요하다. 이 책의 출간을 기대하며 사회 저변에 성품이 전달되는 도구가 되기를 기대해 본다.

— 손봉호(서울대학교 명예 교수, (사)한국성품협회 고문)

창조경제는 지식만으로 이뤄지지 않는다. 이를 이끌어갈 리더십과 개개인의 성품이 가장 중요하다. 이제 우리 사회가 선택할 수 있는 해결책은, 인성교육을 회복하는 것이다. 인성교육은 어느 한 영역의 단기적인 대책보다는 학교·가정·사회가 구체적인 목표를 가지고 통합적으로 지향하고 실천해야 이룰 수 있다.

이 책은 난마처럼 얽힌 인성교육의 문제들을, 교사·학부모·학생들이 학교를 거점으로 일관성 있게 풀어나가도록 강력한 변화의 길을 제시하고 있다. 특히 '한국형 12성품교육론'으로 우리나라의 인성교육을 고민해 온 이영숙 박사의 탁월한 혜안이 책속에 면면히 흐르고 있어, '인성을 가르치는 학교'의 훌륭한 청사진을 볼 수 있다.

— 안양옥(한국교원단체총연합회 회장, 인성교육범국민실천연합 대표상임의장)

"Phil Vincent's writings and speaking have helped to light the way for countless schools setting out to create schools of character."

"필 빈센트 박사의 글과 말은 셀 수 없이 많은 학교들이 성품의 학교로 거듭날 수 있도록 빛을 비춰 주었다."

— 토머스 리코나 박사(DR. THOMAS LICKONA , Center for the 4th & 5th Rs Satte Univ. of New York, Cortland)

"...an excellent resource for teachers, parents and community members who want a sound foundation for building a character education effort in their community... he has also made the critical link between quality character education in the community and effective school practices."

"이 책은 지역사회 안에 인성교육을 세워나가고자 하는 교사, 학부모와 지역사회 일원들을 위한 탁월한 자원이다. 그는 또한 지역사회에서의 수준 있는 인성교육과 학교에서의 효과적인 실천 사이에 중대한 연결고리를 만들어 놓았다."

— 존 마틴 박사(DR. JOHN MARTIN, Executive Director, MVP Foundation)

"An eminently useful and timely book... A great resource for teachers and administrators."

"매우 유용하고 시기적절한 책이다. 교사들과 학교관리자들을 위한 최고의 자료이다."

— 존 아놀드 박사(JOHN ARNOLD, Ph.D., Director of Middle Grades, [Retired] Graduate Program, NC State University)

　　2005년 1월, 성품교육에 대한 새로운 사명을 갖고 성품교육 프로그램을 개발하기 위해 필자가 제일 먼저 선택한 것은, 인성교육(Character Education)이 각국에서 어떤 형태로 이뤄지고 있는가에 대한 구체적 진단이었다. 특히 미국의 인성교육이 진행되고 있는 상황을 알아보기 위해, 그해 4월 한 달 동안 미국 뉴저지에 있는 공립초등학교들을 방문했다. 그 곳에서 만난 인성교육 전문가들은 일관되게 필자에게 필 빈센트 박사의 책을 소개해 주었다. 그리고 미국 인성교육의 현주소를 가장 잘 알 수 있는 좋은 책이라는 설명을 덧붙였다. 이렇게 빈센트 박사와의 조우가 시작되었다. 필자는 빈센트 박사의 책을 읽으며 미국의 인성교육이 어떻게 시작됐고, 어떤 역사와 특징 속에, 어떤 방향으로 가고 있는지를 조명해 볼 수 있었다.

　　빈센트 박사의 책은, 미국의 역사와 필요성에 의해 고안된 인성교육 프로그램이 미국 내에 얼마나 자연스럽고 탁월하게 인성교육의 효과를 거둘 수 있는가에 대한 상당히 높은 가능성을 보여주었다. 그리고 다른 맥락에서 '한국은 한국 문화와 한국의 방향에 맞는 인성교육이 필요하다'는 것을 필자에게 깨닫게 해 주었다. 각 나라마다 문화가 다르고 시대적 요청이나 잠재돼 있는 교육문제에 대한 해결방법이 다르기 때문에, 한국은 한국만의 독특한 문화 속에서 형성된 정신적·심리적·행동적 특징에 맞게 인성교육을 개발하는 것이 인성교육을 가장 효과적으로 펼칠 수 있는 방안이 된다는 것을 절감하게 했다. 이 깨달음은 훗날 필자에게 '한국형 12성품교육론'을 쓰게 했고 책으로 출판하게 되었다. 또한 한국 문화와 한국인의 특징에 맞게 연령별 인성교육을 태아부터 영유아, 유아, 초등, 청소년, 청년, 직장인, 부모, 노인에 이르는 평생교육과정의 구체적인 프로그램으로 개발하는 데 확실한 동기부여가 되었다. 그렇게 시작된 빈센트 박사와의 인연은 편지로 우정을 주고받으며 계속되었고, 이 책을 한국에서 출판할 계획을 세우게 되었다.

드디어 2009년 8월, 미국의 노스캐롤라이나 주 샬럿(Charlotte)에서 빈센트 박사 부부와 필자의 부부가 함께 만나 뜻 깊은 시간을 가지면서 한국과 미국의 인성교육에 대한 의견들을 나누게 되었다. 빈센트 박사의 제안은 1부는 미국의 인성교육, 2부는 한국의 인성교육으로 나누어 공저로 책을 내자는 것이었다.

많은 시간이 흘렀지만 그 열망이 드디어 책으로 출판되게 된 것을 기쁘게 생각한다. 한국 문화와 한국인의 정신적·심리적·행동적 특색에 맞는 '한국형 12성품교육론'을 2011년에 먼저 출판한 후에, 필 빈센트 박사와의 공저로 이 책을 출판한 것도 더 큰 의미로 다가온다. 비로소 미국의 인성교육과 한국의 인성교육을 비교 점검해 보고, 조심스런 통합의 문을 열어볼 수 있어 마음이 가벼워진다.

그날, 필자가 그동안 개발한 한국의 인성교육 자료들을 경이로운 눈으로 바라보며 감탄해 주었던 미국 인성교육의 개척자 필 빈센트 박사를 잊을 수 없다. 그와의 만남이 드디어 이렇게 뜻깊은 열매로 세상에 출현하게 되어 감격스럽다.

부디 이 책이 '인성교육만이 한국 미래교육의 대안'으로 주목하고 있는 이 시점에서 모든 학교 교육의 어려움들을 해소하는 귀한 자료가 되길 고대해 본다.

2005년, 미국의 성품교육이 시작되던 여명기에 빈센트 박사의 책을 읽으며 한국의 인성교육에 대한 방향을 우리 문화와 한국인의 특징에 맞는 독창적인 성품교육으로 정하고, 학교와 가정에 분명한 인성교육의 지침을 줘야겠다는 필요성을 절감했다. 그 결과 (사)한국성품협회 좋은나무성품학교를 설립하고, '좋은 성품으로 행복한 세상 만들기'라는 슬로건으로 한국형 12성품교육론에 입각한 성품교육을 펼친 것이, 오늘날 태아, 영유아, 유아, 초등, 청소년, 청년, 직장인, 부모, 노인에 이르는 평생교육의 장을 열게 되었다.

필자가 고안한 한국형 12성품교육이 교육부가 인증한 우수 인성교육 프로그램으로 선정되고(2013. 5. 31), 필자가 만든 인성 교재가 서울시교육청 인정 도서로 채택되어(교육과정과-1505호) 전국의 초등학교로 들어가 성품교육을 실천하게 된 것, 서울특별시 교육청(2013. 2. 13), 서울특별시 남부교육지원청(2012. 6. 13, 2013. 7. 31), 인천광역시 남부교육지원청(2013. 3. 8)과 MOU를 체결해 초중고에서 학부모 인성교육과 학생교육을 주도하게 된 것과, 2011년부터 경기도 교육청과 서울특별시 교육청으로부터 유초중고 교원 특수직무연수기관으로 선정되어 초중고 창의적 체험활동 및 교사 인성교육 프로그램을 교육할 수 있었던 것은, 일찍이 미국의 인성교육(Character Education)을 사명으로 삼고 걸어간 필 빈센트 박사의 개척자적인 정신이 필자에게 '나도 한국 땅에서 그런 역할들을 감당해야 겠다'는 가슴 벅찬 도전으로 다가왔기 때문인지도 모르겠다.

2009년 8월 15일
미국 인성교육의 개척자
필 빈센트(Phil Vincent) 박사와
한국형 12성품교육론의 창시자
이영숙 박사와의 뜻 깊은 만남

　　아무쪼록 인성교육이 최대의 화두로 떠오른 지금, 이 책이 우리나라 인성교육에 소중한 자료가 되어 학교폭력과 왕따 문제, 우울증과 중독의 문제들이 해결되고 좋은 인성으로 행복한 학교와 가정문화를 만드는 데 기여하기를 진심으로 소망한다.

2013년 가을에

사단법인 한국성품협회 좋은나무성품학교　이영숙

Acknowledgement

In South Korea, the character education is currently being spotlighted. At this point in time, I sincerely congratulate Dr. Youngsuk Lee, the founder of character education based on 12 characters, on her publication of 'Development of Character Teaching School'. The book had spearheaded the character education movement in the United States, and I hope it can benefit the readers in Korea as well.

Dr. Youngsuk Lee and I have been sharing our interest in character education since our encounter in 2005. I was very impressed by the character workbooks that were developed based on Dr. Lee's 'Korean 12 character trait education theory" and was touched by her passion for character education. I hope her dedication and hard work in this field will produce good fruits in building schools that teach good character in Korea. I thank her and the Korean Character Association for publishing this book in Korea.

I sincerely hope that my readers in Korea will use this book to solve the societal issues they are faced with and promote character education in their surroundings.

Philip Fitch Vincent
April 2013

감사의 글

한국에서 인성교육이 최대 화두로 떠오른 현 시점에 한국형 12성품교육으로 인성교육을 주도한 이영숙 박사의 '인성을 가르치는 학교 만들기'를 출간하게 된 것을 진심으로 축하한다.

이영숙 박사와는 2005년부터 서로 조우하며 인성교육에 대한 관심을 함께 나눠 왔다. 특히 이영숙 박사가 '한국형 12성품교육론'에 입각하여 만든 성품교재들을 보면서 매우 감탄했고 마음 깊이 감동했다. 한국의 인성교육을 새롭게 개척하고 있는 이영숙 박사에게 큰 존경의 마음을 표한다. 그리고 이영숙 박사의 헌신과 수고가 한국 내에 '인성을 가르치는 아름다운 학교'를 만드는 데 좋은 열매로 맺히길 기대한다.

이 책을 출간하는 (사)한국성품협회 좋은나무성품학교와 이영숙 박사에게 진심으로 감사한다.

아울러 인성교육을 고민하는 한국의 독자들에게, 이 책이 밑거름이 되어 직면한 문제들을 해결하고 인성교육을 발전시키는 도약의 계기가 되기를 희망한다.

필립 핏치 빈센트 Philip Fitch Vincent
2013년 4월

인성은

우리 모두가 자기 자신을 위하여

하나님과 자연의 법칙에서,

남들의 사례에서,

그리고

일상생활의 시행착오에서

찾아 만들어 나가야 하는 것이다.

인성은 최선을 다해 살아가려고 경주하는

일상의 수많은 소소한 노력들을

하나로 묶은 것이다.

인성은 옳은 것에 대한 확신과 정직으로

자기 자신이나 남의 품위를 떨어뜨리는 것을

과감히 거절할 수 있는 힘이다.

- 아서 G. 트루도 장군 -

C O N T E N T S

추천사 · 4

'인성을 가르치는 학교 만들기'를 출판하며 · 6

감사의 말 · 10

참고문헌 · 485

찾아보기 · 493

서문 1. 성품(Character)이란 무엇인가? - Dr. Youngsuk Lee(이영숙 박사) · 19

서문 2. 가치(Value)와 선(virtues)이란 무엇인가? - Dr. Philip Fitch Vincent(필립 핏치 빈센트 박사) · 29

1장 ● 인성교육은 왜 필요할까?

교사의 비전으로 시작되는 인성교육 · 37

공립학교의 인성교육 · 42

가치명료화론과 로렌스 콜버그의 도덕발달 이론의 한계점 · 45

인성교육에 다시 눈을 뜨다 · 46

학교가 가르쳐야 할 덕목들 · 56

이영숙 박사의 '한국형 12성품교육론'의 2가지 기본 덕목과 12가지 주제성품들 · 60

학교에서 인성을 가르치지 않은 결과 · 62

* 이영숙 박사의 한국형 12성품교육 이야기 · 66

2장 ● 인성교육은 어떻게 해야 할까?

현대 윤리교육의 2가지 기둥의 한계-가치명료화론과 인지적 도덕발달론의 한계 · 77

가치명료화론의 한계 · 78

인지적 도덕발달 이론의 한계 · 96

진정한 도덕성, 삶에서부터 실천되는 것 · 111

플라톤과 아리스토텔레스의 중요성 · 116

좋은 사고와 선한 습관 키우기 · 122

좋은 인성을 기르는 필 빈센트 박사의 5가지 핵심요소 · 125

* 이영숙 박사의 한국형 12성품교육 이야기 · 130

3장 ● 필 빈센트 박사의 인성교육의 5가지 핵심요소와 미국의 인성교육

규칙과 질서로 예의바른 학교 만들기 · 153

1. 규칙과 질서로 예의바른 학교 만들기 · 153

2. 규칙과 질서를 세우는 방법들 · 171

3. 학교 질서 다시 세우기 · 178

───

인성을 위한 협동학습 · 181

1. 학생의 사회화를 증진시키는 협동학습 · 181

2. 협동학습이란 무엇인가? · 183

3. 성공적인 협동학습을 위한 방법들 · 191

───

인성을 위한 사고력 교육 · 201

1. 인성을 위한 사고력 교육이란 무엇인가? · 201

2. 생각하는 기술을 증진시키는 방법들 · 206

3. 문제를 해결하는 6가지 사고력 기술 · 217

인성을 위한 독서교육 · 227

1. 인성을 위한 독서교육 · 227

2. 인성교육을 위한 양서 · 232

3. 훌륭한 문학작품의 선택 방법 · 246

인성을 위한 봉사학습 · 259

1. 인성을 위한 봉사학습 · 259

2. 학교 안에서의 봉사학습 · 268

3. 학교 밖에서의 봉사학습 · 271

4. 좋은 인성을 가르치기 위한 봉사학습 실천하기 · 277

미국의 인성을 가르치는 학교 만들기 · 280

1. 필 빈센트 박사의 인성교육론 · 280

2. 인성계발을 위한 8가지 제안 · 283

4장 ● 이영숙 박사의 한국형 12성품교육론과 한국의 인성교육

I. 한국형 12성품교육의 내용과 방법

1. 이영숙 박사의 성품의 정의 · 297

2. 한국 문화를 반영한 한국형 12성품교육론의 기조 · 319

1) 한국인의 성품의 특징 · 319

2) 바람직한 한국인의 성품을 위한 해결책 · 330

3) 한국형 12성품교육론의 "관계맺기의 비밀 - TAPE 요법" · 333

3. 한국형 12성품교육의 내용 · 335

1) 한국형 12성품교육의 2가지 기본 덕목 · 335

2) 한국형 12성품교육의 12가지 주제성품들 · 337

4. 한국형 12성품교육의 방법 · 339

1) 한국형 12성품교육의 3가지 접근방법 · 340

2) 한국형 12성품교육의 'One point lesson' · 344

5. 한국형 12성품교육론의 이론적 배경 · 345

1) 고대 플라톤과 아리스토텔레스 · 345

2) 성경과 탈무드 · 349

6. 한국형 12성품교육의 9가지 특색 · 352

II. 한국형 12성품교육의 적용과 효과

1. 한국형 12성품교육의 연령별 적용 사례 · 360

1) 학생 성품교육 적용 및 사례 · 360

(1) 청년 성품리더십교육 | (2) 청소년 성품리더십교육 | (3) 초등 성품리더십교육
(4) 유아 성품리더십교육 | (5) 영유아 성품놀이교육

2) 교사 성품교육 적용 및 사례 · 415

- 초중고 공교육 교사 성품직무연수

3) 부모 성품교육 적용 및 사례 · 427

(1) 부모성품대화학교(PCC) | (2) 부모성품훈계학교(PCD)
(3) 부모성품이노베이션(PCI) | (4) 성품파파스쿨-아버지성품학교(CPS)
(5) 여성성품리더십스쿨

2. 한국형 12성품교육의 효과 · 469

1) 사례를 통한 효과검증 · 469

2) 학문적 접근을 통한 효과검증 · 470

3) 특허 및 국가기관 협력, 매스컴을 통한 효과검증 · 473

서문 1. 성품(Character)이란 무엇인가?

- Dr. Youngsuk Lee (이영숙 박사) -

1988년, 올리너 부부(Samuel P. Oliner and Pearl M. Oliner)는 〈이타적 인성 The Altruistic Personality〉이라는 책을 출간했다. 이 책에는 2차 세계대전 때 홀로코스트(Holocaust : 유대인 대학살)가 벌어지는 동안 '동시대를 살면서 유대인을 구출했던 사람들과 다른 사람의 고통을 아랑곳하지 않고 자신만의 삶을 영위하며 구출하지 않은 사람들'을 대상으로 한 대규모 연구 결과가 담겨 있다.

올리너 부부는 나치 점령하의 유럽에서 살아남은 406명의 구조자와, 같은 시기·같은 곳에 살았지만 유대인을 돕는 일에 참여하지 않은 126명을 동시에 인터뷰했다. 이 책을 읽으면서 흥미로웠던 점은, 다른 사람을 도와준 구조 집단과 전혀 도움을 주지 않은 비구조 집단의 차이가 다음의 3가지 도덕적 촉매제에서 기인했다는 사실이다.

옳은 행동을 가능하게 한 '규범 중심적 동기'

첫째, 전체 구조자의 52%가 규범 중심적 동기(norm centered motive)에 의해 유대인을 구했다. 즉 자신이 속한 사회집단의 도덕적 규범에 대한 충실성이 '돕는 행동'을 이끌었다. 올바른 행동을 한 동기가 부모, 교사 및 사회에서 영향력 있는 사람들의 조언에 의해 시작된 것이다.

아무 죄 없이 유대인이라는 이유로 수용소에 끌려가, 억울하게 죽음을 맞이해야 하는 사람들의 아픔을 공감하고 그들을 도운 구조자들은, 자신의 부모와 교사가 어떤 말과 태도들로 자신들을 교육했는지에 대해 다음과 같이 설명했다.

"어머니는 적어도 하루에 한 번은 누군가를 위해 좋은 일을 하라고 항상 말씀하셨어요."

"아버지는 민족이나 종교에 관계없이 신과 이웃을 사랑하라고 가르치셨어요."

"다른 사람을 돕는 것은 가치 있는 일이라고 말씀하셨어요."

"끝까지 참는 인내를 가르쳐 주셨어요."

그들은 모두 가정과 학교에서 성품을 배웠다. 공감하고 분별하는, 좋은 성품의 덕목을 부모와 교사의 말과 행동을 통해 배웠다. 그래서 구조자들은 스스로 도덕적 영웅이라고 생각하지 않고 '그저 해야 할 일'을 했을 뿐이라고 담담하게 말했다. 그들 대부분은 매우 사려 깊게 행동하고 사람들과의 관계에서 좋은 영향력을 끼치는 지도자들이었다. 다른 사람들의 고통에 공감할 수 있는 그들의 성품이 나치에게서 많은 유대인들을 살려냈다. 그리고 그들은 전쟁이 끝난 후에도 여전히 사람들 속에서 큰 영향력을 발휘하며 지도자의 지위를 유지했다.

부모와 교사가 학생들에게 들려준 말과 행복한 경험은, 아이들이 다른 사람들과 어떻게 관계를 맺고 살아갈지를 결정하는 성품이 된다. 그리고 그 성품은 위기가 닥쳤을 때 삶의 양식이 되어 아이들을 이끈다. 부모와 교사가 성품을 가르치며 "배려하는 사람이 되거라", "순종하거라"라고 말할 때 아이들이 안 듣는 것 같아 보여도, 가정과 학교에서 중요한 위치에 있는 부모와 교사의 말은 아이들에게 내면의 규범으로 자리 잡는다. 아이들이 가정과 학교에서 매일 듣는 부모와 교사의 말이 아이들의 가슴에 차곡차곡 쌓여 내면의 규범이 된다.

당시 독일 루터교 목사의 부인이었던 일세(Ilse)는 남편과 교회의 권면으로 죄없는 유대인들을 자신의 집에 숨겨 주었다. 그녀는 어떻게 이런 옳은 행동을 선택할 수 있었냐는 질문에 "우리 루터교는 무죄한 사람들의 생명을 보호합니다"라고 대답했다.

또 한 덴마크인은 배로 유대인 7천 명 이상을 덴마크에서 스웨덴으로 탈출시켰다. 어떻게 그 많은 유대인을 구할 수 있었냐는 질문에 "덴마크는 불이 꺼져도 상점에 물건 하나 없어지지 않는 나라입니다. 이렇게 정직한 나라에서 죄없는 다른 사람들의 생명을 훔치는 일이 있어서는 안 됩니다"라고 밝혔다. 덴마크의 국가적 사회 규범이 내면화되어 옳은 선택을 가능하게 했던 것이다. 이는 영향력 있는 사람의 요청이 없어도 국가의 규범이 내면화되어 스스로 결정하고 구조를 수행했던 경우이다.

이런 측면에서 볼 때, 우리가 어떤 학교를 다니고, 어떤 가정의 어떤 아버지 밑에서 자라고, 어떤 인생의 멘토나 국가적 권위자들을 만나는가 하는 것은 매우 중요하다. 집단의 권위 있는 인물이 기대하는 그 요청이 아이들의 내면의 규범이 되기 때문이다. 구조집단의 생각 속에 부모, 교사, 사회의 지도자, 국가의 문화가 큰 영향을 끼친 것처럼, 한 사람이 갖게 되는 성품은 부모의 영향력, 학교나 교사의 말 한 마디와 모델링, 사회와 국가 지도자들의 영향력 있는 사람들의 태도와 국가관 등에 의해 결정되는 것이다.

동시대를 살면서도 시대적 위기와 다른 사람들의 고통에 눈감고 오직 자신의 생활에만 몰입하며 살았던 비구조자들은, 인터뷰에서 자신의 부모와 교사들에게서 다음과 같은 양육을 받으며 자랐다고 회상했다.

"경제적 가치를 도덕적 가치보다 귀중하게 여기셨어요."
"'이게 얼마짜린 줄 아니? 이렇게 해서 먹고는 살겠니?'라고 자주 말씀하셨어요."
"손해 보지 않고 사는 것을 가장 중요하게 여기셨어요."
"'가만히 있어도 공격당하는데 왜 위험을 무릅쓰고 뛰어들어? 가만히 있어!'라고 종종 훈계하셨어요."
"부모님에게 억울한 취급을 당하는 일이 많았어요."

이런 부모와 교사들의 말과 행동을 보며 자란 사람들은 자신의 생활을 겨우겨우 이어가는 데만 집중하며 소시민적 삶을 살고 있었다. 고통당하는 다른 사람의 아픔에 공감하지 못하고 경제적으로 도움이 되는 일에만 몰두하며 살아온 것이다.

옳은 행동을 가능하게 한 '공감 능력'

둘째, 전체 구조자의 37%가 공감 능력(empathic orientation)에 의해 유대인을 구했다. 구조자 중 1/3이 넘는 사람들은 고통받는 사람들의 심정에 반응하는 공감 능력의 소유자들로, 그런 공감이 돕는 행동을 한 동기가 되었다. 다른 사람들의 아픔에 반응하고 공감하는 사람들이 다른 사람들을 돕는 지도자의 역할을 한 것이다. 그들은 죄수복을 입고 동물처럼 무서워 떨고 있는 사람들을 보면서 어떻게 저 사람들을 돕지 않을 수 있겠느냐며 구조에 발벗고 나섰다.

이것은 오늘날 우리 사회가 처한 여러 문제점의 해답이 될 수 있다. 우리나라는 현재 학교마다 폭력문화와 집단 따돌림 문화가 팽배해 있다. 사실 이는 아이들만의 문제가 아니다. 가정과 학교에서 아이들이 공감하는 능력을 배우지 못했기 때문이다.

공감인지능력(Empathy)이란, '다른 사람의 기본적인 정서, 즉 고통과 기쁨, 아픔과 슬픔에 공감하는 능력으로 동정이 아닌 타인에 대한 이해를 바탕으로 하여 정서적 충격을 감소시켜 주는 능력'(이영숙. 2007)이다.

아이들은 본능적으로 불쌍한 사람들을 보면 슬퍼하고 아파하고 안타까워한다. 그런데 아이들이 불쌍한 사람들을 보면서 안타까워하고 측은해할 때, 함께 공감하지 못하고 오히려 핀잔을 주는 어른들이 대부분이다. 그런 일이 반복될 때 아이들은 근본적으로 가지고 있던, 다른 사람의 아픔에 동조하고 공감하는 능력들을 잃어버리게 된다. 그리고 아이들에게 점점 스트레스가 쌓여 "저 사람이 아픈 것은 나와는 상관없어"하며 다른 이들을 공감하지 못하는 모습으로 자라나게 되는 것이다.

하지만 유대인을 구조한 사람들의 경우에서 보듯, 지도자에게는 다른 사람의 상태, 아픔, 상황에 대해서 함께 아파하고 기뻐하는 공감 능력이 있었다. 시대에 영향력을 끼치는 삶이 되기 위해서는 다른 사람의 아픔에 동참하는 삶을 살아야 한다.

옳은 행동을 가능하게 한 '정의 혹은 배려의 보편적 원리에 따르는 경향'

<u>셋째,</u> 전체 구조자의 11%가 '정의 혹은 배려의 보편적 원리에 따르는 경향'에 의해 유대인을 구했다. 쉽게 말해, 원래 도덕적인 사람들이었다는 뜻이다. 그들은 보편적 윤리에 따르는 자신의 신념이 동기가 되어 행동한 사람들이었다.

이들은 자신을 도덕적인 사람, 혹은 기독교 가정에서 자란 사람들이라고 말했으며, 보살핌의 윤리, 관용의 정신, 다른 사람을 도와야 한다는 의무감을 강조했다. 파리에서 태어난 고등학교 수학교사 수잔느는 학생들을 학교에 숨겨 주는 일에 깊이 관여했다. 자신의 모든 월급으로 유대인 학생들을 숨기고 먹여 주면서 아이들을 보호했다. 전쟁이 끝나고 어떻게 이런 행동을 했냐는 질문에 그녀는 "모든 사람은 동등하고 생명은 귀중하지 않습니까?"라고 간단히 대답했다. 그녀는 자신이 가지고 있는 도덕성과 내면의 규범에 충실한 사람이었다.

옳은 행동을 실천한 사람들의 특징

구조자들은 공통적으로 광범위한 관계성의 능력(capacity for extensive relationships)이라는 특징을 가지고 있었다. 이는 자기가 직접적으로 속해 있는 가정과 공동체 밖에 존재하는 다른 이들의 복지에 대한 관심을 갖고 책임감을 느낄 수 있는 능력을 말한다. 다른 사람들을 돕는 사람들은 자기와 가정뿐만 아니라 자기가 속한 사회에까지 관심을 가지고 있었던 것이다.

반대로, 구조 활동을 하지 않은 사람들은 '관계의 협소성'이라는 특징을 가지고 있었으며, 그들의 의무감은 작은 범위의 타인들에게 한정되어 있었고, 자기 자신과 자기에게 필요한 것들에만 집중하는 경향이 있었다. 나밖에 모르고, 혹 조금 더 나아간다 해도 내 가족 외에는 생각할 줄 모르는 사람들이었다. '처자식 먹여 살리는 것도 힘든데 무슨 다른 사람들에게 관심을 가져'라고 말하며 자신의 필요에만 집중할 뿐 다른 사람들의 필요에는 집중하지 못했다.

부모와 교사의 가르침으로 시작되는 좋은 성품

결론적으로, 유대인 대학살에서 나타난 구조 행동은 우연한 것이 아니라 어려서부터 도덕적 가치를 강조하고 가르친 부모와 교사, 사회와 국가 지도자들의 가르침이 있었기 때문이다. 이 연구는 가정과 학교에 중요한 시사점을 주고 있다. 아이들에게 어려서부터 넓은 범위를 포괄하는 좋은 성품의 능력을 길러 주어야 하며, 매일의 상호 관계 속에서 좋은 성품의 태도로 공동체의 모습을 실제적으로 체험하게 해야 한다는 점이다.

올리너 부부의 연구에서 볼 수 있듯이 어렸을 때부터 가정과 학교, 혹은 사회와 국가에서 좋은 성품을 배운 이들은 시대적 사명을 다하는 지도자가 되어 성공하는 삶을 살 수 있다. 좋은 성품은 결코 우연히 만들어지지 않으며 그 성품의 뿌리는 바로 가정과 학교인 것이다.

성취위주의 현대 사회와 성품교육

모든 부모와 교사는 아이들이 성공적인 삶을 살기를 소망하면서 자녀를 기르고 학생들을 가르친다. 그러나 현시대는 성공 지향주의에 입각해 모든 교육, 경제, 정치 시스템이 돌아가고 있는 것처럼 보인다. 과연 무엇이 성공인가? 어떤 모습의 자녀, 어떤 모습의 학생으로 가르치는 것이 진정한 성공의 길일까? 공부만 잘하면 성품이 바르지 못해도 면죄부를 주고 마는 이 시대의 어른들에게 묻고 싶다. 삐뚤어진 성품을 지닌 채 높은 수입을 올리고, 높은 지위에 오르고, 혼자서만 안락하게 잘 산다면 과연 성공하는 것일까?

지금 우리는 이 시대가 원하는 인재상이 무엇인지 생각해봐야 한다. OECD 국가 가운데 청소년 자살률 1위라는 불명예가 공부를 최대의 과업으로 삼고 있는 이 나라의 현실이다. 열심히 공부하던 청소년들이 우울증으로 고생하다 결국 자살하고 마는 비극을 멈추기 위해, 물질적 성공만을 향해 있는 기존의 교육 태도를 재검토하고 새로운 방향을 제시해야 한다.

이제는 공부 잘하는 학생보다 성품 좋은 리더로 만들기 위해 교육의 목표를 다시 세워야 할 때이다. "이제는 좋은 성품이 실력입니다"라는 슬로건을 큰 소리로 외쳐야 한다.

프랭크 피트먼은 말했다. "모든 생활의 안정은 성품에 달려 있다. 결혼 생활을 오래 유지하고, 부모가 자녀들을 건설적인 시민으로 키우는 임무를 충실히 수행할 수 있도록 하는 것은 열정이 아니라 성품이다. 이 불안정한 세상에서 끊임없이 인내하며 자신의 불행을 초월할 수 있도록 하는 것 역시 다름 아닌 성품이다."

인간은 태어나면서 저절로 좋은 성품을 소유하지 않는다. 좋은 성품은 좋은 행동을 반복적으로 학습했을 때 일어나는 선한 습관이다. 아리스토텔레스의 말처럼, 사람의 우수성은 일회적으로 일어나는 것이 아니라, 반복적인 행동으로 선한 습관을 만들 때 비로소 탁월한 사람이 되는 것이다.

그동안 우리 사회는 탁월한 사람을 만들기 위한 노력으로, 똑똑한 사람을 만들고, 성적 좋은 사람을 만들고, 연봉이 높은 사람을 만드는 등 눈에 보이는 가치에만 집중한 나머지 지나친 성취주의가 빚어낸 아픔으로 많은 사회적 문제들을 안고 있다. 사실은 사회 전반의 문제들이 지나친 성공 지향주의의 결과들인 것이다.

이 시대의 위기를 극복하는 성품교육

이제는 '행복이란 무엇인가?'를 찾아내는 진정한 성찰이 일어나야 할 때이다. 이 시대의 위기를 극복할 수 있는 혁명은 다름 아닌 각 개인의 탁월성을 회복하는 성품교육에 있다고 필자는 생각한다.

그렇다면 성품이란 무엇인가? 필자는 성품이란 '한 사람의 생각, 감정, 행동의 총체적 표현(이영숙, 2005)'이라고 정의를 했다. 한 개인의 생각이 더 좋은 생각으로 표현되고, 더 좋은 감정을 소유함으로 표현되고, 더 좋은 행동으로 나타날 수만 있다면, 개인과 가정, 사회와 국가는 더 많이 행복해지고 탁월해질 수 있다.

현대의 갈등과 위기 속에 직면한 수많은 문제들을 해결할 수 있는 강력한 힘은, 군사력, 정치력, 경제력도 아닌 진정한 인간으로서의 거듭난 '좋은 성품'에 달려 있다고 확신한다. 아주 오래 전 마틴 루터(Martin Luther, 1483~1546)가 말한 대로 "한 나라의 국력은 군사력·재력·정치력이 아니라 훌륭한 성품을 가진 국민이 얼마나 많이 있느냐에 달려 있다. 즉, 한 나라의 진정한 강점과 영향력은 성품이 고매한 국민의 수에 좌우된다."는 것을 기억해야 한다. 새무얼 스마일즈가 그의 저서 '인격론(Self-help, with illustrations of character, conduct, and perseverance)'에서 이미 정의를 내린 대로 성품이란 성공으로 이끄는 가장 강력한 동력이기 때문이다.

이제는 좋은 성품이 키워드이다. 좋은 성품이란 일찍부터 좋은 생각, 좋은 감정, 좋은 행동을 습관화하는 것이다.

성공하는 인생의 시작은 좋은 생각으로 시작된다. 좋은 생각이 좋은 행동을 만들고, 좋은 행동이 좋은 습관을 만들고, 좋은 습관이 좋은 성품이 된다.

좋은 성품이 바로 성공하는 인생을 만드는 것이다.

[그림 1] 좋은 성품을 형성하는 단계(출처 : 이영숙 (2010), 부모성품대화학교 부교재, (사)한국성품협회, p.9)

서문 2. 가치(Value)와 선(virtues)이란 무엇인가?

- Dr. Philip Fitch Vincent (필립 핏치 빈센트 박사) -

사상가 거투르드 힘멜파브(Gertrude Himmelfarb)는 저서 〈사회의 타락 The De-moralization of Society (1996)〉에서 가치(values)와 선(virtues)의 차이를 아래와 같이 설명한다. 다소 길기는 하지만 주의 깊게 읽어볼 필요가 있다.

프리드리히 니체가 현대적 의미의 "가치(values)"를 논하기 시작한 것은 1880년대부터이다. 니체는 무엇인가를 높이 평가한다는 의미를 담아 도덕적 믿음과 사회적 태도를 내포하는 복수형 명사로 "가치"라는 말을 사용했다. 또한 그는 인류 역사상 가장 심각한 사건으로 보는 "가치전도(transvaluation of values)"를 강조하기 위해 가치라는 말을 의식적으로, 반복적으로, 그리고 아주 끈질기게 사용했다. 그가 주장한 "가치전도"는 궁극적인 혁명이다. 고전가치와 유대 기독교 가치에 반하는 혁명을 말한다. 니체가 말한 "신의 죽음"

이란 도덕성과 진리(모든 도덕성을 초월한 진리)의 죽음을 뜻한다. 따라서 선과 악은 없다. 미덕과 악덕도 없다. 다만 "가치"가 있을 뿐이다. 니체는 선을 가치로 격하시키면서 평가절하하고 가치를 전도한다. 자기가 주장하는 "신인간(new man)"을 위한 새로운 가치군을 만들기 위함이다. 그가 말하는 가치는 모든 도덕적 생각이 주관적이고 상대적이라는 가정에서 출발한다. 또한 도덕적 생각은 단순한 관습과 전통일 뿐이라고 가정한다. 그리고 가치에는 전적으로 물질적이고 실용적인 목적이 있을 뿐이며 개인과 사회에 따라 고유한 특성을 지닌다고 가정한다.

도덕성이라는 말이 "선"이라는 언어로 표현되면 도덕성은 불변성과 절대성을 지닌다. 옛 철학자들은 선의 원천, 선의 종류와 상대적 중요성, 도덕적 선과 지적 선의 관계, 혹은 전통적 선과 종교적 선의 관계, 그리고 공동선과 개인적 선의 조화 등에 대해 논했을 것이다. 그들은 시대와 장소에 따라, 그리고 사람에 따라 선을 달리 정의한다는 것을 인정함으로써 선을 "상대화"하고 "역사화"했을 것이다. 그렇긴 하지만 특정 시점의 특정 사람들에게 있어 "선"이라는 낱말은 "가치"와 달리 무게감과 권위감을 싣고 있었다.

가치명료화와 자존감 시대의 혼란

지난 5년간 내가 요약하려고 고민하던 것을 힘멜파브는 단 두 개의 문단으로 구체화했다. 우리는 선과 가치가 혼동되는 사회, 객관적 기준과 개인적 선호가 혼동되는 사회에 살고 있다.◆ 가치명료화라고 하는 가치지상주의 도덕교육 덕분에 교사들은 이 문제를 더 절실히 느낀다. 가치명료화 이론은 가치를 선과 동급으로 여긴다. 선악을 구분하는 기준은 필요 없고, 모든 의견이 동등하다. 선 대신 가치가 지배하고, 개인적인 선호가 기준이 된다. 그리고 기준이 없기 때문에 모든 것이 있는 그대로 받아들여진다. 니체가 말하는 "신인간"이 실현되는 것이다. 이 이론은 1980년대와 90년대 초 학교들이 자아존중감 프로그램에 푹 빠지면서 전성기를 누렸다.

자아존중감은 자신이 선하고 좋다고 느끼는 느낌으로 정의된다. 실제로 선한 것과는 상관없이 스스로 선하다고 느끼면 그만이다. 선함은 가치명료화론이 부정하는 기준이나 미덕을 필요로 하므로 선해질 필요가 없는 것이다. 학생과 교사 모두를 위하여 행동에 대한 기준을 세우고 싶지 않았기 때문에 선하다고 느끼는 것 자체가 목적이 되었다.

진정한 선을 향한 열망의 태동

하지만 90년대 초중반이 되자 교사, 학부모, 지역사회는 아무리 가치명료화론과 자존감 프로그램에 열중해도 본인과 자녀들을 위해 꿈꾸던 사회를 만들지 못한다는 사실을 깨달았다. 많은 사람들이 학교에서 가르치고 사회에서 적용해야 할 기준의 필요성을 인식하게 되었다. 다양한 배경을 가진 교사들과 부모들이 선하다고 느끼는 것과 실제로 선한 것이 다르다는 것을 깨닫고 논의하기 시작했다. 이들은 스스로 본보기가 되어 아이들에게 선을 알고, 사랑하고,

---

◆ 필자 및 역자주: 가치명료화(values clarification)는 개인이 자기가 가진 가치를 말하면서 명료하게 가치를 확인하는 것을 강조하는 도덕교육 방법론으로서 교사가 아이들에게 특정 가치나 덕목을 가르쳐서는 안 되며, 교사의 역할은 학생들이 자유롭게 스스로 가치를 발견하도록 도와야 한다는 것이 핵심이다.

행하는 데 필요한 습관을 들여 줘야 한다고 말하기 시작했다. 학교와 지역사회가 담당할 인성교육의 역할을 재고할 때가 된 것이다.

선을 가치로 바꾸어 놓은 니체의 이론을 힘멜파브는 미국 학교에서 일어난 가치명료화론과 자존감 운동의 전주곡으로 보았다. 절대적인 선, 혹은 공통적으로 인정할 만한 선은 없다고 보는 가치명료화론자들과 달리 라이언과 볼린은 도덕적 기준과 선에 관한 합의가 가능하다는 주장을 하기에 이르렀다. 선의를 가진 사람들이 학생들에게 가르치고 본을 보여줄 수 있는 도덕 기준과 선이 있다는 것이다. 이렇게 하여 1990년대 미국의 학교와 지역사회에 인성교육(Character Education)이 재등장하게 되었다.

이러한 노력에 내가 일조했다는 것이 자랑스럽다. 전국을 돌면서 나는 미국의 교사들과 가정, 지역사회들의 인성에 대한 열정을 더 잘 이해하게 되었다. 많은 사람들이 모여 앉아 인성을 논한다. 아이들이 꼭 알아야 하고 자기들이 본을 보여야 할 인성이 무엇인지 생각한다. 지역사회는 학교에서 아이들에게 학과공부를 가르치는 것과 마찬가지로 인성도 가르쳐야겠다고 결심한다.

노스 캐롤라이나에 있는 작은 고립된 산마을 그래햄 카운티가 아주 성공적인 예이다. 이곳 사람들은 유치원 단계부터 고등학교까지 적용할 수 있는 훌륭한 인성교육 프로그램을 개발했다. 교사들은 학생들에게 바라는 바를 몸소 실천하여 본보기를 보였고, 아이들도 바로 따라하기 시작했다. 이제 교사들과 학생들은 서로를 섬기고 있다.

테네시주의 해밀턴 카운티 샤타누가에서는 인성교육의 효과가 얼마나 큰지 볼 수 있었다. 이 도시는 시 전체의 외관을 리모델링하여 전세계 시민 지도자들이 탐방을 올 정도가 된 곳으로, 이제 샤타누가의 학교들은 도덕적 리모델링에 초점을 맞추고 있다. 지역사회와 학교의 노력으로 모든 시민들이 본보기가 되고 아이들에게 좋은 인성을 가르치는 데 단결하고 있다.

인성교육의 부활

이외에도 일선 학교에서 노력하는 수많은 교사들과 교장선생님들이 있다. 이들은 인성교육이야말로 교육의 소명, 즉 아이들을 더 똑똑하고 더 훌륭한 사람으로 만들어 가는 진정한 소명으로 돌아가는 것으로 생각한다. 최고의 교사들은 교육을 평생 직업으로 생각하고 아이들의 정신과 마음을 발전시키고자 열망한다. 이들의 노력이 인성교육의 부활로 나타나고 있다.

전국을 순회하며 곳곳에서 교사, 교직원, 시민들을 대상으로 인성교육을 강의하면서 나는 가르친 것보다 훨씬 더 많은 것을 배웠다. 그분들은 서로 멀리 떨어져 있지만 비슷한 열망을 가지고 있었다. 내가 해 준 역할이란 비슷한 열망과 식견을 가진 사람들을 서로 연결해 주는 연결관 같은 것이었다. 모든 사람에게 일일이 다 감사를 표할 수 없어 아쉽지만, 함께한 시간에 감사하며 그분들 덕분에 내 인생이 훨씬 풍부해졌다는 점을 강조하고 싶다.

1

인성교육은 왜 필요할까?

오늘날 학교가 당면한 문제의 핵심은 도덕성이다. 다른 문제들은 도덕성 문제에서 파생된 것에 불과하다. 인성교육을 어젠다의 최우선순위에 놓지 않는다면 학교 개혁을 위한 시도는 성공하기 어렵다.

학생들이 다양성에 대해 보다 민감하도록 교과목을 꾸며도 소용이 없다. 순수하게 학습적으로 접근한 개혁조차도 인성을 가장 앞에 놓아야 성공할 수 있다.

교사의 비전으로 시작되는 인성교육

미국의 잭슨 선생님은 과제물이 많기로 소문난 중학교 역사 선생님이다. 잭슨 선생님에게 배우는 학생들은 교과서를 읽고 각 과마다 나온 문제를 푸는 것은 물론이요, 도서관에서 참고자료도 탐독해야 한다. 참고자료는 단순히 읽는 것으로 끝나지 않는다. 해당 시대를 배경으로 한 문학작품들을 다양하게 읽고 분석해야 하고, 이렇게 공부한 것을 세미나에서 토론할 수 있어야 한다. 하지만 숙제가 많다는 것은 잭슨 선생님에 대한 '악평'의 진짜 이유가 아니다. 진짜 이유는 학생들의 행동에 대해 많은 것을 기대하고 바른 행동을 요구한다는데 있다. 잭슨 선생님은 항상 스스로 예절과 바른 행동의 본보기를 보이면서 학생들도 따라 하게 한다.

잭슨 선생님은 새 학년을 시작할 때마다 아이들에게 한 가지 질문을 던진다. 서로 존중하고, 책임감 있게 행동하고, 배려하는 교실 분위기를 만들려면 무엇이 필요하겠느냐는 질문이다. 이렇게 하여 선생님은 어떤 교실 분위기를 만들지 학생들 스스로 결정하게 한다. 그리고 1년 동안 모든 학생들이 그 결정에 따라 행동하게 한다. 잭슨 선생님 본인도 학생들이 결정한 긍정적인 인성을 따르며 본보기를 보인다. 이를 테면 시간을 정확하게 지키고, 수업에 대한 준비도 철저히 하며, 항상 예의바르게 행동한다. 본인이 실수를 할 때는 바로 사과를 하는 것도 잊지 않는다. 마찬가지로 학생들도 잘못을 저지르면 진심으로 사과하게끔 한다.

잭슨 선생님은 매일 아침 학생들과 나눔의 시간으로 하루를 시작한다. 핼 어번(Hal Urban) 박사가 말한 수업시작에 대한 지침을 따라 좋은 소식을 나누고 특별히 도움을 준 친구에 대해 생각하는 시간을 갖는 것이다. 선생님은 숙제검사를 철저히 하고 웬만해서는 변명이나 핑계를 받아주지 않는다. 자신의 말을 곧 명예와 연결시키며 책임지게 하기 위함이다. 때로는 이 때문에 학생들이 선생님에 대해 화를 내기도 하지만 잭슨 선생님은 타협하지 않는다. 교실 안에서 문제가 생기면 잭슨 선생님은 학생들이 공동체 안에서 이 문제를 해결하도록 독려한다.

잭슨 선생님은 학생들에게 요구하는 것이 많다. 그래도 시험을 보면 아이들의 성적은 아주 좋다. 아이들은 학년이 바뀐 후에도 잭슨 선생님을 찾아가서 성적표를 즐겁게 자랑하곤 한다.

초등학교 교사 윌리암스 선생님도 학년 초마다 아이들과 존중·책임감·배려에 대해 생각하는 시간을 갖는다. 이 말들이 어떤 뜻일까 아이들 스스로 생각하고 그려보는 시간이다. 어린 학생들은 존중·책임감·배려를 가지고 행동하는 자신들의 모습을 그림으로 그리고 윌리암스 선생님은 이 그림을 벽에 붙여 놓는다. 그러고 나서 윌리암스 선생님은 1년 동안 학생들이 교실에서 이 그림처럼 행동하기를 바란다고 설명한다. 학생들이 스스로 생각한 것이 학급의 실천지침이 되는 것이다.

윌리암스 선생님은 매년 새 학년의 첫 일주일 동안 학생들이 교실과 학교 안에서 서로 존중하고 배려하며 책임감 있게 행동하는 법을 연습시킨다. 존중·책임감·배려를 특별히 더 잘 실천한 학생을 뽑아 칭찬하는 시간도 갖는다. 앞으로 1년간 실천해야 할 좋은 습관이 몸에 배도록 일주일이라는 소중한 시간을 할애하는 것이다.

또한 윌리암스 선생님은 매일 아침마다 조례시간을 갖는다. 이 시간에는 학생들이 특별히 잘한 일에 대해 칭찬을 하기도 하고 좋은 인성을 보여준 다른 친구에 대한 감사를 전하기도 한다. 읽기 시간에는 본문에만 치중하지 않고 책에서 알게 된 바른 행동에 대해서 토론도 한다. 선생님은 반 아이들이 하나의 공동체로서 서로가 서로를 포용하며 정중하게 대하는 방법을 가르친다. 간혹 교실에서 문제가 발생하면 이를 해결하는 데 아이들을 직접 참여시킨다. 일주일이라는 소중한 시간을 학업 대신 학생들의 바른 행동에 사용하지만 한 번도 진도가 늦어 낭패스러운 적은 없다. 학생들이나 학부모 모두에게 윌리암스 선생님은 최고로 인기가 높은 선생님이다.

교사는 '가정 밖의 부모'

잭슨 선생님과 윌리암스 선생님은 학생들의 지적 발달에만 신경 쓰고 인성형성을 위해 노력하지 않는 것은 교육자로서 근무태만이라고 생각한다. 이 두 선생님은 아이들의 인성계발이 학업 성취만큼 중요하다는 것을 잘 알고 있다.

1990년대만 해도 미국에는 잭슨 선생님과 윌리암스 선생님처럼 인성계발에 열심인 선생님들이 드물었다. 많은 교사들이 학교 안에서 인성교육 의무를 감당하기를 꺼려했다. 학교 뿐 아니라 부모님이 함께하는 가정과, 지역사회에서도 인성교육이 이루어지도록 돕는 것을 좋아하지 않았다. 인성을 교육하기는커녕 인성교육을 회피했다. 아니면 적어도 어떻게 교사가 학생들의 "도덕적 나침반" 역할을 할 수 있는가에 대해 혼란스러워했다.

그동안 교사들은 여러 가지 이유로 인성교육을 외면했다. 어떤 교사들은 인성교육의 중요성을 몰랐다. 학생들이 정직, 존중, 신뢰 같은 인성을 이해하고 이를 습관화하도록 돕는 것이 그다지 중요하지 않다고 생각한 것이다. 그래서 교사 본인이 본보기가 되고 학생들을 가르치고 연습시키려 하지 않았다. 또 어떤 교사들은 인성교육이란 그저 부모의 책임일 뿐 학교에서 신경 쓸 부분이 아니라고 여겼다. 그리고 어떤 교사들은 장 자크 루소의 말처럼 도덕성이란 학생들 안에서 스스로 자라는 것이라고 믿었기 때문에 내버려 두었다. 무엇보다도 학교는 학과공부에 최선을 다해야 하는 곳이라고 생각하는 교사들이 많았던 것도 이유 중 하나이다. 이들은 존중, 책임감, 친절, 배려 같은 미덕을 가르치거나 그에 대해 논하는 것은 오히려 학교의 의무를 저버리는 것이라고 생각했다.

학교 내 인성교육의 중요성을 깎아내리는 이런 논리들은 1940년대에 태동하여 1960년대와 70년대에 최고점에 달하며 미국 교육사의 한 획을 그었다. 그러나 다행히도 이후 미국 교육계가 빠르게 변화하여 오늘날에는 학교에서 인성교육을 하느냐 마느냐를 논하는 것이 아니라 어떻게 인성교육을 하느냐를 논하게 되었다. 선생님들이 "가정 밖에 있는 부모"라는 믿음을 다시 갖게 된 것이다. 그래서 학생들의 학업과 더불어 도덕교육까지도 교사들의 의무라고 믿는 시대가 다시 왔다.

학교의 오랜 의무, 인성교육

가정과 지역사회에서 이루어지는 아이들의 인성교육을 학교가 도와야 한다는 생각은 점차 미국 전역의 산업계와 지역사회 지도자들의 관심을 받기 시작했다. 대표적으로 더글러스 항공의 샌포드 맥도넬 명예회장이 젊은이들의 인성교육을 적극적으로 돕는 것을 예로 들 수 있다. 맥도넬 회장은 순회강연을 통해 미국 전역에서 학교에서의 인성교육이 중요하다고 외치고 있다. 아미타이 에치오니는 두 권의 저서 〈공동체 정신: 미국사회의 재탄생 The Spirit of Community: The Reinvention of American Society (1994)〉과 〈신 황금률: 신민주주의 사회의 공동체와 도덕성 The New Golden Rule: Community and Morality in a New Democratic Society (1997)〉, 그리고 워싱턴 D.C.에 있는 커뮤니테리언 네트워크에서의 활동을 통해 학교와 지역사회가 우리 시대 젊은이들의 도덕적 인성계발을 도와야 한다고 강조한다. 케빈 라이언이 말한 것처럼 한 때 인성교육이 학교의 가장 오랜 의무 중 하나라고 여겼던 것을 지금에야 다시 미국 사회가 인정하는 분위기가 형성되고 있는 것이다. 오래전 미국의 공립학교에서는 인성교육을 중요한 교육과정의 일부로 여겼었다.

공립학교의 인성교육

공립학교의 인성교육 의무에 대해 가장 명확하게 이야기한 사람은 인디애나 대학교의 B. 에드워드 맥클랜 교수이다. 그는 자신의 명저 〈학교와 인성형성: 미국의 도덕교육 Schools and the Shaping of Character: Moral Education in America (1992)〉에서 그동안 공립학교가 학생들의 인성형성에 기여한 내용을 상세히 설명한다.

이를 연대별로 간단히 요약하면, 우선 1600년대에는 도덕교육이 기독교적 신앙 안에서 행해졌다. 이러한 도덕교육은 가정과 학교, 교회, 그리고 도제 형태의 훈련을 통해서도 이루어졌다. 1700년대는 대서양과 연안을 중심으로 미국이라는 나라가 형성되던 시대로, 인성교육에 지역사회의 역할이 두드러졌다. 가정, 교회, 도제 훈련 뿐 아니라 지역사회, 즉 장년층 혹은 노년층이라 할 수 있는 각 지역사회의 선배들이 후배들을 훈육한 것이다.

이러한 상황은 1800년대에 서부개척시대가 본격화되면서 달라졌다. 지역사회의 결속력이 깨지고 지역사회가 담당하던 인성교육도 쇠퇴했던 것이다. 계속해서 많은 사람들이 서쪽으로 이동했기 때문이다. 대신 좀 더 정형화된 인성교육이 학교와 부모를 통해 이루어졌다. 거칠고 불안정한 사회로 아이들을 독립시켜 내보내기 전에 가정과 학교에서 체계적인 교육이 필요했다고 볼 수 있다. 학교는 인성교육에 있어 핵심적인 "담당기관"으로 여겨졌고 가정에서는 도덕성이 강한 여성들이 도덕교육을 담당하는 교사의 역할을 했다. 도덕성, 절제, 훌륭한 시민정신, 정직, 용기 등의 덕목들이 강조되었는데, 이는 변화무쌍한 세상에서 생산적인 구성원이 되도록 하기 위해 필요했던 것들이다. 이 당시에는 사회적, 정치적 안정도 개인의 도덕성과 인성형성을 통해 이룰 수 있다는 믿음이 있었다. 학교에서의 인성교육도 그만큼 중요도가 높았다.

1900년대에는 미국이 경제적으로 발전하고 산업화되어 가는 가운데 순수학문과 직업 기술 등 학교에서 가르쳐야 하는 교과목이 크게 늘어났다. 대신 도덕교육, 인성교육은 뒷전으로 물러나기 시작했다. 성공하기 위해서는 인성 말고 다른 것이 필요했다. 즉 기술, 효율성, 사교능력 등이 필요했던 것이다. 인성교육은 개인의 책임을 떠나 단체 활동의 참여로 옮겨갔다. 보이스카우트와 걸스카우트 같은 단체활동이 늘어났고 학교에서는 성적표에 정기적으로 시민의식 점수가 기록되었다. 이 당시의 인성교육이 가진 또 하나의 특성은 종교적인 가치에서 벗어나기 시작했다는 것이다. 일상의 문제를 과학과 이성에서 찾으려한 존 듀이의 '진보' 정신을 따르기 시작하면서 교리나 감성은 필요하지 않게 된 것이다. 그리고 이러한 진보주의자들은 개인적 도덕성보다는 사회적, 정치적 문제에 중점을 두었다. 이를 두고 맥클랜은 이렇게 설명한다.

예를 들면 진보론자들은 비판적 사고를 강조했다. 이를 통해 학생들에게 임의의 권위에 도전하고 오랜 전통을 부정하며 변화하는 세상의 새로운 도전을 수용하는 밑바탕을 제공한 것이다. 또한 진보주의자들은 상황에 따른 윤리적 유연성과 민감성을 강조했다. 학생들이 세분화된 사회에 맞추어 상황마다 도덕적으로 다르게 대응하도록 가르친 것이다. 그리고 진보론자들은 사회적 결과에 의해 행동을 판단하도록 가르침으로써 지극히 세속적인 기준으로 도덕적 판단을 내리도록 했다.

이러한 가운데에서도 젊은이들의 인성교육을 위한 노력은 꾸준히 이어졌다. 19세기처럼 적극적인 정도는 아니었지만 여전히 학교 커리큘럼 안에 인성교육이 포함되어 있었다. 많은 학교들이 봉사단체를 조직했고 선생님들은 좋은 인성을 개발하기 위해 학생들을 지도하고 문학을 통해서도 접근했다. 그런데 1940년대와 50년대에는 차츰 도덕교육이 쇠퇴하기 시작했다. 지적 능력의 개발과 학문 교육에 대한 요구가 커지면서 의도하지 않았지만 자연스럽게 도덕교육이 밀려나게 된 것이다.

그래서 미국은 1960년대, 70년대에는 도덕교육이 완전히 사라졌다. 이때는 베트남전쟁과 다른 문화적 격동으로 미국이 휘청거린 시기이다. 좋다, 옳다에 대한 공통 기준도, 공통 기반도 없었다. 그래서 "어떤 인성이 좋은 인성인지에 대해 우리가 합의점을 찾지 못한다면 인성교육을 하지 않는 것이 낫다."고 주장하는 교육자들도 나왔다. 공립학교 교사들로서는 논쟁과 그로 인해 감정이 불쾌해지는 것을 피하기 위해서라도 가치(values) 교육을 부모와 교회에 일임하는 것이 차라리 쉽고 '안전'했다.

맥클랜의 교육사 연구는 도덕교육이 초창기 미국 교육에서 중요한 역할을 하고 있었음을 잘 보여준다. 1940년대와 50년대에 들어 학교가 학문에 좀 더 치중하면서 이러한 도덕교육이 서서히 쇠퇴의 길을 걷기 시작했고, 60~70년대에는 학교에서의 도덕교육은 완전히 후퇴해 버렸다. 그러나 1990년대 들어 도덕, 혹은 인성교육이 다시 교육계의 관심을 받기 시작했다.

가치명료화론과 로렌스 콜버그의 도덕발달 이론의 한계점

많은 부모와 교육자들이 가치 교육에 대해서 무엇인가 하고 싶은 열망을 가지고 있었다. 그러한 시도 중 하나가 1960~70년대의 가치명료화론이다. 이 접근법은 모든 학생들이 객관적이고 획일적인 기준에 구애받지 않고 자기가 느끼는 대로 가치를 정의하게 한다. 여기서 교사의 역할은 도덕적 나침반이 아니라 학생들 개개인이 세운 가치의 정의를 '지지'하는 것이다. 도덕성과 인성이 개인적인 선호에 따라 정의된 셈이다. 따라서 아무도 어린 학생들을 정직, 책임감 같은 좋은 인성으로 이끌어 주는 이가 없었다.

가치 교육에 관한 또 다른 접근법은 로렌스 콜버그가 주창한 인지적 도덕발달 이론이다. 콜버그는 도덕성 계발에 일련의 단계가 있다고 봤다. 그리고 단계별로 수준이 다른 도덕적 추론 능력을 발휘한다는 것이다. 단계가 높을수록 도덕적 이슈 앞에서 더 좋은 행동을 하게 될 것이라는 것이 핵심이다. 필 빈센트 박사를 포함한 그의 제자들 중 일부는 학생들의 도덕적 추론능력을 촉진시키기 위한 실습방안을 만들기도 했다.

하지만 결국 가치명료화론과 인지적 도덕발달 이론은 학교가 학생들의 도덕적 인성형성을 위해 무엇을 할 수 있는가에 대해 거의 아무런 아이디어도 주지 못했다. 가치명료화론은 각 사람마다 자신이 좋아하고 가치 있게 여기는 것을 추구하게 하기 때문에, 지극히 선하지 않은 가치도 개인이 가치 있게 인정하면 받아들여지는 무질서한 상황을 불러왔다. 또한 콜버그의 도덕발달 이론에 의하면 인지가 발달하면서 도덕성이 계발되기 때문에, 결국 인성교육보다는 인지를 발달시키는 것에 치중하게 만들었다. 결과적으로 가치명료화론과 콜버그의 도덕발달 이론은 인성교육을 망가뜨리는 원인이 됐다.

필자도 지난 9년 간 한국에서 성품교육을 실천해 오면서, 콜버그의 도덕발달 이론이 인성교육에 적합하지 않음을 절감했다. 콜버그의 이론에 의하면 1단계인 0~3세의 아이들은 자기중심적인 특성이 있기 때문에 도덕적 행동을 기대하기 어렵다고 봐야 한다. 그러나 한국형 12성품교육으로 0~3세 아이들에게 좋은 성품의 정의를 가르치고 태도와 법칙들을 알려주면 이타적 행동의 좋은 태도들이 나타났다. 지난 9년 동안의 한국형 12성품교육을 통한 많은 사례들이 콜버그가 주장한 인지적 도덕발달론의 한계점을 증명해 주었다.

인성교육에 다시 눈을 뜨다

피터 센지는 〈다섯 번째 가르침: 배움의 기술과 실천 The Fifth Discipline: The Art and Practice of the Learning Organization (1991)〉에서 현재 교육계에서 일어나는 현상을 수피교의 예화에 비유한다.

옛날에 카펫 상인이 있었다. 어느 날 상인은 자기가 파는 카펫 중 가장 아름다운 카펫의 한 가운데에 커다랗고 불룩한 혹이 하나 생겨있는 것을 보았다. 그 혹을 없애기 위해 그는 얼른 발로 그 부분을 밟았다. 하지만 혹은 없어지는 대신 바로 옆이 튀어나왔다. 다시 밟으면 바로 옆에 다른 혹이 생기는 것이었다. 카펫을 평평하게 만들려고 수도 없이 튀어나온 부분을 밟고 또 밟았지만 소용이 없었다. 너무나도 절망스러운 가운데 상인은 카펫의 한 쪽 귀퉁이를 들어 올려 보았다. 그 밑에서 성난 뱀 한 마리가 기어 나왔다.

사회문제의 근본적인 원인 - 인성교육의 부재

최근 수년간 교사들은 카펫의 아래쪽을 들추고 진짜 문제가 무엇인지 알아본 후 근본적인 해결책을 제시하기보다는 카펫 상인처럼 겉으로 튀어나온 혹을 밟아 납작하게 만드는 데 열중해 왔다. 카펫 밑바닥을 들춰보는 것은 어렵고 귀찮다. 하지만 문제가 일어날 때마다 카펫 위에서 짓누르기만 한다면 문제를 해결하는 것이 아니라 다른 곳으로 옮겨놓는 것일 뿐이다. 카펫을 들춰보기 전에는 절대 문제를 해결할 수가 없다.

교육이라는 카펫에 혹이 생기게 한 문제는 사회라는 카펫에 혹이 생기게 한 문제와 같은 것이다. 사회를 떠난 학교는 있을 수 없다. 거울처럼 그대로 반영한다. 많은 학교들이 마약, 알코올 남용, 어린이 학대, 태만, 가난, 실업, 폭력과 같이 개인과 사회에 깊이 스며들어 있는 문제점들을 똑같이 안고 있다. 1998년 알칸사스주 존즈버러에서 중학생 두 명이 선생님과 학생 네 명을 살해하는 사건이 발생했다. 비슷한 살인사건이 켄터키주에서도, 오레곤주에서도, 뉴저지주에서도 있었다. 콜로라도 리틀톤에서 있었던 사건은 특히 더 끔찍했다. 1998년 11월 위스콘신 벌링턴에서는 고등학생 몇 명이 학교에서 총기를 휘두르려다 미수에 그쳤다. 교장선생님을 겨냥한 것이었으나 다행히 어느 학생이 이를 학교에 미리 알려주어 해당 학생들이 체포되는 것으로 사건이 일단락 지어졌다.

1999년 1월 2일 미국 법무부가 발표한 바에 의하면 1997년 미국의 살인율이 1957년 수준으로 떨어졌다고 한다. 1980년 인구 10만 명당 10.2명이었던 살인자 수가 6.8명으로 낮아진 것이다. 25세 이상 성인의 총기 살인사건 건수는 1980년에서 1997년 사이에 대략 절반 정도인 5천 건으로 줄어들었다. 분명히 좋은 소식이다. 하지만 18세에서 24세 사이의 젊은이들이 저지른 총기 살인사건은 1980년 5천 건에서 1997년 7,500건 이상으로 급격히 늘어났다. 18세 미만의 청소년들은 통계에 넣지도 않았는데 이 정도이다.

30년 전에만 해도 아이들이 다른 사람들을 죽인다는 것은 상상할 수도 없었다. 그러나 오늘날에는 학교가 살인사건을 걱정해야 하는 실정이다. 미국 내 많은 학교들이 총기와 칼을 학교에 가지고 오지 못하도록 금속탐지기를 설치하고 있다. 텍사스주 달라스에 새로 설립된 한 기술고등학교는 보안을 위해 300만 달러도 넘는 예산을 썼다고 한다.

1997년 노스캐롤라이나 주정부가 1987년에서 1996년 사이의 청소년 범죄에 대한 보고서를 발표한 적이 있다. 보고서에 의하면 이 기간 동안 성인 범죄율은 낮아졌으나 안타깝게도 청소년 범죄는 크게 늘어났다고 한다. 폭력사건은 172%나 증가했고, 무기소지법 위반 사건은 482%, 마약법 위반은 무려 523%나 증가했다. 그리고 청소년 검거율은 105%가 증가했다. 이러한 상황은 다른 주도 마찬가지이다.

　신체적으로 위협적인 것은 아니더라도 교사 입장에서는 학교 내의 예의와 질서가 사라지고 있다는 사실도 마찬가지로 우려가 깊다. 1998년 ETS(미국 교육평가원)는 공립 고등학교 교장선생님들을 대상으로 1990~1991년도와 1996~1997년도에 각각 학교에서 일어난 기강문제에 대해 설문조사를 실시했다. 여러 가지 기강문제의 정도를 놓고 두 해를 비교하는 조사였다. 조사결과, 1991년도와 1997년도는 상당한 차이가 있는 것으로 나타났다. 1997년에 더 많은 교장선생님들이 학생들의 지각, 결석, 수업 빼먹기, 마약복용, 교내 마약판매, 선생님에 대한 모독 등이 보통 이상으로 심각하게 일어나고 있다고 응답했던 것이다.

　교직생활을 오래 해온 선생님들에게 20년 전에 비해 아이들 가르치기가 더 쉬워졌는지, 어려워졌는지 물으면 선생님들은 한결같이 어려워졌다고 대답한다. 원인은 학교생활에서 맞닥뜨리는 도덕적 문제 때문이라고 한다. 미국의 일간지 USA Today 1997년 9월 9일자에 〈미국 교사 인명사전 Who's Who Among America's Teachers〉에 관한 기사가 실렸다. 그 중에는 경험 많은 베테랑 교사들(79%가 10년 이상 재직)이 학생들의 태도가 더 나빠졌다고 응답한 내용이 있었다.

권위에 대한 공손한 태도 감소 · · · · · · · · · · · 81%

윤리성/도덕성 감소 · · · · · · · · · · · · 73%

책임감 감소 · · · · · · · · · · · · · · · · 65%

자기중심주의 증가 · · · · · · · · · · · · · 60%

한국 인성교육의 문제 현황

필자가 본 한국의 경우, 공식적으로 발표된 교육부 자료만 해도 학교폭력 발생건수가 2009년 5,605건에서, 2012년 1만 6221건으로 189%가 늘어나 가히 폭발적인 수준으로 증가하고 있다. 학교폭력의 형태도 여러 명의 학생이 1명의 학생에게 집단적으로 폭력을 가하는 양상으로 발전해 학교에서의 폭력이 갈수록 흉폭화해지고, 집단화되고 있다.

이에 따라 한국 교원들의 정신건강 상태도 크게 위협받고 있다. 교과부가 제출한 '10년간 재직 중 교원 사망 현황'에 따르면 스스로 목숨을 끊은 교원은 2011년 31명을 기록해, 2010 자살한 교원의 수가 17명임을 고려할 때 불과 1년 사이에 그 수가 배 가까이 늘어난 것으로 나타났다.

전국 초·중·고등학교에서 하루 평균 40건의 교권 침해가 발생한다는 통계도 있다. 지난 2009년 교권침해 사례가 1천500건 정도였으나, 2011년에 4천 800건, 2012년에 7천900건으로, 불과 4년 만에 5배나 증가한 것이다. 이 중 교사를 때린 학생이 130명, 폭언이나 욕설을 한 학생이 5천 명이나 됐다.

한국교총이 전국의 교사 1천200명을 대상으로 어떤 점이 가장 힘든지 설문조사를 한 결과 공부를 가르치는 것보다 학생들의 생활지도가 힘들다는 응답이 35%로 가장 많았다. 특히 학생들을 직접 지도하는 교사들은 10명 중 7명이 '고통스럽다'라고 답했다고 한다.

한국 청소년들의 자살률도 심각하다. 2013년 1월 발표된, 한국보건의료연구원(NECA)의 'OECD 국가와 비교한 한국의 인구집단별 자살률 동향과 정책 제언' 보고서에 따르면 OECD 31개국의 아동·청소년(10~24세) 인구 10만 명당 자살률은 지난 2000년 7.7명에서 2010년 6.5명으로 10년 새 16% 감소한 반면, 같은 기간 우리나라 아동·청소년 인구 10만 명당 자살률은 6.4명에서 9.4명으로 47%나 증가했다.

자살은 '자살생각(Suicidal ideation)'에서 출발하는 하나의 연속적 과정으로 알려져 있다. 자살을 심각하게 생각한 경험이 있는 사람일수록 실제 자살시도를 하는 비율이 높게 나타난다는 연구결과도 있다. 질병관리본부가 2011년 '청소년 건강행태 온라인 조사'를 한 결과, 한국 청소년의 자살 생각율은 19.6%로 나타나 5명 중 1명의 학생이 자살을 생각해 본 적이 있다고 응답했다. 청소년 사망원인 중 자살이 차지하는 비중은 지난 2000년 14%에서 2009년 28%로 껑충 뛰어, 청소년 사망원인 1위가 자살인 것도 우연은 아니다.

청소년들이 자살을 시도하는 이유로는 이른바 '왕따' 등 교우관계나 부모에게서 받는 스트레스가 자살 시도의 중요한 원인인 것으로 나타났다. 여성가족부의 '2013 청소년 통계'에 따르면 2012년을 기준으로 지금까지 한 번 이상 가출을 경험한 중·고등학생의 61.3%가 가출 원인을 '부모님 등 가족과의 갈등' 때문이라고 응답했다. 실제 현장에서도 가정불화로 청소년쉼터 시설에 오는 경우가 대부분인 것을 감안하면, 이미 가족 해체가 이루어졌거나 장기간 상처를 경험한 청소년들이 늘어나고 있다는 증거다.

한국의 학생들은 지식 위주의 교육과 치열한 경쟁 등으로 학습 흥미도, 주관적 행복지수, 흡연율, 자살률이 세계에서 가장 높은 국가라는 불명예를 안고 있다. 학교폭력, 집단따돌림, 성적 위주의 과열된 경쟁 교육 등으로 엄청난 스트레스에 시달리고 있는 게 원인이라 할 수 있다. 이런 교육 현실에서 국제학업성취도 평가 결과가 세계 최고 수준인 게 무슨 의미가 있는지 재고할 필요가 있다.

문제행동에 대한 대중매체의 영향

여기서 우리는 아이들의 이러한 나쁜 태도가 누군가로부터 배운 것이라는 점을 기억해야 한다. 윌리엄 데이먼(William Damon, 스탠퍼드대학교 교수)이 언급했듯이 아이들은 세상에 태어날 때 세상과 연결된 전선을 가지고 태어난다. 이 전선은 선한 것에도 연결되어 있고, 악한 것에도 연결되어 있다. 그리고 우리 어른들이 도덕이라는 전류를 그 전선으로 흘려보내는 것이다. 아이들이 무엇을 배우던 간에 이는 어른들로부터 배운 것이다. 가정에서, 지역사회에서, 혹은 인기 대중매체에서 그 배움은 이루어진다. 대중매체에 대해 좀 더 생각해 보자.

TV에서 폭력적인 장면을 봤다고 해서 아이들이 바로 폭력적이 되진 않는다. 대부분의 아이들은 TV에 나온 폭력 및 좋지 않은 장면을 실제 생활과 분리할 줄 안다. 하지만 아이들이 텔레비전에서 보고 듣는 것에 대해 제재를 가하는 어른들이 거의 없다는 점은 크게 우려되는 문제이다. 부모들이 자녀들에게 특정 TV 프로그램을 보지 못하도록 제한하지도 않고, 자녀와 함께 TV를 보면서 그 안에 나온 내용이 실제 생활의 예절과 품위에 어떻게 어긋나는지 의견을 나누지 않는 것이 문제인 것이다.

불행히도 요즘에는 가족 TV 시청 시간 같은 것이 없다. 성인을 대상으로 프로그램들이 편성되어, 저녁 9시 이후에 방영될 프로그램이 5시에서 7시 반 사이에 무분별하게 재방송되는 것도 문제이다. 이 시간은 어른들이 하루의 일과를 마친 후 지친 몸을 이끌고 가정으로 돌아오는 시간이다. 부모들은 내 아이가 하루 종일 어떤 TV 프로그램을 보는지 감독할 필요가 있다. 하루 중 어떤 프로그램이라도 우리의 기본적인 '선' 의식에 영향을 줄 수 있기 때문이다. 안타깝게도 정말로 아이들에게 유익한 프로그램은 거의 없다. 있더라도 아주 띄엄띄엄 방영될 뿐이다.

1997년 미국의 WB 네트워크는 "도슨의 청춘일기 Dawson's Creek"라는 10대 초반 대상의 프로를 방영했다. 에피소드 1에는 등장인물 중 한 명이 엄마의 불륜사실을 알게 되는 내용이 있다. 에피소드 2에는 인기 여학생이 12살 때부터 성관계를 갖기 시작했다는 고백이 있고, 에피소드 3에서는 한 10대 소년이 선생님과의 부적절한 관계로 정조를 잃는 사건이 발생한다. 이 선생님은 에피소드 4에서 성인으로서 이 문제를 해결하려고 노력한다. 도슨의 청춘일기는 욕설이 난무하는 인기 만화 "사우스 파크 South Park"만큼 인기가 높다. 이게 다가 아니다. "제리 스프링거 쇼 The Jerry Springer Show"라는 프로그램은 일반인의 추문이나 폭력, 입에 담기 어려운 말들을 노골적으로 보여준다. 그런데 더 가관인 것은 이 쇼를 보며 즐거워하는 관중이다. 바로 이런 것들을 어린 자녀에게 무분별하게 보여주고 있는 것이 오늘날의 실정이다.

음악도 크게 다르지 않다. 마릴린 맨슨이나 투팍 샤쿠르 같은 래퍼의 노래 가사를 주의 깊게 들어보면 깜짝 놀라고 만다. 자기 아들이 그런 노래에 나오는 것처럼 여자들을 대하기를 원하는 사람은 없을 것이다. 랩만이 아니다. 어떤 록 가사는 공포스럽기까지 하다.

인터넷에서 쉽사리 접할 수 있는 정보란 또 어떤 것인가? 놀랍게도 전체 웹 페이지 접속 건수 중 25%가 포르노 사이트를 접속한 것이라고 한다.

미국의 유명한 교육자요 철학자인 존 듀이가 자신의 저서 〈학교와 사회 School and Society (1910)〉를 통해 "우리 사회가 자라나는 세대에 대해 기대해야 하는 것은 다름 아닌 가장 훌륭하고 현명한 부모가 자기 자식에게 바라는 것, 바로 그것이어야 한다."라고 한 말을 곰곰이 생각해 볼 필요가 있다. 우리는 아이들이 대중문화를 단순한 인기가 아니라 도덕이라는 체로 걸러볼 수 있도록 도와줘야 한다.

필자도 한국의 드라마가 부모, 자녀가 도저히 가정에서 함께 볼 수 없는 내용임을 절감할 때가 많다. 온 가족이 모여앉아 시청하는 홈드라마가 너무 폭력적이고 불륜이 자주 등장하며, 비정상적인 사고체계를 편협적으로 방영하고 있어, 다음 세대를 위해 반드시 건전한 방송을 정책적으로 선도할 필요가 있다고 본다.

인성교육, 지금이 바로 시작해야 할 때

"가장 훌륭하고 현명한" 부모들이 다른 부모와 학교에 추천할 만한 방법에는 여러 가지가 있다. 어떤 부모들은 스스로 선을 실천하면서 아이들의 본보기가 되라고 할 것이다. 또 어떤 이들은 가정과 공동체와 학교에서 아이들에게 의도적으로 선을 가르치자고 할 것이다. 분명한 것은 바로 지금 우리가 이 문제를 제대로 제기하고 맞서야 한다는 것이다. 윌리엄 킬패트릭은 그의 저서 〈왜 조니는 옳은 것과 그른 것을 구별하지 못할까? Why Johnny Can't Tell Right from Wrong (1992)〉에서 아주 명확하고 강력하게 이 문제를 제기한다.

오늘날 학교가 당면한 문제의 핵심은 도덕성이다. 다른 문제들은 도덕성 문제에서 파생된 것에 불과하다. 따라서 인성교육을 어젠다의 최우선 순위에 놓지 않는다면 학교 개혁을 위한 시도는 성공하기 어렵다. 학생들이 자기수양과 타인에 대한 존중을 배우지 못한다면 아무리 건강증진센터와 피임기구 무료배포기관이 늘어난다 해도 서로를 성적으로 이용하는 행태가 계속될 것이다. 아이들이 용기와 정의 같은 것을 몸에 배도록 배우지 못한다면 이들의 자존감을 높이기 위한 커리큘럼은 금품강탈, 왕따, 폭력 같은 문제가 확산되는 것을 막지 못할 것이다. 또한 학생들이 다양성에 대해 보다 민감하도록 교과목을 꾸며도 소용이 없을 것이다. 심지어 순수하게 학습적으로 접근한 개혁조차도 인성을 가장 앞에 놓아야 성공할 수 있다.

학교가 인성을 가르쳐야 하는 이유

교사가 가정과 지역사회를 도와 아이들의 인성형성을 도와야 한다는 것을 인지하고 나면 이제 어떻게 교사가 학생들에게 좋은 인성을 심어줄 수 있느냐는 질문에 봉착한다. 첫째로 우리는 모든 인성을 다 가르칠 수는 없다는 사실을 인정해야 한다. 인성교육의 상당부분은 저절로 배워지는 것이다. 아이들이 어른들의 행동을 보고 배우는 부분이 크다는 의미이다. 둘째로 선에는 분명히 이러쿵저러쿵 논쟁거리가 되지 않는 덕목들이 있으며, 따라서 학교에서 선을 가르칠 수 있다는 것을 알아야 한다. 이제까지 수많은 부모들을 만나왔지만 학교가 아이들에게 존중과 배려, 자기 행동에 대한 책임감을 가르치지 않았으면 좋겠다고 생각하는 부모는 만난 적이 없다. 학교에 친절, 정직, 용기의 본보기를 두고 아이들에게 이 덕목을 가르치는 것이 좋지 않다고 생각하는 부모도 만난 적이 없다. 앞부분에 언급했던 잭슨 선생님이나 윌리엄스 선생님 같은 분이 자기 아이를 가르치지 않았으면 좋겠다고 생각하는 부모도 없었다.

토머스 리코나는 〈인성교육 Educating for Character (1991)〉에서 존중과 책임감을 가르치는 것이 바로 공립학교 도덕교육의 핵심이라고 설명한다. "존중과 책임감은 학교가 가르쳐도 되는 것이 아니라 반드시 가르쳐야 하는 덕목이다. 그래야 학생들이 이 사회의 일원으로서 책임감을 가지고 자기의 몫을 해낼 수 있는 윤리적 지성인으로 발전할 수 있다."고 강조한다.

학교가 가르쳐야 할 덕목들

사람들이 함양하고 싶어 하는, 그리고 자녀와 학생들에게 가르치고 싶어 하는 덕목에는 여러 가지가 있다. 인성교육의 필요성을 주창하는 몇몇 학자들이 제기한 덕목을 살펴보자.

토머스 리코나는 존중과 책임감에 더해 '공정성, 관용, 신중, 자제력, 협조, 긍휼, 협력, 용기, 정직, 민주주의적 가치 함양'을 중요하게 생각했다. 스티븐 코비(1989)는 '성실, 절제, 소박함, 겸손, 정의, 충성, 용기, 근면, 인내, 정숙, 대접받고 싶은 대로 남을 대접하는 황금률'을 꼽았다. 그리고 전국학교법인이사회협회(1991)는 "민주적이고 인도적인 사회"를 만들어 가는 데 '이타주의, 충성심, 긍휼, 순종, 용기, 시간 엄수, 예의, 관대, 관용, 책임감, 정직, 자제력, 근면, 자존감, 성실, 권위에 대한 존중'이 중요한 가치라고 생각했다.

한편, 1992년 조셉슨윤리연구소는 교사들과 차세대 리더들을 불러놓고 인성교육을 어떻게 발전시킬 수 있을지 논의하게 한 적이 있다. 참가자들은 결론적으로 6개의 핵심가치를 인성의 '여섯 기둥'이라고 명명하고 아래와 같이 분류하였다.

[표 1] 조셉슨윤리연구소가 분류한 인성의 '여섯 기둥'

신뢰성	정직, 성실, 약속 이행, 충성심
존중	자율, 사생활 존중, 품위, 예의, 관용, 수용
책임감	책임, 탁월성 추구
배려	긍휼, 경의, 나눔, 친절, 사랑
공정성	결과만이 아닌 절차에 대한 공정성, 불편부당, 일관성, 평등, 형평, 정당한 과정
시민정신	준법정신, 사회봉사, 환경보호

8가지 윤리적 가치와 인간성의 기본 목표

에드워드 윈과 케빈 라이언은 공저 〈학교 교육의 회복 Reclaiming Our Schools, 제2판(1997)〉에서 8가지 윤리적 가치를 인간성의 기본 목표로 소개했다. 처음 네 가지 가치는 고대 그리스에서 정의를 따왔고, 나머지 네 가지 중 셋은 여러 종교에서 찾아볼 수 있는 공통 가치이다.

[고대 그리스에서 물려받은 가치]

_ 신중 : 사려 깊고 차근차근하게 행동하는 것이 모여진 습관

_ 정의 : 의롭고 공정한 것

_ 절제 : 행동을 삼가고 스스로 통제할 수 있는 상태

_ 담대 : 용기를 가지고 불행을 이겨내는 능력

[종교에서 물려받은 가치]

_ 믿음 : 믿음은 두 가지 의미가 있다. 본래는 신에 대해 신뢰하고 의지하는 것을 뜻하며 그 신뢰에서 확신이 나오게 된다. 믿음이 가진 두 번째 의미는 다른 사람이나 기관에 대해 신뢰와 확신을 갖는 것을 뜻한다.

_ 소망 : 소망은 언젠가는 얻을 수 있다는 기대를 가지고 좋은 것을 기대하는 습관, 혹은 믿음이다. 다시 말해 미래에 대한 확신이라 할 수 있다.

_ 자비 : 자비는 다른 사람을 좋게 생각하는 마음 혹은 성향이다.

[기타]

_ 의무 : 의무는 윗사람에게나 아랫사람에게 동일하게 충실한 것을 뜻한다. 의무는 우리 자신 이외의 것에 대한 책임감을 필요로 한다.

인성 계발의 가이드라인이 되는 종교적 · 윤리적 전통

종교적 전통은 개인이 좋은 인성을 인식하고 계발할 수 있도록 좋은 가이드라인이 되어준다. 유대교, 기독교, 이슬람교에서 공통적으로 비슷한 가르침

을 찾을 수 있다.

_ 너는 네 백성 중에 돌아다니며 사람을 비방하지 말며 네 이웃의 피를 흘려 이익을 도모하지 말라 나는 여호와이니라 (레위기 19:16)
_ 나는 너희에게 이르노니 너희 원수를 사랑하며 너희를 박해하는 자를 위하여 기도하라 (마태복음 5:44)
_ 하나님을 경배하되 다른 것과 비유하지 말라 또한 부모에게 효도하고 친척과 고아와 불쌍한 사람들과 이웃 친척과 친척이 아닌 이웃과 주변의 동료와 방랑자와 너희가 소유하고 있는 종복들에게 자선을 베풀라 하나님은 오만하고 거만한 자들을 사랑하시지 않으시니라 (코란 4:37-38)
_ 의와 선으로 서로 도우라, 죄와 훼방함으로 서로 다투지 말라 (코란 5:3)

부처와 공자의 가르침도 의로운 삶을 사는 길로 인도하는 내용이 많다. 불교에는 사랑의 중요성과 힘에 대한 글이 많이 있는데 이는 유대교 전통에도 마찬가지이다. 불교 경전 〈다마파다〉에는 '미움은 미움으로 멈춰지지 않는다. 미움을 멈출 수 있는 것은 오직 사랑뿐이다. 이것이 영원불멸의 법이다.'라는 글귀가 있다. 또한 '미움은 친절로 극복하고, 악은 선으로 극복하며 욕심은 관대로, 거짓은 진실을 말함으로써 극복하라.'는 말도 있다.

공자의 〈논어(1993)〉를 보면 한 제자가 어떻게 완전한 선(善)을 이룰 수 있는가에 대해 묻는 장면이 나온다. 선생의 대답은 다른 사람을 어떻게 대해야 하는지에 대한 예수의 가르침과 놀라울 정도로 비슷하다. "남들이 너에게 하지 않았으면 좋겠다고 생각되는 것은 너도 남에게 행하지 말라."는 것이다.

이러한 가르침, 그리고 다양한 종교적, 윤리적 전통은 우리가 서로를 존중하며 더 잘 살아갈 수 있도록 돕는 가이드라인이 된다. 미국의 인성교육은 이러한 일반적이고 보편적인 가치들을 핵심 윤리 가치(Core Ethical Value)로 정하고 미국 인성교육(Character Education)의 방침으로 삼았다.

이영숙 박사의 '한국형 12성품교육론'의 2가지 기본 덕목과 12가지 주제성품들

'한국형 12성품교육'은 필자가 2005년에 고안한 인성교육으로, '성품'이라는 단어를 최초로 교육에 접목시키고, 한국 문화와 한국인의 정신적·심리적·행동적인 요소들을 고려하여 한국인에 맞게 태아부터 노인에 이르기까지 평생교육과정으로 고안한 인성교육 프로그램이다.

추상적 수준의 인성교육의 한계를 극복하고 실제 교육현장에 적용하기 위해, '한국형 12성품교육론'은 공감인지능력(Empathy)과 분별력(conscience)을 가장 중요한 두 개의 기본 덕목으로 강조하며 가르친다.

공감인지능력(Empathy)이란, '다른 사람의 기본적인 정서, 즉 고통과 기쁨, 아픔과 슬픔에 공감하는 능력으로 동정이 아닌 타인에 대한 이해를 바탕으로 하여 정서적 충격을 감소시켜 주는 능력'(이영숙. 2007)이다. 〈한국형 12성품교육론(이영숙 저, 2011)〉에서 공감인지능력은 학생의 내적인 자존감과 정서적·사회적 발달을 위해 필요한 경청·긍정적인 태도·기쁨·배려·감사·순종의 6가지 주제성품으로 구성되어 있다.

또한 분별력이란(Conscience), '인간의 기본적인 양심을 기초로 하여 선악을 구별하는 능력으로, 올바른 생활과 건강한 시민정신, 도덕적인 행동을 위한 토대가 되는 덕목'(이영숙. 2007)이다. 〈한국형 12성품교육론(이영숙 저, 2011)〉에서 분별력은 선악을 적절히 분별하는 능력이며 학생의 건강한 사회화와 공동체 생활의 연합과 질서, 규범을 준수하는 건강하고 행복한 삶을 누리게 하는 필수적인 덕목으로, 인내·책임감·절제·창의성·정직·지혜의 6가지 주제성품으로 구성되어 있다. 좀 더 자세한 내용은 4장에서 다루기로 한다.

미국의 인성교육과 한국형 12성품교육의 철학적 차이

현대철학은 포스트모더니즘과 상황윤리, 가치명료화와 종교다원주의를 강조하여 기존의 질서와 지식 체계를 부정하고 인식에 대한 상대주의적 관점을 지나치게 강조하고 있다. 그 결과 학교에서조차 지켜야 할 규범이 흔들리고 있으며 교사와 부모의 권위가 무시되고, 각 개인이 추구하는 가치를 주장하면서 일어나는 혼란과 무질서로 인해 많은 사회 문제들이 발생되었다.

미국의 인성교육이 인류가 가치 있게 여기는 다양한 선한 것들에 초점을 맞춰 가이드라인을 삼은 반면, 필자가 고안한 '한국형 12성품교육'은 지난 세기 동안 인류에게 가장 많은 영향력을 끼친 성경에 근거한 절대적이고 객관적인 지식을 상정한다. 탈무드와 같은 맥락에서 절대자의 성품을 모델링함으로써 절대가치가 존재함을 인식하게 하고, 인류와 사회에 통용되는 일반적이고 보편적인 선이 무엇인지 알게 한다.

'한국형 12성품교육'은 먼저 자신이 얼마나 소중한 존재인지를 깨닫는 자기 성찰에서부터 교육을 전개한다. 창조적 관점에서 자존감이 높은 사람은 자신을 존중하듯 서로를 존중하고 사랑함으로 자신과 타인, 사회 속에서 좋은 관계를 맺는 것을 통해 진정한 행복이 시작된다는 것을 체험하게 하는 교육을 추구한다.

학교에서 인성을 가르치지 않은 결과

문명사회를 유지하는 중요한 부분은 서로를 존중하는 행동이다. 이슈에 따라 남들은 나와 다른 생각을 할 수 있지만 그러한 견해의 차이와 내가 그들을 대하는 태도는 별개다. 이것은 가장 기본적인 예의이다. 우리가 문제를 제기해야 하는 것은 사람의 인성을 형성하는 데 도움이 되는 기본 예의와 적절한 행동이 제대로 가르쳐지고 있느냐는 것이다.

다른 사람의 필요를 채우려면 내가 조금 희생할 수도 있다는 사실을 우리가 과연 가르치고 있는가 생각해 보자. 객관적으로 볼 때 학교와 사회는 타인에 대한 존중과 책임감이 의미하는 바를 가르치고 본보기를 보이는 데 실패할 때가 많다. 사회적으로 좋은 인성의 구성요소가 되는 기본 예의와 올바른 행동을 무시하기도 한다. 다른 사람의 필요를 채우기 위해서 내 쪽에서의 희생이 필요하다는 사실을 잊어버리고 마는 것이다. 또한 학교와 사회에서 남들에 대한 존중과 책임감을 실천하도록 가르치는 것을 경시할 때도 많다. 아이들에게 배려의 중요성을 몸소 보여주고 가르쳐 주는 데 실패하기도 한다.

우리 아이들이 함양하면 좋겠다고 생각하는 가치에 대해 합의점을 찾을 수 있다면, 그리고 이러한 가치가 좋은 인성을 가진 사람들에게서 찾아볼 수 있는 것이라면, 우리는 아이들 안에 이 가치를 심고 키우도록 계획을 짜야 한다. 이 계획이 성공을 거두려면 무엇보다도 학교가 인성계발을 촉진하는 데 앞장서야 한다. 학생들에게 최상의 덕목을 가르치는 데 방해가 되는 장애물을 없애는 데도 학교가 나서야 한다.

대부분의 아이들은 남을 무시하지도 않고 무책임하지도 않다. 부모, 지역사회, 학교가 존중·책임감·배려와 같은 가치를 가르치고 본보기를 보이는 사례도 많다. 그러나 많은 교육자들의 의견을 고려해 볼 때 이러한 긍정적인 인성을 가진 학생들은 눈에 띄게 줄어들었다. 특히 학교가 인성교육 프로그램을 시행하지 않았을 때 더욱 그러하다. 점점 더 많은 학생들과 어른들이 자기 자신의 필요에만 초점을 맞추고 있다. 문제는 그들의 필요가 충동적이고 자기중심적이라는 것이다. 그래서 남들과 함께 일하고 돕는 것, 그리고 자신의 행동에 대한 책임을 지는 것이 바람직한 선택이 아닌 것처럼 생각되고 있다.

1996년 조셉슨윤리연구소에서 6천명의 고등학생들을 대상으로 설문조사를 실시한 적이 있다. 이 조사에 따르면 응답자의 87%가 정직이 최고라고 믿는다고 대답했다. 그러나 65%나 되는 학생들이 지난 1년 동안 부정행위를 한 적이 있다고 응답했다. 약 73% 정도는 같은 기간 동안 부모에게 한 번 이상 거짓말을 했다고 대답했다. 그리고 남학생은 42%, 여학생은 31%가 지난 1년 동안

가게에서 물건을 훔친 일이 있다고 대답했다. 29%는 부모의 돈이나 물건을 훔쳤다고 응답했다. 2년 뒤인 1998년에 실시한 동일내용의 설문조사에서도 결과는 크게 변하지 않았다. 순회강연에서 필 빈센트 박사가 이 이야기를 꺼내면서 "물건을 훔치는 것도 괜찮죠."라고 말하며 그 다음 말을 이어보라고 질문을 던지면 한결같이 "잡히지만 않으면!"이라고 대답했다.

필자의 경우, (사)한국성품협회 부모인성교육 프로그램의 일환으로 한국에서 젊은 엄마들을 대상으로 성품훈계학교를 진행하면서, "만약 내 아이가 다른 아이의 장난감을 몰래 가지고 와서 놀고 있다면, 어떻게 훈계하겠습니까?"라고 질문을 던진 적이 있다. 그 결과 젊은 엄마들이 모두 하나같이 "아이가 재밌게 놀고 있으므로 놀이가 끝날 때까지 기다리겠다", "아이가 상처받지 않도록 조용히 잘 말하겠다"라고 대답했다. "남의 물건을 허락 없이 가져오는 것은 나쁜 일이야"라고 분명한 도덕적 기준을 제시하는 것이 아니라 '내 아이가 상처받지 않는 것'에 더 초점을 맞추고 있었다. 한국의 젊은 엄마들에게는 도덕성보다 '내 아이가 상처받지 않는 것'이 더 중요한 가치 기준이 되어 있는 것을 보고 놀라지 않을 수 없었다.

가정과 학교, 지역사회가 함께하는 인성교육

우리가 설교하는 대로 행동해야 하는 것은 비단 아이들뿐만이 아니다. 우리 자신도 마찬가지인 것이다. 우리가 배려를 중요하게 생각하면 어른들이 먼저 배려를 실천해야 한다. 우리가 정직을 중요하게 생각하면 어른들이 정직을 실천해야 한다.

이 때 짚고 넘어가야 할 것은 우리의 이러한 실천이 큰 영향을 미치지 못하는 경우도 있다는 사실이다. 가정생활이 비참한 학생들이 많다. 또 어떤 학생들은 그럭저럭 괜찮지만 여전히 무언가 빠진 것 같은 가정환경에서 산다. 그런 학생은 자기들의 필요를 자녀의 필요보다 앞세우는 부모가 키웠을 지도 모른다. 가정이나 지역사회에서 배려 같은 것은 생각도 안 해 보면서 컸을지도 모른다. 어쩌면 좋은 가정환경을 만들기 위해 아무도 희생하는 것을 본 적이 없었을지도 모른다. 이렇게 자기중심적인 아이들은 결국에 가서는 활발하고, 적극적이고 가정적이며, 사회성 좋은 아이들에 비해 사회와 자기 자신에게 해로운 존재가 될 가능성이 높다. 가정과 학교, 지역사회의 일원이라고 느끼지 못하는 사람은 그 일원으로서 얻을 수 있는 것도 없다. 남들에게 배려 받지 못하고 남들을 배려하는 법도 배우지 못한 사람은 가정, 학교, 지역사회에 참여함으로써 얻을 수 있는 것이 없다.

남을 배려하고 돕는 것은 가르쳐야 할 중요한 덕목이다. 타인에 대해 우리가 져야 할 의무의 실천은 가정과 학교, 지역사회에서 함께 이루어져야 한다.

이 책의 뒷부분은 교사들이 인성교육을 학업교육과 마찬가지의 중요성을 두고 실천하도록 계획을 세우는 데 중점을 두었다. 미국과 한국의 학교들이 추구하던 사명을 반영하여 인성교육과 학과교육의 균형을 찾는 것이 우리의 목표이다.

1. 성품의 중요성

　성품의 중요성에 대해 독일의 종교 개혁가 마틴 루터는 "한 나라의 국력은 군사력·재력·정치력이 아니라 훌륭한 성품을 가진 국민이 얼마나 많이 있느냐에 달려 있다. 즉, 한 나라의 진정한 강점과 영향력은 성품이 고매한 국민의 수에 좌우된다."라고 말했다. 〈성품은 말보다 더 크게 말한다〉의 저자 앤디 스탠리 또한 "성품이 미치는 범위는 당신의 재능·교육·배경·인맥보다 더욱 넓다. 재능·인맥 등으로 문이 열릴 수는 있으나 일단 그 문에 들어선 후 어떻게 될지는 성품으로 결정된다."라고 성품을 강조했다. 새무얼 스마일즈가 1871년에 출간한 성품교육의 고전이라고 할 수 있는 책, 〈인격론〉에서는 인격이란 이 세상을 이끄는 가장 중요한 동력이라고 말했다. 성품은 한 개인의 삶을 궁극적으로 평가하는 결정적인 요소이며, 더 나아가 한 국가의 흥망성쇠를 좌우하는 원동력이 되고, 성공하는 미래를 향해 달려가는 세상을 움직이는 강력한 힘이다.

곰곰이 생각해 보면 "성품이 바로 당신입니다."라고 말할 수 있을 정도로 성품은 우리 삶의 모든 면을 말해 준다. 우리가 평생 얼마나 많이 보람 있는 일을 하면서 살아가느냐 하는 것도 성품에 달려 있고, 아울러 우리 주변의 모든 인간관계 또한 바로 나의 성품에 의해 결정되기 때문이다. 뛰어난 지도자로 추앙받았던 인물도 자신의 성품의 결정적인 결함으로 인해 신망을 잃어버리기도 한다.

성품은 우리 삶의 열매로 나타난다. 좋은 열매를 보고 좋은 나무를 가늠할 수 있는 것처럼, 한 개인이 이루어 놓은 삶의 결실들을 보고 그 사람이 어떠한지도 알 수 있다.

그런데 그 성품은 평상시에도 중요하지만 특히 삶의 위기 때에 더욱 잘 드러난다. 마치 폭풍이 불면 어떤 나무는 더 견고한 생명력으로 자신의 터전을 지키고, 어떤 나무는 뿌리채 뽑혀 나가는 것과 같다. 인생에서 위기의 시간이 도래할 때 종종 한 개인이 가지고 있는 성품이 적나라하게 드러나면서 그 모습에 사람들은 감격하기도 하고 또한 실망하기도 한다.

좋은 생각, 좋은 감정, 좋은 행동을 실천하는 성품교육

이 시대를 가리켜 '정보의 시대'라고 한다. 많은 양의 지식과 정보가 우리 주변에서 출렁이며 홍수처럼 넘치고 있다. 각종 정보매체는 우리의 주변 가까이 파고들고 있다. 사람들은 이제 전통적인 교육기관에 의존하지 않아도 주변에서 필요한 지식을 얻는 것이 가능한 시대에 살고 있다. 주변에 이러 저러한 모습의 '지식'과 '정보'들이 넘쳐난다.

그러나 한편으론 이렇듯 넘쳐나는 지식이 우리가 당면하고 있는 시대적인 많은 문제들을 적절하게 해결해 주지는 못하고 있다는 인상을 지울 수 없다. 지식이 많아서 머리만 커진 현대인들의 모습에서, 우리는 반드시 그 지식이 삶을 풍요롭게 하고, 주위를 따뜻하게 만드는 일에 이용될 것이라는 확신을 가질 수 없다. 끝없이 배우려고 하는 지식에 대한 욕구가 더는 행복한 삶을 추구하는 진정한 해답이 되지 못하고 있다는 사실은 지난 세월 우리 주변을 관찰해 보아도 쉽게 알 수 있다.

이제 우리는 말로만 가르치는 시대의 종지부를 찍어야 한다. 좋은 생각, 좋은 감정, 좋은 행동을 구체적으로 실천하며 삶에서 좋은 습관으로 나타나도록 해야 할 때이다. 지식으로만 남겨지는 교육은 이제 멈추고, '말'과 '행동'이 일치하는, '아는 것'과 '실천'이 일치하는 성품 지도자를 키워내도록 성품교육을 시작해야 한다.

2. 현대 사회에서 인성이 문제가 되는 이유

사람은 본능적으로 좋은 성품의 씨앗을 내면에 가지고 있다. 그러나 모두가 좋은 성품의 소유자로 나타나지 못하는 이유는, 좋은 성품의 씨앗 그대로를 키우지 못했기 때문이다. 현대 사회에서 인성이 문제가 되는 본질적인 문제를 살펴보면 다음과 같다.

첫째, 핵가족화로 인해 좋은 성품을 가르치는 사람이 없기 때문이다.

한국의 전통사회에서는 가족의 형태가 단단하게 구성되어 있어 가정이라는 공동체 속에서 성품을 구체적으로 배우고 익힐 수 있었다. 할아버지, 할머니, 삼촌, 고모 등 대가족 속에서 많은 구성원들과 다양한 관계를 맺으며 어떻게 행동해야 모두가 편안한지를, 어떤 행동을 해야 더불어 행복하게 되는지를 생각하며 배울 수 있었다. 한 사람의 행동이 다른 사람에게 영향을 미치는 삶을 통해, 좋은 행동이 다른 사람들에게 본보기가 되는 그 속에서 아이들은 마땅히 자라야 하는 성품을 자연스럽게 배울 수 있었다.

그러나 현대는 가족의 구성원이 아빠, 엄마, 자녀들로 그 형태가 점점 핵가족화 되면서, 부모들은 직장의 일로 바쁘고, 자녀들은 이곳저곳에서 타인의 손에 양육되어지고 집에 돌아와서도 텔레비전이나 컴퓨터로 많은 시간을 보내고 있다. 마땅히 어떤 것들을 가르쳐야 할지 모르는 젊은 부모들이 우왕좌왕할 때 아이들은 어떻게 생각하고 어떻게 행동하는 것이 좋은 선택인지 모르는 채 훌쩍 커버리고 만다.

하버드대학교의 명예교수인 로버트 콜스(Coles, R.)는 〈아동의 도덕지능〉이라는 책에서 아이들을 위해서 성품을 계발하는 일은 올바른 삶을 살아가게 하는 지름길이라고 말하며, 특별히 좋은 성품을 기르는 것은 아이들의 삶을 보호하고 격조 높은 삶을 살 수 있도록 지원하는 최상의 교육이라고 했다. 이것은 다른 말로 도덕지능(Moral Intelligence)을 계발하는 일이라고 표현할 수 있다. 부모들은 최초의 성품교사로서 자녀가 좋은 성품을 키울 수 있도록 본보기가 되어주면서 최선을 다해 성품을 가르쳐야 한다.

둘째, 문화 속에 내재되어 있는 매스미디어의 악영향 때문이다.

자녀를 키우고 학생들을 가르치면서 가장 두려운 일은 곳곳에 숨어있는 잘못된 문화 속에 깃든 매스미디어의 심각한 악영향으로부터 아이들을 어떻게 보호하느냐 하는 것이다. TV와 영화, 비디오, 전자게임 등은 저급한 성적 표현, 악마 숭배 등으로 도배되어 있다. 아울러 정서 파괴적인 대중음악, 광고, 반도덕적인 가족의 모습, 흉측한 어른들의 모습을 보도하는 TV 뉴스 등 저속한 대중문화 속에 편만하게 널려 있는 여러 가지 이기주의와 냉소주의, 허무주의 그리고 타락한 도덕문화 속에서 우리의 교육은 혼란을 더해가고 있다.

좋은 성품을 가르친다는 것은 이런 혼란 속에서 학생들로 하여금 옳고 그름을 판단하는 능력, 확고한 자기 신념에 따라 행동함으로써 올바르고 부끄럽지 않게 행동하는 능력을 갖도록 하는 것이다.

셋째, 사회 전반적인 도덕성의 붕괴를 원인으로 들 수 있다.

현대의 삶에서는 아이들이 좋은 성품을 키우는데 필요한 사회적 요소가 서서히 붕괴되고 있다. 어른들의 모습에서 감사하는 본보기를 쉽게 볼 수 없으며 정신적·종교적 교육의 사회적 기반 붕괴, 어른들과 친밀한 관계를 맺어보는 경험의 부족, 개인을 존중하는 학교교육의 부재, 확고하지 못한 국가의 가치관, 지역사회의 지원 부족, 적절한 양육의 부재 등 한마디로 사회 전반적인 기반의 해체현상이 이 세대의 자녀들에게 좋은 성품을 가지지 못하게 하는 요인들이 되고 있다.

그러나 학생들이 좋은 성품을 소유하게 되면 옳고 그름의 내적 능력을 갖게 되어 외적으로 부정적인 영향들에 대해 대항할 수 있는 능력을 소유하게 된다. 다행히도 이 능력은 교육을 통해 습득할 수 있다.

학생들로 하여금 복잡한 추론, 고도의 논리적 사고를 가능하게 하는 것은 쉽지 않아도, 좋은 생각·좋은 느낌·좋은 행동을 습관화하여 이 습관에 익숙하게 반응하게 하는 것은 가능하다. 이것이 바로 성품교육이다. 좋은 성품은 다른 사람을 이해하고 존중하며, 자제력을 발휘하고, 공정하게 행동하며 다른 사람과 공유하는 감정이입을 잘할 수 있는 습관이다.

최근 조사에 따르면 6개월 된 아기도 이미 다른 사람의 고통에 대해 반응하면서 공감능력을 습득할 수 있음이 보도되었다. 좋은 성품으로 교육하는 것은 일찍부터 부모와 교사들이 양육하고 가르치며 본보기를 보일 때, 효과적으로 가르칠 수 있는 것이다.

넷째, 성취지향적인 기성세대의 가치관 때문이다.

소위 스펙으로 불리는 성적, 학벌, 돈, 명예 등 외면적 가치를 최우선으로 하고, 성품은 가치 있게 인식하지 못했기 때문이다. 좀 더 좋은 스펙, 화려한 이력을 위해 혈안이 돼있는 부모와 어른들 때문에, 아이들도 덩달아 무한 입시경쟁의 노예가 돼버렸다.

2012년 교육과학기술부가 한국학술교육정보원에 의뢰해 전국 초중고교생 3만 1,000여 명을 대상으로 조사한 결과, 42%가 성적 스트레스 때문에 학교를 그만두고 싶다고 생각하는 것으로 나타났다. 특히 그 비율은 초등학생 28.8%, 중학생 40.9%, 고교생 48.6%로 갈수록 높아졌다. 무분별한 사교육과 과도한 경쟁이 과열됨에 따라 아이들에게 더 이상의 여유와 행복을 기대하기 어려워진 것이다.

치열한 스펙경쟁의 결과, 우리 아이들에게는 어떤 일들이 일어날까? 하버드 의대 심리학자인 스티브 버글래스(Steven Berglas)는, 아이들이 이러한 성공증후군에 시달리면 4가지 증세 중 적어도 한 가지 이상을 겪게 된다고 발표했다. 첫째, 매우 거만(Arrogance)해지거나 둘째, 외로움의 고통(painful feeling of Aloneness)에 시달리거나 셋째, 건강한 모험이 아닌 파괴적인 모험을 추구(destructive Adventure-Seeking)하고 넷째, 간음(Adultery)을 한다는 것이다. 스티브 버글래스는 결론적으로 "엄청난 성취감을 얻었다고 하더라도 그것을 지탱할 기본적인 성품이 없다면 파멸로 향하게 된다"고 강조했다.

좋은 성품이란, 갈등과 위기의 상황에서 더 좋은 생각, 더 좋은 감정, 더 좋은 행동으로 문제를 해결하는 능력(이영숙, 2010)이다. 세계의 3대 미래학자이자 덴마크 석학인 롤프 옌센(Rolf Jensen)은, "앞으로의 세상은 인간 중심의 감동사회가 될 것이다. 이때 가장 중요한 것은 누군가를 감동시킬 수 있는 능력이다"라고 말했다. 인생을 살아갈 때 가장 필요한 것은 좋은 성품이다. 좋은 성품이 가장 좋은 스펙이 되는 것이다.

다섯째, 상처받은 인간관계 때문이다.

인간관계의 기본은 가정에서 이루어진다. 그런데 현대의 많은 가정들이 부모-자녀 간의 인간관계를 행복하고 아름다운 기억으로 만들지 못한 채, 고통과 상처 속에 서로에게 아픔을 주고 있다. 성품은 과거의 기억들이 생각, 감정,

행동으로 표현되는 것인데, 오늘날에는 과거의 인간관계를 맺어 본 기억들이 행복하고 좋은 경험들이 아니기 때문에, 상처받은 마음들이 학교에서 학교폭력·왕따·우울증·자살의 문제로 나타난다. 좋은 성품을 가르치려면 행복하고 좋은 경험들을 주는 것이 가장 중요하다.

필자는 인간관계의 기본이 되는 '가정'을 회복하는 일이 가장 시급한 문제라고 생각한다. 0~3세 교육이 평생 가는 영향력이 되듯, 영유아기 때 부모와 갖게 되는 애착의 형태에 따라 그 후 학교생활과 사회생활이 지대한 영향을 받기 때문이다.

한국 사회의 가장 아픔이 되고 있는 청소년 자살, 왕따문제, 학교폭력의 문제는 그들이 경험한 최초의 인간관계에서 문제가 시작된 것이다. 그러므로 필자는 좋은 성품을 키우는 창의적인 방법으로, 부모가 될 사람들과 가정을 지원하는 인성교육 프로그램이 절실히 필요하다고 본다.

2

인성교육은 어떻게 해야 할까?

도덕성을 판단하려면 한 사람의 삶 전체를, 그리고 말과 행동을 모두 고찰해야 한다.

성공적인 인성교육을 위해서는 효과적으로 생각하고 추론하는데 필요한 기술과 함께, 도덕적 인성이 담긴 선하고 올바른 행동을 습관으로 심어줘야 한다.

도덕적인 학생들을 양육하기 위해 우리는 "에토스(습관)" 혹은 학교생활 안에서 인성을 배우도록 해야 한다.

현대 윤리교육의 2가지 기둥의 한계 – 가치명료화론과 인지적 도덕발달론의 한계

가치명료화론과 인지적 도덕발달론은 1960년대에서 80년대 사이에 널리 활용되던 두 가지 윤리교육 방법이다. 이 책에서 이들 이론을 살펴보는 것은 이러한 교육방법이 인성교육과 도덕교육에 미친 영향을 생각해 보기 위해서다. 두 접근법 모두 과거에 비해 지금은 미치는 영향이 적지만 이들이 아직도 미국과 한국 교육에 어떤 영향을 끼치고 있는지 시사점을 분석해볼 필요가 있다. 이들의 문제점을 분석하기 위해 우선 더 오래되고 인기가 많았던 가치명료화론부터 살펴보자.

가치명료화론의 한계

1960년대 중반에 시작되어 70년대에 절정에 이른 가치명료화 철학은 미국 전국의 학교를 휩쓸었다. 무엇보다 "선하다, 좋다고 느끼는 것"이 중요했다. 따라서 논리적인 생각을 주의깊게 분석하고 발전시키는 것은 무시되었다. 학교, 지역사회, 그리고 때에 따라서는 가정에서까지 존중과 책임감 같은 습관을 일관되게 발전시키고 객관적인 기준을 만들어 행동에 적용하는 것이 경시되었다. 대신, 어떤 문제에 대해 개인이 어떻게 느끼는가를 아는 것이 중요하게 여겨졌다.

가치명료화론을 선택한 학교에서는 교사들이 더 이상 서구 지적 전통이나 종교적 윤리강령 같은 객관적이고 도덕적인 기준을 생각할 필요가 없어졌다. 가치명료화론의 핵심 가정은 학생을 포함한 모든 사람이 나름의 가치를 가지고 있고 무엇이 도덕적인지를, 아니면 적어도 자신을 위해 무엇이 도덕적인지를 알고 있다는 것이다. 가치(values)는 사람마다 다른 선호와 선택을 나타낸다. 반면, 선(virtues)은 행동과 견해를 평가하는 기준이다. 가치에서 선과 도덕적 선택을 빼버리면 주관적이 되고, 자기 가치에 대한 표현, 혹은 설명만이 남는다. 그래서 가치를 설명하는 가치명료화론이 되는 것이다.

가치명료화론은 가치 교육에서 가장 널리 사용된 방법 중 하나이다. 이 이론은 루이스 래쓰, 메릴 하민, 시드니 시몬이 저술한 〈가치와 교육 Values and Teaching (1966)〉에서 처음 제기되었다. 이후 시몬, 르랜드 호우, 하워드 키센바움의 〈가치명료화 Values Clarification (1972)〉가 그 뒤를 이었는데, 〈가치명료화)는 60만부 이상이나 판매된 교재이다. 1970년대 가치를 "가르치는데" 지대한 영향을 끼쳤던 것이다.

위 책의 저자들은 가치를 정립하는 과정, 즉 자기의 '가치를 말로 표현하는 행동'이 '가치에 들어있는 내용'보다 중요하다고 생각했다. 이 방법은 누군가 가지고 있는 옷, 자동차, 음악 같은 사회적 가치뿐 아니라 안락사 같은 도덕적 가치에도 적용이 되었다.

가치명료화 이론에서 가치는 '자유롭게 선택하기, 상주기, 행동에 옮기기' 과정을 통해 얻어진다. 선택하기는 여러 가지 대안 중에서 신중하게 생각하는 것이며, 상주기는 선택에 대해 만족하고 대중 앞에서 주장하는 것이 곧 자기에게 상을 주는 것이 된다는 뜻이다. 그리고 행동에 옮기기는 선택한 대로 반복해서 행동하는 것을 뜻한다. 가치의 개념은 이러한 과정들이 충족될 때 결과로 얻어지는 것이다. 다시 말해, 가치는 내가 자유롭게 선택하고(복장 규정을 어긴다), 상주고(사람들은 이런 나를 멋지다고 생각할 것이다), 가치에 따라 행동(복장 규정을 매일 어긴다)할 때 생긴다는 말이다.

가치명료화의 핵심테크닉

교사가 가치명료화를 가르치는 데 필요한 핵심 테크닉은 학생들이 자기 가치를 명료화하도록 돕는 명료화 반응이다. 명료화 반응은 학생들의 말이나 그들이 선택한 것을 반영하기 위한 행동, 혹은 상을 주는 것에 대해 선생님이 반응하는 방법이다. 명료화 반응의 기본 의도는 학생들이 자기의 행동과 행동에 대한 생각을 좀 더 자세히 들여다보아 명료화하도록 돕는 것이다.

가치명료화에서는 자기의 가치를 말로 표현하는 것이 가장 중요하다. 남들이 말한 가치에 대해 도덕적으로 설명하고 비판하거나 평가하는 것은 교사도, 학생들도 고의적으로 피해야 하는 사항이다. 다음 대화가 이해에 도움이 될 것이다.

"바비, 학교 성적이 나쁜 아이에게 엄마가 외출을 금지시키는 것에 대해 어떻게 생각하니?" 선생님이 물었다.

"그런 엄마는 싫어요!" 바비가 대답했다.

"바비, 왜 그렇게 느낀 거니?"

"그건 옳지 않기 때문이에요. 그 애는 나가 놀 수 있어야 해요. 학교와 집은 별개니까요."

"바비, 너의 생각을 알려줘서 고맙다. 누구 또 자기 생각을 말해 볼 사람 있니?"

가치명료화의 학습방법

가치명료화 접근법에서 중요한 것은 자기의 가치를 말하는 것이다. 그 가치가 어떤 장점을 지니고 있는지, 그리고 그렇게 말한 가치를 실천하는 것이 개인의 인성형성이나 선한 사람이 되는 것에 도움이 되는지 여부는 관심이 없다. 가치를 말하는 행위가 그 가치에 대한 신뢰를 만들어낸다.

그러나 이러한 관념은 터무니없는 생각이다. 바비가 엄마에게 느낀 감정은 분명히 잘못된 것이다. 바비가 자기감정을 말할 때, 언어 표현이 부족했을 수도 있다. 어쩌면 자기 집에서 일어난 어떤 일에 대해 화가 났을 수도 있고 그러한 감정을 이 가치 상황에 전이시키는 것일 수도 있다. 이유야 어찌되었건 바비는 자기 말이 잘못되었다는 지적을 받아야 마땅하다. 남을 미워하는 것은 분명 잘못된 것이다.

우리는 바비에게 왜 그의 생각이 잘못되었는지 지적해 줘야 한다. 그리고 남에 대해 증오를 품고 행동하는 것이 어떤 의미를 지니는가 생각해 보도록 해야 한다. 누구를 미워하는 것이 결코 문제를 해결하거나 미워하는 사람의 상처를 치유하는 데 도움이 되지 않는다는 사실을 깨달을 수 있도록 책을 읽게 하는 것도 좋다.

아이의 학교 활동은 가정에서의 활동과도 연계되어 있다. 학교에서 잘못된 행동을 하면 집에서 그에 합당한 결과가 따라줘야 한다. 위의 대화에서처럼 교사가 아이의 생각에 대해 아무 말 없이 지나가면 아이는 모든 가치가 동등하다고 생각하게 된다. "내 가치가 선생님의 가치만큼 훌륭해!"라고 생각한다는 것이다. 이렇게 말도 안 되는 믿음을 갖게 되면 교사는 아이의 도덕적 "추론"을 바로잡아줄 수 없게 된다. 안타깝게도 일부 교육자들은 지적인 모순을 바로잡아주는 것과 아이들의 인성계발을 돕는 것은 자신들의 임무가 아니라고 생각한다.

가치명료화론의 5가지 문제점

가치명료화론이 학교 선생님과 교과과정 개발에 매우 큰 영향을 미쳤다는 사실은 논란의 여지가 없다. 이 방법론은 분명 학생들이 자신의 생각과 믿음을 정립하는 데 도움이 되었다. 생각 속 모델을 교실로 가져와서 세상을 해석하는 방법을 배우는 데 기여했다. 이 방법은 또한 학생들이 다른 사람의 말을 경청하고 다양한 대안에 비추어 보는 데 도움이 된다. 하지만 가치명료화론은 적어도 다섯 가지의 큰 문제점을 지니고 있다.

<u>첫째,</u> 가치명료화론은 상대주의를 깔고 있어 옳지 못한 가치도 옳다고 생각하게 만드는 함정이 있다. 캐나다 출신 철학자 찰스 테일러는 〈미국정신의 종말 The Closing of the American Mind (1987)〉에 나타난 앨런 블룸의 생각을 다음과 같이 요약했다.

블룸은 요즘 젊은이들에 대해 매우 비판적이다. 소위 '배웠다'하는 젊은이들이 경솔한 상대주의를 받아들였다는 것이 그들의 인생관을 단적으로 보여준다고 지적한다. 상대주의자들은 모든 사람이 각자의 "가치"를 가지고 있고, 이에 대해서 논쟁하는 것을 불가능하다고 생각한다. 문제는 블룸이 말했듯이 이것이 그냥 인식론적인 입장, 즉 이성이 만든 한계에 대한 관점이 아니라는 것이다. 이 상대주의는 다른 사람의 가치에 도전해서는 안 된다는 도덕적 입장이다. 상대주의에 의하면 다른 사람의 가치는 그 사람이 중요하게 생각하는 것이고, 선택한 것이며, 반드시 존중되어야 한다. 상호존중 원칙에 상대주의가 깔려있는 것이다.

다른 말로 하면 상대주의는 개인주의에서 뻗어 나온 곁가지이다. 개인주의에는 모든 사람이 자기가 무엇이 중요하고 가치가 있다고 느끼는지를 바탕으로 각자 자기 삶의 양상을 발전시킬 권리가 있다는 원칙이 깔려있다. 사

람들은 각자 자신에게 진실하고 자기만족을 추구해야 한다. 이는 결국 모두
가 자기 스스로 결정을 내려야 한다는 의미이다. 다른 사람은 이래라 저래
라 지시할 수도 없고 지시해서도 안 된다.

수많은 사람들이 "옳다"라고 생각하지만 그것은 그저 옳다고 느끼는 것일
뿐 도덕이나 지적 전통에 비추어 옳다고 볼 수 없는 것이 많다. 블룸은 바로 이
점을 인식한 것이다. 어떤 이슈에 대해 일종의 느낌을 가지는 것은 그 사람이
제대로 된 결정을 내릴 만큼 충분한 정보를 가지고 있다는 뜻이 아니다. 구명보
트 딜레마를 예로 들어보자. 20명이 탈 수 있는 구명보트가 있다. 그런데 타야
할 사람은 21명이다. 학생들에게 배에 타고 싶은 21명의 특징을 하나하나 설명
하고 누가 배에 타는 것을 포기해야 할지 선택하도록 한다.
　　필 빈센트 박사가 이 딜레마 문제를 학생들에게 물어본다고 그의 아버지
에게 말하자, 그의 아버지는 펄쩍 뛰며 만류했다. 필 빈센트 박사의 아버지는
이오지마 전투에 참여했던 해병으로, 누구보다도 생명의 가치를 잘 알고 삶과
죽음을 가르는 이런 결정이 얼마나 어려운지도 잘 알고 있었다. 전쟁 중에 의사
가 수많은 부상자 가운데 누구를 선택하여 치료할 것인가를 선택하는 것이 어
떤 것인지 잘 알고 있었던 것이다. 그는 "어린애들이 어떻게 그런 결정을 내릴
수 있겠니? 왜 이런 질문을 아이들한테 하는 거냐."라고 필 빈센트 박사에게 되
물었다고 한다. 이런 중차대한 문제를 경험도 없고, 철학도 없고, 신학교육도
받지 못한 아이들에게 물어보는 것을 그의 아버지는 불합리하고 무책임하다고
생각한 것이다.

하지만 이 시나리오는 가치명료화 이론의 주창자들이 사용하던 것이며 지금도 사용하는 교사들이 있다. 단순히 어떤 것이 옳다고 느낀다고 해서 그것이 옳은 것이 되는 것은 아니다. 적기적시에 훌륭한 결정을 내리기 위해서는 지식과 경험이 필요하다. 가장 시급한 상황에 무언가 결정을 하려면 솔로몬의 지혜가 필요할 수도 있다.

아이들에게 모든 결정이 똑같이 정당하다고 가르치는 것은 어리석은 일이다. 지난 1998년 미국 델라웨어에서 10대 소녀가 친구들과 함께 모텔방에서 몰래 아기를 낳고 죽인 후 쓰레기통에 버린 사건이 발생했다. 모든 결정이 똑같이 정당하다고 한다면 이 아이들에게도 이런 일을 저지를 수 있는 도덕적 권리가 있다고 해석되는 것이다.

가치명료화 이론이 가진 두 번째 문제점은 개인적·사회적·도덕적 발달보다는 동조(conformity)를 강조하는 경향이 있다는 것이다. 존 스튜어트는 〈피델타 카판 Phi Delta Kappan (1975)〉의 가치명료화론을 비판하면서 가치명료화 접근방식에는 "약자들에 대한 강압"이 있다고 꼬집었다. 학생들이 극단적인 입장을 피하게 하는 일종의 압력이 있다는 것이다. 스튜어트는 가치명료화론자들이 제기하는 극단적인 대안 중에는 너무 구체적이고 감정이 실린 것들이 많아서 대중들이 올바른 대안으로 인정하지 못하는 경우가 많다고 지적했다.

상징물을 가지고 예를 들어보자. 버지널 버지니아는 순결을 지키기 위해 데이트할 때마다 흰 장갑을 끼고 나가고, 성관계를 좋아하는 매트리스 밀리는 항상 침대 매트리스를 등에 매고 데이트를 한다. 학생들이 이 두 가지 극단적인 대안 중 하나를 선택할 가능성은 거의 없다. 선택의 기로에서 학생들은 친구들에게 무언의 압력을 받고 결국 중간 입장을 취하게 된다는 것이다.(순결을 지키는 것이 지극히 윤리적이고 건전한 입장임에도 불구하고 그렇게 하면 극단을 선택하는 입장으로 몰리는 것이다.)

셋째, 가치명료화 이론은 심사숙고한 후 가치를 선택하는 것을 강조하는데, 결과를 "심사숙고"하는 기준에 문제가 있다. 만약 모든 사람에게 이미 종교적, 철학적 가르침 같은 도덕적 사고가 정립되어 있어서 사람이 선택의 기로에서 항상 건전한 도덕적 선택을 한다면 모두가 올바른 기준을 가진 것이므로 문제가 되지 않는다. 하지만 우리는 도덕적 사고를 타고나지 않았을 뿐더러 자기 이익을 추구하는 경향이 있다. 그래서 자기이익을 기준으로 삼는 문제가 발생하는 것이다. 이를테면 모든 사람들은 연봉 인상을 원한다. 하지만 이를 위해 다른 사람의 일을 방해할 수는 없다. 비윤리적이기 때문이다. 훌륭한 도덕적 결정에는 이처럼 윤리적 척도가 필요한 법이다.

그런데 가치명료화 이론은 학생들이 상황을 심사숙고하기 위해서는 핵심 목표로 자기 이익을 추구할 필요가 있다고 메시지를 전달한다. 앞서 언급했듯이 학생들은 시험 중 부정행위를 해도 걸리지만 않으면 된다고 말한다. 이를 다른 말로 바꾸면 개인의 이익이 도덕적 기준보다 우선한다는 의미이다. 다른 예를 들면, 로비단체가 다른 사람들에게 미치는 영향 같은 것은 생각하지 않고, 자기이익만을 추구하는 것이 정당하다는 의미가 된다. 다수와 사회의 필요를 위해 개인의 이익이 약간은 희생될 필요가 있는 우리 사회에서 이렇게 가르치는 것은 말이 되지 않는다.

넷째, 가치명료화 이론은 학생들이 자신의 견해의 옳고 그름을 판단할 수 있는 척도 같은 것이 없어도 무엇이 도덕적인지 논의하고 결정할 수 있다고 가정하고 있다. 모든 학생들에게 각자의 가치가 있고, 다원주의 사회에서는 모든 가치가 동등하며 존중받아야 한다는 생각에서 이러한 가정이 나왔다. 물론 말도 안 되는 소리이다. 아이에게 벌로 외출금지를 명령한 엄마를 나쁘다고 생각하는 바비의 가치에서 본받을 점을 찾을 수 있다고 보는가?

많은 부모들이 자녀를 위해 외출금지 명령을 활용한다. 학생들이 남을 존중할 줄 알고 책임감 있게 자라도록, 즉 좋은 인성을 계발하도록 하려면 부모와 교사들은 때로 체벌이나 혹은 아이가 스스로 행동에 대한 결과를 감당하게 해야 할 때가 있다고 생각한다. 앞으로 동일한 잘못을 다시 하지 않도록 하기 위함이다. 기본적인 예의와 공손에 반하는 가치를 존중하고 인정해 줘야 할 필요가 있을까? 사회의 안녕이나 개선에 대한 고려가 부족한 생각을 받아들여줘야 할 필요가 있을까?

그런데 가치명료화 접근법은 모든 학생들이 가진 가치가 똑같이 중요하고 각각의 이점이 있다고 보기 때문에 교사들이 아무 것도 해줄 수가 없다. 가치는 어디까지나 선호를 반영할 뿐이다. 반드시 도덕적 기준에 부합하지는 않는다.

이러한 일이 일어나는 곳은 학교뿐이 아니다. 하루 종일 흘러넘치는 TV 토크쇼를 보라. TV 인기 프로그램과 라디오 토크쇼의 MC들은 어떤 이슈에 대해 우리가 모든 사람의 견해와 입장을 들으면, 여러 대안을 다 이해하고 최종적으로 합리적인 시각을 갖게 된다고 가정한다. 다른 사람의 입장을 이해하기 때문에 우리가 더 도덕적이 된다는 가정이다. 달리 말하면 가치를 분석하는 것보다 명료하게 표현하는 것이 더 중요한 것이다. 만약 모든 TV 토크쇼가 시민사회에 필요한 예절을 반영해야 한다면 많은 MC들이 직업을 잃게 될 것이다.

　다섯 번째 문제는 가치명료화 이론이 도덕적으로 견실하게 사고할 수 있는 능력을 키워준다는 연구 결과가 없다는 점이다. 어떤 이슈에 대해 개인이 어떻게 느끼는지 말하는 것만으로 그 사람이 도덕적인 사람이 되거나 좋은 사람이 되는 것은 아니다. 개인이 믿고 있는 것, 혹은 개인이 느끼는 것을 말했을 뿐이다. 가치들이 모두 동등하다고 믿고 모든 가치를 무작위적으로 받아들이는 경우의 위험성을 생각해 보라. 내용에 상관없이 내 가치가 상대방의 가치와 동등하다는 것이다.

　큐클럭스클랜(백인지상주의 비밀결사)이 가진 증오, 편협, 폭력이라는 가치가 자랑스럽게 그 자녀들에게 전수되는 예를 생각해 보자. 이것을 과연 도덕적으로 옳다고 할 수 있는가? 핵심 문제는 개인들이 가치를 지니고 있느냐 마느냐가 아니다. 가치는 모든 사람에게 있다. 그래서 핵심은 한 개인의 핵심 가치가 도덕적 행동 원칙에 부합하느냐이다. 여기에는 철학적, 종교적 영향도 포함된다. 가치명료화론은 정확하고 일관된 것인가, 혹은 도덕적으로 옳은가, 사리에 맞는 반응인가가 아니라 토론과 대중의 지지를 강조한다는 데 문제가 있다.

가치명료화론의 한계점

　결론적으로 말하면 가치명료화는 마땅히 제시했어야 할 도덕적 이상을 제시하지 못했다. 찰스 테일러는 〈진정성의 윤리 Ethics of Authenticity (1991)〉를 통해 "내가 생각하는 도덕적 이상은 '더 나은' 혹은 '더 고상한' 삶의 모습을 그리는 것이다. '더 나은'과 '더 고상한'이라는 말은 우리가 바라거나 필요한 것으로 정의되는 것이 아니라 우리가 바라야만 하는 것을 기준으로 정의되는 것이다."
라고 언급했다.

케빈 라이언과 앤 볼린은 〈학교에서의 인성형성 Building Character in Schools (1999)〉이라는 좋은 책에서 가치명료화론자들의 교육적 견해를 분석하고 가치와 선을 구분해 준다. 이들의 의견은 우리가 가치명료화론을 고찰하는 데 중요한 지침이 된다.

가치란 우리가 바라는 것이고 원하는 것이며 가치 있다고 생각하는 것이다. 그래서 생각과 신중한 선택의 산물을 나타내기 보다는 취향이나 느낌의 문제로 축소될 수 있다. 게다가 가치는 선할 수도 있고 악할 수도 있다.

라이언과 볼린은 가치란 사회적·인종적·문화적 전통 그리고 종교적·윤리적·철학적 전통을 통해 형성되기도 하지만 옷, 자동차 등과 마찬가지로 개인적인 취향을 담고 있다고 지적한다. 그래서 이들은 가치의 문제는 단순히 누가 어떤 가치를 가지고 있느냐가 아니라 그 가치에 대한 의견이 가진 권위가 훨씬 중요한 문제라고 주장한다.

현대는 가치를 선택의 문제로 본다. 동시에 특정 "도덕적 권위"로 제한되어서는 안 되는 개인의 권리라고 보는 분위기로 흘러가고 있다. 모든 사람이 자유롭게 자기만의 가치를 결정할 수 있다는 것이다. 이렇게 보는 것은 "내겐 난롯가에서 보내는 저녁 시간이 정말 소중해.", "나는 달지 않은 화이트 와인을 좋아해."와 같이 취향에 국한될 경우는 문제가 없다. 하지만 이런 주관론은 도덕적 영역에서는 파괴적이다. 자기가 가치 있다고 생각하는 것을 얻기 위해 권모술수를 사용하여 사람들에게 해를 끼칠 권리를 가진 사람이 있겠는가? 문화적 상대론자들은 규칙을 사람이 만들었기 때문에 자의적이라고 본다. 그래서 이들은 모든 것이 상대적이라면 이 세상에는 도덕적 원칙이나 모든 사람이 따라야할 보편적인 선은 없다고 주장한다. 인종·문화·종교적으로 다양한 사회에서 사는 우리는 문화적 상대주의에서 개인적 상대주의로 빠르게 옮겨가고 있다. 개인적 상대주의 세계에서는 개인이 왕이다. 윤리적 문제에 맞닥뜨리면 자신에게 가장 좋은 방법으로 문제를 해결할 책임이 있다. 우리 자신이 바로 자신의 전속 판사이자 배심원이다.

이어서 라이언과 볼린은 학생들에게 선을 심어줘야 한다고 주장한다. 이들은 "가치가 도덕적 의무감을 만들어 주지도 않고 훌륭한 인생으로 이끌어줄 것을 약속해주지도 않는다."고 지적했다. "선이란 도덕적으로 탁월한 방법으로 생각하고 느끼고 행동하는 성향이자 그러한 성향을 행동에 옮기는 것이다… 결국 선은 우리가 가진 책임을 좀 더 품위 있게 감당할 수 있도록 해주는 습관이자 성향이다."라고 말한다.

라이언과 볼린은 선에 대한 행동의 기준과 그렇게 살려고 자진하는 마음이 필요하다고 강조한다. 그리고 그 기준에 따라 판단 받아야 하는 것이다.

선은 내가 가치 있다고 생각하는 것을 훨씬 뛰어 넘어 테일러가 말하는 '바라야만 하는' 것에 초점을 둔다. 이 '바라야만 하는' 것을 만들려면 수천 년 동안 쌓인 문화적 관습과 지적 전통에 대한 성찰이 필요하다. 이렇게 하려면 매우 폭넓게 생각해야 한다.

예수를 따르려고 하는 독실한 남침례교단 여신도와 그녀의 삶을 예술작품으로 승화시키려고 애쓰는 불가지론자들은 자신들의 교제에서 정직을 지키고, 혜택 받지 못한 사람들을 긍휼히 대해야 하며, 다른 사람들의 권리를 존중해야 한다는 데 의견을 같이 했다. 나아가 한 나라의 국민으로서 그들은 공동선의 촉진에 필요한 도덕적 기준과 선에 대해서도 합의점을 찾았다.

가치명료화론자들과 주관적인 상대주의를 받아들이는 사람들에게는 이런 기준이라는 것이 없다. 그들의 기준은 개인적이며 그것만으로 충분하다. 하지만 개인적인 기준은 우리가 해야만 하는 것을 정의하는 데는 도움이 되지 못한다.

가치를 개인적인 것으로 분석하는 것과 도덕적인 것으로 분석하는 것에는 분명한 차이가 있다. 개인적인 것은 취향에 호소할 뿐이다. 그러나 도덕적인 것은 지적인 전통과 올바르다고 인정되는 행동에 호소한다. 선, 혹은 올바른 행동과 생각이 필요한 것이다. 개인적인 것이 도덕적인 것으로 간주되면 우리는 학생들을 잘못 가르치는 것이 된다.

가치명료화는 잘못된 교육의 대표적인 예이다. 요즘에는 대놓고 가치명료화론을 주장하는 사람은 찾아보기 힘들다. 하지만 여전히 일부 교사들의 태도와 교수방법론에 인식론적으로 영향을 미치고 있다. 특히 자아존중감을 강조하는 교사에게서 이러한 영향을 쉽게 찾아볼 수 있다.

가치명료화론의 영향을 받은 잘못된 교육의 예—느낌에만 치중한 자아존중감 계발 프로그램

가치명료화와 자아존중감을 주장하는 것은 덕망 높은 사람을 길러내는 데 전혀 도움이 되지 않는다. 그렇다면 이렇게 문제가 많은 이론을 왜 논해야 하는 것일까?

가치명료화론이 여전히 학교 시스템 안에 스며들어 있기 때문이다. 특히 상담프로그램이나 자아존중 프로그램에 그 잔재가 많다. 일부 교사와 상담교 사들은 학생에게 이 가치가 더 좋다거나 나쁘다고 말해서는 안 된다고 생각한다. 그런 선생님과 상담교사는 아마 학생에게 어떤 사상을 "주입"하지 않으려고 하는 것일 것이다.

하지만 모든 교육은 무엇인가를 주입하는 행위이다. 우리가 중요시해야하는 것은 학생들에게 주입을 하느냐 마느냐가 아니라 선과 그 선을 주입시키는 기술이다. 학생들에게 자아존중감을 심어주려는 프로그램들은 극단적으로 단순화되어 있어 좋은 인성을 형성하는 데는 역효과를 낼 수 있다. 그런 프로그램은 학생들이 스스로에 대해 훌륭하다고 생각하도록 만들어 주면 곧 훌륭한 사람이 된다는 가정을 깔고 있다. 분명히 지나치게 단순화한 것이다.

훌륭하다고 느끼는 것과 훌륭한 것은 같을 수 없다. 은행강도가 돈을 훔친 것에 대해 훌륭하다고 느끼는 것을 생각해 보라. 자아존중감이 높다는 것이 곧 윤리적인 행동으로 이어지지는 않는다. 조직폭력배인 내가 다른 조직의 폭력배를 신나게 두들겨 패주었을 때 훌륭하다고 느낄 수는 있다. 하지만 사람으로서 자신에 대해 훌륭하다고 느낄만한 이유는 분명히 없다.

자아존중감 계발 프로그램은 또한 자아존중감의 원천이 자신이 힘들게 성취한 것이 아니라 자신에 대한 느낌이라는 생각을 깔고 있다. 필 빈센트 박사는 실상 자아존중감은 주어지는 것이 아니라, 스스로 얻어내는 것이라고 주장한다. 즉, 자기가 세운 목표를 달성하고 자기 절제력을 키우는 과정에서 스스로 얻어내는 것이 바로 자아존중감이라는 것이다.

교사의 역할은 학생이 옳은 것과 그른 것을 배우고 연습할 수 있는 환경을 만들어주는 것이다. 사회적으로나 도덕적으로 성장하고 학업능력이 향상될 수 있는 환경, 스스로의 노력을 통해 이러한 것들을 성취해 나갈 수 있는 환경을 만들어주는 것이다. 이것이 바로 자아존중감을 계발시켜 주는 방법이다.

빠른 처방을 통해, 혹은 힘든 일과 희생 없이 자아존중감을 세워주려고 하는 프로그램은 지나치게 단순화되어 있고 편협하다. 좋다고 느끼는 것과 좋은 것을 동격으로 생각한다. 윌리엄 데이먼은 〈더 큰 기대: 가정과 학교에서 방종 문화를 극복하기 위하여 Greater Expectations: Overcoming the Culture of Indulgence in Our Homes and Schools (1995)〉에서 다음과 같이 언급했다.

자아존중감은 아이들에게 신기루를 심어주는 것에 지나지 않는다. 신기루는 그럴싸한 속임수이다. 우리가 좀 더 보람 있는 발전 목표로 가까이 가지 못하도록 유혹한다. 최근 수년간 아이들의 자아존중감을 강화시켜야 한다는 의무감은 학부모들과 교사들의 상상을 사로잡아 훨씬 장래성 있고 생산적인 훈육의 길로 갈 수 있는 가능성을 붙잡아 매놓고 있다. 아이들이 기술과 가치, 선을 배울 수 있도록 우리가 더 잘 도와주면 아이들 안에는 자신에 대한 긍정적인 인식이 자라난다.

필 빈센트 박사는, 이처럼 절대적인 기준이 없이 개인이 좋아하는 성향이나, 자신에게 유익이 되고 옳다고 생각하는 가치를 선으로 인정하는 가치명료화론의 관점에서 자존감 교육을 펼치는 것이 상당히 위험한 교육이라고 비판한다. 미국의 교육이 인지가 발달해야 도덕성도 발달한다는 '인지 발달론적 교육'을 지향하고, 개인이 주장하는 것을 좋은 가치라고 판단하는 경향이 자존감 교육에도 영향을 미침에 따라, 종래의 가치명료화론의 영향을 받은 자존감 교육은 더 큰 인성교육의 한계와 문제점을 가져왔다는 평가다.

이와는 반대로 필자가 '한국형 12성품교육론'에서 강조하는 자존감 교육은, 창조적 관점에서 자신의 존재에 대해 새롭게 각성하고, 나의 존재 자체가 인생의 커다란 목표와 계획을 가지고 창조된 놀라운 존재임을 깨닫는 것에서부터 시작된다고 본다. 창조론적 세계관 속에서 생명 자체에 대한 자존감에 초점을 맞춘 것이 바로 한국형 12성품교육론의 '기쁨의 성품 프로그램(자존감 프로그램)'이다.

실제로 가치명료화론의 영향을 받은 자존감 교육은, 절대적인 가치가 아니라 개인이 선호하고 주장하는 것이 곧 '가치'가 되어 자존감의 근본 바탕이 된다는 것에 문제가 있다. 진정한 자아존중감 프로그램은 '나의 생명이 귀하고, 존재 자체만으로도 소중하다'라고 하는 생명의 경이감을 바탕으로 하여, 창조적 관점에서 인생의 목표와 계획을 새롭게 인식하는 교육이 되어야 한다. '한국형 12성품교육론'에서 주장하는 자존감 프로그램이 인본주의적 교육과 근본적으로 다른 이유도, 바로 이러한 차이에서 연유했기 때문이다.

가치명료화론의 영향을 받은 잘못된 교육의 예―모든 문화를 무비판적으로 존중하는 것

가치명료화론의 영향을 받은 것은 비단 자아존중감 프로그램뿐이 아니다. 심지어 모든 문화가 똑같이 존중받아야 한다, 모든 문화는 동등한 가치와 장점을 지니고 있다고 가르치는 사회 선생님들도 있다.

개인과 민족을 이끌면서 발전한 문화와 원칙은 동등하지 않다. 타문화를 연구하고, 학생들에게 타문화의 믿음도 존중하도록 가르쳐야 하지만 그렇다고 해서 모든 문화에 동등한 가치를 두어야 한다고 가르칠 수는 없다. 다른 정치형태와 원칙을 민주주의 전통과 동등하다고 인정할 수도 없다.

일례로 여성들에게 할례를 하게 하는 문화를 옳다고 볼 수는 없다. 그런 문화가 있다는 것은 인정하지만 도저히 그것을 여성의 권리로서 발전시켜야 하는 전통이라고 추천할 수는 없다. 오히려 끔찍한 여성학대로 보는 게 상식적인 시각이다.

서구 문화나 민주 국가가 모든 면에서 완벽하다는 의미는 아니다. 원칙은 행위를 위한 지침이지만 그런 원칙이 항상 지켜지는 것은 아니다. 미국에서 흑인과 인디언을 학대한 일이나 2차 세계 대전 중에 일본계 미국인들을 매장한 사건 등은 미국 헌법의 원칙이 준수되지 않은 정책적 결정의 사례이다.

역사는 이러한 잘못들을 어느 정도 바로잡기도 한다. 잘못을 바로잡기 위해 우리는 현재 상황을 분석하는 데 필요한 원칙과 생각에 의존해야 하며 더 나은 길이 있는지 물어봐야 한다. 우리는 행위의 지침으로서 원칙과 도덕적 기준을 필요로 한다.

도덕적 원칙과 기준을 갖는 것의 중요성

우리의 행위를 평가하고 판단하는 데 적용할 수 있는 도덕적 기준은 분명히 있다. 이러한 기준을 배우고 가르치는 데는 시간이 걸릴지 모르지만, 있다는 것은 분명하다.

이러한 도덕적 기준은 2400년 동안 전해져 온 종교적, 철학적 사료에서 찾을 수 있다. C.S. 루이스는 〈인간폐지 The Abolition of Man (1947)〉에서 세계의 다양한 종교와 철학에 나온 윤리강령을 비교했다. 저자는 정직, 친절, 타인에 대한 성실, 자비 그리고 여타 도덕적 삶에 도움이 되는 기준들을 공통적으로 발견했다.

교육자로서 우리의 질문은 무엇이 여기에 속하느냐가 아니다. 우리에게 중요한 것은 우리가 어떤 기준을 가지고 있는지, 그리고 어떤 기준이 다른 기준보다 더 우월한지, 다시 말해 어떤 기준이 인간성을 고양시키고 어떤 기준이 인간성을 퇴락시키는지를 분석하는 것이다.

마틴 루터 킹 목사는 인권운동으로 투옥되었던 당시 "버밍햄 교도소에서 쓴 편지"를 통해 도덕적 원칙의 적용에 대해 설명했다. 이 편지에서 그는 미국의 독립선언문, 헌법 그리고 서구 지적 전통에 호소했다. 이들이야 말로 그가 모든 미국인이 평등하다고 외치는 도덕적 원칙의 근원이라는 것이다. 중국의 천안문 광장에서 학생들이 "자유의 여신상"을 열망했던 것도 바로 이 민주적 원칙 때문이었다. 중국의 공산주의에는 그들이 기댈만한 도덕적 원칙이 사실상 없었던 것이다.

가치명료화론과 자아존중감 계발 프로그램의 한계점

결론적으로 말하면 가치명료화와 그의 파생이론인 자아존중감 운동은 학생들에게 좋은 인성을 길러주기에 충분하지 않다. 둘 다 자기중심적이고 상대주의적이다. 바른 행동에 대한 인식보다는 개인적인 욕구에 치우쳐 있고, 훌륭한 행동과 행위의 도덕적 기준을 정립하는 데 도움이 될 만한 지적, 철학적 원칙이 결여되어 있다. 가치명료화는 결국 인간성을 고양시킬만한 논리적 기준도 없는 그릇된 선의식을 심어준다. 또한 궁극적으로 자아존중감에 정착하게 된다. 노력과 희생, 남들에 대한 고려에서 나오는 자아 없이 자아존중감을 얻는 것은 동물과 다름없다.

아이러니하게도 자기 자신에만 초점을 맞추면, 진정한 자아존중감을 높일 수 없다. 그래서 우리에게는 혹은 적어도 플라톤의 관점에서는, 다른 가치보다 더 우수한 가치가 있다는 원칙을 전제로 한 접근법이 필요하다. 객관적 기준을 부정하는 상대주의를 벗어나 의사결정의 지침이 될 수 있을 정도로 널리 인정받는 윤리적, 도덕적 원칙이 존재한다는 생각을 전제해야 한다. 여기에는 도덕교육을 철학적으로 접근한 방법이 이해에 도움이 될 것이다. 로렌스 콜버그가 이 접근법을 택했다.

인지적 도덕발달 이론의 한계

심리학자요 철학자이자 교육학자인 로렌스 콜버그는 〈도덕발달에 관한

에세이: 도덕발달의 철학 Essays on Moral Development: The Philosophy of Moral Development (1981)〉에서 가치명료화 이론에 대해 강하게 반론한다. 콜버그는 도덕적 결정을 내리는 데는 지침이 되는 원칙이 있다고 주장한다. 이렇게 볼 때 콜버그는 "형식론자"라고 할 수 있다. 그의 견해에 의하면 이 원칙에 따라 도덕적 결정이 내려진다. 그만큼 원칙은 고차원적인 것이다. 도덕적 추론 능력이 최고 수준에 있을 때 원칙에 가장 근접한 결정을 내리게 되고, 이 원칙은 이슈를 둘러싸고 있는 맥락이나 상황에 상관없이 일관된다.

다시 말해 원칙은 변하지 않는 것으로서 우리 행동의 지침이 된다. 내가 "네 이웃을 네 몸과 같이 사랑하라"는 도덕적 원칙을 따른다면 내 이웃이 누구인가에 상관없이 이 원칙에 따라 내 행동이 결정된다.(예를 들면 내 이웃이 바보일지라도 나는 그를 존경하며 그의 권리와 프라이버시를 존중하는 것이다.) 따라서 도덕적 원칙은 규범적이다. 우리가 무엇을 해야 할지, 그리고 무엇이 도덕적 행동인지를 규정해 준다.

콜버그의 인지적 도덕발달 이론에 영향을 준 이론－임마누엘 칸트의 형식주의 이론

콜버그는 임마누엘 칸트의 형식주의 이론을 지지한다. 즉, "나의 원칙이 보편적인 법이 될 수 있는 것인가, 달리 말해 나의 행동뿐 아니라 비슷한 상황에 있는 모든 사람의 행동에 적용할 수 있는 것인가"를 확인하라는 것이다. 이는 나의 행동 지침이 되는 원칙이 곧 다른 사람의 원칙이 될 수 있어야 한다는 뜻이다. 예를 들면, '나뿐 아니라 다른 모든 사람들이 남을 존중해야 하고 개인적 이익을 위해 다른 사람을 이용해서는 안 된다.'와 같은 명제가 일종의 원칙이다.

콜버그의 인지적 도덕발달 이론에 영향을 준 이론─존 롤스의 정의론

콜버그는 또한 존 롤스의 〈정의론 A Theory of Justice (1971)〉도 받아들였다. 롤스의 핵심은 무지(無知)의 장막(veil of ignorance)이라는 개념 속에 들어있다. 한 사회의 의무를 규정하는 도덕적 의사결정은 개인이 사회 속에서 처한 상황을 전혀 모르는 상태에서 내려져야 한다는 것이 롤스 주장의 핵심이다.

예를 들어 법을 만드는 국회의원이 있다고 하자. 세금을 인상한다는 내용의 법안이 제출되었을 때 이를 통과시키려면 내가 인상된 세금을 낼 수 없을 만큼 가난해도 이 법안을 통과시킬 것인지 스스로 물어봐야 한다. 이 법이 모든 사람에게 공정한 법이 될 것인가를 생각해 봐야 한다. 즉, 외부에 있는 제3자적 입장에서 "내가 이 사회 안에서 처한 상황(즉, 부유하거나 가난하거나)에 대해 무지하다면, 그래도 이 법안이 좋은 법이 될 거라고 생각하는가?"를 물어보며 득과 실을 따져보아야 한다는 것이다.

도덕적 결정은 누구라도 같은 입장에 놓이면 선택할 만한 보편타당한 것이어야 한다. 이렇듯 기존에 정립된 원칙은 이성적 논거에 기초한 것이지 그 원칙을 준수하는 사람의 빈부와 같은 상황에 근거한 것이 아니다.

콜버그의 이론은 철학적 전통을 잘 보여준다. 하지만 그의 이론은 철학적 전통을 규범적인 것으로 간주하고 자신의 인지적 도덕발달론은 이를 설명하는 것으로 보며 내용을 가미했다. 즉, 인지적 도덕발달론을 개인이 어떻게 도덕적 방법으로 추론하고 행동하며 배우는가를 설명하는 것으로 규정하며 전통과의 통합을 시도한 것이다.

콜버그의 인지적 도덕발달 이론에 영향을 준 이론―장 피아제의 도덕적 추론 단계

콜버그는 인지 발달 심리학을 주창한 장 피아제의 이론을 바탕으로 자신의 도덕발달 이론을 세워나갔다. 피아제는 도덕발달에 일련의 단계가 있음을 주장한 사람이다. 도덕적 이슈에 대해 생각하고 추론하는 능력은 일정 수준 개인의 심리적 성숙도, 혹은 성숙 단계에 따라 달라진다는 것이다. 이 단계는 고정적이지 않고 유동적이다. 예를 들어 아이들은 "미운 두 살", "끔찍한 세 살" 같은 다양한 단계를 거쳐 성장한다. 이러한 아이들의 성장 단계를 말할 때 우리는 그들의 지적, 감성적 능력과 행동을 떠올린다. 이는 세 살 때는 두 살 때 보이던 행동을 하는 아이가 전혀 없다는 뜻이 아니다. 두 표현 모두 두 살이나 세 살에 흔하게 보이는 행동을 통칭하는 것일 뿐이다. 이렇게 "단계"라는 개념을 사용하면 특정 연령의 어린이 및 성인의 행동과 지적 능력에 대해 의견을 나누기가 쉬워진다.

장 피아제는 〈유아의 도덕적 판단 The Moral Judgement of the Child (1965)〉에서 도덕적 추론에 두 단계가 있다고 주장했다. 1단계는 타율적 단계로서 존중과 두려움을 바탕으로 한 강제적 도덕성을 보이는 단계이다. 어린이들은 도덕적 규칙과 사회의 관계를 이해하지 못하므로 어른들을 기쁘게 하거나 혼나지 않기 위해 규칙을 따른다는 것이다. 다섯 살짜리 아이가 엄마의 지갑에서 돈을 훔치지 않는 이유는 엄마한테 잡혀서 혼쭐이 나지 않기 위함이다. 이 아이는 남의 것을 가져가는 것이 도덕적으로 잘못된 행동이라는 점은 별로 생각하지 않는다. 가장 큰 관심은 잡히면 벌을 받게 된다는 것이다.

아이들은 타율적 단계에서 자율적 단계로 발전한다. 나이를 먹으면서 개인의 권리 존중을 위해 규칙이 성립되고 준수된다는 사실을 이해하기 시작하는 것이다. 자율 단계에서는 규칙에 순종하기 위해 엄격한 순종을 따른다기보다는 정의의 개념으로써 규칙을 인식하기 시작한다.(즉, 내가 규칙을 어겼을 때 벌을 받을까봐 두려워서 규칙을 지키는 것이 아니라 이 규칙이 사회와 그 구성원들에게 좋은 것이기 때문에 규칙에 순종하는 것이다.) 이 단계에 있는 어린이는 엄마의 지갑에서 돈을 훔치는 것이 옳지 않다는 것을 알기 때문에 그런 행동을 하지 않는다. 모두가 훔치는 것을 일삼는다면 시민사회는 무너지고 말 것이라는 점을 알고 있다.

단계 이론에서 공통적으로 나타나는 어려움은 어린이들이 특정 시기에 정확히 한 단계에 있지 않다는 것이다. 한 단계에서 다음 단계로 넘어가는 과도기에 있을 수도 있고, 두 단계를 모두 지니고 있으면서 그 중 하나가 이성과 행동에 지배적으로 영향을 미칠 수도 있다. 예를 들면 돈을 훔치는 것은 도덕적으로 옳지 않다는 것을 알고 있는 아이가 사탕 정도 훔치는 것은 잡히지만 않으면 괜찮다고 생각할 수도 있다.

콜버그의 도덕발달 단계

콜버그는 피아제가 주장한 도덕적 추론, 혹은 발달 단계를 지지한다. 그러나 그는 자신의 연구를 바탕으로 단계를 여섯 개로 나눈다. 단순한 "도덕"에 관한 사고방식에서 진일보하여 서구 지적 전통의 철학적 계율을 반영하는 보다 완성도 높은 이론으로 발전시킨 것이다. 콜버그의 단계는 다음과 같이 요약된다.

[표 2] 콜버그의 도덕발달 단계

1단계 (벌과 복종에 의한 도덕성)	벌을 받지 않기 위해 복종하는 단계이다. 쿠키 바구니에서 몰래 쿠키를 훔쳐도 잡히지만 않는다면 괜찮다고 생각한다.
2단계 (욕구 충족을 위한 수단으로서의 도덕성)	내 자전거 고치는 것을 도와준다면 너랑 같이 놀아줄 것이다. 나는 받기 위해서 준다. 내가 받는다는 것이 내 행동의 동기이다. 나는 아빠가 나중에 나와 공놀이를 해줄 것을 알기 때문에 아빠의 차고 청소를 돕는다.
3단계 (대인관계에서의 조화를 위한 도덕성)	나는 다른 사람들을 기쁘게 하기 위한 행동을 한다. 우리는 친구이니까, 그리고 같은 그룹에 속해 있으니까 서로 잘해준다. 친구들이 축구경기를 보러 가기로 하면 나도 간다. 나는 착한 아들이 되고 싶기 때문에 가족 내의 규칙도 잘 지킨다.
4단계 (사회 질서 유지를 위한 도덕성)	사회의 규칙을 어기면 혼란스러워지므로 나는 사회의 규칙을 따른다. 규칙 덕분에 사회 질서가 유지된다. 규칙 덕분에 가족의 결속력이 유지되므로 나는 가족의 규칙도 잘 지킨다.
5단계 (다수를 위한 선택으로서의 도덕성)	학교와 가정에서의 규칙은 가능한 많은 사람들에게 최고의 학습환경과 생활환경을 보장하기 위해 만들어졌다. 나는 법 앞에서 모든 사람이 평등하지 않다면 법이 바뀌어야 한다고 생각한다.
6단계 (보편적 도덕원리에 대한 확신으로서의 도덕성)	옳은 것은 모든 사람에게 적용되어야 한다. 사람을 수단이 아닌 목적으로 대해야 한다는 등의 합리적인 원칙이 내 사고의 지침이 된다. 모든 개인이 합당하고 바람직한 권리와 특권을 평등하게 보장받기 위해 법이 필요하다.

콜버그의 하인즈 딜레마

콜버그는 딜레마 문제를 통해 도덕적 추론의 단계를 규정했다. 가장 유명한 딜레마 문제가 바로 하인즈 딜레마(Heinz' Dilemma)이다.

유럽에서 한 여인이 희귀한 암에 걸려 죽어가고 있었다. 목숨을 살릴 수 있는 약은 오직 한 가지, 최근에 한 약사가 발견한 라디움의 일종이었다. 이 약은 조제하는 데 큰 비용이 들어간다. 그에 더해 약사는 약값으로 원가의 10배를 요구했다. 라디움을 만드는 데 200달러가 들었는데 2000달러나 부른 것이다. 환자의 남편 하인즈는 돈을 빌리기 위해 아는 사람을 모두 찾아갔다. 하지만 겨우 절반 밖에 변통하지 못했다. 하인즈는 약사에게 아내가 죽어가고 있으니 약을 좀 더 싸게 팔던지 나중에 약값을 갚게 해달라고 사정했다. 하지만 약사는 "싫소. 내가 약을 발견했으니 그 약으로 나도 돈을 벌어야겠소."라고 단호히 말했다. 절망한 하인즈는 약을 훔치기 위해 약국에 몰래 침입했다.(콜버그, 1981)

이 딜레마를 읽은 후 사람들은 "하인즈가 과연 약을 가져가야겠는가?"라는 질문을 받는다. 약을 훔치는 것이 옳은 것일까, 그른 것일까? 하지만 이 질문에 대해 예나 아니오로 대답하는 것은 그 사람의 도덕적 추론 단계를 제대로 보여주지 않는다. 그냥 선호를 보여줄 뿐이다.

중요한 것은 다음 질문에 대한 대답, 즉 "왜 그렇게 생각하는가?"에 대한 대답이다. 'MJI 도덕적 판단 인터뷰(Moral Judgment Interview)'라고 하는 이 인터뷰에서 "예", "아니오"라고 선택한 이유를 설명하면 훈련된 상담자가 그의 도덕적 추론 단계를 평가하는 것이다. 한 사람의 도덕적 추론 능력을 가늠하는 이 과정은 통상 많은 질문과 예리한 해석이 필요한 복잡한 과업이다.

도덕적 추론 능력을 향상시키는 프로그램

콜버그는 사람들이 다양한 상황 속에서 어떻게 행동할지 그들의 대답 속에서 유추해낼 수 있다고 생각했다. 콜버그의 영향을 받은 사람들은 도덕적 추론 능력을 더 발달시킬 수 있는 프로그램을 개발할 수 있을지 의문을 가지기 시작했다. 즉, 특정 교육 프로그램을 통해 낮은 단계에서 보다 빨리 높은 단계로 발전하도록 할 수 있느냐는 것이다. 그리고 이 주제에 대한 연구도 시작하였다.

예를 들어 한 그룹의 어린이들이 2단계(빨리 끝내면 빨리 놀 수 있으니까 학교 주변 청소를 열심히 한다.)에 있다고 가정하자. 연구자가 이들을 3단계(내 친구들과 선생님들이 좋은 생각이라고 할 테니까 나는 기꺼이 학교 주변을 청소한다.)의 어린이들이 보일 추론에 노출시키는 것이다. 대체로 도덕적 이슈에 대한 토론을 많이 하고 학생들을 더 높은 단계의 도덕적 추론에 노출시키는 윤리 수업이나 커리큘럼, 프로그램 등은 학생들의 도덕적 추론 능력을 향상시키는 것으로 나타났다.

1991년 필 빈센트 박사는 고등학생들의 도덕적 추론 능력계발의 촉진에 대한 실험을 실시했다. 고등학교의 한 학기 윤리 과목 시간에 많은 철학자들이 쓴 책과 그에 대한 해설서를 읽게 하는 것이 주된 학습내용이었다. 아울러 학생들은 읽은 것을 세미나와 소그룹 모임에서 토론했고 모든 학생은 윤리적 문제를 담은 리포트를 제출해야 했다. 생각 일기장도 써야했다. 주제는 PPS 철학문제지(Philosophical Problem Sheet)를 통해 나눠줬다. 학생들이 교회와 국가를 분리하는 어려움을 이해하는 데 도움이 되도록 조셉 헤스터와 함께 저술한 빈센트 박사의 책 〈젊은 사색가를 위한 철학 Philosophy for Young Thinkers (1987)〉도 사용했다. 아래 내용이 그 예이다.

뱀의 눈(Snake Eyes)

한 판사가 주정부와 홀리네스 교회(The Holiness Church)의 재판을 맡게 되었다. 홀리네스 교회는 예배 중에 뱀을 다루는 의식이 있는데 주정부는 이 관행을 중지시키려는 것이 재판 내용의 핵심이다. 하지만 피고측인 교회는 주정부의 기소가 헌법이 보장하는 정교분리를 위반한 것이라고 맞서고 있다.

기소자측은 예배 중에 뱀을 사용하는 교회는 교인들을 위험에 빠뜨린다고 주장한다. 특히 예배 중에 독사를 다루는 사람들은 물릴 수도 있고 물렸을 때 병원에 갈 수 없거나 가지 않기로 할 수도 있다는 것이다. 주정부는 이에 더하여 이 예배에 어린이들을 데려가는 것은 직접 뱀에 물리지 않더라도 심리적으로 위험할 수 있다고 한다. 밖에 나갔을 때 다른 친구들이 그런 교회에 나가는 게 이상하다고 놀릴 수 있다는 것이다. 그러면 친구들이 자기를 좋아하지 않는다고 느끼고, 왕따가 발생할 수 있다. 이런 어린이들은 발달장애로 고통 받을 수 있다.

교회는 예배 중에 뱀을 사용하는 것은 성경의 명령을 따르는 것이라고 변호한다. 마가복음 16:17-18에 "믿는 자들에게는 이런 표적이 따르리니 곧 그들이 내 이름으로 귀신을 쫓아내며 새 방언을 말하며 뱀을 집어올리며 무슨 독을 마실지라도 해를 받지 아니하며 병든 사람에게 손을 얹은즉 나으리라 하시더라."는 성경구절을 인용한다.

교회는 성경이 최고의 법전이라고 생각한다. 성경은 하나님의 말씀이므로 순종해야 한다. 만약 누군가 뱀에 물리면 그것은 하나님의 뜻이다. 교회에서 뱀을 다루는 것이 어린이들의 심리에 좋지 않다고 말하는 데 대해서는, "하나님의 말씀이 어떻게 심리적으로 해로울 수가 있단 말인가? 하나님의 말씀이 모든 것을 초월한다. 하나님 말씀에 순종해야 한다. 또한 어린이들은 뱀을 만지지 못하게 되어 있고 어른이 될 때까지는 뱀과 가까이할 수 없다."고 주장한다.

마지막으로 교회측 변호사는 "의회는 종교를 설립하는 법이나 종교의 자유를 금하는 법을 제정할 수 없다"는 내용의 미국 수정헌법 제1조 권리장전에 호소한다. 주정부가 예배 중에 뱀을 다루는 것에 개입하는 것은 수정헌법 제1조를 위반하는 것일 수 있다. 주정부는 교회 예배 중에 무슨 일이 일어나는지 관여할 권리가 없다. 피고측은 여기에 근거하여 본 사건을 변론한다.

학생들은 수업 시간에 이 문제에 담겨 있는 철학적 쟁점을 이해할 수 있도록 고안된 활동에 참여했다. 이러한 실습은 철학책을 읽고 세미나 토론에 참가하는 것보다 앞서 실행되었다. PPS 철학문제지의 내용은 학생들이 주 자료들을 접하기 전에 해당 이슈에 대해 피상적으로 이해할 수 있게 한 것이다. 그러고 나서 학생들은 다양한 이슈에 대한 철학서적과 그 해설서를 읽고, 읽은 책들을 확실히 이해하도록 돕는 활동을 한 후 세미나나 그룹토론에 참가했다.

토론을 통해 학생들은 생각을 공유하면서 이해의 지경을 넓혀갔다. 토론은 의견을 모으는 종합토론이 아니었다. 교과서 내용을 근거로 자신의 생각을 변론하고 다른 사람의 필요를 생각하며 다양한 철학적 입장을 고찰하는 토론이었다. 자신의 결론을 변론할 때 단순히 의견이나 느낌을 근거로 하는 것이 아니라 읽은 것을 바탕으로 하는 토론을 처음 접하는 학생들도 많았다. 공부할 분량이 많아 힘든 수업이었지만 학생들은 열심히 책을 읽었고 세미나도 좋아했다.

이 수업을 받은 학생들의 도덕적 추론 능력을 제임스 레스트의 DIT(Defining Issues Test: 도덕적 추론 능력의 단계를 측정하는 선다형(multiple-choice) 검사)로 테스트한 결과, 한 학기 동안 한 단계씩 단계가 상승하는 결과가 나타났다. 이렇게 볼 때 딜레마를 잘 만들어 사용하면 도덕적 추론을 교육하는 데 일정 부분 기여하는 것 같다. 앨런 락우드(1978), 제임스 레밍(1981), 제임스 레스트(1986) 등도 콜버그와 레스트의 측정 도구로 학생들의 도덕적 추론 능력 계발을 촉진할 수 있다고 분석한 바 있다.

도덕적 추론 능력 계발의 의미

그렇다면 개인의 도덕적 추론 능력 계발을 촉진한다는 것이 어떤 의미가 있을까? 그중 한 가지는 콜버그 등이 많은 연구를 통해 보여주었듯이 '도덕적 추론의 단계가 더 높은 사람일수록 보다 윤리적으로 행동한다.'는 것이다. 콜버그의 MJI 도덕적 판단 인터뷰나 레스트의 DIT 검사로 이를 알 수 있다.

밀그램의 연구(1963)

좋은 예로 유명한 밀그램의 연구(1963)를 살펴보자. 실험 참가자들은 보이지 않는 옆방의 "결백한 희생자"에게 450볼트의 전기충격을 가하도록 요구하라고 지시받는다. 사실은 어떤 충격도 가해지지는 않았다. 배우들이 마치 충격을 받는 듯이 연기했을 뿐이다. 진짜 실험대상은 바로 전기충격을 시행하는 사람들이다. 실험대상자들은 "희생자"의 비명소리를 듣고 있는 가운데 계속 전압을 올리도록 지시하라는 재촉을 받았다.

일련의 실험을 통해 밀그램은 실험대상의 65%가 실험자의 명령을 따랐고 희생자가 아무리 크게 비명소리를 내도 계속해서 충격을 가했다고 밝혔다. 희생자가 점점 더 강하게 고통을 호소하며 비명을 지르고 문을 두드리는 수준까지 갔는데도 전기충격은 계속되었다. 실험대상자 3분의 2가 "희생자"를 죽일 수 있는 정도의 강한 전기충격을 기꺼이 시행한 것이다.

콜버그의 실험(1984)

콜버그는 밀그램의 연구에 참가했던 26명의 대학생들을 대상으로 MJI 도덕적 판단 인터뷰를 실시했다. 콜버그(1984)는 "가장 높은 단계인 4단계 학생들의 거의 모두(87%)가 중간에 그만두었고, 이에 비해 3단계에서 4단계로 발전중인 학생들은 6%가 중간에 그만두었다."고 밝혔다. 이렇게 보면 3단계와 4단계의 중간에 있는 사람은 아직도 권위(이 실험에서는 실험자)를 기쁘게 하려는 동기가 크고, 4단계에 이른 사람은 선한 사회, 혹은 공정한 사회에 대한 필요와 기대를 기초로 추론할 수 있다는 해석이 가능하다.

S.맥내미의 실험(1978)

여기에 더해 S.맥내미(1978)는 실험에 다음 "희생자"가 될 연기자를 추가했다. 새 희생자는 실험자에게 마약을 복용했고 나쁜 경험이 있다고 말한다. 실험자는 자기가 심리학 연구원이지 치료전문가는 아니라고 말하면서 실험을 진행하자고 한다. 이 마약 복용자는 한사코 도와달라고 조른다. 그러면 실험대상자들은 이 마약 복용자를 도울지 말지를 결정해야 한다.

이 연구에서 5단계에 있는 사람들은 75%가 마약 복용자을 도왔고, 4단계인 사람들은 38%가, 3단계는 27%가, 그리고 2단계는 9%가 도왔다는 결과가 나왔다. 맥내미는 또한 3단계에 있는 실험대상자의 4분의 3이 마약 복용자를 돕자고 말했지만 실제로 도운 것은 27%에 불과하다는 것도 관찰했다. 따라서 3단계에 있는 사람들은 도움을 제공한다는 사회적 지향점에 동의하지만 대부분은 권위의 명령에 거역하지 못한다는 결론이 얻어진다.

맥내미가 얻은 결과는 콜버그가 밀그램 참가자들을 대상으로 연구한 결과와 비슷하다. 원칙에 충실할 수 있는 높은 단계에 이른 사람만이 복종을 거부할 수 있다는 것이다. 이들은 '사람들을 가치와 품위를 가진 목적으로 대한다.'는 원칙에 의거하여 행동하는 경향이 강하다. 도덕적 반응은 도덕적 추론이 필요하기 때문에 5단계와 6단계에 있는 사람들만이 정말로 어려운 도덕적 상황에 반응할 수 있을 지도 모른다.

행동을 결정하는 데는 생각하고 추론하는 능력이 핵심적임을 주장하는 결과이다.

콜버그의 도덕발달 단계 접근법의 특징과 한계점

콜버그의 접근법은 가치명료화론의 접근법보다 도덕적으로나 철학적으로 훨씬 건전하다. 첫째, 그는 도덕적 추론에 단계가 있음을 보여줬고, 단계가 높을수록 도덕적 원칙과 행동을 잘 따르고 있음을 보여줬다. 가치명료화론자들은 그렇게 하지 못했다. 둘째, 콜버그는 소크라테스와 플라톤으로 시작하는 철학적 전통을 바탕으로 자신의 이론을 펼쳤다. 셋째, 콜버그 등은 일종의 교육 프로그램을 사용하여 개인의 도덕적 추론 능력을 발전시킬 수 있음을 증명했다. 가치명료화 이론에는 개인의 도덕적 추론능력이 발전한다는 설명이 없다. 넷째, 콜버그는 개인의 권리와 필요에 대해 인식하고 있는 사람들, 달리 말해 높은 단계에서 추론할 수 있는 사람들이 이러한 철학적 입장들을 실험 연구에 적용할 수 있다는 것을 보여줬다. 하지만 아직도 생각해 봐야 할 다른 이슈들이 남아있다.

필 빈센트 박사가 동료와 콜버그에 대해 논할 기회가 있었는데, 동료는 그의 어머니가 콜버그의 도덕적 단계 중 가장 낮은 단계에 속하는 것 같다고 말했다. 어머니는 누가 왜 그렇게 행동해야 하는지 이유를 말로 설명하지는 못한다는 것이다. 하지만 지역공동체 활동에 활발히 참여하며 인종, 피부색, 종교에 상관없이 헌신적으로 다른 사람들을 돕는다. 그녀의 마음은 도움이 필요한 모든 이에게 달려간다.

동료가 어머니에게 왜 그렇게 항상 남들을 위해 열심히 봉사하느냐고 물었을 때 그녀는 아들을 꾸짖으며 그저 해야 할 일을 할 뿐이라고 말했다고 한다. 그녀는 이 일을 평생동안 해 왔고 이것이 바로 사람이 해야 할 도리라는 점을 강조했다. 동료는 자기 어머니가 다른 사람들을 돕는 것은 할머니로부터 돕는 습관을 물려받아서 그렇게 한다고 해석했다. 자기 어머니의 도덕적 추론 단계가 높다는 근거를 찾을 수 없다는 것이다.

하지만 꼭 말로써 도덕적 추론능력을 나타내야 하는 것은 아니다. 그녀는 습관을 통해 도덕적 추론을 대변하는 삶을 살았다. 사무엘 올리너와 펄 올리너 (1988)도 2차 세계대전 중에 유대인을 구출하기로 한 사람들에게서 비슷한 성향을 발견했다.

하인즈의 딜레마 접근법 - 도덕교육의 문제점

"하인즈" 딜레마 같이 딜레마를 도덕교육의 유일한 도구로 사용하는 경우도 문제점이 있다. 딜레마는 숙련된 교사가 재치있게 사용한다면 학생들이 윤리 이슈에 대해 집중하게 하는 데 큰 도움이 된다. 그러나 딜레마에서 무엇을 어떻게 할지를 아는 것이 매일 매일의 생활에서 우리가 사람들을 어떻게 대해야 하는가를 아는 것으로 해석될 수는 없다. 실제 삶에서는 낙태나 아픈 아내를 위해 약을 훔치는 일, 교회와 정치를 분리하는 일 같은 어려운 도덕적 문제를 풀 필요가 없다. 우리는 그저 사람들을 예의바르게 대하려 노력하고 우리 이웃과 가족을 배려하며 사회에서 가치 있는 일부분이 되는 삶을 살려고 할 뿐이다.

딜레마에 대한 토론은 재미도 있고 학생들이 사고를 개발하는 데 일관성을 배운다는 점에서 가치가 있기는 하지만 매일의 일상 속에서 만나게 되는 도덕적 대응과는 거리가 있다. 삶이란 너무나 복잡다단해서 일련의 토론이나 글로 쪼개어 개인의 도덕적 입장을 정립하기란 불가능하다. 또한 사람이 서구 지성 사회의 전통 안에서 찾을 수 있는 지적인 풍요로움과 도덕적 주장에 노출되더라도 반드시 선한 사람이 되는 것은 아니다. 무엇을 해야 하는지는 알면서도 그렇게 하지 않겠다고 선택할 수도 있다. 도덕적 문제를 추론할 수 있는 능력이 선한 사람을 계발하는 데에 필요한 유일한 필요조건이라면, 모든 철학자들이 우리의 도덕적 리더가 될 것이다. 그런데 항상 그렇다고 볼 수는 없다.

진정한 도덕성, 삶에서부터 실천되는 것

도덕성을 판단하려면 한 사람의 삶 전체를, 그리고 말과 행동을 모두 고찰해야 한다. 에드윈 들래터(1993)는 전적으로 딜레마에 의존하여 실시하는 도덕교육에 대해 다음과 같이 평했다.

사실 우리가 사소하게 범하는 도덕적 잘못은 딜레마에 대해 잘못 추론했기 때문이 아니다. 그런데 딜레마 접근법은 이 사실을 잘 보이지 않게 만든다. 도덕적 잘못의 상당수는 도덕적 무관심, 다른 사람을 경시하는 태도, 약한 의지, 자기 멋대로 사는 버릇 등 때문에 발생한다. 때때로 우리는 무엇을 해야 하는지 알면서도 그대로 하지 못한다. 그렇지 않았다면 도덕적 추론에 능한 모든 철학자들은 아주 존경받을 만한 사람들이 되었을 것이다.

크리스티나 호프 소머스(1993)도 도덕교육을 엄밀하게 딜레마로만 접근하는 방법에 문제가 있다고 지적했다. 대학교에서 윤리학을 가르치면서 소머스는 학생들을 칸트의 형식주의(콜버그가 제시한 6단계에 해당), 공리주의(콜버그의 5단계에 해당) 같은 다양한 윤리적 입장에 노출시켰다.

공리주의는 최대 다수의 최대 행복을 윤리적 목적으로 삼는 철학적 입장이다. 그리고 소머스는 학생들에게 이 이론들을 낙태와 안락사 같은 딜레마에 적용하도록 했다. 그 결과 소머스는 학생들이 자기 입장을 주장하는 능력이 향상되었음을 발견했다. 그러나 이를 통해 좋은 인성을 계발하기 시작했는지는 의문이라고 했다. 그리고 삶을 바꾸고 도덕성과 선의 원칙을 바탕으로 행동하기 시작했는지도 의문이라고 했다.

이번에는 방법을 바꾸어 학생들에게 아리스토텔레스의 철학을 읽게 하고 좋은 인성을 계발하는 것이 얼마나 중요한지 발견하도록 했다. 그 결과 학생들은 독서와 자신들의 행동을 통해 인성을 개선하기 시작했다고 밝혔다. 논쟁을 위한 논쟁을 하기보다는 양서를 읽는 것이 더 효과가 있었던 것이다.

습관을 통해 계발되는 인성

한편, 더 높은 단계의 도덕적 추론을 할 수 있는 사람이 더 선한 사람이겠느냐는 질문도 생긴다. 도덕적 원칙에 충실한 사고가 가능한 사람들(5단계 및 6단계)은 매일 매일의 경험 및 삶의 기대와는 다른 아주 수준 높은 윤리적 상황에서 어떻게 행동해야 할지 통찰력을 가지고 있을 것이다. 달리 말하면 윤리적 문제가 단순한 도덕적 습관보다는 더 높은 수준의 사고와 판단을 요하는 경우가 있다는 의미이다.

그렇다면 이렇게 수준 높은 사고 및 추론 능력이 일상생활에서 가족, 이웃, 공동체 일원들과 맺어가는 관계에 도움이 되는가에 대해서도 더 많은 연구가 필요하다. 우리의 도덕 생활의 상당 부분은 수년간 발전시켜온 습관에 의존하므로 추론이 사람을 선하게 하고 행동을 바꾸는 데는 충분하지 않을 것이다.

소크라테스의 지혜를 보여주는 경험 많은 교사의 필요성

마지막으로 우리는 학생들이 수많은 윤리적 문제의 내재적 어려움을 이해하도록 돕는 데 과연 선생님들이 소크라테스의 지혜를 보여줄 수 있느냐를 생각해 봐야 한다. 이는 우리가 어려운 도덕적 상황을 고민해서는 안 된다는 의미가 아니다. 특히 고등학생들에게 그런 고민을 안겨줘서는 안 된다는 의미가 아니다. 고등학생은 초등학생이나 중학생보다 어떤 정보에 대해 연구하고 추론하며 생각할 수 있는 능력이 더 뛰어나다. 하지만 이런 토론은 철학적 사상에 대해 매우 잘 알고 있는 유능한 교사가 지도해야 한다. 그리고 우리가 알아야 할 것은 이러한 이유들을 가장 잘 토론하는 학생들은 이미 타인과의 상호작용 속에서 선행이 습관으로 밴 아이들이라는 점이다. 경험 많은 선생님이어야 이러한 학생들의 경험을 잘 이끌어내도록 도울 수 있다.

그러나 무엇이 옳은지 배우고 행동에 옮기려고 애쓰는 아이들에게 선을 가르치는 데 있어서 이러한 접근법이 문학과 역사, 철학을 공부하고 분석하고 논하는 것을 대신해서는 안 된다.

윤리적 상대주의의 모순

윌리엄 킬패트릭은 〈왜 조니는 옳은 것과 그른 것을 구별하지 못할까? Why Johnny Can't Tell Right from Wrong (1992)〉에서 아이들의 도덕적 인성을 발전시키는 데 학교가 해야 할 역할과 관련하여 재미있는 제안을 한다.

당신 아이가 다니는 학교에서 5학년부터 7학년(중학교 1학년)을 위한 도덕교과를 편성했다고 가정하자. 부모 입장에서 다음 두 모델 중 어떤 것이 더 좋겠는가?

A. 이 프로그램은 학생들이 스스로 가치와 가치 시스템을 계발하도록 권장하는 프로그램이다. 이 접근법은 주로 답하기 어려운 윤리적 딜레마를 사용하면서 공개토론과 의견교환을 중심으로 한다. 토론의 바탕에는 옳거나 그른 대답이 없다는 가정이 깔려있다. 모든 학생이 스스로 옳고 그름을 결정해야 한다. 자기 의견과 다르다고 해도 그에 대해 판단을 내려서는 안 된다.

B. 이 프로그램은 용기, 정의, 절제, 정직, 책임감, 자선, 합법적 권위에 대한 순종 등과 같이 선과 인성을 의도적으로 가르친다. 이런 개념들을 먼저 소개하고 설명한 후 역사, 문학, 그리고 현재 일어나는 사건들 속에서 기억할 만한 사례를 찾아 활용한다. 교사는 이러한 선행의 중요성을 확고히 믿고 있으며 학생들이 생활 속에서 이를 실천하도록 독려한다.

킬패트릭은 대다수 학부모들이 B 모델을 선택한 반면 교사들은 대다수가 A 모델을 선택했다고 언급했다. 왜 이런 차이가 있을까? 교사들이 A 모델을 선택을 하게 된 배경에는 그들이 받은 교육의 영향이 있다. 가치는 개인적이며, 각자에게 옳은 것이고, 다른 가치와 동등한 무게를 지닌다고 믿고 있는 교수들 밑에서 공부한 것이다. 어떤 교육학파는 선하다고 느끼는 것과 선한 것이 상관관계가 있다고 가르친다. 또 어떤 학파는 학교가 학생들에게 선이나 인성을 "주입"하려 해서는 안 된다고 강조한다. 일부 교사들은 인성교육 문제는 가까이 가지도 말라고 배웠을 수도 있다.

어느 상담학 교수는 절대적으로 옳거나 그른 것은 없으며 개인들이 옳다고 받아들이는 개별적인 가치만이 있다고 가르치기도 한다. 그러나 이러한 접근은 틀렸다. 의견교환으로 도덕적인 인간을 만들 수는 없다. 남의 가치에 대해 기꺼이 들어주는 경청 능력을 발전시키는 데는 도움이 될지라도 말이다.

예의 바르고 남의 이야기를 경청하는 태도 자체에는 잘못된 것이 없다. 그러나 모든 사람의 가치가 동등하므로 똑같이 용인되거나 주장되어야 한다는 말은 옳지 않다. 윤리적 상대주의는 받아들일 수 없다. 이러한 난제에서 벗어나려면 우리는 플라톤과 소크라테스를 공부해야 한다.

플라톤과 아리스토텔레스의 중요성

철학적 전통으로 본 인성교육

교육을 통해 학생들은 좋은 인성을 계발할 수 있다. 학교 교육을 통해 존중을 실천하고 책임감 있게 남을 배려할 줄 알고 친절한 학생들을 길러낼 수 있다. 이렇게 학생들이 배운 것을 학교 밖에서도 실천할 수 있었으면 좋겠다는 것이 모든 교사와 부모들의 바람이다.

전국의 학교에서 좋은 인성을 계발하기 위한 다양한 실천 방법을 사용한다. 우리에게 필요한 것은 학생들이 도덕적 인성을 좀 더 잘 계발할 수 있도록 이러한 학교들의 전략을 끌어 모아 조립하는 것이다. 과거에 사용되었던 방법을 다시 한 번 살펴볼 필요도 있다.

하지만 가장 먼저 필요한 것은 그러한 프로그램의 기초를 다지는 것이다. 앞에서 인성계발에 도움이 되는 것으로 다양한 종교적 전통에 대해 간단히 언급한 적이 있다. 이번에는 철학적 전통에 눈을 돌려 플라톤과 아리스토텔레스가 훌륭한 인성계발에 대해 어떻게 말했는지 간단히 살펴보고자 한다. 토머스 리코나도 이와 같은 생각을 했다.

앎을 통한 선, 행동을 통한 선

도덕교육에 관한 현재의 논쟁, 즉 사고를 강조하는 사람들과 경험이나 행동을 강조하는 사람들 간의 논쟁은 플라톤과 아리스토텔레스로 거슬러 올라간다. 플라톤은 사람이 진정한 선을 "안다면" 선한 사람이 된다고 말했다.

반면 아리스토텔레스는 이를 부정하며 올바른 행동의 실천으로 올바른 사람이 되고, 선한 행위를 함으로써 선해진다고 주장했다. 사고 능력의 향상을 강조하는 도덕교육 프로그램은 플라톤에서 시작되었고 올바른 행동의 실천을 강조하는 도덕교육은 아리스토텔레스에서 비롯되었다.

도덕교육을 제대로 하려면 아리스토텔레스와 플라톤을 합쳐야 한다. 아리스토텔레스의 생각에만 사로잡히면 내적인 확인이나 이해 없이 겉으로만 조화를 만들어내는 우를 범할 수 있다. 반면, 플라톤의 사상만 강조하다보면 행동 없는 도덕적 추론만 만들어낼 우려가 있다.(커틴스, 지워츠 공저(1991) 인용)

대화와 토론을 통해 계발되는 인성

한 아이의 인성을 계발하기 위해서는 그 아이가 선한 행동을 하고 싶게 만들어야 한다. 습관과 추론, 사고가 모두 필요하다. 플라톤과 아리스토텔레스의 생각을 종합해야 하는 것이다.

플라톤에 의하면 사람은 다른 지적인 영역과 마찬가지로 도덕적인 영역도 대화나 토론을 통해 배운다고 한다. '남에게 선하게 행동하려면 무엇이 필요한가?'에 대해 토론하는 과정에서 도덕적 인성을 배울 수 있다는 의미이다. 추론 능력이 뛰어난 학생이 특정 입장에 대해 더 잘 논하는 것을 예로 들 수 있다.

대화와 토론을 통한 도덕적 인성계발은 플라톤이 쓴 소크라테스의 대화를 통해 배울 수 있다. 소크라테스의 생각을 전형적으로 보여주는 대화편 "크리톤"의 일부를 살펴보자. 소크라테스는 "도시국가의 반역자"로 지목되어 사형을 선고받았다. 그의 제자 크리톤은 선생에게 아테네를 떠나 목숨을 건지라고 강권한다. 소크라테스는 아테네를 떠나는 것은 정당하지 못하다고 주장한다. 소크라테스와 크리톤은 이유가 어쨌든 간에 다른 사람에게 잘못을 하는 쪽으로 기울어서는 안 된다는 데 의견이 일치한다. 다음이 그 내용이다.

소크라테스 : 글쎄, 이것이 내 주장의 또 다른 핵심일세, 아니 질문이라고 할 수도 있겠지. 옳다고 합의한 것을 끝까지 지켜야겠는가, 아니면 깨뜨려도 되겠는가?

크리톤 : 끝까지 지켜야겠지요.

소크라테스 : 그러면 논리적으로 결론을 내보세. 우리가 도시국가를 설득하여 석방되는 대신 이 곳(감옥)에서 빠져나간다면 위법이겠는가, 아니겠는가? 지금 우리는 이러한 행동이 정당하다고 인정받을 수 있는 성역(聖域)에 있는 것도 아닐세. 우리의 행동이 과연 올바른 합의를 따르는 것이겠는가, 아니겠는가?

크리톤 : 선생님, 대답하기 어렵습니다. 제 마음을 확실히 모르겠습니다.

소크라테스 : 이렇게 한 번 보세. 우리가 여기서 도망칠 준비를 하는 동안, 아테네의 헌법과 법률이 우리에게 이런 질문을 한다고 가정해 보세. 자네가 하려고 하는 이 행위(감옥에서 빠져나가 아테네를 떠남으로써 사형선고를 피하는 행위)로 인해 우리 자신과 법, 그리고 국가 전체가 파멸에 이르지 않겠는가? 합법적인 판결이 선고되었으나 그 판결에 강제력이 없어 개인에 의해 무효가 되고 붕괴된다면 그러한 도시국가가 무너지지 않고

계속 존재할 수 있겠는가?(플라톤, 1961년 번역본)

소크라테스는 이어 국가가 그에게 생명을 주었고 그와 가족이 행복한 삶을 누리는 데 도움이 되었다고 말한다. 그러므로 아테네를 떠나는 것은 법을 어기는 것이며 그가 사랑하는 법을 침해하는 것이라고 주장한다. 그래서 소크라테스는 국가의 조롱거리가 되기보다는 남아서 독약을 마시기로 선택한다.

소크라테스의 주장은 합리성과 일관성이 있다. 플라톤에 의하면 사람은 정치학과 정부론 같은 지적인 영역과 마찬가지로 사고와 추론 기술의 발달을 통해 도덕성을 배운다. 사람은 이성적으로 무엇이 옳고 그른지 알 수 있다. 그리고 무엇이 옳고 그른지, 무엇이 선한지 알면 사람은 옳은 행동을 하게 된다.

습관과 모델링을 통해 계발되는 인성

아리스토텔레스도 선을 아는 것의 중요성을 인정했다. 그리고 선을 실천하는 것의 중요성도 언급했다. 그의 〈니코마스 윤리학 Nicomachean Ethics〉에 다음과 같은 내용이 있다.

탁월함 혹은 선에는 지적인 것과 도덕적인 것 두 가지가 있다. 지적인 탁월함은 가르침을 통해 생기고 성장한다. 따라서 시간과 경험이 필요하다. 반면, 도덕적 탁월함은 습관이나 관습(에티케)의 결과이다. 단어 자체도 우리말(그리스어)로 에토스(습관)라는 말에서 파생되었다. 이렇게 볼 때 도덕적 탁월성과 선은 천성적으로 우리 안에 심겨진 것이 아니다. 우리가 천성적으로 타고난 것이라면 훈련을 통해 바꾸는 것은 불가능하다. 그러므로 선은 천성적으로 생긴 것도 아니고 천성에 반하는 것도 아니다. 천성은 우리가 선을 배울 수 있는 능력을 주었고 이것이 훈련을 통해 발전하는 것이다.(크놀스·스나이더 공저, 1968)

아리스토텔레스는 가르침, 독서, 토론, 연구, 생활을 통해 배울 수 있는 지적인 선의 중요성을 인정했다. 예리한 지성을 발전시키기 위해서는 시간과 경험이 필요하므로 지적 선을 계발하는 데는 수년이 걸린다는 것도 인정했다.

여기서 중요한 것은 아리스토텔레스가 도덕적 선, 혹은 선을 행하는 도구로써 습관을 기르는 것에 초점을 맞췄다는 점이다. 아리스토텔레스는 좋은 인성의 계발이 피아노 치는 것이나 보트를 만드는 것과 마찬가지로 학습된 기술이라고 보았다.

사람은 가족과 친구들을 배려하고 존중하며 책임감을 보이는 타인을 관찰하고 모방하면서 좋은 인성을 발전시킨다. 이 부분은 미국에서 18세기에 행해졌던 인성교육 노력과 연관 지을 수 있다. 당시 인성교육은 공동체, 연장자, 도제관계 등을 강조했었다.

우리는 학생들과 자녀들을 사랑하고 존중하는 교사와 부모들에게 그들을 그대로 따라 하는 학생들이 있었으면 좋겠다고 바란다. 선한 행동을 따라 하는 것은 좋은 인성의 계발에 도움이 된다. 이는 아주 중요한 포인트이다.

아리스토텔레스는 사람들이 대부분의 삶을 습관적인 행동으로 살아간다고 생각했다. 우리는 대체로 우리가 하는 모든 행동이 도덕적 혹은 윤리적으로 의미가 있는가 생각하면서 살지는 않는다. 오랜 시간동안 쌓인 습관에 따라 단순히 행동할 뿐이다.

법시스템을 통해 계발되는 인성

좋은 인성을 계발할 기회를 만들기 위해 공동체나 국가가 법 시스템을 통해 도덕성을 지원하는 것이 중요하다. 아리스토텔레스는 사회 및 법 구조가 도덕성을 지지한다고 생각했다.

국가의 최종 목적은 사람의 사회적 본능, 혹은 공동체를 향한 본능을 충족시키는 것이다. 개인은 그룹 안에서 살고 사교활동을 하며 선한 삶, 즉 다른 사람들에게 선을 실천하는 삶을 살고 싶어 한다. 그러므로 정치를 하는 사람들은 시민들이 선한(도덕적인) 삶을 살 수 있는 최선의 기회를 줄 수 있도록 머리를 써서 지적인 도덕 인성을 발휘해야 한다.(이 부분은 지성의 적용을 강조한 플라톤의 생각에 아주 가까운 생각이다.)

이렇게 해서 공정한 법과 사회구조가 성립되는 것이다. 법은 습관처럼 준수되고, 가르치고, 실천될 수 있다. 아리스토텔레스는 〈니코마스 윤리학 Nicomachean Ethics〉을 통해 다음과 같이 말한다.

올바른 법 아래서 자라지 않은 젊은이에게 선을 제대로 훈련시키는 것은 어려운 일이다. 왜냐하면 적당히 힘든 일을 견디며 사는 것은 대부분의 사람에게 즐겁지 못한 생활이기 때문이다. 특히 나이가 어릴 때는 더욱 그러하다. 따라서 교육과 직업이 법으로 정해져야 한다. 관습이 되면 더 이상 고통스럽지 않을 것이기 때문이다. 하지만 어릴 때 올바른 교육과 관심을 받는 것만으로는 충분하지 않다. 어른이 되어서도 선을 실천하고 습관화해야 하는 데, 이를 위해서도 법이 필요하다. 이를테면 인생 전체를 관장할 법이 있어야 하는 것이다. 대부분의 사람들은 주장보다는 필요에 순응하고, 무엇이 옳은가 아는 것보다 처벌에 순응하기 때문이다.

이 내용이 인간의 도덕적 상태를 고양시키는 것은 아니지만 중요한 포인트가 하나 있다. 정부의 역할이 정당한 법을 제공하고 발전시키는 것이라는 점이다. 이 법에 따라 습관적으로 실천하면 개인이 좋은 인성을 계발하고 시민정신과 품위를 실천할 수 있다. 시민에 대한 국가의 의무를 규정하는 법은 시민들이 공동체 안에서 다른 시민들에게 무엇을 해 줘야 할지도 알려준다.

인성계발에 적용되는 올바른 법은 올바른 시민을 끊임없이 길러낸다. 학교에서 건전한 교육을 실천하면 우리 학생들의 인성계발에 도움이 되는 것처럼 말이다. 법과 규칙, 혹은 규정의 준수가 습관화되면 우리 안에서 시민정신과 예의가 자라는 데 도움이 된다.

좋은 사고와 선한 습관 키우기

플라톤과 아리스토텔레스로 돌아가자. 플라톤은 추론과 생각하는 기술을 통해 도덕성을 발전시킨다고 보았다. 반면, 아리스토텔레스는 지성적 측면에서 도덕적 추론 기술을 계발하지는 않더라도 다른 사람에게서 배운 것을 습관화하여 도덕적인 삶을 사는 사람들이 있다고 생각했다.

아마 선하고 친절해지기 위해 꼭 머릿속으로 만들어낸 도덕적 주장을 해야 하는 것은 아닐 것이다. 하지만 도덕을 실천하는 사례에 노출될 필요는 있다. 이러한 노출은 다른 사람과 함께 일하고 어울리는 것은 물론이요, 역사와 문학 그리고 윤리 문제와 행동에 대해 선한 결정을 하기 위해 노력하는 개인들을 묘사한 여러 자료들을 읽고, 분석하고, 토론하는 것도 포함한다. 도덕적인 학생들을 양육하기 위해서 우리는 학생들에게 효과적으로 생각하고 추론하는 데 필요한 기술과 함께 도덕적 인성이 담긴 선하고 올바른 행동을 습관으로 심어줘야 한다.

플라톤의 가르침에 따라 지성의 발전에 헌신적인 학교가 있다. 그 지성은 생각하고 추론할 수 있는 능력과 관계되며, 따라서 도덕적 문제에 반응하는 능력과도 관련된다.

학교는 학생들이 자라 지적인 능력을 갖추게 되면 교과과정을 통해 아이디어와 명제를 생각하고 분석하는 실습을 하도록 해야 한다. 주제는 선거 유세 연설에서부터 지구 온난화와 관련한 과학적 인과관계, 올바른 행동과 관련한 이슈, 미국의 독립선언문과 헌법에 나오는 도덕적 전제의 분석 등에 이르기까지 범위가 넓다. 토론과 과제는 기본적으로 아동 발달에 대해 교사가 알고 있는 것을 반영하여 난이도를 조절한다. 저학년은 고학년에 비해 지적 수준이 낮기 마련이다. 초등학생은 되어야 옳은 것과 그른 것을 토론할 수 있게 된다. 초등학생들은 〈샬롯의 거미줄 Charlotte's Web〉에 나오는 샬롯이 윌버에게 보여준 친절을 인지할 수 있다. 초등학생들은 자기들의 제한적인 경험을 근거로 토론에 임하지만, 중고등학생들은 독서와 토론에서 얻어진 생각을 활용하여 이야기할 수 있다. 지적 발달의 단계에 따라 모든 연령대가 각 수준에 맞는 분석적인 토론을 할 수 있는 것이다.

아리스토텔레스의 도덕적 선을 적용하려면 어린이들에게 선한 습관을 길러주는 데 중점을 둬야 한다. 철학자 R.S. 피터스가 말한 "추론이라는 **왕궁**은 습관이라는 궁정 뜰을 지나야 들어갈 수 있다."는 표현이 이를 단적으로 잘 보여준다.

우리에게는 학생들이 존중, 책임감, 배려 같은 인성을 학교 환경 안에서 본보기를 보고 습관으로 실천할 수 있는 그런 학교가 필요하다. 학생들은 다양한 능력수준과 기술을 가진 타인과 함께 공부하고, 서로 돕고, 도움을 받는 것을 배워야 한다. 학생들은 학업에서뿐 아니라 사회적으로 어울림에 있어서도 남들을 거들어주는 법을 배워야 한다.

예를 들면 선배 학생들은 후배 학생들이 보고 따를 수 있도록 올바른 행동을 보여줘야 한다. 학생들은 적절한 대화와 예의범절 속에서 좋은 습관을 길러야 한다. 학교에서, 그리고 커서 어른이 되었을 때 남들에 대한 존중을 보여주어야 할 것이기 때문이다. 결과적으로 학교는 학생들이 어른이 되었을 때 더 생산적이고 선한 시민이 될 수 있는 습관과 태도를 길러줘야 하는 것이다.

좋은 인성을 기르는 필 빈센트 박사의 5가지 핵심요소

학교에서 학생들에게 지성과 좋은 습관을 훈련시킨다는 것은 어떤 것일까? 필 빈센트 박사는 다섯 가지 핵심요소를 주장한다. 다음에 나오는 그림이 그 요소를 잘 보여준다.

[그림 2] 필 빈센트 박사가 주장하는 좋은 인성을 기르는 다섯 가지 핵심요소

인성교육의 근본—학생들을 사랑하는 교사 되기

가르치고 본을 보이고 돌봐주는 것이 다섯 가지 인성 요소, 즉 인성교육의 전체 개념을 둘러싸고 있다는 점에 주목하자. 교육자는 아이들을 사랑해야 한다. 그것이 전부이다.

사랑이란 그들이 무엇을 하든지 항상 좋아해야 한다는 의미가 아니다. 교육자들은 학생들을 자녀로 생각해야 한다. 부모들은 자녀가 하는 것들을 항상 좋아하지는 않는다. 때때로 너무 화가 나서 그들을 좋아하지 않을 때도 있다. 하지만 부모는 결코 자녀사랑을 멈추지 않는다.

학생들에게도 마찬가지여야 할 것이다. 항상 그들을 사랑하려 해야 한다. 모든 선생님이 이것을 믿고 실천하기 위해 열심히 노력해야 한다. 어떤 선생님들은 학생 사랑을 연습하면서 자신의 마음에 변화가 있기를 바라야 할 것이다. 자연스럽게 사랑이 우러나오지 않더라도 사랑하기 위해 계속 노력해야 한다. 학생들을 사랑한다는 것은 좋은 인성을 가진다는 것이 어떤 것인지 본보기로 보여줘야 한다는 것을 뜻한다. 행동은 말보다 훨씬 목소리가 크다.

교사는 항상 아이들을 존중하고 돌보는 사람이 되어야 한다. 돌보고 배려한다는 것은 학생들이 무엇을 해도 그대로 하게 내버려둔다는 의미가 아니다. 그보다 훨씬 더 많은 것이 필요하다.

학생들을 돌보고 배려한다는 의미는 그들이 삶 속에서 걸을 길을 정하는 데 도움이 되는 도덕적 나침반이 된다는 의미이다. 그리고 교사의 행동, 훈계, 토론, 일상생활의 예를 통해 아이들의 인성형성을 도와야 한다. 학생들에게 정말로 마음을 쏟는다면 단지 머리만 가르칠 것이 아니라 존중, 책임감, 배려와 같은 덕목도 가르쳐야 하는 것이다. 이러한 것이 항상 배경으로 깔려 있을 때 교실이나 학교에서 학생들의 인성계발을 돕는 특정 프로그램이나 과정을 논할 수 있다. 다음 장에서는 여기 나온 수레바퀴 그림의 중심 및 바퀴살에 있는 주제를 다룰 것이다.

핵심요소 1. 규칙과 질서

수레바퀴 중심에는 가장 중요한 요소인 규칙과 질서가 있다. 학교 안의 학생들에게 기대하는 행동을 보여주는 시종일관된 관행을 정착시키는 것이 중요하다. 이러한 관행은 학생들이 학교에서 학업 면에서나 사회적으로 보다 성공적인 학생으로 만들어 줄 긍정적인 습관이 배도록 돕는다.

핵심요소 2. 협동학습

협동학습을 가르쳐야 한다. 협동학습은 학생들이 도덕적으로, 그리고 사회적으로 타인과 관계를 맺도록 해주며, 프로젝트를 수행하거나 문제를 풀 때 공감과 연대감을 갖게 해 준다. 협동학습도 다른 학문과 마찬가지로 방법을 배워야 한다는 사실을 기억해야 한다.

핵심요소 3. 사고력 교육

학생들이 선을 배워 알도록 도와야 한다면 생각하는 힘을 길러주는 사고력 교육도 해야 한다. 학생들이 명료하게 생각하고, 자신의 주장을 신중히 검토하며, 자기 논리의 일관성과 윤리적 투명성을 평가할 수 있느냐는 매우 중요한 사안이다. 교사와 부모는 추론 연습에만 멈춰 있으면 안 된다. '교사들이 얻은 결과가 가지는 윤리적 시사점'까지도 생각해 봐야 한다. 이럴 때 그래픽 시각 자료가 큰 도움이 될 것이다. 학생들이 생각하는 것을 눈으로 보고 반영해 볼 수 있기 때문이다.

핵심요소 4. 독서교육

학생들이 어떤 텔레비전과 영화를 보느냐가 중요하다면, 그들이 어떤 책을 읽는가도 매우 중요하다. 학생들은 인성과 관련한 내용이 풍부한 문학작품과 이야기를 접해야 한다. "선을 알고 사랑하고 행하는" 사례가 묘사된 책과 이야기를 읽어야 하는 것이다.

교사와 학생들은 질문에 대해 간단히 기계적으로 답하는 수준을 넘어, 토론을 할 만한 내용의 읽을거리에 대해 심도 있는 토론을 준비해야 한다. 또한 학생들은 인성계발의 방법으로 미술작품과 음악을 접하는 것도 좋다.

핵심요소 5. 봉사학습

아이들은 학교와 지역사회에서 봉사활동에 참여해야 한다. 봉사활동에 참여하는 아이들과 어른들은 남을 섬기는 과정에서 오히려 더 많이 섬김을 받는 경우가 많다.

위에 제시한 아이디어에는 더 추가할 프로그램이 없다. 간단히 말해 추가 프로그램이 효과가 없기 때문이다. 이 책을 읽고 있는 교사들 스스로 생각해 보아도 위의 것들에 더해 추가 프로그램을 하루 30분씩 투자할 여유가 있는 교사는 흔하지 않을 것이다. 필수 커리큘럼을 가르칠 시간이 충분하기만 해도 행복할 것이다.

그래도 뭔가 추가해야겠다고 생각한다면 교무실과 교실의 캐비닛 속을 들여다보라. 그 안에 버려져 있는 추가 프로그램이 있지는 않은가? 그밖에 아이들에게 태도를 가르치고 매일 생활 속에서 습관을 기르도록 돕는 것은 어떨까? 그리고 그런 것을 좀 더 계획적으로 접근하는 것은 어떨까? 선한 삶을 사는 데 꼭 필요한 덕목을 가르치고 본보기를 제시하는 데 초점을 맞추는 것이 중요하다.

학교생활 안에서 배우는 인성

성공적인 인성교육을 위해서는 학교생활 안에서 인성을 배우도록 해야 한다. 봉사학습을 제외하면 앞에서 제시한 핵심요소들은 모두 오늘날 학교 안에 있는 것들이다. 그리고 많은 학교들이 봉사활동을 중요한 커리큘럼의 일부로 삼고 있다.

교사와 부모는 이러한 전략을 학생들이 좋은 인성을 성장시켜 나가는 데 필요한 도구가 되도록 적극적으로 사용해야 한다. 뒤이어 나올 장에서는 필 빈센트 박사가 제안한 다섯 가지 전략의 개념을 발전시키고 이를 인성교육에 어떻게 적용할지, 인성교육의 실행에 대해 논할 것이다.

이 책을 저술한 목적은, 책을 읽는 교사와 부모들이 인성계발에 초점을 맞춘 학교에 관심을 가지도록 하기 위함이다. 어떤 영역에서도 깊이 들어가지는 않았다. 그러려면 너무 긴 책이 될 것이기 때문이다.

각 장별로 주제에 필요한 책들을 간단히 언급했다. 좀 더 많은 정보가 필요하면 저자의 다른 책들을 참고하면 될 것이다. 이 책 마지막 부분에 나오는 참고자료 목록에서도 도움이 되는 책들을 충분히 찾아볼 수 있다.

1. 성품교육은 가치교육 그 이상이다.

성품교육이란 가치교육 그 이상이다.

오늘날 현대인들은 포스트모더니즘과 실용주의가 범람하는 가치의 소용돌이 속에 살고 있다. 그러나 시대에 따라 도덕적 기준이 바뀌고 유익에 따라 윤리의 기준이 바뀌더라도, 생명의 소중함으로 나를 사랑하고 다른 사람을 사랑하고 부모에게 순종하고 규칙과 질서를 지키며, 공동체 속에서 사랑으로 연합하는 방법들은 절대 가치로서 지켜져야만 한다. 그리고 우리 부모와 교사들은 이러한 절대 가치를 다음 세대에 성실하게 가르침으로 그 효과를 보여줘야 한다.

'절대 가치(absolute value)'란 모든 조건과 관계로부터 자유롭고, 독립적·무조건적·무제한적이며 완전 순수한 상태의 가치(교육학용어사전, 1995)를 말한다. 그것은 변하지 않는 진리로, 우리가 규칙과 질서로서 삶의 모든 요소마다 기준으로 삼아야 하는 가치 그 이상이다.

필자가 고안한 한국형 12성품교육론은, 변하지 않는 진리를 바탕으로 절대 가치에 입각하여 만들었다. 변하지 않는 완전한 진리를 추구하기 위해, 가장 오랫동안 시대와 역사를 통해 많은 사람들에게 감동을 주고 성품에 변화를 준 성경과 탈무드에 입각하여 한국형 12성품교육론을 고안했다. 역사와 시대를 초월하여 인류에게 지속적으로 감동과 깊은 영향을 끼치고 있는 성경과 탈무드를 기본으로 성품을 가르칠 때, 옳고 그름에 대한 절대적 기준을 명확히 하고, 변하지 않는 진정한 가치를 어려서부터 선별하여 가르칠 수 있기 때문이다.

인성을 가르치는 학교를 만들기 위해서는, 학생들에게 세상의 모든 윤리를 옳은 가치로 가르쳐서는 안 된다. 다시 말해, 부모와 교사의 성향에 따라 개개인의 가치를 학생들에게 옳은 가치로 심어주는 것은 매우 위험한 교육이 될 수 있다. 그러므로 가치 중에서도 각 개인의 삶이나 공동체에서 절대적으로 중요한 핵심 윤리 가치(Core Ethical Value)를 선별해서 가르쳐야 한다.

그렇지만 실제로 교사와 부모들이 좋은 성품을 가르치기 위해 핵심 윤리 가치를 찾는다는 것은 참으로 어려운 일이다. 그 이유는 시대의 가치가 수시로 바뀌어 매우 복잡하고 혼란스러운 정신적 불황기에 살고 있기 때문이다.

필자가 고안한 한국형 12성품교육론은 절대 변하지 않는 진리를 성경과 탈무드에서 찾았다. 그러나 보편적인 핵심 윤리 가치를 통해 인성교육을 하기 원하는 학교들을 위해, 다음과 같이 핵심 윤리 가치의 8가지 기준을 정해 본다.

<u>첫째,</u> 일반적이고 보편적으로 가치가 있는 것이어야 한다.
모든 사람이 이 가치를 따라 이렇게 살았으면 좋겠다는 생각이 들고 확신

이 드는 것으로, 모든 사람을 합당한 행동으로 이끌 수 있는 것이어야 한다.

둘째, 도덕적이고 윤리적인 것이어야 한다.

모든 사람들이 이 가치에 따라 옳고 그름을 판단할 수 있는 것이어야 하며, 개인적인 호감이나 견해와는 상관없이 사람들이 이 가치에 따르고 복종할 수 있는 것이어야 하다

셋째, 질 높은 국가관과 시민의 삶을 추구하는 것이어야 한다.

한 국가를 세우는 자유와 평등을 보장하는 정신과 훌륭한 시민정신을 고양할 수 있는 가치관으로, 문화와 그 사회를 풍요롭게 하는 가치이어야 한다.

넷째, 각 개인에게 유익한 것이어야 한다.

한 개인의 존엄성을 확고하게 해 주고 내 권리와 다른 사람의 권리를 함께 보장하며 각 개인의 발전을 돕는 것이어야 한다.

다섯째, 좋은 인간관계를 형성하는 것이어야 한다.

핵심 윤리 가치에 따라 살아가다 보면 사람에 대한 배려와 존중, 감사와 인내를 배우게 되고, 다른 사람이 내게 해 주기를 바라는 것처럼 다른 사람을 대할 수 있는 황금률을 실천하게 된다. 핵심 윤리 가치는 더 좋은 인간관계를 형성하게 하는 원동력이 되어야 한다.

<u>여섯째,</u> 교육적으로 중요한 것이어야 한다.

학생들을 도와 학습목표를 성취하도록 돕고, 능력 있는 한 인간으로 행복한 미래를 준비시킬 수 있는 것이어야 한다.

<u>일곱째,</u> 더 좋은 결정을 내릴 수 있도록 돕는 것이어야 한다.

다양하고 어려운 상황에서 옳고 그름을 저울질하여 더 좋은 결정을 내릴 수 있도록 판단하는 기준이 되어야 한다.

<u>여덟째,</u> 우리 삶에 밀접한 영향을 끼칠 수 있는 것이어야 한다.

핵심 윤리 가치는 우리 삶의 가장 중요한 부분과 연관이 있고 지속적인 영향이 있는 것이어야 한다.

필자가 고안한 '한국형 12성품교육'은 창조적이고 절대적인 관점에서 '옳은 가치'를 상정하고 개인이 이 가치를 내재화하도록 하는 교육을 추구한다. '한국형 12성품교육'에서 상정하는 '옳은 가치'는 절대자의 완전한 성품인, 사랑과 공의의 조화이다. 이때 사랑은 공감인지능력을 향상하는 교육을 통해 개인의 성품으로의 내재화를 추구하고, 공의는 분별력을 신장하는 교육을 통해 내재화를 추구한다.

'한국형 12성품교육'의 기본 덕목은 공감인지능력과 분별력의 2가지로, 공감인지능력과 분별력의 조화를 통해 개인이 균형 잡힌 성품을 갖추도록 하는 교육을 목표로 한다. 기본 덕목 2가지가 균형을 이룬다는 말은 타인의 감정을 공감하는 능력과 선과 악을 분별할 수 있는 능력이 조화를 이룬 상태를 의미한다. 궁극적으로 '한국형 12성품교육'은 공감인지능력과 분별력의 균형과 조화를 추구한다.

2. 공감인지능력을 키우는 성품교육

공감인지능력(Empathy)이란, '다른 사람의 기본적인 정서, 즉 고통과 기쁨, 아픔과 슬픔에 공감하는 능력으로 동정이 아닌 타인에 대한 이해를 바탕으로 하여 정서적 충격을 감소시켜 주는 능력'(이영숙. 2007)이다. 그러면 학생들이 공감인지능력을 갖지 못하는 원인은 무엇일까?

1) 공감인지능력을 갖지 못하는 원인

첫째, 현 시대는 너무나 바쁘고 분주하여 부모들이 자녀들과 정서적으로 교감을 나누지 못하고 있는 것이 가장 큰 원인이다. 부모들은 자녀들과 적극적인 관계를 맺고 친밀한 감정으로 서로 교감할 수 있어야 한다.

또한 아버지는 자녀가 남을 잘 배려할 줄 아는 아이로 자라는데 많은 공헌을 할 수 있다. 1950년부터 장기간 진행된 연구결과를 살펴보면, 다섯 살 때부터 자녀양육에 적극적으로 관여했던 아버지를 둔 아이들은 아버지가 부재했던 아이들에 비해 30년 후 남을 더 잘 이해하는 어른으로 성장했다고 한다. 아버지가 어린 자녀의 감정을 수용해 주고 다루어 주면 자녀들은 더 많은 정서적 안정감을 얻게 된다. 이런 자녀들이 다른 사람의 감정에 공감해 주는 능력이 높아진다. 자녀들은 자상한 아빠를 통해 분노의 감정을 해소할 수 있고, 다른 사람을 공감하는 마음을 키울 수 있으며 옳고 그름을 배울 수 있다.

둘째, 잔인하고 폭력적인 각종 영상매체가 아이들에게 미치는 영향 때문이다.

일반적으로 아이들은 눈으로 본 경험들을 모방함으로써 행동을 터득하게 된다. 잔인한 영상에 계속해서 노출되다 보면 아이들은 잔인한 행동들을 배우게 되고, 그들의 공감인지능력은 억압받게 된다.

셋째, 일반적으로 여학생보다 남학생들의 공감인지능력이 낮은 이유는, 주위 어른들이 '남자는 이러면 못써.', '남자가 왜 울어.' 등과 같은 감정을 억압하는 말을 자주 사용하기 때문이다. 어른들의 편견에서 비롯된 이러한 말은, 남학생들이 자라면서 공감인지능력을 계발하는데 큰 장애요인이 된다. 남자들도 여자들과 마찬가지로 본래는 공감인지능력을 갖고 태어나지만 자라면서 점점 남의 아픔과 고통에 공감하는 정도가 줄어들고 자신의 기분과 고민을 말로 표현하는 능력이 감소하기 시작한다.

학생들에게 공감인지능력을 가르치려면, 교사와 부모가 직접 공감하는 모습을 보여줘야 한다. 일상생활에서 보여주는 어른들의 공감하는 모습이 학생들에게 공감인지능력을 가르치는 가장 좋은 기회이다.

2) 공감인지능력을 계발시키는 성품교육법

(1) 부모와 교사가 먼저 감정을 경청해 주기

학생들의 공감인지능력을 기르기 위한 효과적인 방법은, 부모와 교사가 먼저 학생들의 감정을 잘 경청해 주는 것이다. 실제로 자녀의 감정을 수용해 주고 조절해 주는 부모 밑에서 자란 아이들은, 더 안정적이고 스트레스도 적으며 건강하게 자라고, 다른 사람의 감정을 공감해 주는 공감인지능력이 높아진다.

학생들이 말할 때 조용히 경청해 주자. 경청이란, 상대방의 말과 행동을 잘 집중하여 들어 상대방이 얼마나 소중한지 인정해 주는 것(좋은나무성품학교 정의)이다. 말과 제스처로 "정말?", "아, 그래?", "오~", "저런" 이렇게 표현하면서 학생들의 감정을 지지해 주는 것이 중요하다. 또 학생들의 기분을 알아맞히고 그 기분의 원인을 파악해서 말로 표현해 주는 것을 익숙하게 시도해 보자. 아이들은 부모와 교사가 자신의 기분을 이해해 주고 있다는 것만으로도 문제해결 능력이 높아진다. "기분이 나빠 보이는구나.", "짜증났니?", "실망했니?" 등 그 기분을 말로 표현해 줄 때 감정어휘도 더 많이 획득하게 된다.

학생 스스로가 문제의 해결책을 찾도록 자극하는 것도 좋은 방법이다. "그런데 넌 그 문제를 어떻게 해결하고 싶은데?", "더 좋은 생각이 없을까?" 등 아이들의 사고를 확장할 수 있는 질문을 사용하는 것이 필요하다.

(2) 감정어휘 능력을 계발시키기

모든 부모와 교사는 학생들이 다른 사람의 감정에 민감하고 인정이 많은 사람이 되기를 원한다. 그러나 많은 학생들이 이 공감하는 능력이 부족하다. 이는 감정을 확인하고 표현하는 능력이 없기 때문이다. 학생들은 다른 사람의 고통과 기쁨, 불안, 걱정, 자부심, 행복, 분노를 인식할 줄 모르기 때문에 남을 동정하는 것을 상당히 어려워한다.

이런 학생들에게 필요한 것은 다양한 감정들을 나타낼 수 있는 어휘들을 가르치는 일이다. 일단, 학생들이 감정에 대해 좀 더 많이 알게 되고 자신의 기분을 이해하게 된다면 그들의 공감인지능력도 발전하게 되어 다른 사람의 고민과 욕구를 훨씬 더 잘 이해하고 느낄 수 있게 된다.

◆ 감정 상태를 묻는 질문을 많이 하기

학생들의 감정어휘 능력을 강화하기 위해서는 남의 생각을 알도록 도와주는 단어와 질문을 활용하면 효과적이다. "뭔가 걱정이 되나 보구나. 무슨 일 있니?" 또는 "네 친구가 아주 불행해 보이는구나. 그 아이의 고민이 뭐라고 생각하니?" 일단 아이가 감정어휘를 많이 알게 되면 이렇게 자주 물어본다. "기분이 어때?" 또는 "그 아이 기분은 어떨까?"

◆ 하루 일과 후에 가족 또는 학급 구성원들이 모여 그날의 감정에 대해 이야기하는 시간을 갖도록 하기

이 활동은 가족 또는 학급 구성원들이 서로의 대화에 귀를 기울이고 동시에 자신의 감정을 표현하는 방법을 배우도록 도와준다. 각 구성원들이 하루 동안 겪었던 감정들에 대해 이야기함으로써 감정을 이해하는 시간을 갖고 공감해 보는 경험을 갖게 된다.

◆ 감정카드를 만들어 보기

수첩 크기의 색인카드를 만들고, 각 카드 위에 가장 많이 쓰는 감정어휘를 써 본다. 처음에는 몇 가지 안 되는 것 같으나 점점 다양한 어휘를 쓰게 될 것이다. 저학년일 경우에는 다섯 가지 기본 감정(행복, 슬픔, 놀람, 무서움, 미움)만을 이용한다. 그 후에 잡지나 컴퓨터를 통해 각 감정을 나타내는 그림이나 사진을 찾아서 다양한 감정어휘카드를 만든다. 완성 후에는 플래시카드처럼 활용하면 효과적이다.

(3) 상대방의 감정에 반응하는 감수성을 강화시키기

학생들 중에는 다른 아이들보다 조금 더 민감한 아이들이 있는데, 그런 아이들에게는 사람들의 정서적 단서, 즉 말투나 행동, 얼굴표정을 정확하게 판단할 수 있는 능력이 있다. 이러한 능력이 없는 아이는 다른 사람의 욕구에 제대로 반응하기를 어려워하며 어떻게 행동해야 할지 몰라 소심하고 불안해한다. 그러므로 일찍부터 다른 사람의 감정에 반응하는 감수성을 강화시키면 자신감 있게 다른 사람을 배려하는 학생으로 성장하게 된다.

◆ 섬세하고 친절한 행동을 칭찬하기

모든 행동을 강화시키기 위한 가장 간단하고 효과적인 방법은, 그 행동을 하자마자 그 행동에 대해 칭찬해 주는 것이다. 따라서 학생들이 자상하고 사려 깊게 행동하는 것을 볼 때마다 그런 행동이 상대방을 얼마나 기쁘게 하는지 아이들에게 알려준다.

◆ 감수성의 결과를 보여주기

아무리 사소한 일이라도 자상하고 친절한 행동은 살아가면서 매우 중요하다. 그러므로 아이가 자신의 행동이 만든 결과를 볼 수 있도록 행동을 지적해 준다.

예 "유종아, 네가 할아버지한테 선물 주서서 감사하다고 말했을 때 할아버지께서 아주 기뻐하시더구나."

◆ "그 사람 기분이 어떨까?"라고 자주 물어보기

학생들의 감수성을 기르는 가장 쉬운 방법은, 다른 사람의 기분이 어떤지 잘 생각해 보게 하는 것이다. 실제 생활뿐만 아니라 책, TV, 영화에 나오는 상황을 이용해서 자주 그런 질문을 해 보는 것이다. 각 질문은 학생들이 잠깐 동작을 멈추고 다른 사람의 고민에 대해 생각하지 않을 수 없게 만들고, 그들의 욕구에 대한 감수성을 길러준다.

◆ 감정과 그 뒤에 숨겨진 욕구를 추측해 보기

감수성을 증진시키는 효과적인 방법은, 학생들에게 다른 사람의 욕구와 감정을 찾아내는데 도움을 주는 질문을 하는 것이다. 아이들에게 이 방법을 사용하려면 사람들의 감정에 관심을 가질 만한 기회를 찾아야 한다. 그런 후 감정을 치료하기 위해 그 사람에게는 무엇이 필요할지 학생들에게 추측해 보게 한다.

예 부모와 교사—이 사진에서 울고 있는 이 아이의 기분이 어떨 것 같니?

(감정)

학생—슬픈 것 같아요.

부모와 교사—어떻게 해 주어야 이 아이가 행복하게 될 것 같니? (욕구)

학생—이 아이에게 먹을 것을 주어야 할 것 같아요. 많이 배고파 보여요.

◆ 왜 그런 감정을 느끼는지 이유를 이야기하기

어떤 상황이 발생하자마자 그 상황을 활용해서 그것을 어떻게 생각하는지, 그 이유가 무엇인지 설명해 준다. "아~ 오늘은 정말 행복해. 아빠가 용돈을 주셨거든.", "오늘은 너무 피곤해. 너무 많이 걸었거든."

(4) 상대방의 입장에 서서 생각해 보는 훈련시키기

다른 사람의 입장을 바꾸어 생각함으로써, 자신이 모르는 것을 짐작할 수 있도록 도와준다.

◆ 역할 바꾸기

갈등이 생기면 모두 행동을 잠시 멈추고, 서로 역할이 바뀌면 상대방 기분이 어떨지 생각해 보자고 요청한다. 이 방법은 곤란한 상황에서 각자가 상대방의 생각을 알 수 있도록 도와주는 효과적인 방법이 된다. 이처럼 상대방의 입장이 되어 생각하는 것은 학생들의 공감인지능력을 강화하는데 도움을 준다.

◆ 입장을 바꿔 생각하기

서로 다른 입장에 서서 생각해 볼 때 진정으로 상대방의 감정을 이해하게 된다.

> 예 짐을 많이 들고 가시는 선생님을 보면서, "이 짐을 하나 들어 드리면 선생님이 기분이 좋아지시겠지?"라고 생각해 본다.

◆ 상대방의 기분을 상상하게 하기

학생들이 다른 사람의 기분을 공감하도록 도와주는 방법은, 어떤 특별한 상황에서 상대방의 기분이 어떨지 학생들에게 상상해 보게 하는 것이다.

> 예 친구에게 생일선물을 받고 감사카드를 보냈다. "네가 친구라면 기분이 어떨까?"

(5) 부모와 교사가 학생의 무례한 행동에 일관되게 반응하기

부모와 교사가 학생들의 나쁜 행동 때문에 피해를 입은 사람의 기분에 초점을 맞춰, 일관되게 반응해야 아이들의 공감인지능력을 더 잘 계발해 줄 수 있다. 다음은 부모와 교사가 학생들이 무례한 행동을 고치고 다른 사람의 감정과 욕구에 민감해지도록 도와주는 4가지 방법이다.

◆ 무례한 행동을 즉시 지적하기

학생들의 무례한 행동을 보는 즉시, 그 행동을 지적하여 그런 행동이 점점 확대되고 습관화되기 전에 미리 방지한다. 이러한 부모와 교사의 태도는 학생 스스로 행동을 변화시키는데 원동력이 된다.

◆ 학생들에게 "어떻게 생각하니?"라고 자주 질문하기

부모와 교사의 질문은 학생들의 생각을 정리하게 하는데 매우 효과적이다. 지시와 강요하는 어휘보다는 다른 사람의 무례한 행동을 보고 아이들이 느끼는 점을 스스로 찾아서 이야기하도록 질문한다. 예를 들어 어떤 사람이 별명을 부르며 놀려대는 모습을 보았다면 이렇게 질문해 본다.

> 예 "유종아, 만약 하종이가 너한테 별명을 부르면서 '돼지'라고 소리쳤다면 넌 어떤 기분이 들겠니?"

◆ 자신이 한 행동의 결과를 알게 하기

학생들이 다른 누군가의 입장이 되어 무례한 대접을 받는다면 어떤 기분이 들지 생각하도록 도와주는 것이다. 다른 사람의 입장을 생각하는 것은 아이들에게 어려운 일이지만 통찰력 있는 질문들을 통해 아이들이 상대방의 감정을 고려하도록 친절하게 안내해 줄 수 있다.

◆ 무례한 행동은 용납할 수 없다고 말해주고 그 이유를 설명하기

아이의 행동이 왜 용납될 수 없는 무례한 행동인지 그 이유를 설명해 준다. 그런 행동의 어떤 점이 걱정스러운지 그리고 그런 무례한 행동을 어떻게 생각하는지 쉬운 말로 이야기한다. 아이가 자신에게만 집중된 관심을 다른 곳으로 돌리고, 자신의 행동이 남에게 어떤 영향을 줄 수 있는지 생각하도록 도와주는 것이다.

> 예 "그렇게 말하는 것은 친절한 말이 아니란다. 다른 사람들이 그렇게 말하

는 네 모습을 보면 네가 아주 무례한 아이라고 생각할거야."

3. 분별력을 키우는 성품교육

분별력이란(Conscience), '인간의 기본적인 양심을 기초로 하여 선악을 구별하는 능력으로, 올바른 생활과 건강한 시민정신, 도덕적인 행동을 위한 토대가 되는 덕목'(이영숙. 2007)이다. 교사와 부모는 아이들이 어려서부터 옳고 그름을 배우도록 도와야 하고, 선에 반대하는 힘에 대항할 수 있도록 확고한 분별력을 세워 주어야 하며, 유혹을 받는 환경에서도 올바르게 행동할 수 있도록 학생들의 내면에 깃들어 있는 양심의 기능을 강화해 주어야 한다. 성품은 학습되는 것이기 때문에 올바른 분별력을 키우기 위해서는, 일상적인 실례와 말, 그리고 모델링을 통해 지속적으로 훈련해야 한다.

1) 분별력이 있는 사람들의 특징

_ 약속한 것은 반드시 지킨다.

_ 잘못한 것은 변명하지 않고 자신의 잘못을 시인한다.

_ 자신이 옳다고 생각되는 행동을 한다.

_ 그 행동이 옳다고 생각하여 규칙을 지킨다.

_ 교사나 부모가 보지 않을 때도 교사와 부모의 말을 따른다.

_ 그 행동이 나쁘다는 것을 알기 때문에 도둑질, 거짓말, 속임수를 쓰지 않

는다.

_ 다른 사람 때문에 좌지우지되지 않고 일관성 있게 행동한다.

_ 자기가 해야 할 일을 분명하게 알고 끝까지 완수한다.

2) 분별력을 발달시키는 성품교육법

◆ 좋은 모범을 보여주기

하버드대학의 로버트 콜스 교수는 "어린 자녀가 인지하는 것은 매일매일 일상에서 보는 짧은 단서들이다."라고 말한다. 학생들에게 매일 옳고 그름을 가르칠 수 있는 사람은 부모와 교사이다. 학생들은 부모와 교사의 행동을 유심히 보고 또 주변에서 일어나는 일들을 통해 옳고 그름을 배우게 된다.

◆ 친밀한 관계를 유지하기

많은 연구 결과, 아이들은 애착을 느끼고 존경하는 사람에게서 가장 강력한 영향을 받는다는 것이 밝혀졌다. 학생들은 자신이 좋아하는 사람의 삶의 스타일, 패션, 취미, 그리고 도덕적 신념까지 모방한다. 그러므로 친밀한 대상이 부모와 교사가 될 때 아이에게 가장 영향력 있게 성품을 가르칠 수 있다.

◆ 부모와 교사의 가치관을 자주 이야기해 주기

학생들에게 부모와 교사의 가치와 신념을 자주 말해주는 자체가 직접적인 성품교육이 된다.

TV나 뉴스, 학교나 집에서 일어나는 사건들 속에서 적합한 문제의 자료를 구해 자주 대화하면서, 부모와 교사가 이 문제에 대해 어떻게 생각하는지를 말하고 아이의 의견을 듣는 것이 좋다.

◆ 좋은 행동을 기대하고 요구하기

학생들은 부모와 교사가 요구하는 대로 행동할 가능성이 높다.

많은 연구 결과가 도덕적으로 행동하는 부모의 자녀가 또한 도덕적인 아이가 된다고 말한다. 마빈 버코위츠 박사(Marvin Berkowitz)는 "도덕적 기대치가 높은 부모 밑에서 자라는 아이가 모든 도덕적 가치를 따르는 것은 무리가 있지만 그 핵심적인 뜻은 아이에게 전달된다."고 강조했다.

교사도 마찬가지다. 교사가 학기 초에 학생들에게 "우리 학급에서 너희들이 이렇게 해주기를 바란다"고 말하며 기대하고 요구할 때, 학생들은 훨씬 더 좋은 인성으로 성장하고 기대에 부응하려고 노력한다.

◆ 질문을 사용하기

토머스 리코나는 학생들이 분별력을 강화하는데 질문이 아주 중요하다고 말한다. 올바른 질문은 학생들이 다른 사람의 생각을 받아들이는데 도움을 준다.

"이렇게 행동하면 어떤 일이 일어날까?", "혹시 네가 생각하는 더 좋은 행동이 있니?", "네가 약속을 지키지 않으면 상대방은 어떤 기분일까?", "다른 사람이 네게 그렇게 대하면 너는 무슨 생각을 하게 될까?" 등 자신의 행동을 논리적으로 생각해 보고 결과를 추론해 보는 능력이 되기도 한다.

◆ 규칙과 방침을 설명해 주기

부모와 교사들이 규칙에 대한 구체적인 이유를 들어 설명해 주면, 학생들은 부모와 교사의 생각을 이해하고 그 기준을 따르기가 쉬워진다. 학생들에게 올바르게 행동하길 원하는 것과 그 이유까지도 분명하게 알려주면 아이들의 분별력은 더 높아지고 강화된다.

3) 도덕발달 이론 6단계의 한계점

로렌스 콜버그는 아이들은 인지의 발달에 따라 단계적으로 도덕성이 발달한다고 말했다. 그러나 필자가 지난 9년 간 전국 630여 곳의 인성 실천기관인 좋은나무성품학교에서 '한국형 12성품교육론'을 실천한 결과, 어릴 때부터 절대 가치로 선정된 12가지 좋은 성품을 체험학습을 통해 인성교육을 실천했을 때, 연령에 관계없이 좋은 성품의 정의대로 생각하고 느끼고 행동하면서 성장하는 모습을 지켜볼 수 있었다. 이들의 변화된 사례는 그동안의 많은 사례집과 논문들◆, 그리고 출판물을 통해 증명되었다.

로렌스 콜버그는 1단계인 0~3세 시기를 자기중심적 추론단계로 보고, 이

◆

① 이영숙(2011). 한국형 12성품교육이 유아의 인성개발, 정서지능, 자기통제 및 문제행동에 미치는 효과. 성품저널 제1권.
② 이영숙, 허계형(2011). 한국형 12성품교육을 실천한 유아교육기관의 교사 인식 및 인성개발 효능감. 성품저널 제1권.
③ 이영숙, 유수경(2012). 이영숙 박사의 한국형 12성품교육론을 바탕으로 한 청소년의 자존감에 대한 연구 : '기쁨'의 성품을 중심으로. 성품저널 제2권.
④ 이영숙, 임유미(2012). 이영숙 박사의 한국형 12성품교육론이 청소년의 대인관계 및 주관적 행복지수에 미치는 영향. 성품저널 제2권.

단계의 아이들이 다른 사람의 기분이나 생각을 중요시하지 않는 인식론을 갖고 있다고 주장했지만, 실험 결과 신생아와 생후 6개월 된 아기들도 이미 다른 사람의 고통에 대해 반응하면서 공감인지능력을 습득할 수 있음이 증명되었다.

미국의 심리학자 그레이스 마틴 연구팀은 생후 하루가 지난 신생아들에게 여러 종류의 울음소리를 들려줬다. 이 연구에서 주목할 점은, 아기들이 조용히 있다가도 다른 신생아의 울음소리를 들으면 같이 따라 울었다는 점이다. 마치 신생아들이 '뭔지는 몰라도 아기에게 나쁜 일이 벌어지고 있어!'라고 생각하는 것처럼 말이다. 한 가지 더 특이한 점은, 다른 신생아의 울음소리에는 울음으로 반응하던 아기들이 도리어 자신의 울음소리를 들려줬을 때는 아무런 반응을 보이지 않았다는 것이다.

이처럼 신생아들이 다른 신생아의 울음에 반응하여 따라 울지만 자신의 울음에는 반응하지 않는 현상을 신생아성 반응울음(Sympathetic Crying)이라고 한다. 이는 아이가 단순히 울음소리에 반응하는 것이 아니라 다른 아기의 고통 신호에 공감해 자신도 고통을 느끼는 것처럼 반응한 것을 의미한다.

⑤ 이영숙, 변상규 (2013). 한국형 12성품교육의 성품상담으로 본 대상관계이론과 임상을 통한 내면치유 사례 연구. 성품저널 제3권.
⑥ 이영숙, 이승은 (2013). 한국형 12성품교육론을 바탕으로 한 디지털키즈(kids)의 성품교육방안 연구. 성품 저널 제3권.
⑦ 박민혜(2013). 성품교육 프로그램이 유아의 사회성 발달 및 문제행동에 미치는 영향. 한양대학교 교육대학원 석사학위논문.
⑧ 양영식(2012). 성품교육에 대한 유아교사의 인식 : 좋은나무성품학교 프로그램을 중심으로. 총신대학교 교육대학원 석사학위논문.
⑨ 정수미(2012). 기독교 성품교육 고찰에 의한 초등도덕교육 내용 개선점 모색. 고신대학교 교육대학원 석사학위논문.
⑩ 설미화(2011). 유아 성품교육에 대한 어머니의 인식 및 요구. 가톨릭대학교 석사학위논문.
⑪ 박갑숙(2009). 성품교육 프로그램이 유아의 인성에 미치는 영향. 경남대학교 교육대학원 석사학위논문.

비슷한 예로 아기 앞에서 엄마가 우는 시늉을 하면 아기는 엄마를 바라보며 슬픈 표정을 보이고, 엄마가 활짝 웃으면 아기도 까르르 웃는데 이는 아이에게도 공감능력이 내재되어 있음을 단적으로 보여준다. 콜버그가 말한 '1단계-0~3세'는 자기중심적 추론으로 다른 사람의 기분이나 생각을 인지할 수 있는 인식론 자체가 되어 있지 않다고 주장한 이론에 반박할 여지가 있다.

4) 가정에서의 분별력을 키우는 성품교육법

부모는 자녀에게 가장 영향력 있는 도덕 선생님이다. 자녀들이 옳고 그름을 알게 되는 것은, 부모의 모습을 보고 기준을 갖게 된다는 사실을 기억해야 한다.

사실, 성품교육의 출발점은 가정이다. 자녀들이 어떻게 말하고 행동해야 하는지를 부모들이 분명하게 말해 주어야 한다. 그리고 이러한 기준은 어떤 상황에서도 절대로 타협할 수 없다는 것을 확고하게 말해 주어야 한다. 그래야 자녀들은 분별력을 기르게 되고, 모든 선택에는 책임이 따른다는 것을 배우게 된다.

가정에서 부모가 보여주어야 할 중요한 인성교육은 다음과 같다.

◆ 가족의 필요를 공급하기 위해 성실하게 일하는 모습을 보여주기

자신의 직업을 귀하게 여기며 즐겁게 일하는 모습과, 또한 그것으로 가족의 필요를 공급하는 모습에서 자녀는 책임감을 배우게 된다.

◆ 내가 선택한 결혼을 귀하게 여기고 배우자에게 책임을 다하는 모습을 보여주기

서로에게 책임을 다하는 부모를 보면서 자녀들은 안정감을 소유하고, 진정한 책임감을 배우게 된다.

◆ 자녀가 잘못했을 때 적절한 격려와 훈계를 해 주기

적절한 격려와 훈계가 자녀에게 분별력 있는 행동을 가르치게 된다.

◆ 공평하고 효율적으로 가사 일을 분담하여 실행하기

가정에서 작은 일이라도 맡아서 해보는 습관이 분별력을 기른다.

◆ 가족 구성원들의 능력이 최선을 다해 계발되도록 성장시켜 주기

진정한 사랑은 서로를 격려하고 성장시켜 준다.

가족 구성원의 능력을 최대한으로 신장시킬 수 있도록 책임을 다해야 한다.

3

필 빈센트 박사의
인성교육의 5가지 핵심요소와
미국의 인성교육

필 빈센트 박사가 강조한 '인성을 가르치는 학교 만들기'의 다섯 가지 핵심은 첫째, 규칙과 질서로 예의바른 학교 만들기, 둘째, 인성을 위한 협동학습, 셋째, 인성을 위한 사고력 교육, 넷째, 인성을 위한 독서교육, 다섯째, 인성을 위한 봉사학습이다.

'인성을 가르치는 학교 만들기'를 위해서는, 학부모와 교사, 정책을 만드는 국가와 사회가 협력하여 총체적으로 솔선수범하고 모델링으로 보여주지 않으면, 인성교육 프로그램은 성공할 수 없다. 학업과 인성계발이 함께 어우러져 완전하고 통합된 인성교육 체험활동의 장을 만들어 나가는 것이 중요하다.

규칙과 질서로 예의바른 학교 만들기

규칙과 질서로 예의바른 학교 만들기

노스캐롤라이나주 동부에 라일스빌이라는 전원도시가 있다. 노동자 계층이 많이 사는 한적한 곳이다. 이 도시의 스티브 딕슨 교장선생님이 재직하는 라일스빌 초등학교는 학생들 60% 이상이 무료급식 혹은 급식비 지원을 받고 있다. 그만큼 가난한 학생이 많다는 뜻이다. 이렇게 많은 학생들의 가정형편이 어렵다 보니 대부분의 아이들이 고등교육을 받기 어렵다고 여긴다. 덕분에 교사들은 학생들에게 고등교육을 받을 준비를 시키지 않아도 비난을 면할 수 있는 면죄부를 가진 셈이다.

하지만 딕슨 교장선생님을 비롯한 다른 선생님들은 그런 마음가짐을 가지지 않는다. 이들은 모든 학생들이 성공할 것이라 생각한다. 그리고 선생님과 관리인, 스쿨버스 기사, 학교 식당 직원들 모두가 아이들에게 이런 메시지를 전한다. 이들은 모두 힘을 합해 아이들이 좋은 습관을 갖도록 본을 보이고, 좋은 행동을 하도록 인성교육을 강조한다.

그 결과 이 학교 학생들은 기대에 부응하여 열심히 공부하고, 서로 존중하며 책임감 있게 행동한다. 덕분에 교사들은 수월하게 교과 과정을 마칠 수 있다. 딕슨 교장선생님이 이룬 학교 환경은, 바로 모든 교사들이 꿈꾸는 교육의 장이요, 학생들이 열심히 공부하고 싶어 하는 학교이다.

이 학교 학생들과 어른들은 서로를 존중하고 친절하다는 것이 두드러진 특징이다. 신입생들이 입학하면 재학생들이 본을 보여주며 학교 환경에 적응하는 데 도움이 되는 질서를 가르쳐 준다. 라일스빌 초등학교는 학업 능력 면에서도 단연 그 지역 최고에 속한다. 주에서 실시한 최근 평가에 의하면 이 학교는 '모범학교'보다도 훨씬 높은 점수를 기록했다.

라일스빌 초등학교 교사들은 이러한 성공의 이유를 규칙과 질서를 강조한 '인성교육(Character Education)'에 초점을 맞춘 덕분이라고 입을 모은다. 책임감, 존중, 친절, 예의 등을 계발하고 본을 보이려는 의도를 가진 교사들은 학생들의 인성계발을 돕는다. 인성교육으로 인해 그들은 학교에서뿐 아니라 앞으로의 인생 전체가 성공적이고 행복할 것이다. 그들의 사회성이 향상되면서 학업 능력도 함께 우수해지기 때문이다.

딕슨 교장선생님과 다른 선생님들이 하는 일은 훌륭한 부모들이 하는 일과 매우 흡사하다. 집을 깨끗하게 관리하는 것을 중요하게 생각한다면 아이들에게 부모를 도와 청소하고, 관리하는 법을 가르쳐야 한다. 예의범절을 중요시한다면 아이들에게 예의를 가르치고 본을 보여야 할 것이다. 학업 성취도에 가치를 둔다면 부모 자신이 스스로 시간과 장소를 정해 공부를 하면서 아이들이 습관을 들이도록 해야 할 것이다. 아이들은 배우지 않고는 이렇게 생산적인 방식으로 행동하려 들지 않는다.

좋은 습관을 모델링으로 보여주기

학생들이 학교에서 성공하려면 어떤 조건들이 필수적일까?

필 빈센트 박사가 전국의 여러 학교를 연구하여 얻은 결론은, 학교에서 잘하지 못하는 어린이들은 상당부분 그 원인이 습관에 있다는 것이다. 과제를 잘 완성하고 수업에 도움이 되는 학급원이 되는데 꼭 필요한 습관을 들이지 못했기 때문이다.

그런 습관을 들이지 못한 이유는 학교, 다시 말해 교장선생님 이하 모든 선생님들, 학교에서 일하는 여러 어른들, 그리고 부모가 학업과 인성계발이 똑같이 중요하다는 점을 확실하게 알려주고 본보기를 보여주지 못했기 때문이다. 어른들이 말과 행동으로 좋은 인성의 본보기를 보여주지 못하고 학생들에게 좋은 인성을 배우라고 하지도 않으면서, 교내 규율과 예의를 강조하는 것은 공허하고 고통스러운 울림일 뿐이다. 학생들이 시간 엄수, 단정한 옷차림, 존중, 예의, 책임감, 정직, 인내 같은 인성을 습관화하면 사회경제적인 환경이 어떻든 간에 그들은 훌륭한 학생, 훌륭한 시민이 된다. 이러한 인성은 규칙과 질서가 더해지면 더욱 잘 발달한다.

좋은 습관과 인성계발의 바탕이 되는 규칙과 질서 준수

좋은 습관과 인성계발은 규칙과 질서에 대한 순종이 바탕이 되어야 한다. 오랜 세월 교직에 종사한 분들의 이야기를 들어보면 남을 존중하는 사회적 습관을 들이지 못하고 규칙과 질서를 따르지 못하는 학생들은 지적인 능력도 제대로 발전시키지 못한다고 한다. 그리고 기업체 인력개발 팀장들의 이야기를 들어보면 규칙과 질서를 따르지 못하는 직원은 직장에서 성공하기 어렵다고 한다.

규칙을 지키지 않는 학생은 사교의 기술을 익히지 못하고 다른 학생들에게 따돌림을 당하기도 한다. 좋은 습관을 갖지 못한 학생들에게 무슨 일이 생기는지 낸시 커리와 칼 존슨은 공저 〈자존심을 뛰어넘어: 진정한 인간의 존엄성 계발이란 Beyond Self-Esteem: Developing a Genuine Sense of Human Value (1990)〉에서 이렇게 기술하고 있다.

중학생들에게 훌륭하다, 좋다는 말은 두 가지 의미가 있다. 교실에서 훌륭하다는 의미는 행동이 바르고, 공부를 열심히 하며, 권위를 존중한다는 뜻이 그 중 하나이다. 반대로 나쁘거나 비열한 학생이란 불순종하고 파괴적이며 게으른 아이들을 말한다... 선생님을 난처하게 만드는 아이들은 또래 친구들로부터도 거부당하는 경우가 흔하다. 적대적이고 자기 절제력이 부족한 아이들은 좋은 행동을 기대하는 선생님의 기준은 물론 또래 친구들과의 우정에 필요한 기준도 충족시키지 못한다.

규칙과 질서 준수의 2가지 유익

규칙과 질서의 준수는 2가지 면에서 학생 본인에게 유익이 된다.

첫째, 다른 아이들과 적극적으로 어울리는 데 필요한 기술을 계발하게 된다. 이런 좋은 습관의 계발을 통해 학생들은 왜 책임감 있는 행동이 필요한지를 내적으로 깨닫기 시작한다. 만약 교사가 학생들에게 본을 보이고 왜 그런 특정 행동이 필요한지를 설명해 준다면, 내적인 인성계발과 사교기술의 발달이 더 빠르고 확고해진다.

예를 들어 한 아이가 다른 친구에게 무례하게 대했을 때, 교사가 나서서 이런 행동이 용납되지 않는 이유를 설명해 주는 것이다. 그런 다음 어떻게 하는 것이 존중을 실천하는 올바른 대응인지를 아이에게 물어보는 것이다. 어른들과 마찬가지로 아이들도 왜 자기가 이런 질문을 받았는지 깨달으면 훨씬 잘 반응한다.

둘째, 좋은 사교적 습관을 들임으로써 학교에서 성공하기 위해 필요한 추진력을 얻게 된다. 선생님, 친구들과 잘 어울리는 학생은 일반적으로 긍정적인 학업 성과와 사회적 습관을 갖고 있음을 알 수 있다. 〈학교 환경 개선을 위한 팁 Tips for Improving School Climate (1988)〉을 저술한 짐 스위니는 긍정적인 학교환경의 중요성을 강조했다.

사람들은 자기 학교에 대한 느낌을 표현하는 데 분위기(climate)라는 용어를 사용한다. 이 말은 학생들, 교사들, 직원들, 부모들, 식당 직원, 운전기사, 관리인 등 학교생활에 중요한 역할을 하는 모든 사람들이 공유하는 믿음과 가치, 태도가 결합된 말이다. 학교가 "승리하는 분위기"이면 사람들은 자부심을 느끼고 서로 결속하며 헌신한다. 사람들은 서로를 지지하고 도우며 좋아한다. 학교 분위기가 올바르면 가르치는 사람이나 배우는 학생이나 학교에 가는 것이 즐겁다.

긍정적인 학교 분위기 만들기

존중, 책임감, 배려를 강조하는 훌륭한 학교가 되기 위한 첫걸음이자 가장 중요한 것은, 긍정적인 학교 분위기를 만드는 일이다. 좋은 환경이란 행동에 대한 기대수준도 높을 뿐더러 학생들이 이러한 행동을 발전시킬 수 있도록 지원하는 환경이다. 제임스 카우프만과 해럴드 버바흐(1997)는 기본적인 예의범절의 중요성을 강조했다.

우리가 꿈꾸는 사회적 분위기는 적어도 선생님들과 학생들이 동등하게 서로를 배려하고 존중하는 분위기이다. 매너 있는 행동과 사소한 예의를 갖추는 것이 기본으로 깔려있는 분위기이다. 좀 더 나아가면 교실 안에서의 협동, 책임감 있는 자치, 민주적인 생활을 진작시킬 수 있도록 예의가 지배하는 분위기이다.

학교 분위기가 점점 배려와 예의로 성숙해지면 안전하고 질서 있는 환경이 형성되고 학습 효과도 높아진다. 긍정적인 분위기가 부족한 학교는 지적으로나 인성 면에서 발전하기 어렵다.

성인들은 정해진 일정과 체계화된 조직을 좋아한다. 특히 일하는 환경에서 더욱 그러하다. 하루 종일 무엇을 해야 할지, 우리 주변이 어떻게 돌아갈지를 알고 있으면 일을 더 잘할 수 있기 때문이다. 학생들이라고 해서 다를 게 무엇이겠는가?

안전하고 질서 있는 환경을 만들기 위해서는 우선 긍정적인 환경조성에 필요한 요소가 무엇인가부터 확실하게 알아야 한다. 국제적으로 명성을 얻고 있는 학교 운영 컨설턴트 빌 라우하우저 박사는 〈효과적인 학교를 위한 계획서 The Planning Book of Effective Schools (1993)〉에서 안전하고 질서 있는 환경을 이렇게 기술하고 있다.

1. 학교에 존중, 신뢰, 높은 의욕, 단결력, 배려의 분위기가 지배적이다.
2. 학생들에게 기대하는 행위를 명확하게 규정한 지침서가 있다.
3. 능률적이고 질서정연하며 안전한 교실 분위기 형성을 위해 다양한 학습 운영 기술이 사용되어 학습 효과를 높인다.
4. 학생들에 대한 징계는 공정하고 일관성 있게 시행된다.
5. 학생들은 준비된 자세로 수업에 임한다.

라우하우저 박사는 계속적으로 이렇게 강조한다.

신체적인 체벌 위협이 없어도 질서 있고 목표 지향적인 교실 분위기가 형성될 수 있다. 억압적이지 않지만 가르치고 배우는 데 도움이 되는 이러한 분위기는 모두가 공감하는 학교의 목표에서 비롯되며 긍정적이고 능률적인 분위기로 묘사된다.

모든 교사들은 질서정연한 분위기를 원한다. 학생들에게 어떻게 생각하고 배워야 하는지 마땅히 가르칠 것들을 가르칠 수 있기 때문이다. 학생들도 그런 분위기를 원한다. 이쯤 되면 "어떻게 우리 학교를 이런 분위기로 만들 수 있겠는가?"하는 어려운 질문에 도달하게 된다.

답은 바로 규칙과 질서이다. 우리가 아이들에게 어떻게 행동하기를 기대하는지 이야기하지 않으면, 아이들은 자기가 원하는 대로 행동할 것이다.

긍정적인 학교 분위기를 위해 가장 중요한 것은, 선생님과 학생들이 교실 및 학교를 위한 규칙과 질서를 만들어 내는 데 함께 해야 한다는 것이다. 이는 좋은 인성을 촉진시키는 좋은 습관 들이기로 이어진다. 여기에 꼭 필요한 것은 교사와 부모가 아이들에게 존중과 책임감 있는 행동을 원한다면 그런 행동이 무엇을 의미하는지 설명해 줘야 한다는 것이다. 교사와 부모가 말해주지 않는다면 그들이 원하는 것을 아이들이 알 길이 없다. 이것은 가정에서도 마찬가지이다.

규칙과 질서의 의미

규칙과 질서가 무슨 뜻인지부터 정의해 보자. 〈웹스터 미국어 신세계 사전 Webster's New World Dictionary of the American Language (1986)〉에는 아래와 같이 정의되어 있다.

규칙 : 행동, 품행, 방법, 질서, 정렬 등에 관한 권위 있는 규정

질서 : 1. 어떤 과정 혹은 일련의 행동과정이 진행되는 행위, 방법, 혹은 방
　　　 식. 특히 순서대로 다음 단계가 따라옴.
　　　2. 특정한 행동과정 혹은 무엇을 하는 방법

규칙은 일반적이며 목적이기도 하다. "다른 사람을 존중하는 행동" 같은 것이 좋은 예이다. 질서는 규칙의 목적을 달성하기 위해 무엇을 해야 할지 알려주는 것이다. 예를 들면 "다른 사람들이 이야기할 때는 경청하라"는 것이다.

교실에서 필요한 규칙

학교에는 어떤 규칙이 있어야 할까? 학교에 필요한 규칙과 질서를 어떻게 해야 개발할 수 있을까?

답은 아주 간단하게 찾을 수 있다. 규칙이나 질서가 학생의 좋은 인성 습관에 도움이 되면 그 규칙이나 질서는 가치가 있는 것이다. 해리 웡과 로즈메리 웡은 공저 〈처음 학교 가던 날 The First Days of School (1991)〉을 통해 교실에서 필요한 규칙 몇 가지를 제안했다.

_ 모범적인 학급은 교사가 학생들에게 기대하는 바가 분명하고, 학생들도
　선생님이 자기들에게 무엇을 기대하는지 아는 학급이다.
_ 교사의 기대는 규칙이라고 말할 수 있다.
_ 규칙이란 학생들에게 기대하는 적절한 행동 규범이다.

_ 교사는 심사숙고하여 규칙을 정하고, 학기 첫날에 그 내용을 게시한다.

_ 학생들에게 기대하는 적절한 행동을 명확하게 전달한다.

_ 이미 굳어진 부적절한 행동을 고치는 것보다 처음부터 좋은 행동을 습관
화하고 유지하는 것이 더 쉽다.

학교에서 지킬 규칙을 개발하는 방법

학교에서 지킬 규칙을 개발하는 방법에는 몇 가지가 있는데, 교사들이 각
자 자기 학급에 맞는 규칙을 만드는 것이 그 중 하나이다. 하지만 모든 선생님
이 섬처럼 고립되어 각자 따로 움직여야 한다는 의미는 아니다. 학급 규칙은 학
교 규칙과 조화되어야 하고 다른 학급 교사의 규칙과도 일관성이 있어야 한다.
이렇게 해야 일관성 있고 조직적인 학습 환경을 만들어 갈 수 있다.

학교 규칙은 학교 전체가 지향하는 목표 분위기를 보여준다. 이 규칙은 전
체 교사가 참여하여 체계를 잡든지, 아니면 몇몇 교사로 연구팀을 구성하여 작
성한 후 나중에 전체 보고를 하도록 할 수도 있다.

규칙을 정할 때는 교사와 학생이 함께 작업해야 한다. 초등학생일지라도
좋은 교육환경에서 자란 아이는 좋은 학급 환경을 만들기 위해 필요한 것이 무
엇인지 안다. 그들은 적절한 행동을 위한 기준을 세우기 위해 규칙을 정하는 것
이 얼마나 중요한지 이해하고 있다. 그런 아이들에게 도움을 요청하면 쉽게 협
조를 얻을 수 있다.

그렇다고 규칙 제정에 학생들의 아이디어가 항상 반영되어야만 하는 것
은 아니다. 훌륭한 학습 환경을 조성하고 행동 기준을 마련하는 것은 교사와

관리자들이 해야 할 몫이다. 우리는 다만 제자들로부터도 배움을 얻는 교사인 것이다.

크리스 스티븐슨은 〈10~14세 가르치기 Teaching Ten- to Fourteen-Year-Olds (1992)〉에서 교사들이 학생들에게 규칙이 "공정하게 만들어졌고, 명확하게 전달되었으며, 공평하게 시행될 것"이라는 점을 확실하게 알려줘야 한다고 언급했다.

구체적인 규칙과 일반적인 규칙

학교 안에는 두 가지 규칙이 있다. 하나는 윙이 "구체적인 규칙"이라고 명명한 것으로, 내용 자체가 설명적이어서 무엇을 해야 하는지 분명하게 알 수 있는 것이다. "복도를 걸어 갈 때는 다른 사람에게 방해가 되지 않도록 잡담을 하지 말라." 등이 예이다. "수업 시간에 지각하지 말라, 욕설이나 상스러운 말을 하지 말라, 준비물은 수업시간 전에 준비하라, 문을 여닫을 때는 뒷사람을 배려하여 잠시 문을 잡고 있어라."와 같은 규칙들도 구체적인 규칙이다.

또 다른 형태의 규칙은 "일반적인 규칙"이라고 한다. 일반적인 규칙은 총괄적인 지침의 원칙을 알려준다. "남이 나를 대할 때 해줬으면 하는 방식으로 남을 대하라." 같은 것이 지침 원칙이다. 내가 다른 사람에게서 바라는 바 그대로 다른 사람을 대하라는 이 말은, 목적은 있지만 구체적으로 무엇을 하라는 내용은 없다. 일반적인 규칙은 학교 철학을 성립하는 데 매우 중요하다. 배려하는 환경을 만들고 유지하는 데 모든 사람이 받아들일 수 있는 기준을 세워주기 때문이다. 윙(1991)은 "이웃을 존중하라, 공손한 태도를 취하고 남을 도우라, 학교의 모든 구성원을 배려하라."와 같은 규칙을 일반적인 규칙으로 나열했다.

일반적인 규칙은 구체적인 규칙보다 훨씬 까다롭다. 해석의 여지가 넓다 보니 합의에 도달하거나 집행하기 어렵기 때문이다. 우리 학교에 "타인을 존중하라."는 일반 규칙이 있다고 가정하자. 모든 학생, 직원, 교사들이 다른 사람에 대한 존중을 보여주는 행동에 대해 똑같이 이해하고 있을까? 그 범위는 어디까지일까?

구체성이 떨어지는 일반 규칙을 좀 더 명확히 하고 잘 준수하게 하려면 이를 좀 더 상세히 설명하는 기대 질서와 관행을 추가해야 한다. 질서를 통해 학교 규칙이 모든 사람에게 일관성 있게 해석되고 준수되도록 하는 것이다.

습관이 되도록 계속 상기시켜야 하는 질서

훌륭한 관행과 습관을 들이기 위해서는 질서가 꼭 필요하다. 훌륭한 관행을 만들려면 질서를 만들어서 학생들에게 설명하고, 계속해서 반복하고 상기시켜야 한다. 가정이나 학교나 마찬가지이다.

더러워진 옷을 빨래 바구니에 넣는 습관을 갖게 하려고 우리는 자녀에게 세탁물을 빨래 바구니에 넣으라고 말한다. 다른 가족들도 그렇게 하는 것을 보여준다. 그리고 습관이 될 때까지 자꾸 상기시켜 주어야 한다.

마찬가지로 학교에서도 학생들에게 복도에서 조용히 걸으라고 말해야 한다. 다른 선생님과 학생들도 조용히 걷고 있는 모습을 보여주고 습관으로 자리 잡힐 때까지 자꾸 상기시켜줘야 하는 것이다.

좋은 인성의 습관을 만드는 질서

질서는 좋은 인성의 습관을 갖는 것에 중요한 뼈대가 된다. 스포츠 코치들이 선수들을 훈련시킬 때 사용하는 정해진 방법과 순서 같은 것이 바로 질서이다. 정해진 방법과 순서에 따라 연습시킴으로써 실전에 그대로 행동으로 옮겨 승리의 가능성을 높이는 것이다.

야구 경기의 더블 플레이를 배운다고 가정해 보자. 코치가 방법을 말로 설명하고 비디오를 보여주는 것만으로는 충분하지 않다. 선수가 직접 실제로 연습해 보아야 한다. 야구 코치들은 내야수들이 생각해 보지 않아도 저절로 몸이 움직일 정도로 연습을 시킨다. 축구 코치는 선수의 발이 공을 어떻게 할지 정확히 알 때까지 패스 연습을 몇 시간이고 계속 시킨다. 이런 작은 행동에는 두뇌의 힘이 필요하지 않다. 좋은 습관을 들였기 때문이다.

학생들을 훈련하는 데도 여러 가지 질서가 필요하다. 고인이 된 위대한 교육자 매들린 헌터가 제시한 질서 한 가지를 소개하겠다. 이 질서는 수업 시간에 학생들이 교사의 도움이 필요할 때 사용하는 것으로, 모든 학생이 한쪽 면은 빨간색 동그라미, 다른 쪽은 녹색 동그라미가 그려진 카드를 한 장씩 받아 책상 위에 놓도록 하여 의사를 표시하게 하는 것이다. 녹색 동그라미가 보이도록 카드를 놓은 학생은 "저는 다 이해하고, 혼자서도 잘하고 있습니다."라고 말하는 것이고 빨간색 동그라미를 보이는 학생은 "도움이 필요합니다. 가르쳐 주세요."라는 의사를 표하는 것이다. 교사는 학생들 사이를 돌아다니며 빨간색 동그라미를 보이는 학생들에게 도움을 준다. 이 방법은 학생들이 친구들을 최대한 방해하지 않으면서 바로바로 필요한 도움을 받을 수 있는 훌륭한 질서의 하나이다.

동그라미 카드 사용 질서를 처음 도입할 때 교사는 이렇게 설명할 수 있다. "좋아요, 여러분! 저를 보세요. 빨간색과 녹색 동그라미 카드 사용법을 연습해 봅시다. 지금 수학문제를 풀고 있는데 도움이 필요한 척 해 보세요. 무슨 색 동그라미가 보이도록 카드를 놓아야 할까요? 여러분 책상 오른쪽에 카드를 놓아 보세요." 이렇게 말한 다음 교사는 학생들 사이를 오가면서 모든 학생들이 지시받은 대로 했는지 확인한다. 아주 간단하고 기초적인 것으로 들리지만 학생들이 질서를 규칙적으로 사용하려면 연습이 꼭 필요하다.(여기서 기억할 것은 빨간색/녹색 동그라미 카드를 사용하면 학생들은 질문하기 위해 손을 들 필요가 없다는 점이다. 대부분의 학생들은 손을 들 때 글씨 쓰는 손을 드는데, 손을 들려면 쓰던 것을 멈출 수밖에 없다.) 나아가, 학교의 모든 교사들이 이와 동일한 질서를 사용한다면, 아이들은 학년이 올라가도 같은 방법을 사용하게 될 것이고, 그러면 이것은 학급을 뛰어넘어 학교 전체의 질서가 된다.

운동 코치와 헌터의 예는, 좋은 습관을 들이는 데 도움이 되는 질서를 보여주는 좋은 예이다. 예절도 이와 마찬가지로 질서를 따라 생긴다.

한 고등학교 수학 교사는 자기가 가르치는 학생들과 예절의 중요성을 토론하는 데 꼭 시간을 할애한다.(그리고 다음 시간에 그렇게 할 것을 당부한다.) 이 선생님은 자기 학생들에게 기대하는 특정 행동이 있다. 이 행동은 좋은 학급 분위기를 만드는 데 도움이 되는 것들이다.

1. 누가 말을 하면 꼭 대답하라.(이 교사는 학생들이 교실에 들어올 때 한 사람 한 사

람에게 인사를 건네고 자기에게 응답하도록 한다.)

2. 수업시간에는 손을 들고 허락을 받은 후에 말을 하라. 조별 토론에서는 말하기 전에 의장에게 신호를 보내라.

3. 사소한 예의를 실천하라. 즉, "부탁합니다.", "감사합니다.", "실례합니다.", "죄송합니다." 등의 말을 적절히 사용하라.

4. 교실을 나가기 전에 책상 주변을 치우고 나가라. 처음 들어와 앉을 때처럼 깨끗하게 정리하고 원상 복귀시키는 것이다.

학기 시작 첫 주 동안, 그리고 이후에도 틈틈이 필요할 때마다 교사는 질서를 강화하기 위해 학생들에게 다양한 역할극을 해 보게 한다. 가볍고 유머스럽게 진행하지만 메시지는 분명하다. "우리들은 이런 질서로 수업을 진행할 것이고, 그렇게 하면 수업시간 동안 예의범절이 잘 지켜질 것이다. 내가 본보기를 보이겠고, 너희들도 따르기 바란다."는 것이다.

다른 사람을 존중하는 질서 만들기

이번에는 기대 행동을 표시하기 위한 질서를 만들어가는 예를 살펴보자. 세미나 토론 시간에 남의 의견에 동의하지 않을 때 바람직한 방법으로 반대하는 방법을 설명하는 것이다.

교사는 "여러분, 주목해 주세요. 이제 세미나 토론 시간에 다른 사람의 견해에 반대하는 표현 방법을 배우기로 합니다. 예전에도 보면, 어떤 사람은 다른 사람의 의견에 반박하는 것이 아니라 그렇게 말한 사람을 공격하는 경우가 있었습니다. 우리에게는 다른 사람의 의견에 반대할 권리가 있습니다. 하지만 그렇다고 그 사람을 미련하다거나 말도 안 된다는 등의 말로 공격할 수 있다는 뜻은 아닙니다. 어떻게 다른 사람의 견해에 반대 의사를 표시하는지 상황극을 해보기로 하지요. 캔데이스, 소크라테스가 사형집행을 피하기 위해 아테네에서 도망치도록 돕겠다는 제자 크리톤의 제안을 받아들였어야 하는지 아닌지 의견을 말해 보세요."라고 캔데이스에게 발언 기회를 준다.

캔데이스가 "저는 소크라테스가 순순히 독약을 마시기로 결정한 것이 옳은 일이었다고 생각합니다. 플라톤의 대화편 〈크리톤〉을 보면 소크라테스는 자신이 살아 있고 그래서 자신의 원칙에 따라 죽기를 선택한다고 말합니다."라고 말했다면, 이 때 교사가 손을 들고 다음 발언할 차례가 된 것처럼 행동한다. "저는 캔데이스 의견에 동의하지 않습니다. 여기에는 또 다른 이슈 한 가지 있습니다. 소크라테스가 국가를 정말로 사랑했다면 도망쳐야 했습니다. 도망쳤다면 국가는 소크라테스를 사형시키는 상황을 면할 수 있었을 것입니다. 제 견해에 대한 근거는..."이라고 말하는 것이다.

교사는 캔데이스와 함께 이런 상황극을 하면서 학생들이 다른 사람과 의견을 달리 할 경우에 취해야 하는 질서를 보여주었다. 중요한 것은 이 질서가 남의 의견에 동의하지 않더라도 그들에 대한 존중을 보여주도록 한다는 점이다. 불쾌하지 않게 남의 의견에 반대하는 방법을 아는 것이 앞으로도 얼마나 유용할지 생각해 보라!

학교를 유치원까지 좀 더 확대해 보면 어린 학생들도 질서의 중요성을 깨닫는다는 것을 알 수 있다. 필 빈센트 박사가 수 년 전 방문했던 한 몬테소리 학교는 만 두 살 반 정도의 어린아이 때부터 기품과 예절의 중요성을 배우도록 하고 있었다. 예를 들면 아이들은 문을 열고 닫는 질서를 배운다. 방에 들어올 때 문이 "꽝!" 소리를 내며 닫히지 않도록 하는 방법을 배우는 것이다. 아이들은 또한 악수하는 법을 배운다. 이들은 원장님과 간단하면서도 절도 있는 악수법을 연습한다. 손을 잡고 있는 동안 원장님 눈을 쳐다보면서 간단한 인사말을 교환하는 것이다. 자리를 뜰 때도 원장님께 인사를 한다. 아이들은 다른 사람의 말이나 행동을 중단하는 실례를 범하게 될 경우에 예의를 갖추어 "부탁합니다."와 "감사합니다."라고 말하는 질서를 배운다. 다른 사람에 대한 이러한 행동 질서는 매일 매일 강화된다. 이런 식으로 이 몬테소리 학교는 아이들을 훈육하고, 부모들이 가르치는 내용을 한층 강조하여 아이들이 다른 사람들을 대할 때 존경과 책임감을 갖도록 한다.

아래 내용은 학기 초 첫 번째 주에 정립하면 유용한 질서의 예이다.

_ 유인물 나눠주는 방법 : 간단한 내용인 것 같지만 이런 일상적인 일을 질서 있게 하지 않으면 귀중한 시간이 낭비될 수 있다.

_ 학급 토론 참여 방법 : 학생들은 학급 토론에 참여하는 질서를 알아야 한다. 발언할 때는 손을 들어 표시해야 하는가? 토론 중에 잠시 침묵이 흐르면 손을 들지 않고 끼어들어도 되는가? 이런 것들을 확실히 해 두어야 원활하게 토론이 진행된다.

_ 학급 손님에게 인사하는 방법 : 학급에 손님이 방문을 할 경우, 학생 중 하나가 허락을 받고 그 손님을 돕는 일을 하는가? 그렇다면 그 학생은 일주

일동안 그 역할을 하는가, 아니면 하루만 하는가? 이 일을 위해 학급은 어떤 종류의 훈련을 받는가?

질서와 기강의 차이

질서는 기강과 혼동되어서는 안 된다. 기강은 전혀 다른 활동이다.

윙은 학급이나 학교의 규칙을 이행하는 데에는 질서와 관행이 핵심적이라고 일컫는다. 그래서 한 학급이 봉착하는 문제의 중심은 기강이 아니라 질서와 관례의 부족이라는 것이다. 질서와 기강을 윙은 아래와 같이 구분 짓는다.

[표 3] 질서와 기강의 차이

	질 서	기 강
상 벌	징계도, 상도 없다	징계와 상을 준다.
중점 사항	일이 어떻게 되어지는가를 중시한다.	학생들이 어떻게 행동하는가를 중시한다.

요컨대 규칙과 질서는 학생들을 위한 기대와 기준을 세워주는 것으로 반드시 필요하다. 규칙과 질서를 세우면 모든 학생들이 성공할 수 있는 가능성이 높아지는 긍정적인 학급 환경이 조성된다.

규칙과 질서를 세우는 방법들

교사는 어떤 규칙과 질서를, 어떻게 세워야 하는 것일까? 규칙과 질서는 학교생활의 어느 정도까지 규정해야 할까? 동의하지 않는 사람이 있다면 어떻게 해야 할까? 학교 전체를 변화시키는 시작점을 어디로 잡아야 할까?

가장 먼저 학교의 목표를 세우는 것이 도움이 될 것이다. 인성교육이 지적인 교육과 마찬가지로 중요하다는 내용이면 된다. 의견일치를 보기까지는 시간이 걸릴 수 있다. 그런 다음 규칙과 질서를 써 내려가기 전에 학교 분위기가 어때야 할지부터 생각해 보자. 교사, 학생, 직원들이 각자 생각하는 바를 적어 본다. 많은 경우 예의바른 학교의 분위기를 만들지 못한 상황인데, 이는 교사와 직원들이 사회적·학문적으로 긍정적인 분위기를 만드는 데 필요한 행동이 어떤 것인지 제대로 설명하지 못하고 본을 보이지 못했기 때문이다.

규칙보다 질서가 더 중요하다는 사실을 기억해야 한다. 예를 들어 존중, 책임감, 배려를 배우는 데 선생님들이 본보기가 되고 학생들이 이를 따라하고 실천하게 하는 것이 중요하다는 규칙에는 모두 쉽게 동의한다. 이런 생각을 실현할 수 있는 구체적 행동을 정의하는 것이 더 중요하고 어려운 법이다.

성공적인 규칙과 질서의 정립을 위해서는 일관성도 필요하다. 학교 규칙에 "과자나 껌은 학교에 갖고 오지 못한다."라는 것이 있는데 만약 담임교사가 나름의 질서에 따라 교실에서 껌을 씹는 일을 허용한다면 이 규칙은 있으나 마나 한 것이 된다.

필 빈센트 박사는 〈인성교육을 위한 규칙과 질서 Rules and Procedures for

Character Education: A Fist Step Toward School Civility (1998)〉라는 책에서 교직원들이 이 과정을 성공적으로 이행할 수 있는 방법을 제시했다. 그가 제시한 방법은 담임교사가 자기 학급에서 시작하여 학년이나 과목으로 확대하고, 마지막으로 전체 교직원이나 교직원 대표들이 모여 일관된 학교 규칙과 질서를 세우는 것이다. 이렇게 하면 교사 개인으로부터 학교 전체에 이르기까지 일관성을 유지할 수 있다. 예를 들면 교직원들이 "이제부터 우리 학교는 다른 사람을 존중하는 환경을 만든다."라는 일반적인 규칙을 정할 수 있다. 그리고 나면 이 규칙을 현실화할 수 있는 실천방안 혹은 질서를 정해야 한다. 일반 규칙은 다섯 가지 이내로 선택한다. 그리고 이를 지원할 수 있는 질서를 개발한다. 초등학교에서 사용할 수 있는 질서에는 아래와 같은 것들이 있다.

교실에서 :

1. 손을 들고 허락을 받은 후에 발언한다.

2. "부탁합니다", "감사합니다", "미안합니다"와 같은 공손한 말을 적절하게 사용한다.

3. 다른 사람이 말할 때에는 경청한다.

복도에서 :

1. 어른들이 말을 거는 경우 외에는 복도에서 말하지 않는다.

2. 다른 사람에게 방해가 되지 않도록 손과 발을 모으고 다닌다.

3. 문을 여닫을 때는 내 뒤에 따라 들어오는 사람을 배려하여 잠시 문을 잡

고 기다려 준다.

이런 행동은 모든 학급과 교내 전체에서 실천할 필요가 있다.

구내식당에서 필요한 존중의 질서를 결정하려면 식당 직원들을 참여시킨다. 학교 청결을 위한 질서를 정하려면 학교 관리인을 참여시킨다. 체육부도 마찬가지 원칙이 적용된다. 학교 전체가 "존중"의 실천에 초점을 맞춤으로써 이것이 모두에게 중요하고 모두를 위한 것이라는 메시지가 분명하게 전달되는 것이다.

빌 라우하우저 박사는 학교 관계자들에게 "가치 있게 여기는 것이 결국 이루어진다."는 말을 상기시키길 좋아한다. 존중을 본보기로 제시하고 가르치는 것에 가치를 두면 그것이 이루어지는 법이다.

학교에서 어떻게 규칙과 질서를 지키고, 왜 그래야 하는지를 아는 학생들은 학교생활을 성공적으로 영위하는 아이들로, 친사회적 행동을 보이는 경향이 강하다. 순종하기를 배우고, 학교가 규칙과 질서를 개발하는 데 도움이 됨으로써, 학생들은 인성계발을 촉진하는 좋은 습관이 지배하는 '문화적이고 배려 깊은 환경'을 조성하는 첫걸음을 내디디는 것이다. 이렇게 제안되는 규칙과 질서에 대해 학생들도 나름의 의견을 교사에게 전하는 분위기가 조성되어야 한다. 주인정신이 수용으로 이어진다.

일반규칙과 이에 필요한 질서에 대해 일단 합의가 도출되면 교장선생님이 그 규칙과 질서의 중요성을 알리고 학교 전체가 공유해야 한다. 학부모들도 이 내용이 담긴 안내문을 받아볼 수 있도록 해야 한다. 아래 내용이 그 예이다.

우리 선생님들과 학생들, 그리고 직원들은 모든 학생들에게 꼭 필요한 안전하고 질서 있는 환경을 만들어야 한다고 생각합니다. 학생들은 이런 환경에서 인생의 성공을 위해 필요한 전략을 배우고 개발해야 합니다. 이와 같은 목표를 염두에 두고 우리학교의 모든 학생들이 지켜야 할 다음과 같은 규칙과 질서를 제안하는 바입니다.

질서 유지를 위한 공정한 처벌의 필요성

학교 분위기가 배려와 규율이 살아있는 분위기이더라도 모든 학생들이 요구하는 대로 따르는 것은 아니다. 따라서 규칙을 준수하는 모든 학생들의 정중한 분위기를 보장해 주기 위해, 이를 지키지 않는 학생들에게는 그에 따른 처벌이 있어야 한다. 때로는 징계가 꼭 필요할 수도 있다. 중요한 것은 처벌이 공정한 방법으로 행해지고 오남용 되어서는 안 된다는 점이다.

이를 생각하면 신체적 체벌은 피해야 한다. 체벌 말고도 더 인간적이고, 시비를 일으키지 않는 다른 방법으로 같은 목적을 이룰 수 있다. 또한 왜 학생들이 반사회적인 행동을 하는지도 이해해야 한다. 왜 그 학생이 그런 특이한 방식으로 행동을 하는지를 이해함으로써 교사는 그 학생이 더 적절한 행동을 하도록 도울 수 있게 될 것이다.

이런 노력이 성공하려면 징계에도 원칙이 있어야 한다. 어떤 아이가 계속 학교의 분위기를 깨뜨린다면, 그 결과로 어떤 처벌을 받게 될지 보여주는 것이다. 제임스 Q. 윌슨은 그의 저서 〈도덕 관념 The Moral Sense (1993)〉에서 다음과 같은 이야기를 한다.

제한된 경계를 시험하는 것은 자아를 주장하는 방법 중 하나이다. 반대로 경계를 지키는 것은 공동체를 주장하는 방법이다. 이 경계가 약하고 불분명하며 변명이 통하는 것처럼 여겨질 때는, 반대로 과감하고 확실하고 설득력 있게 주장되었을 때보다 분명히 효과가 약하다.

이런 사실은 ETS가 발표한 폴 E. 바톤, 리처드 J. 콜리, 해럴드 웽린스키의 〈교실 질서: 폭력, 징계, 학업 성취도를 중심으로 Order in the Classroom: Violence, Discipline, and Student Achievement (1998)〉란 제목의 연구보고서에도 잘 나와 있다. 1988년의 전국 교육실태 장기연구 보고(National Educational Longitudinal Study)의 자료에 근거하여 연구진은 동일 연구대상, 즉 1990년에 10학년(고등학교 1학년), 1992년에 12학년(고등학교 3학년)이 되는 학생들을 대상으로 추가 조사를 실시했다. 최종 결론까지 참여한 학생은 13,626명이었다. 본래 조사 대상 샘플이었던 2만 5천 명 중에서 중퇴, 전학 또는 3회에 걸친 모든 조사에 참여하지 못한 학생들이 제외됐기 때문이다. 이 결과 중 몇 가지는 인성교육에 중요한 의미를 지닌다. 특히 주목을 끄는 부분은 질서 유지와 건전한 징계정책 간에 일종의 상관관계가 있다는 것이다.

이번 연구를 통해 도출되는 또 하나의 경험적 가설은 질서유지에 생각보다 큰 이해관계가 걸려 있다는 것이다. 무질서의 결과는 단순히 더 큰 무질서가 오는 수준이 아니다. 무질서로 인해 모든 학생들을 위한 학습 분위기가 손상된다. 학교질서는 학업성취도와 밀접하게 연관되어 있다는 정책결정자들의 가정이 일리가 있는 것이다. 이렇게 볼 때 징계정책은 단순히 부수적인 이슈가 아니다. 무질서의 결과가 그저 선생님의 주의를 분산시켜 더 많은 학업 목표를 달성할 수 없게 만드는 수준이 아닌 것이다. 따라서 건전한 징계정책은 건전한 학업정책을 위한 선결조건이다.

예의바르고 질서정연한 학교 분위기는 학업 효과를 높인다. 그리고 이러한 분위기는 교내에 예의와 질서를 도모하는 좋은 규칙과 질서를 정립할 때 가장 잘 만들어진다. 교사들의 경험으로 비춰볼 때도 예절 수준이 높을수록 학업 성취도가 높다. 또한 좋은 관행이 때로는 예의범절을 유지하는 데 충분하지 않기도 하다. 그러므로 행동에 대한 처벌을 분명하게 하는 것이 필요하다.

효과적인 징계와 처벌의 특색

에드워드 윈과 케빈 라이언이 공저 〈학교 교육의 회복 Reclaiming Our Schools (1993)〉에서 징계에 관해 잘 논했다. 이들이 주장하는 바는 징계 혹은 처벌이 효율적이어야 하며, 아래와 같이 몇 가지 특성이 필요하다는 것이다.

1. 처벌은 학생들이 확실히 싫어할 만한 것이어야 한다. 그 때문에 나쁜 행동을 그만두어야 하기 때문이다.
2. 학교 시간이나 자원을 너무 많이 소모하는 처벌은 부적합하다.
3. 약처럼 양을 늘려 효과를 볼 수 있어야 한다.
4. 아이들이 징계를 잔인한 것으로 인식하게 해서는 안 된다.

5. 공립학교의 경우, 부모가 적극적으로 협조해 주지 않아도 자주 사용할 수 있는 처벌이 필요하다.

6. 처벌은 바로 바로 행해져야 한다. 위반하고 난 즉시나 그 날 중에 처벌해야지, 다음 주에 한다거나 해서는 안 된다.

효과적인 처벌방법들

앞서 저자들은 행동이 바르지 못한 학생에게 가할 수 있는 몇 가지 처벌 방법을 추천했다. 이를 테면 부모님에게 근무시간 중에 전화하기, 문제행동이 일어난 지 24시간 안에 근신에 처하고 외출을 못하게 하기, 친구들과 이야기할 수 없도록 학교 독방에서 근신하면서 과제물을 하게 하기, 여러 학생들 앞에서 호되게 야단치기, 범죄 행동에 대해 경찰에 신고하기, 한동안 뒤돌아 서 있게 한 후 전체 학급에 사과하게 하기, 필요시 정학에 처하기 등이다. 저자들은 어떤 처벌 혹은 징계방법이 효과가 있는지 알기 위해 벌 받은 학생에게 또 그런 벌을 받고 싶은지 물어보라고 권한다.

단계적으로 징계 정하기

정도에 따라 징계의 단계를 정할 수 있다. 몇 년 전 필 빈센트 박사는 한 중학교에서 학생들에게 징계의 정도를 늘리는 흥미로운 방식을 알게 되었다.

첫 단계는 교사가 교실을 걸어 다니면서 학생들과 눈을 마주치는 것이다. 그들은 걸어 다니는 교사 하나가 앉아 있는 다섯 명의 교사보다 낫다고 믿었다. 단순히 눈을 마주치는 것이지만 잘못된 행동을 하고 있거나 하려고 하는 학생에게는 응시가 된다.(한 재미있는 교사는 이것을 '악마의 눈길'이라고 표현했다.)

만약 장난이 계속된다면, 수업 후나 방과 후에 그 학생을 불러서 대화를 시도한다. 그래도 고쳐지지 않으면, 학부모를 불러서 그들의 협조를 요청한다. 대부분의 나쁜 행동은 이 정도의 단계에서 끝나지만, 어떤 경우는 끈질기게 계속된다.

그 다음 단계의 징계는 여러 담당 교사들과 행정직 교사, 그리고 가능하다면 "단체로 맞서기"를 시도하는 것이다. 학생은 혼자 가운데 앉고, 다른 어른들은 학생을 중심으로 반원 모양으로 둘러앉는다. 왜 이 학생이 이렇게 튀는 행동을 하는지 이유를 밝히고 또 치료해 주는 것이 그 목적이다. 이런 모임은 누구에게도 쉽지 않다. 하지만 마지막에 가서는 어른들이 아이를 끌어 안아주며 학교의 일원으로 돌아오는 것을 환영해 준다.

마지막 단계는 정학인데, 여기까지 가는 아이는 거의 없다. 이런 단계별 징계는 학생회와도 충분히 논의된 것으로 교육가들은 이를 매우 효과적이라고 평가했다. 요즘 이 학교에서는 전교생 600명 중 하루 한 명 정도만 교무실에 불려간다. 이 학교는 또한 노스 캐롤라이나 주에서 학업 성취도가 뛰어난 학교로 인정받는 학교이다.

학교 질서 다시 세우기

학교의 질서를 세우는 또 다른 접근법은 원상회복 개념을 도입하는 것이다.

다이엔 첼섬 고슨은 〈원상회복: 학교 규율 다시 세우기 Restitution: Restructuring School Discipline (1992)〉라는 저서에서 통상적으로 교사가 관여하고 처벌해야 할 문제들이라도 학생들이 스스로 해결책을 찾도록 격려해야 한다고 주장하고 있다. 만일 한 아이가 고의적으로 무엇을 망가뜨렸다면, 그것을 고치든지 청소 하든지 하는 원상회복을 명령하는 것이다. 아이 혼자서 하는 것이 불가능하다면 다른 곳을 청소하는 관리인과 함께 하도록 한다. 아이가 당장 혼자 하지 못한다 면 적정한 시간에 학교 관리인과 함께 청소를 하도록 하는 것이다.

이번에는 한 아이가 다른 학생의 과제물을 찢었거나 인종을 차별하는 경 멸적 언사를 했다고 치자. 교사는 그 아이를 벌주는 대신 이런 잘못된 행위를 "바로잡기 위해" 무엇을 해야 할지 생각해 보도록 한다. 그리고 그 원상회복 방 법이 적절하다고 교사와 학생이 동의할 수 있어야 한다.

원상회복이 모든 어린나, 모든 경우에 적당한 것은 물론 아니다. 원상회 복은 학생들이 잘못된 것을 인정할 줄 알고 이를 기꺼이 고치려고 할 때 취할 수 있는 방법이다. 이 방법의 장점은 학생들을 자기 행동에 책임질 줄 아는 사 람으로 가르치고 싶은 학교에 적합하다는 것이다. 모든 학생이 다 자신의 잘못 을 인정하려고 하는 것은 아니기 때문에 교사가 임의로 하는 처벌도 꼭 필요하 다. 그리고 어떤 때는 더 빨리 처벌을 해야 하는 행동도 있다.

학기 초에 위반에 대한 처벌을 공지하기

학생들은 규칙과 질서를 지키지 않았을 때 자신들 앞에 어떤 벌이 떨어질 지 잘 알고 이해해야 한다. 이를 위해 학기 초마다 처벌의 종류를 목록으로 적어 학생들이 잘 볼 수 있도록 하는 방법도 있다.

이 지침은 행정적인 결정으로 영향을 줄 수 있을 정도의 유연성은 있어야 하지만, 다양한 이상 행동에 어떤 처벌이 가능한지 학생들이 알 수 있을 만큼 구체적이어야 한다. 잘못된 행동에 대한 처벌은 항상 필요하지만 인성교육 전략이 자리 잡힐수록 그러한 조치의 필요가 줄어들기를 희망한다.

선한 생활을 실천하게 하는 규칙과 질서

인성교육의 중심에는 규칙과 질서가 있다. 규칙과 질서는 교사, 학생, 학부모를 도와 올바른 행동에 대한 기대를 알고 예의바른 분위기를 조성하게 해 준다. 규칙은 무엇이 훌륭한 것인지 기준을 잡아 준다. 질서는 모든 학생들이 터득해야 하는 습관을 길러준다.

아이들이 존중, 책임감, 배려를 실천하는 데 도움이 되는 습관들은 이들이 훌륭한 시민으로 자라나는 데도 매우 중요하다. 결과적으로 규칙과 질서는 교사와 학생들이 선한 생활을 실천하는 데 도움이 된다.

인성을 위한 협동학습

학생의 사회화를 증진시키는 협동학습

지코(Siecor)는 지멘스와 코닝의 자회사(子會社)로서 광케이블 제조업체 중 세계 최대 기업이다. 지코의 광케이블은 엄청난 속도의 통신 "고속도로"이다. 1980년대 후반에 잘나가던 이 회사는 시범적으로 제조 공정 작업팀을 하나 구성했다. 각 부서에서 인원과 장비가 차출되어 이 작업팀으로 모였다. 팀 안에서 광케이블 제조의 모든 공정이 이루어지도록 했기 때문에 이 팀은 사실상 미니 공장이었다. 팀원들은 모든 기계의 조작법을 배웠고 전체 제조 공정에 대해 완벽하게 이해하고 있었다. 기술만으로는 고품질 공정을 보장할 수 없었다. 팀원들은 모두 협력하여 일했다.

전 제조 공정이 한 팀에 의해 진행되기 때문에 팀원들은 협력하여 문제를 해결해야 했다. 그러려면 각 팀원은 다른 팀원들과 그들의 "노하우"를 존중해야 했다. 제품 결과에 대해 각자가 책임지고, 동시에 팀 전체가 책임지는 법도 알게 되었다. 실수에 대해 누군가를 비난하는 대신 모두가 머리를 맞대고 그 처리 방안을 강구했다. 팀은 제품도 아꼈지만 그 제품을 만든 사람 하나하나를 아꼈다. 함께 창조적으로 일하고, 완성된 제품에 대해 주인의식을 갖고 개발함으로써 이 팀은 협동학습과 협동작업의 효과를 잘 알게 되었다. 이 실험 결과에 만족한 지코는 이제 모든 제조공장의 전 생산 과정에서 협동작업을 적용하고 있다.

지코는 다른 회사보다 좀 더 앞선 혁신 기업이다. 지금은 점점 더 많은 기업들이 제조 및 경영을 위해 지코처럼 협력 프로세스를 향해 움직이고 있다. 특정 분야의 전문가들이 이제는 다방면으로 일할 수 있는 사람이 되어가고 있다. 기업들은 직원을 채용할 때 일과 관련한 기술도 중요하게 여기지만 대인관계 기술도 마찬가지로 중요하게 생각하고 평가한다. 21세기에는 갈수록 이러한 생각이 확산될 것이다. 다른 사람들과 어울리고 협동하여 일할 수 있는 능력이 학위와 성적보다 더 중요해지는 것이다. 장차 성공하는 기업이 되려면 기업들은 자기 일에 책임감을 가지고 다른 사람의 능력을 존중할 줄 아는 직원이 필요하다. 동료들과 그들이 만드는 제품에 관심을 가지는 직원이 필요하다.

1998년 뉴욕 양키즈의 승리는 선수들의 협력이 가져다준 결과였다고 해도 과언이 아니다. 누구 한 사람의 힘으로 팀이 승리하게 된 것이 아니었기 때문이다. 모든 선수가 양키즈를 야구 역사상 최고의 팀으로 인정받도록 하는 데 기여했던 것이다. 스포츠팀의 승리는 전국적인 대회이건 소규모 지역대회이건 다른 사람들과 원활하게 협력할 줄 아는 선수들이 모이지 않으면 불가능하다.

노스 캐롤라이나 대학 농구팀은 30년 동안 농구 패권을 쥔 우수한 팀이었다. 딘 스미스 코치가 항상 팀플레이를 우선해 온 덕분이다. 새로 입단하는 선수는 우선 기존 팀에 자기를 맞추는 법부터 배웠다. 경기 중에 자기 혼자 힘으로 게임을 이끌어 가는 선수가 보이면 스미스 코치는 그를 바로 경기에서 뺐다. 마이클 조단 같은 위대한 선수조차도 노스 캐롤라이나에서는 팀의 일원으로 뛰어야했다. 스미스 코치가 조단을 스타플레이어로 혼자 뛰게 놔두지 않았던 것이다. 장기적으로는 팀이 함께 플레이하는 것이 더 중요하다는 사실을 스미스 코치는 알고 있었다. 그리고 그의 밑에 있던 모든 선수들도 이런 개인의 노력이 합쳐져팀이 승리하게 된다는 사실을 잘 이해하고 있었다. 그룹의 성공에서 중요하지 않은 개인은 없다. 모든 팀원이 공헌하고, 모든 팀원이 필요한 존재들이다.

가정, 학교, 회사, 봉사단체, 스포츠팀, 군대 등 종류를 불문하고 그룹이 성공하려면 모든 구성원이 함께 일해야 한다. 가정은 이러한 사회화와 협동학습, 더불어 살기를 실천하는 첫 번째 장(場)이다. 시간이 지나 아이들이 자라서 학교에 가게 되면 이러한 가정의 역할을 학교가 공유하게 된다. 학교에서의 협동학습은 학생들의 사회화를 증진시키는 귀중한 전략이다.

협동학습이란 무엇인가?

협동학습은 정확히 무슨 뜻일까? 〈인성과 공동체 발전 Character and Community Development: A School Planning and Teacher Training Handbook

(1998)〉을 쓴 고돈 베슬스는 이렇게 정의한다.

협동학습은 학생들에게 공동 목표를 위해 함께 공부하면서 자신의 사회적,
윤리적, 인지적 성장을 증진시킬 기회를 주는 방법들을 통칭하는 말이다.
이러한 성장은 경쟁적인 개인주의적 구조와 기존의 암기─발표식의 방법으
로는 얻어낼 수 없는 것이다. 협동학습 방법은 진정한 협동과 자원의 공유
를 강조하고, 경쟁보다는 협력을, 직접적인 보상보다는 간접적인 보상을 강
조한다는 측면에서 다르다. 협동학습은 기존의 교사 중심적인 교수법의 대
안이 될 수 있다.

협동학습의 효과 1 - 사회성 발달

협동학습은 사회적으로나 지적으로 둘 이상이 함께 모여 그룹으로 배우
는 것이다. 협동학습은 아이들에게 다른 사람을 경청하는 법을 가르쳐 주며
문제해결을 돕는다. 그리고 성공하려면 혼자보다는 그룹의 노력이 필요하고,
자기와 다르게 생각하고 표현하는 사람들과 어떻게 상호작용해야 하는지도
가르쳐 준다. 사람들이 나름대로 좋은 방향으로 어떻게 다른가를 볼 수 있게
도 해 준다.

협동학습은 학생들이 장차 다양한 사람들과 함께 일하며 성과를 낼 수 있
도록 준비시키는 과정이다. 기업체의 인사 담당자에게 성공하는 직원의 가장
큰 특징이 무엇이냐고 물으면 그는 다른 사람들과 어울리는 능력이라고 대답할
것이다. 협동학습은 아이들을 장차 살아야 할 인생에 대해 대비시키는 것이다.

〈협동학습 Cooperative Learning (1992)〉의 저자 스펜서 케이건은 학교가 학생들의 사회성 발달에 기여해야 한다고 강조한다.

이제 학교는 원하건 원치 않건 우리나라 젊은이들의 사회화를 책임져야 한다. 학교는 배려, 공유, 협조와 같은 가치 안에서 학생들을 사회화시켜야 한다. 학교가 도덕적, 사회적 발전 영역의 바깥에서 방관만 해서는 안 된다. 기존처럼 학업능력만 강조하다 보면 학생들은 점점 경쟁만 알게 될 것이다. 하지만 협동학습 방법이 적용되면 학생들은 더 협력적이 될 것이다. 그리고 교사들은 어떤 형태든 학급 운영방식을 선택해야만 한다. 여기서 우리가 물어야 할 진짜 질문은 '만약'이 아니라 '어떻게' 우리 학생들의 사회적 발전에 영향을 끼치겠는가이다.

많은 경우 학교가 이 과업을 수행하기란 쉽지 않다. 어떤 교사들은 여전히 교실에 들어가 문을 닫자마자 자신이 가진 지식을 학생들에게 나누어줄 뿐이다. 학생들은 이렇게 얻은 정보를 얼마나 잘 간직하고 있느냐에 따라 평가되고 순위가 매겨진다. 평가의 초점은 들은 정보를 얼마나 잘 기억하느냐, 시험을 얼마나 잘 보느냐에 있을 뿐 배운 정보를 적용하는 것에는 관심이 없다. 이런 식의 교육은 고등학교에서 좀 더 뚜렷하게 나타나지만 초등학교와 중학교도 예외는 아니다.

학교는 대개 학생들 간의 협력보다는 경쟁과 개인의 시험성적을 강조한다. 우리가 인생을 살아가는 데는 이 두 가지가 다 필요하다. 운동경기와 공부모두 경쟁이 필요하고, 동시에 그룹의 목표를 달성하기 위해 협력하여 일하는 것도 필요한 것이다. 하지만 안타깝게도 교사들이 개별 학생들의 학업성적을 평가의 유일한 방법이라고 생각하는 한, 협동학습법을 교육과 인성계발을 위한 도구로 사용할 동기가 생기지 않는다.

협동학습의 효과 2 - 학습능력 증진

협동학습이 학생들의 사회적 발달뿐 아니라 지적인 발달도 돕는다는 연구 결과도 있다. 로버트 슬래빈(1990)은 다음과 같이 밝혔다.

적어도 초등학교와 중고등학교, 그리고 기초 학습을 목표하는 과정에서는 그룹의 목표와 개인의 성적을 통합한 협동학습 방법이 학습효과가 상당히 높다는 데 많은 이들이 의견을 같이한다. 뿐만 아니라 협동학습은 그룹간의 관계, 주류-비주류 학생들의 상호 수용, 자존감 등과 같은 정서적인 면에도 긍정적인 효과가 있다는 데도 의견이 모아진다.

협동학습의 효과 3 - 다른 사람들과의 감정적 교류 증진

그룹 간 관계의 중요성은 이루 다 말할 수 없다. 우리가 사는 사회는 서로 다른 인종과 신념을 가진 사람들이 모여 함께 문제를 풀어나가야 하는 곳이다. 샐빈(1983)과 케이건(1985) 등은 협동학습법을 사용한 학급이 이를 사용하지 않은 학급에 비해 인종 간 우정이 더 돈독해졌다는 연구결과가 있다고 언급했다. 그리고 협동학습에 참여한 학생들이 다른 인종적 배경을 지닌 아이를 친구라고 말하는 경향이 더 높게 나타났다.

협동학습을 하는 학생들은 학습이 부진한 친구들과도 잘 어울리는 경향을 보였다(매든, 슬래빈, 1983). 협동학습은 학생들에게 학습 능력을 향상시킬 뿐 아니라 같은 그룹 안에 있는 다른 사람들의 감정과 필요를 돌아보는 기회도 제공한다. 학생들은 자신에 대한 책임감 뿐 아니라 그룹 공동의 성공에도 책임이 있다는 것을 배운다. 협동학습이 성공하려면 학생들에게 학습 환경에 다른 사람이 기여하는 바를 존중해야 한다는 것을 가르쳐야 한다.

CIRC 협동학습법

존스 홉킨스 대학교의 매든 교수, 스티븐 교수, 슬래빈 교수가 개발한 CIRC(Cooperative Integrated Reading and Composition) 협동학습법은 아주 효과적이고 훌륭한 사례이다. CIRC는 언어영역의 협동학습법으로 읽기와 언어의 이해/쓰기활동을 모두 포함한다. 읽기그룹은 학생 8명에서 15명 정도로 구성된다. 한 그룹 안에서 학생들은 2명씩 짝을 지어 4개의 소그룹으로 나뉜다. 각 소그룹, 혹은 읽기 짝꿍은 읽기를 잘하는 아이와 잘 못하는 아이가 섞여 있고, 학습은 짝끼리, 또는 팀 단위로 진행된다. 지도교사는 매일 약 20분 정도 읽기 그룹을 지도하는 데 새로운 단어를 소개하고 주어진 과제를 팀 안에서 성공적으로 완수하는 데 필요한 기술을 지도한다. 각 팀은 다음 순서를 따라 읽기 "공략"에 임한다.

1. 학생들은 짝을 지어 조용히 책을 읽는다. 그 다음에는 순서를 바꿔가며

큰 소리로 읽는다. 한 명이 읽다가 어려운 부분을 만나면 다른 학생이 도와준다.

2. 학생들은 이야기를 읽다가 중간에서 멈추고 등장인물들과 배경을 설명하며 어떻게 이야기가 끝날 것인지를 예상해 본다. 이야기를 다 읽으면 주어진 주제에 관해 작문 과제를 한다.

3. 학생들은 책에 나오는 어려운 단어 목록을 받는다. 이 단어를 완전히 습득하여 이야기할 수 있을 때까지 연습해야 한다.

4. 학생들은 사전에서 단어의 뜻을 찾아보고 다른 말로 정의해 보며 문장도 만들어야 한다.

5. 학생들은 서로 짝에게 핵심 줄거리를 요약해서 이야기해 준다. 책 내용의 필수 요소를 목록으로 만들어 요약이 잘 되었는지 체크해 본다.

6. 책 한 권에 대해 3회의 협동학습 시간을 가진 후 그 이야기에 관한 시험을 치른다. 책에 나왔던 단어를 정의하고 어려운 단어 목록에 있던 말들을 능숙하게 쓸 수 있음을 보여줘야 한다. 이 시험은 개인별로 치러진다.

CIRC 프로그램에 참여한 학생들은 참여하지 않은 학생에 비해 읽고 이해하는 면이나 단어 습득 면에서 더 높은 효과를 얻는 것으로 나타났다. 학생들은 쓰기 능력 향상에 있어서도 참여하지 않은 학생보다 크게 발전했다. 협동학습은 학습 기술 습득에 큰 도움을 주었다. 또 이 훈련을 통하여 학생들은 자신뿐 아니라 다른 사람에 대한 책임감도 배웠다. 즉, 인생에서 필요한 사교 기술과 인성을 아주 가까이에서 본보기로 배운 것이다.

학생들은 함께 공부하고 목표달성을 위해 협력해야 하는 상황이 오면 혼자 책상에서 공부를 마칠 때보다 훨씬 단결이 잘된다. 주어진 과제를 이루기 위해 개인적인 필요와 욕구는 접어두고 "손을 뻗어 남들을 향하는" 것이다.

협동학습은 친사회적인 행동을 촉진시킨다. 아이들에게 서로에게서 배우라고 하면 그들 사이에는 강한 유대감이 형성된다. 그리고 혼자서 공부하던 때와는 아주 다른 생각을 하게 된다. 즉, 내가 성공하기 위해서는 누군가 실패를 해야 한다는 무의식적인 생각에 변화가 오는 것이다. 협동은 함께 하는 다른 사람들에 대해 호의적인 생각을 갖게 하는 인간미 넘치는 경험이다. 협동에 참여하는 사람들은 자기중심적이고 자기와 남을 분리하는 태도를 극복하여 남에 대해 더 큰 신뢰와 민감성을 갖게 되고, 개방적으로 소통하며 친사회적인 활동에도 적극 참여하게 된다.

계획적인 협동학습의 필요성

협동학습은 면밀하게 계획해서 짜야 한다. 그렇지 않으면 결국 한 사람이 그룹 전체의 일을 도맡아 하게 된다. 이런 상황은 보통 아주 탁월한 학생이 과제를 모두 수행할 수 있고 다른 학생들보다 더 잘 할 수 있을 때 발생한다.

그러나 이렇게 하도록 놔두는 것은 그 탁월한 학생은 물론이요, 그룹 전체에게도 해로울 뿐이다. 탁월한 학생은 그룹 내 다른 학생들에게도 훌륭한 능력과 자질이 있다는 사실을 알아채지 못할 것이고, 나머지 학생들은 자신의 재능을 시험하거나 적용해 볼 기회도 갖지 못하게 되는 것이다.

가장 좋은 협동학습은 각양각색의 재능을 적용하는 동시에 여러 명이 힘을 합쳐 일하는 것이 혼자 하는 것보다 훨씬 잘 할 수 있다는 것을 보여 주는 것이다.(그렇지만 모든 수업이 협동학습으로 이루어지는 것은 아니라는 사실을 기억해야 한다. 교과 과정 중 일부 기술이나 지식은 혼자서 공부해야 습득된다.)

협동학습의 기술들

데이빗 W. 존슨과 로저 T. 존슨(1990)은 서로의 목표 달성을 위해 학생들이 함께 공부하는 기술을 계발해야 한다고 주장했다. 그 기술에는 '서로 알고 신뢰하라, 정확하고 명확하게 의사소통하라, 서로 용납하고 격려하라, 갈등은 건설적으로 해결하라' 등이 있다.

학생들이 효과적으로 협동학습을 수행하기 위해서는 위와 같은 기술을 개발해야 한다. 저자들은 학생들이 이런 기술의 귀중함을 알고, 그 기술을 알고 있으면 더 잘 살 수 있음을 깨달아야 한다고 강조한다.

브레인스토밍도 이러한 귀중한 기술 중의 하나이다. 브레인스토밍은 잘 사용하면 여러 가지 좋은 아이디어를 낼 수 있으며, 즉석에서 각 아이디어의 장점을 평가하지 않아도 돼서 좋다. 그러나 학생들은 언제 그런 기술을 사용할지 알아야 한다. 과제가 만약 이미 주어진 사안을 평가하는 것이라면 여러 가지 사안을 브레인스토밍할 필요가 없는 것이다.

또한 이런 기술은 반복적으로 사용하고 연습해야 한다. 좋은 관행을 반복하는 것의 중요성을 생각해 보자. 질서 있는 기술을 개발하기 위해서는 이를 연습하여 숙달시켜야 한다. 브레인스토밍 같이 협동학습에서 사용되는 방법들을 익히는 데도 같은 원리가 적용된다. 예를 들어 네 명으로 이루어진 그룹이 모여 앉아서 브레인스토밍을 할 때 세 사람이 의견을 쏟아내는 동안 한 사람은 기록하는 역할을 맡는다. 브레인스토밍 연습을 할 때마다 기록을 맡는 학생을 바꾸어 가며 모두가 브레인스토밍과 기록을 경험할 수 있도록 한다. 이러한 방식으로 모든 학생들은 협동학습 안에서 다양한 기술을 연습할 수 있다.

협동학습의 평가

마지막으로 학생들이 얼마나 자주 그리고 얼마나 잘 그 기술을 사용하고 있는지 체크해야 한다. 그러려면 학생들에게 그동안의 노력을 평가할 수 있는 시간을 줘야 한다. 이 그룹이 브레인스토밍으로 얼마나 다양한 의견을 모았는지, 그룹 구성원들이 타인의 아이디어를 바탕으로 생각을 발전시켰는지, 그리고 각 그룹은 더 발전시켜야 할 기술뿐 아니라 잘하고 있는 기술에 대해서도 스스로 평가해 봐야 한다.

이러한 평가 과정은 긍정적인 시도로서 앞으로의 발전을 위해 꼭 필요하다. 어른들이 스스로를 돌아보고 평가해 볼 시간이 없다면 교사와 부모도 발전할 수 없다. 협동학습에 임하는 학생들도 마찬가지이다.

성공적인 협동학습을 위한 방법들

노스 캐롤라이나 뉴턴시에 있는 스타타운 초등학교 5학년 교사 드니스 백스터-요더는 다양한 협동학습 이론을 종합하여 긍정적인 협동학습 방안을 창안해 냈다. 그는 이것을 다음과 같이 설명했다.

효과적인 협동학습을 위한 3단계 학습법
학생들에게 패트리샤 맥클라클랜의 소설 〈키가 크고 수수한 새라 아줌마 Sarah, Plain and Tall〉를 읽게 하되 3페이지에서 32페이지에 집중하도록 한다. 케이건의 "혼자서 생각하기—짝끼리 나누기—전체에서 발표하기" 방식을 사용하여 학생들은 예상 질문에 답하게 된다.

1. 혼자서 생각하기 : 모든 학생들이 질문에 대해 조용히 자신의 대답을 만들어가는 시간이기 때문에 이 생각하기 시간은 아주 중요하다. 이 시간동안 좀 더 충동적인 학생들은 자신의 대답에 신중하게 생각을 추가하는 기회를 가지며, 말없는 학생들은 다른 사람의 의견에 영향을 받기 전에 자신의 생각을 정리하는 기회를 갖게 된다. 생각하기를 완료하면 아이들은 엄지손가락을 올려 다음 단계로 넘어갈 준비가 되었다는 신호를 한다.

2. 짝끼리 나누기 : 다른 아이도 다음 단계로 넘어갈 준비가 되었다고 표시하면 학생들은 짝을 지어 짝끼리 서로의 생각을 나눈다. 학생들은 짝의 생각에 동의하거나 동의하지 않기도 하고 자신의 생각을 좀 더 키우기도 한다.

3. 전체에서 발표하기 : 마지막 단계는 발표하기 시간이다. 짝을 지은 학생들

은 다양한 방법으로 생각을 나눈다. 구두 발표를 통해 학급 전체와 나누기도 하고 칠판에 자신들의 답을 적을 수도 있다.

아주 간단하지만 이것이 바로 효과적인 3단계 학습법이다. 학생들이 자신의 생각을 나누기 때문에 긍정적인 상호의존 능력 즉, 학습목표 달성을 위해 서로가 제시한 것을 존중하는 능력이 계발된다. 학생들은 어떤 방식으로든 학급 전체와 정보를 공유한다는 것을 알기 때문에 개인의 책임이 강조된다.

위의 3단계 학습법을 진행한 후, 본격적으로 수업을 위한 책읽기에 들어가기 전에 교사가 학생들에게 관심 유발을 위한 서너 가지 질문을 한다. "내가 만약 과거에 이런 초원에서 살았다면 생활이 어떻게 달랐을까?", "내가 지금 나이에 가장이 된다면 책임져야 하는 것에는 어떤 것들이 있을까?" 등이 좋은 질문의 예이다. 이 때 모든 학생의 참여도를 높이기 위해 스펜서 케이건이 만든 "라운드로빈"이라는 돌아가며 말하기 방식을 사용한다. 우선 교사가 질문을 던지고 학생들은 그에 대한 대답을 생각한다. 그리고 신호를 주면 그룹 안에서 학생들이 돌아가며 차례로 자기 생각을 나누기 시작한다. 모든 학생이 구두로 답한 후 자기 그룹이 학급 전체와 생각을 나눌 준비가 되었다는 신호를 보낸다. 여기서 중요한 것은 모든 학생이 발표한 생각을 인정한다는 점이다. 학생들은 다른 사람의 아이디어에 살을 붙이고 추가하여 그 질문이나 이슈에 대해 더 잘 이해할 수 있게 된다.

이제 이 학급은 책읽기 단계에 들어갈 준비가 되었다. 이 부분은 슬래빈이 개발한 CIRC 프로그램과 비슷하다. 칠판에 적힌 오늘의 낱말을 교사가 읽어주면 학생들은 한 목소리로 따라 읽는다. 이번 수업을 통해 배워야 할 핵심 낱말을 문맥에 맞게 넣은 문장도 읽는다. 학생들은 문맥이 주는 힌트를 분석하여 핵심어의 뜻을 알아본다. 참여도를 높이기 위해 다시 한 번 '생각하기-짝끼리 나누기-전체에서 발표하기' 방식을 활용한다.

그런 다음, 학생들은 오늘 읽어야 할 문단을 조용히 읽는다. 이를 통해 아이들은 오늘 독서할 부분에 익숙해지는 것은 물론이요, 다음 단계에서 해야 할 소리 내어 읽기를 머릿속으로 연습해 볼 수 있다.

마지막으로 학생들은 짝을 지어 머리를 맞대고 상대방에게 작은 목소리로 책 내용을 소리 내어 읽어 준다. 이렇게 하면 모든 아이들이 소리 내어 읽을 수 있는 기회를 가질 수 있고 듣고 있는 사람이 짝 밖에 없으므로 소리 내어 읽기로 인한 스트레스를 줄일 수 있다.

백스터-요더는 그리고 나서 학생들을 다른 협동학습 활동으로 이끌어 간다. 이 수업은 아주 훌륭한 수업이다. 모든 학생들이 학과공부와 사회적 목표 달성을 위해 함께 나아가는 것이다.

여기에는 두 가지가 중요한데, 첫째는 수업의 구조이다. 교사가 시간을 주고 학생들이 그 시간 안에 책임감 있게 공부하도록 한다. 게으름을 피울 시간이 거의 없는 것이다. 둘째는 학생들이 기존의 실습과 응용을 통해 질서가 어떻게 될지 알고 있는 것이다. 과목마다 '생각하기-짝지어 나누기-전체에서 발표하기'를 이미 여러 차례 사용했기 때문이다. 이것이 학생들이 잘 습득한 질서 있는 기술이다.

인성계발을 위한 협동학습의 노하우

그룹 목표를 달성하기 위해 학생들이 함께 힘을 합하도록 하는 협동학습은 인성계발을 위한 중요한 도구 중 하나이다. 학생들은 개인적인 책임감은 물론이요, 그룹 목표에 대한 책임감도 배우게 된다. 협동학습 활동을 통해 학생들은 다른 아이들이 학습 환경에 가져오는 다양한 재능을 인정할 수 있게 된다. 마지막으로, 협동학습을 통해 학생들은 다른 사람을 돌보고 배려하는 법을 훈련하고 개발하는 기회를 갖게 된다. 이 모든 것이 학생들의 학업발전에 지장을 초래하지 않으면서 성취될 수 있다는 것이 강점이다.

아마도 협동학습에 가장 큰 노력을 기울인 기관을 들라면 캘리포니아 산라몬의 발달연구센터(Developmental Studies Center, DSC)가 가장 먼저 꼽힐 것이다. 여기서는 학생들이 모두 배우고 싶은 본능과 그룹 안에서 사회화하고 싶은 본능을 가졌다고 생각한다. 따라서 지적인 학습과 사회활동을 추구하는 데 모두 협동학습의 중요성이 부각된다. DSC는 〈협동학급을 위한 청사진 Blueprints for a Collaborative Classroom (1997)〉이라는 책을 통해 협동학습에 관한 교훈을 담았다. 다음은 학생들이 어떻게 배우는가를 정리한 것이다.

효과적인 협동학습의 노하우 알기

_ 학생들의 사회성 발달과 학습 증진은 하나로 얽혀 있으며 상호작용이 가능한 학습상황에서 가장 잘 발달한다. 사회성 성장과 지적 발달은 함께 일

어난다. 항상 동시에 진행되는 것은 아니지만 서로 손에 손을 잡은 것 같이 밀접한 관계가 있다.

_ 학생들은 배운 가치를 일상생활 속에 적용할 때 도움이 필요하다. 활동의 끝에 가서는 사회적, 학문적 고찰도 해야 하고, 본보기를 제시하거나 역할극을 통해 가르쳐 주는 것이 필요하다.

_ 학생들은 추상적인 개념을 이해하기 위해 "체험적인" 실습이 필요하다. 학급 친구들과의 협동은 공정성이나 책임감 같은 추상적 개념을 이해하는 데 도움이 된다.

_ 학생들은 주도성을 가지고 학습에 임해야 한다. 학생들은 지식과 아이디어를 탐구하고, 올바른 선택을 실천하며, 자기가 배운 것에 대해 책임을 져야 한다.

_ 학생들은 너무 쉽지도, 너무 어렵지도 않은 과제가 주어졌을 때 가장 잘 배운다. 학습은 여러 가지 방법으로 이루어진다. 학생들에게 과제의 형태와 내용에 대해 선택할 수 있게 하는 것도 한 가지 방법이다.

_ 학생들은 자신을 격려하는 환경에서 도전에 응하기를 좋아한다. 학생들은 격려하는 분위기의 그룹과 학급 안에서 성공과 문제를 걱정하고 분석하고 싶어 한다.

_ 학생들은 자신이 중요하고, 필요하고, 재미있다고 생각하는 주제에 자연스럽게 이끌린다. 한 활동의 목표를 통해 학생들은 더 광범위한 학습 목표를 지향할 수 있게 되며, 급우들 간의 관계도 더 원만하게 된다.

_ 학생들은 스스로 무엇을, 어떻게 배웠는지 되새기면서 배운 바를 자기 것

으로 흡수한다. 배운 바를 표현해 본다든지, 급우로부터 새로운 해석을 듣는 등의 활동을 통해 학생들은 배운 것을 더 깊이 이해하고 자신의 것으로 쉽게 소화할 수 있다.

DSC는 협동학습을 지도하는 교사가 활동에 임하기 전에 아이들에게 어떻게 공부해야 하는지 미리 알려주고 복습하게 해야, 성공적인 협동학습의 필요한 단계를 밟게 된다고 강조한다. 그룹학습이 성공하려면 학생들은 그 활동에 필요한 단계를 실습해야 한다. 단, 교사가 염두에 두어야 할 것은 모든 참여 학생들이 바로 이러한 수업에서 효과를 거두는 것은 아니라는 점이다.

아이들이 어려움을 겪을 때는 너무 일찍 개입하려 해서는 안 된다. 협동학습의 목표는 아이들이 그룹 안에서 스스로 과제를 완수하도록 하는 것이므로 교사의 개입을 자제하는 것이 아주 중요하다. 갈등과 문제해결은 꼭 학습에 방해가 되는 것은 아니다. 오히려 그것이 학습을 돕는 길이 된다.

어떤 그룹이 진전 없이 제자리걸음만 하며 갈등과 좌절, 심지어는 분노를 느끼고 있다면 질문이나 간단한 대화로 진전을 유도할 필요는 있다. 노스 캐롤라이나에는 "추운 날씨가 단단한 목재를 만든다."는 속담이 있다. 하지만 계속해서 얼음처럼 찬바람만 분다면 오히려 나무가 상할 것이다. 교사는 날씨가 견딜 만큼 추운지, 아니면 얼어 죽을 정도인지 구분할 수 있어야 한다.

마지막으로 학생들은 학과목에서 배운 것과 사회적으로 배운 것 모두를 재평가해야 한다. DSC는 협동학습 경험이 거의 없는 학생들은 더 큰 그룹 과제로 넘어가기 전에 짝을 지어 하는 활동을 해볼 필요가 있다고 강조한다. 또한 협동학습을 위한 그룹원은 4명을 넘어서는 안 된다고 말한다. 초기에는 그룹을 만들 때 그룹원을 무작위로 선택하거나 주기적으로 돌아가면서 그룹원을 정하는 방법을 쓰는데, 학생들이 사회적으로나 학습적으로 좀 더 기술이 생기면 교사가 골라주는 친구들과 그룹을 짜거나 특정 주제에 대한 관심을 가진 학생들끼리 그룹을 형성할 수 있다. 사회성과 학습 개발을 위해 협동학습에 관심을 가지는 교사들은 반드시 DSC가 개발한 교재와 노하우를 활용하라고 권하고 싶다.

협동학습을 위한 교사의 훈련

백스터-요더의 실전과 DSC와 같은 기관의 연구결과에서 무엇을 알 수 있을까? 우선 학교는 교직원 전체를 훈련하여 교과 과정에 협동학습을 활용하는 방안을 고려할 수 있다.

협동학습을 준비하려면 체계와 조직이 필요하고, 체계와 조직은 훈련이 필요하다. 어떤 조직이든 일이 진행되는 방법을 바꾸기 원한다면 직원들을 새로운 질서로 훈련시켜야 하는 것이다. 그 조직은 또한 직원들에게 숙련될 때까지 함께 일하며 기술을 연습할 수 있는 시간과 기회를 줘야 한다.

학교에도 같은 원리가 적용된다. 모든 교직원들은 학교의 학습 및 사회적 환경의 핵심적인 부분이 되는 협동학습의 수행방법을 훈련받음으로써 유익을 얻는다. 협동학습이 학교의 학습 목표와 사회성 개발에 유용한 도구라는 것을 알게 되면 교사들은 함께 수업계획을 세우고 개발한다.

교사들이 좀 더 집중적으로 협동학습을 시작하면 동료들의 관찰이 도움이 된다. 동료들은 다른 교사가 그룹 활동을 지도할 때 함께 교실에 있으면서 아이들을 관찰할 수 있다. 교사가 충분히 체계적으로 접근하고 있는가? 갈등을 겪고 있는 그룹이 생길 때 교사가 너무 조급하게 개입하고 있지는 않은가? 이런 때는 개입하는 당사자보다 제3자의 눈이 더 객관적인 경우가 많다.

마지막으로 교사는 수업을 평가하는 의미로 간단한 이야기를 써보도록 해야 한다. 몇 가지 질문이 이 과정에 도움이 된다. 이번 수업의 학습목표는 무엇이었는가? 학습목표를 달성했는가? 강점이 무엇이었는가? 앞으로 개선이 필요한 부분은 무엇인가?

교사들은 학생들에게 자기 자신과 그룹의 성과에 대한 책임감, 그리고 그룹 안에서 타인을 배려하는 인성을 상기시켜주고 본을 보인다. 그룹 활동을 성공적으로 완수하려면 이러한 인성의 적용이 꼭 필요하다. 이런 협동학습을 모든 수업시간에 사용할 필요가 있는 것은 아니지만 모든 학생들이 이런 기술을 익힐 필요가 있다는 사실은 기억해야 한다. 학생들이 이런 기술을 제대로 보여줄 수 있으려면 협동학습 질서를 훈련받아야 한다.

이를 위해 협동학습에 필요한 질서와 단계를 게시해 두는 것도 좋은 방법이다. 일반적으로 협동학습을 위한 그룹은 능력이 다양한 학생들을 하나로 묶어 구성하는 것이 좋다. 과제의 성격에 따라 학업 면에서 재능이 뛰어난 학생들이 협력해 줘야 할 때도 있다. 협동학습에 대해 더 많은 관심과 흥미를 유발하려면 협동 작업에 대한 칭찬이 필요하다. 이를테면 그룹이 만든 작품을 벽에 게시하는 것이다. 학생들은 가치 있게 다뤄지는 것을 배우기 마련이다.

교사들은 인내심을 가지고 협동학습을 배워가는 학생들을 기다려줘야 한다. "잘할 가치가 있는 것은 무엇이든 서툴게 할 가치도 있다!"는 말을 지침으로 삼아야 한다. 어떤 것이 가치가 있다고 생각하면 인내심을 발휘해야 한다. 처음에는 그 일을 서툴게 할 수 있지만 충분한 시간과 연습 기회가 주어지면 개선될 것임을 기억해야 하는 것이다. 그 인내의 대가는 교과과정을 충분히 공부하는 것은 물론이요, 남의 노력을 존중할 줄 알고 자신이 맡은 부분에 완전히 책임질 줄 아는 학생들이 되는 것이다.

인성계발을 극대화시키는 협동학습

첫 부분에 언급했던 지코의 협동작업 환경을 생각해 보자. 지코가 거둔 성공은 사람들이 함께 문제를 풀도록 한 데서 비롯되었다. 팀으로 일하는 것이 성공적인 이유는 모든 팀원이 팀의 성공에 중요하고, 팀으로 보다 더 열심히 일하기 때문이다. 이러한 형태의 협동을 통해 지코는 계속 성공을 거듭할 수 있었다.

학교에도 같은 원리가 적용된다. 학생들에게 협동하는 법을 가르칠 때, 그리고 남들을 존중하고 각각 그룹 내에서 기여하는 사람으로 책임이 있음을 가르칠 때, 학교는 학생들이 함께 배우고 공부하는 곳이 된다. 그들의 미래를 위해 이보다 더 좋은 준비가 어디 있겠는가? 학교 안에서의 협동학습은 학생들의 인성계발에 중요한 역할을 한다.

인성을 위한 사고력 교육

인성을 위한 사고력 교육이란 무엇인가?

인간은 단순한 생존 말고 더 많은 것을 생각할 수 있다는 점에서 누군가의 먹이가 되는 동물들과 다르다. 이 점은 원시사회의 경우도 마찬가지이다. 사람은 1만 년 전에도 벽에 그림과 이야기로 자신의 개성을 풀어냈다. 문명의 탄생은 이성의 발전과 확장에 그 뿌리를 두고 있다.

우리들이 현재 사고하는 개념은 2300년 전 그리스에 살던 몇몇 사람들 가운데서 시작된 것이다. 그들은 논리와 합리의 발전에 근거하여 사고의 일관성과 정확성을 추구했다. 이 사람들이 바로 철학자라고 불리는 사람들이다. 그들의 정신적 활동은 철학이라고 불렸다.

사고력, 다시 생각해 보는 힘

본래 '지혜 연구'라는 뜻을 가진 철학은 '다시' 생각해 보는 작업이다. 다시 생각한다는 것은 먼저 가지고 있던 정보에 더 많은 정보를 더해 심사숙고하는 것이다. 물리학과 인문과학에서는 객관성의 가장 기본 원리를 다시 생각하는 것, 혹은 재고하는 것으로 본다. 객관성을 확보하려면 각자의 삶의 방식이나 행동 배경이 되는 가정(假定)과 믿음을 다시 생각해야 한다는 의미이다.

왜 다시 생각하기가 필요할까? 재고하는 행위를 통해 다른 사람들의 사고 방식을 한 번 더 검토할 기회를 갖기 때문이다. 다른 사람의 생각은 내 일을 하는 데 도움이 된다. 재고하는 과정에서 내가 옳다고 가정하던 것들을 더 발전시킬 수 있고, 나아가 올바른 지식과 지혜를 얻을 수 있다. 학자들이 함께 모여 연구를 하고, 마음이 맞는 사람들끼리 팀을 짜서 협력하는 것도 이러한 목적에서이다.

인류의 역사는 과거에 대한 재고가 모여 이루어졌다. 갈릴레오는 깊은 생각 끝에 행성이 태양 주위를 돈다는 사실을 깨달았다. 피가 심장을 드나드는 통로가 하나라고 믿는 의사들 사이에서 윌리암 하비는 이 생각을 고쳐 혈관의 구조를 밝혀냈다. 알버트 아인슈타인은 우주와 시간의 개념을 다시 정의했다. 닐스 보어, 워너 하이젠버그, 제임스 채드윅, 엔리코 퍼미 등은 원자와 원자보다 더 하위의 물리 세계를 알아냈다. 입체파 화가 장 메칭거와 파블로 피카소는 예술이 무엇인지를 다시 정의해 주었다. 이외에도 예는 무수히 많다.

여기서 중요한 것은 이 사람들이 이전의 가정을 다시 검토하여 새로운 세계를 열어 주었다는 것이다. 많은 사람들이 새로운 눈을 뜨도록 해 주었다. 기존의 지식과 정보는 새로운 것과 함께 비교 검토되어야 한다. 그렇지 않다면 갈등이나 모순이 일어날 때 어떻게 해야 할지 기댈만한 근거가 없는 것과 마찬가지이다. 이들과 같은 위인들 뿐 아니라 매일 다른 사람들의 삶을 개선하려고 애쓰는 사람들은 재고하고 검토하기를 마다하지 않는 훌륭한 사람들이다.

세미나나 토론을 하다보면 자신이 발표한 입장에서 모순을 느끼는 학생들을 종종 볼 수 있다. 미국 시인 로버트 프로스트의 시 "담장 수선 The Mending Wall"에 관한 토론은 학생들에게 이웃의 의미를 다시 생각해 보게 한다. 사실상 기능이 없어진 담장을 수선하는 것이 이웃 간의 의식으로서 기능한다는 면에서 의미가 있는 것이다.

학생들은 다른 사람의 말을 듣고 배우면서 이해의 지경을 넓히며 성장한다. 아이들이 학교에서 하루 종일 이런 생각에 생각을 거듭한다고 생각하면 교사로서, 부모로서 즐겁지 않을 수 없다.

사고력, 개념을 이해하는 힘

철학이란 개념을 이해하는 것이다. 개념은 어떤 사실과는 달리 보다 일반적이다. 개념 덕분에 우리는 특별한 사건이나 특성, 사실을 모아서 의미 있는 범주로 구성할 수 있다. "정의, 공정, 국가" 같은 것은 눈에 보이지 않는 일종의 개념이다. 추상적이지만 현재의 경험이나 정보를 조합하는 데 사용되고, 또 이전의 개념에 공통성을 부여한다.

예를 들면, 하나의 국가였던 구소련이 여러 작은 나라로 나뉘어졌지만, 여전히 "국가"에 대한 우리의 개념은 변하지 않았다. 이 새로운 국가들도 구성 요소(중앙 정부, 법적인 경계 등)는 다른 모든 국가와 같다는 것을 우리는 개념을 통해 안다. 국가란 개념은 우리에게 국가로서 갖추어야 할 특성을 알려준다. 정의(正義)라는 개념도 마찬가지이다. 국가와 지역에 따라 정의를 약간씩 다르게 정의할 수는 있어도, 개개인을 공정하고 일관성 있게 대한다는 기본 개념은 흔들리지 않는다.

사고력, 교사와 부모가 지향하는 교육의 목표

학생들에게 분명하고 일관성 있게 사고하는 능력을 길러 주는 것은 교육의 중요한 기능 중 하나이다. 학생들이 현재 갖고 있는 개념이나 식견을 심사숙고하고 재고해 보도록 도와주는 것이다.

철학적인 삶은 이를 실천하는 삶이다. 생각이나 경험에 대해 생각해 보는 습관은 나이를 불문하고 그 사람이 철학적 삶, 혹은 생각하는 삶을 살고 있다는 증거이다. 이는 단순히 충동적으로 행동하고 수동적으로 생각이 흘러가게 놔두는 것과는 반대되는 것이다.

교육자로서 또 학부모로서 우리는 학생들이 생각하고 사고하는 능력을 갖도록 하는 것을 목표로 한다. 그들이 판단하고 현명한 선택을 할 수 있는 능력, 한 번도 접해보지 않은 상황을 이해할 수 있는 능력, 자기 자신과 순간적인 욕구를 초월한 생각을 할 수 있는 능력, 철학적인 삶을 영위할 수 있는 능력을 키워주는 것이다.

아이들은 본래 호기심이 많고, 어른들의 행위를 통해 늘 의미를 발견하려고 하며, 무언가 일관성 있는 "윤리관"을 갖기를 원한다. 그들 자신은 아직 철학적으로, 또 윤리적인 주장에서 일관성을 갖고 있지는 못하지만, 무엇이 옳고 그른가를 토론하는 일은 즐거워한다. 교사와 부모들은 학생들이 단지 무엇이 옳고 그르며, 무엇이 선하고 악한가 개인적인 견해를 나누는 것만으로는 충분하지 않다는 것을 알아야 한다. 가치명료화를 통해 우리는 이것이 어리석다는 것을 알 수 있었다. 우리는 학생들이 삶의 모든 영역에서 유익을 주는 개념이나 기준을 형성하도록 도와줘야 한다.

그러기 위해 교사들은 학생들이 바람직한 성인이 되도록 본을 보여야 할 것이다. 내가 가르치는 학생들이 생각하고 사고하기를 바란다면, 나도 생각하고 사고하는 삶을 살아야 한다. 로렌스 콜버그의 "어린이가 도덕적 철학자가 되기를 바란다면, 교사도 그렇게 살아야 한다."라는 경고를 기억해야 할 것이다.

인성계발과 사고력의 상관관계

인성계발과 사고하는 습관을 가르치는 것은 무슨 관계가 있을까? 다시 고대 그리스 세계로 돌아가 보자. 고대 그리스 사람들의 사고는 건전하고 도덕적인 결정을 내리려는 의도와 직결되어 있다. 아리스토텔레스에 의하면, 좋은 사람이란 지적인 발달(올바른 윤리관을 따라 행동하는 것이 무엇인가를 결정하는 사고력)뿐 아니라, 좋은 습관(규범과 질서)의 계발을 통해 양육된 사람이다. 이런 면에서 물론 그는 스승인 플라톤의 발자취를 따르고 있다. 그러므로 사고 훈련은 그 사람을 윤리적인 면에서 발전하도록 돕는 것이다.

무엇이 선하고, 의미 있고, 아름다운지를 알기 위해서는 작가와 연사, 예술가의 관점을 이해하기 위한 비교와 대조의 과정을 거쳐야 한다. 심사숙고하면서 진지한 대화에 참여할 때 우리는 누가 무엇을 말했는지 이를 우리의 경험과 연관시켜 볼 수 있다. 그리고 나서 그 의견에 대한 동의 여부를 결정하게 된다.

동의하거나 반대하고 싶은 마음과 능력, 그리고 확고하고 일관성 있는 주장을 만들어내는 능력은 생각하고 추론할 수 있는 능력과 의향에 기인한 것이다. 추론과 명료하게 생각할 수 있는 능력의 개발은 단순히 습관적으로 하는 행동이 아니라 사려 깊은 행동이 필요한 상황에도 도움이 된다. 무엇이 선한지 알기 위해 우리는 생각하고 되돌아 볼 수 있어야 하며, 사고의 기술을 적용할 수 있어야 한다.

생각하는 기술을 증진시키는 방법들

로버트 에니스는 비판적 사고란 "무엇을 믿고 행동할지에 초점을 맞춘 이성적이고 합리적인 생각"이라고 정의했다. 그는 "순수한 심사숙고는 윤리성을 전제로 한다"고 말했다. 사실상 윤리적 원리가 없다면 비판적 사고는 폐쇄적인 사람이나 개방적인 사람에게 동일한 효과를 가져오는 것이다.

에니스는 주장하기를, 정말로 개방적인 사고를 하는 사람들만이 (1) 자신의 견해를 벗어나 다른 사람의 의견을 진지하게 경청할 수 있고, (2) 자신이 동의하지 않는 전제라도 이에 구애받지 않고 추론이 가능하며, (3) 증거나 사유가 충분하지 않을 때는 판단을 유보할 수 있다고 강조했다. 또한 비판적인 사고를 하는 사람들을 위해 몇 가지 지침을 제안했다. 실제로 "비판적인 사고"와 "훌륭한 사고"가 일맥상통하는 부분이 많으므로, 에니스의 지침을 훌륭한 사고를 위한 지침으로 다음과 같이 제시한다.

홀륭한 사고를 위한 지침

1. 제목이나 질문의 의미를 분명히 파악하라.

2. 이유를 찾으라.

3. 정보를 충분히 확보하라.

4. 신뢰할 만한 근거를 제시하고, 그것을 언급하라.

5. 전체적인 상황을 고려하라.

6. 문제의 핵심을 벗어나지 말라.

7. 원래의 기본적인 관심사를 벗어나지 말라.

8. 대안을 찾으라.

9. 개방적인 마음을 가져라.

   (1) 자신의 견해가 아닌 다른 견해를 진지하게 숙고하라.

   (2) 내가 동의하지 않는 전제라도 편견을 갖지 말고 합리적으로 판단하라.

   (3) 증거나 이유가 불충분할 때는 판단을 유보하라.

10. 증거와 이유가 충분할 때는 찬성하고, 입장을 바꾸라.

11. 주제가 허락하는 한 정확성을 추구하라.

12. 복잡한 전체의 부분 부분을 체계적으로 정리하라.

13. 비판적 사고능력 목록을 활용하라.

14. 다른 사람들의 감정, 지식수준, 교양수준 등에 대해 민감하라.

사고력을 키우는 학교

위에서 제시한 14가지 항목들이 바로 사려 깊은 사람들의 접근 방법이다. 이런 태도를 기르기 위해 학교는 진지한 사고의 중심이 되어야 한다. 즉, 비판적인 사고를 하나의 기술로서 가르치고 윤리적, 도덕적, 사회적 의미가 있는 이슈에 적용해야 한다.

사고와 재고를 배우기 위해 학생들은 첫째로, 방법론부터 훈련을 받아야 한다. 예를 들면, 문학작품을 읽고 등장인물을 연구할 때는 비교와 대조의 기술이 유용하지만 브레인스토밍을 사용할 필요는 없다. 둘째로, 사고하는 기술을 익히는 데는 순서가 있다. 먼저 순서를 배열하는 기술을 연습하고, 다음에 원인과 결과를 분별하는 기술을 적용할 수 있어야 한다. 야구를 예로 들면, 더블 플레이를 배우기 전에 먼저 공을 던지고 받아 봐야 한다는 것을 뜻한다. 셋째로, 사고하는 중에 때로는 윤리적 추론을 적용해야 할 필요가 있다. 특히 다른 사람에게 갚아야 할 의무가 있을 경우에는 더더욱 그렇다. 예를 들면, 마틴 루터 킹의 생각을 담고 있는 "버밍햄 교도소에서 쓴 편지"를 평가하기 위해서는 편지에 담긴 사회적, 도덕적 요구를 이해해야 한다.

비판적 사고를 하려면 논리적이어야 하는 동시에, 도덕성을 활용하고 윤리적으로 일관된 견해를 가져야 한다. 학생들이 비판적으로 사고하게 만들고 싶다면 교사와 부모는 논리적으로, 그리고 윤리적으로 사고하도록 가르쳐야 한다.

이러한 사고력을 가르치는 데 유용한 방법 두 가지가 있다. 모티머 애들러의 파이데이아 계획안(Paideia Program)◆과 조셉 P. 헤스터가 개발한 사고력 교육

(Teaching for Thinking) 도표이다.

사고력을 가르치는 유용한 방법 1 - 애들러의 파이데이아 계획안

사고훈련을 일반 교과과정에서 분리하지 않는 것이 중요하다. 일반 교과에서 분리된 사고력 훈련 프로그램은 학생들이 배운 기술을 즉시 일반 학과공부에 적용하지 못하게 만드는 위험성이 있다.

파이데이아 계획안은 사고훈련과 교과를 성공적으로 통합한 좋은 예이다. 이는 모티머 애들러가 개발한 것으로, 그의 저서 〈파이데이아 프로그램 The Paideia Program (1984)〉에 나와 있다. 이 프로그램의 주된 목표는 다음과 같다.

파이데이아 계획안은 학교의 근본적인 개혁을 요구하는 성명서이다. 이는 처음부터 오늘날까지 만연한 미국 학교 시스템의 엘리트 의식을 극복하고 기초 교육의 질적 향상을 도모하는 동시에 우리의 모든 아이들에게 수준 높은 교육을 접할 수 있도록 하자는 것이다.

이해를 돕기 위해 다음과 같이 파이데이아 계획안을 도표로 살펴보겠다.

◆ 역자주: 파이데이아란 그리스어로 교육, 훈련, 연습을 뜻함.

[표 4] 파이데이아 제안의 구성요소

	제1열	제2열	제3열
목 표	체계적인 지식의 습득	지적 기술 및 학습 기술 개발	생각과 가치에 대한 이해 확대
방 법	교과서적인 강의와 반응을 통하여 제시	코칭, 훈련, 실습 지도를 통하여 제시	산파술 혹은 소크라테스식의 문답과 적극적인 참여를 통하여 제시
영역 및 활동	〈주제 영역〉 언어, 문학 및 예술 수학 및 자연과학 역사, 지리 및 사회학	〈활용 영역〉 읽기, 쓰기, 말하기, 듣기 계산문제 풀기, 관찰하기, 측정하기 평가하기, 비판적 판단 연습하기	〈활동〉 책과 예술작품에 관한 토론 희곡, 음악, 미술 등의 예술 활동 참여

_ 출처 : Adler (1984), p.8

위 도표의 세 열에 대해 좀 더 자세히 살펴보자. 제1열은 무엇을 가르쳐야 할 것인지를 보여준다. 학생들은 강의나 영화, 질의응답을 통해 지식과 정보를 습득해야 한다. 여기서는 전통적인 모든 과목이 학습대상이다. 학생들이 정보를 습득하고, 체계적으로 정리하도록 돕는 것이 주목표이다.

제2열은 지적인 발달과 학습 영역을 넓히는 데 필요한 기술을 개발하는 것에 초점을 맞추고 있다. 분석하기, 종합하기, 평가하기 같은 것들이 여기에 해당된다. 제2열이 목표하는 기술개발은 파이데이아 프로그램에서 가장 어려운 부분이다. 학생들이 저자와 사상가들의 주장을 더 잘 이해하는 데 필요한 기술을 개발하도록 교사가 도와주어야 하는 것이다. 제2열의 기술을 습득하면 학생들은 '왜', '어떻게'를 고찰해 볼 수 있다. 다른 사람에게 말하고 남의 의견을 경청하며 저자가 말하고자 하는 바를 이해하기 위해서는, 비판적 판단을 활용할 수 있어야 하기 때문이다.

제2열에서 교사들은 학생들에게 이런 능력을 강조하여 가르치고, 학생들이 완전히 습득했는지 확인해야 한다. 필요한 기술을 제대로 적용하고 익혔는지 확인하려면 교사는 소그룹으로 나누어 지도하거나 개인 지도를 해야 한다.

제3열은 제2열에서 배운 기술을 응용하는 단계로, 세미나가 대표적인 예이다. 학생들은 세미나를 통해 책과 예술 작품에 대해 토론한다. 교과서에 나온 요약문은 사용하지 않는다. 교과서는 명시 같은 글의 모음집이 아닌 한 제대로 된 토론을 할 만큼 충분한 아이디어나 통찰력을 제공하지 않기 때문이다. 교과서는 좀 더 넓은 시각을 갖는 데는 도움이 되지만, 특정 이슈에 대해 깊은 이해를 하는 데는 별 도움이 되지 않는다.

제3열은 교사의 지도와 다른 학생들과의 의견 공유를 통해 해당 이슈를 좀 더 잘 이해하도록 돕는 것을 목적으로 디자인된 것이다. 세미나에는 학생들의 활발한 사고와 의견교환이 요구된다. 그 목표는 본문에 나온 중요한 생각과 개념을 잘 이해하도록 하는 것이다.

예를 들어 학생들이 정의와 공정성에 대한 장단점을 토론, 분석하는 세미나를 한다고 생각해 보자. 제2열에서 가르친 기술이 활용되는 것이다. 학생들은 배운 기술을 응용하면서 그 주제 영역 안에 있는 다양한 이슈들을 더 잘 이해하게 된다. 하지만 이는 학생들이 그 책의 의미를 스스로 완전히 터득할 수 있다는 의미는 아니다. 더 잘 이해하기 위해 남들과 생각을 공유하고 남의 이야기를 경청할 필요가 있다. 이러한 방식으로 분명한 사고를 강조하는 환경 안에서 무엇이 옳고 정당한지를 생각하게 되는 것이다. 세미나는 단순한 나눔의 시간이 아니다. 어려운 이슈와 생각을 곰곰이 심사숙고하는 시간인 것이다.

테오도르 사이저는 애들러의 논문 〈파이데이아 프로그램〉에 대해 이렇게 말한다.

이 논문의 핵심은 학생 스스로 생각하게 하고, 그 생각의 결과를 나누도록 하는 데 있다. 교사는 단지 코치 역할만 한다. 즉, 교사는 학생을 도와 사고의 기술을 기르고 지적인 탐구 습관을 갖게 하는 것이다. 이러한 기술 훈련이 기본적인 학교 교육의 중추이다. 모든 학생은 분석 경험을 통해 기술을 습득해 가며 한 걸음씩 발전해 간다. 이러한 교육이 가능한 학교야말로 훌륭한 학교이다.

파이데이아 계획안은 학생들의 사고력을 개발하는 데 교육의 주안점을 둔 교사들에게 좋은 평가를 받는다. 이 프로그램을 적용하려면 전통적인 학교에서 무엇이 일어나고 있는가부터 신중하게 재고해야 한다. 하지만 문학작품이나 예술작품을 토론하기 위한 준비 단계로서 제2열의 사고력 개발은 매우 훌륭한 방법이다. 교과 과정에 비판적 사고 훈련을 도입하고 싶은 학교라면 어느 학교에서도 사용할 만하다.

사고력을 가르치는 유용한 방법 2 - 그래픽 오거나이저(Graphic Organizer)

훌륭한 교사들은 다양한 학습 방법을 동원할 때 학생들이 더 잘 배운다는 사실을 알고 있다. 예를 들면 어떤 학생들은 시각 교재를 사용할 때 학습이 빠르다. 이런 학생들은 무엇을 토론하고 있는지 눈으로 보고 싶어 한다. 그런가 하면 청각자료가 효과적인 학생들도 있다. 이런 학생들은 칠판에 써놓은 필기 내용을 읽는 것으로는 충분하지 않다. 선생님이 그 내용을 다시 말해줄 필요가 있다. 또 어떤 아이들은 복합적이다. 어떤 개념을 이해하려면 읽고, 쓰고, 표시하는 활동이 필요하다.

교사들 대부분은 생각을 시각적으로 표시하거나 보여줄 수 있을 때 더 쉽게 가르친다는 사실을 알고 있다. 지금 말하고 있는 바를 표시하거나 그림으로 그리는 것은 듣는 아이들이 "보도록" 도와준다. 우리 자신의 생각을 분명히 정리하는 데도 이런 방법이 효과적이다. 사고 조직자(組織者), 혹은 그래픽 오거나이저(graphic organizer)는 많은 사람들의 학습을 돕는 도구이다. 이런 그래픽 오거나이저나 지도에는 다양한 형태가 있지만 공통적인 것은 학생들이 자신의 생각을 체계적으로 정리할 수 있다는 것이다.

조셉 P. 헤스터의 연구는 "사고"가 곧 "문제를 푸는 과정"이라는 점을 잘 보여준다. 모든 사고는 무엇인가 쉽지 않다고 생각될 때 시작된다. 어떤 정보가 빠져 있을 수도 있고 지적으로 혼동되는 상황에 있을 수도 있다. 이유가 무엇이던 간에 사람의 생각은 이 문제를 풀거나 빠져있는 정보를 채우는 것으로 쏠리게 된다. 진지한 사고가 일상생활에서 만나는 문제로 인해 시작되는 것이다.

혜스터의 방식대로 사고를 정의하는 데 동의하면, 그가 개발한 생각의 기술 모델을 이해하기가 쉬워진다. 다음은 생각의 기술 모델의 1단계에서 3단계까지에 관한 설명이다.

생각의 기술 모델

1단계 : 사고란 문제 해결하기(또는 결정하기.)라고 정의된다.

2단계 : 문제 해결의 단계를 반영하는 그래픽 오거나이저를 만들라. 문제 해결은 기본적으로 6단계 과정이다.

1. 풀어야 할 문제, 또는 결정해야 할 상황이 무엇인지 확인하라.
2. 모든 선택 가능한 경우를 나열하라(이를 위해 연구조사가 필요할 수도 있다).
3. 각 경우의 결과를 심사숙고해서 나열하라. 각각의 결과를 사실 근거로 뒷받침하라.
4. 각 경우를 예상결과로 평가하라. 어떤 결과가 좋다거나 나쁘다는 평가를 내릴 기준을 세우라. 이 결과를 뒷받침할 사실 정보가 있는가? 이것이 문제를 해결할 가능성이 있는 경우인가?
5. 결과를 윤리적인 면에서 평가해 보라. 예를 들어 이 결과가 관련된 모든 사람에게 공정한가, 얻는 것보다 잃는 것이 많지 않은가 등등을 평가한다.
6. 모든 경우와 그 결과를 평가한 후 한 가지 경우를 선택하고 그것을 택한 이유를 말하라.

풀어야 할 문제 또는 결정해야 할 상황이 무엇인지 확인하라.

우리 학교 안에서는 마약을 쉽게 구할 수 있다. 제일 친한 친구로부터 마약을 해 보라는 제안을 받았는데, 다음에 그 애를 만나면 어떻게 할까?

생각할 수 있는 경우	경우 선택의 결과	각 결과에 대한 윤리적 / 비윤리적 평가	
친구처럼 마약을 하고, 이에 대해서는 전혀 입 밖에 내지 않는다.	그 친구가 잡히면 나도 마약 복용자 혹은 판매자로 연루될 수 있다. 친구들 사이의 내 인기는 여전할 것이다.	이것이 책임감 있고 정직한 해결 방법인가? 인기가 나 자신에게 떳떳한 것보다 더 중요한가?	
마약을 거절하고 이 사실을 교장 선생님과 부모님께 말씀드린다.	마약 복용자나 판매자로 연루되지는 않을 것이다. 하지만 친구들 사이에서 나는 왕따가 될 것이다.	내가 학급 친구들에게 떳떳한가? 정직이 최선의 방법인가? 너무 많은 위험을 감수하는 것은 아닌가?	선택된 옵션
마약은 거절하되 아무에게도 이 사실을 알리지 않는다.	마약사건에 연루되지 않을 것이다. 마약 파는 친구만 나를 싫어할 것이다.	이것이 책임감 있는 행동인가? 내가 친구들이나 선생님들을 귀하게 여긴다면, 이 일을 알려야 하지 않을까?	

선택한 이유와 설명

_____

_____

_____

[그림 3] 생각의 기술 모델 2단계 - 문제 해결하기 과정의 예시

3단계 : 문제 해결 과정을 주의 깊게 정의한 후 효과적인 문제 해결에 필요한 미시적 사고(micro thinking) 기술에 초점을 맞추라.

2단계의 문제 해결하기 과정을 적절한 예시를 적용해 그래픽 오거나이저로 표현하면, 앞서 제시한 [그림 3]이 된다.

헤스터의 오거나이저는 학생들이 선택할 수 있는 경우와 그 결과, 그리고 각 선택 결과에 대한 윤리적·비윤리적 평가를 해 보는 데 도움이 된다. 이런 상황에서 어떻게 하겠느냐고 그냥 묻는 것보다 오거나이저를 사용하는 것이 훨씬 사고에 도움이 된다.

이 방법은 또한 자신의 결정에 따른 윤리적 결과도 생각해 볼 수 있게 한다. 그래픽 오거나이저는 학생들의 문제 풀기 기술을 거울처럼 비춰주고 자신의 아이디어, 선택의 경우, 평가를 체계적으로 정리하는 데 도움을 준다.

2단계 과정을 수행한 학생들은 그 다음으로 헤스터의 3단계, 즉 미시적(微視的) 사고 기술의 단계로 넘어가게 된다.

문제를 해결하는 6가지 사고력 기술

헤스터는 문제를 푸는 과정에 도움이 되는 6가지 기본 사고력 기술을 발견하게 되었다. 이 기술에는 다음과 같은 것들이 포함되어 있으며, 이 외에도 더 많은 것들이 포함될 수 있다.

1. 정의내리기

우리는 단어, 개념, 그 외 다른 중요한 용어를 맥락에 따라 정의한다. 정의내리기 기술은 설명하기 및 브레인스토밍과 밀접하게 연관되어 있다. 문제를 푸는 과정의 첫 단계는 문제나 상황을 정의하는 능력이다. 이 기술을 잘 실천하면 학생들은 더욱 문제를 잘 해결하는 사람이 된다. 가능한 많은 해결 방안을 선택의 경우 생각해야 하므로 브레인스토밍도 중요하다.

2. 순서대로 배열하기

주어진 정보를 정리하고 우선순위를 정하는 데는 체계적으로 배열하고 정리하는 기술이 필요하다. 이런 기술은 글을 쓰는 데 특히 필요하지만, 사건이나 행동을 평가하여 무엇이 더 중요하고 무엇이 더 우선해야 하는지를 정하는 데도 중요하다.

3. 분류하기

문제를 풀 때 우리는 가지고 있는 정보를 분류하거나 그룹으로 묶는다. 예를 들면 선택의 경우, 결과 등 같은 패턴에 따라 분류하는 것이다. 이렇게 하면 서로 다른 정보의 조각들이 서로 어떤 관계가 있는지를 알게 되어 우리들의 지식과 이해가 깊어진다. 분류하는 기술은 나이나 학년에 상관없이 모든 학생들에게 유용하다. 학생들은 특히 아이디어, 개념, 사람들의 특성 등을 체계적으로 정리할 수 있다.

4. 비교하기/대조하기

학생들이 문제를 잘 해결할 줄 알려면 사람, 사건, 아이디어 등의 비슷한 점과 다른 점을 비교하고 대조하는 기술을 익혀야 한다. 선택의 경우와 결과를 평가할 때, 그리고 옳은 답과 올바른 행동을 선택할 때 학생들은 자신들 앞에 놓인 관련 정보를 비교하고 대조할 수 있어야 한다. 이 기술을 익힌 학생들은 서로 다른 사람, 다른 생각, 다른 행동 속에서 관계를 형성하며 해석하고 결론에 이른다.

5. 인과 관계

문제를 해결하는 과정에서 우리는 각각의 선택이 어떤 결과를 낳을지 알고 싶어 한다. 여기서 결과란 우리가 선택한 경우의 결과 그 이상을 뜻하지 않는다. 인과관계는 가정(假定)하기의 핵심이라 할 수 있는 예측과 추론에도 사용된다. 예를 들어 B 경우 대신 A 경우를 선택하면 어떤 결과가 나올까를 추론해 보는 것이다. 이미 알려진 사실을 고찰하고 이를 바탕으로 "근거 있는 추측"을 한다. 이 추측은 예측을 말하며 우리가 알고 있는 것에서 확신할 수 없는 어떤 것, 즉 가정을 끌어내는 것이다. 좀 더 풀어 말하면 "A가 사실, 혹은 참이기 때문에 우리는 A와 모순되지 않고 일맥상통하는 B도 참이라고 안심하고 말할 수 있다."고 하는 것과 같다. 인과관계를 말할 때는 항상 이를 뒷받침하는 관련 사실이 있기 마련이다. 필요하다면 여기서 우리는 그 결과가 바람직한지 아닌지, 좋은지 나쁜지를 평가할 수 있다. 아니면 문제를 해결해야 하는 상황이 완전히 일단락 지어질 때까지 기다렸다가 평가할 수도 있다.

6. 설명하기

이 기술은 "원인 설명"이라 불리기도 한다. 인과관계를 반대로 생각하면 쉽다. 어떤 사건이 발생했다고 치자. 아니면 어떤 행동이나 상황, 꼭 따라야 할 규칙이 있다고 치자. 이 때 우리는 무슨 이유로 이런 사건, 행동, 상황, 따라야 할 규칙이 생겼는가에 대해 알고 싶어 하고, 또 어떻게 설명할까를 생각한다. 문제를 풀 때 학생들은 최종 선택을 할 때까지 앞으로 나가기도 하고 후퇴를 하기도 한다. 보통 우리는 선택의 경우와 그 결과, 그리고 이를 뒷받침하는 사실을 생각하고, 특정 기준을 동원하여 이들을 평가한다. 그런 다음에 우리는 세운 기준에 따라 결정을 한다. 그러나 때에 따라서는 어떤 행동이 먼저 오고, 그 이후에 왜 그랬을까를 생각할 때도 있다. 누군가 지탄받을 만한 행동, 혹은 칭찬받을 만한 훌륭한 행동에 대해 우리는 "왜 그렇게 했을까?", "그렇게 끔찍한 일을 하다니!", "나라면 그런 일을 할 엄두도 못 냈을 거야!" 등의 말을 하기도 하는 것이다. 이럴 때 우리는 발생한 사건에서부터 거슬러 올라가 원인을 생각하게 된다. 다시 말해 사건을 설명해 줄 이유를 찾는 것이다.

이런 기술을 그림으로 표현하면 다음과 같은 몇 가지 그래픽 오거나이저로 그려볼 수 있다. 그래픽 오거나이저가 있으면 학생들이 추상적인 사고과정을 공통의 시각 언어로 볼 수 있기 때문에 유용하다.

● 정의/브레인스토밍형 그래픽 오거나이저

브레인스토밍 활동을 할 때 또는 개념, 생각, 사람, 사건, 행동 등을 정의할 때 이 그림을 사용한다.

[그림 4] 정의/브레인스토밍형 그래픽 오거나이저

● 순서형 그래픽 오거나이저

글을 쓸 때 유용한 도표이지만 순서를 매기는 모든 활동에 응용이 가능하다.

특히 옵션/선택의 순위나 우선순위를 정해야 할 때 사용한다.

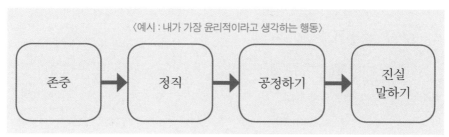

〈예시 : 내가 가장 윤리적이라고 생각하는 행동〉

| 존중 | → | 정직 | → | 공정하기 | → | 진실 말하기 |

[그림 5] 순서형 그래픽 오거나이저

● 분류/조직형 그래픽 오거나이저

간단한 목표, 주요 생각, 개념, 사람들의 성격, 행동, 사건 등을 분류하는 데
사용한다.

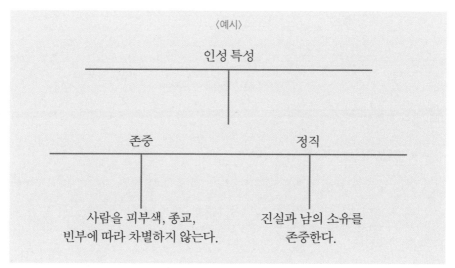

〈예시〉

인성 특성

존중   정직

사람을 피부색, 종교,
빈부에 따라 차별하지 않는다.

진실과 남의 소유를
존중한다.

[그림 6] 분류/조직형 그래픽 오거나이저

● 비교/대조형 그래픽 오거나이저

사람, 장소, 물건, 사건, 아이디어 등이 가진 주요 유사성과 차이점을 비교하고 대조하는 데 사용한다.

이 도구는 해석하고 결론을 도출하기 위해 비교·대조와 같은 대상의 관계 패턴을 개발하는 데 유용하다.

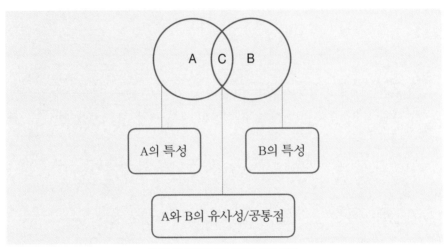

[그림 7] 비교/대조형 그래픽 오거나이저

● 추정/가정형 그래픽 오거나이저

알고 있는 사실을 기초로 알지 못하는 것에 대해 말할 때(가정하기) 사용하는 그래픽 오거나이저로, 이 기술은 인과관계, 결과 예측, 관찰보고서 근거 제시 등에 사용한다.

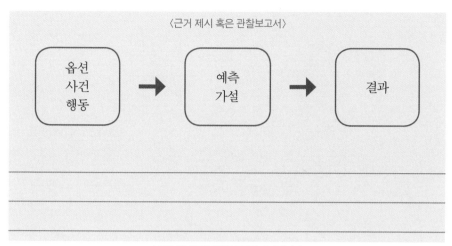

[그림 8] 추정/가정형 그래픽 오거나이저

● 설명형 그래픽 오거나이저

[그림 9]의 그래픽 오거나이저는 기존에 알고 있던 것, 혹은 독서·관찰·기타 조사 등을 통해 알게 된 것을 새로운 정보가 얼마나 잘 뒷받침해 주고 설명해 주는가를 평가하는 데 사용한다. [그림 9]에서 학생은 설명을 요하는 사건, 행동, 행위 등을 규명(오른쪽 네모)하고 문제가 되는 사건, 행동, 행위의 원인, 이유, 근거를 제시(왼쪽 네모)한다. 원인에서 결과를 유추하는 기술과 동일한 과정이지만 여기서는 학생이 결과를 먼저 알고 있고 원인과 해설을 찾는 것이다.

문제 해결 과정이 정착되면 사고하는 훈련은 학생들이 효율적이고 철저하게 사고하도록 돕는 매일의 학습 계획에 포함될 수 있다. 모든 기술을 적시적기에 올바로 사용하는 것이 중요하다. 예를 들면 비교와 대조를 사용할 때 학생들

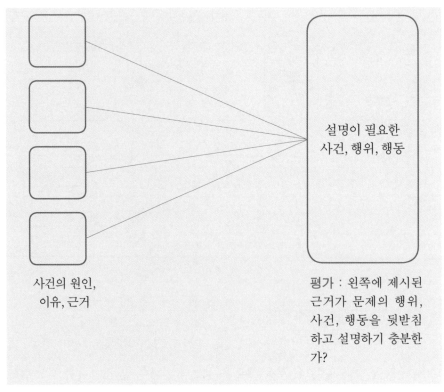

설명이 필요한
사건, 행위, 행동

사건의 원인,
이유, 근거

평가 : 왼쪽에 제시된
근거가 문제의 행위,
사건, 행동을 뒷받침
하고 설명하기 충분한
가?

[그림 9] 설명형 그래픽 오거나이저

은 뚜렷한 유사점과 차이점을 주시해야 한다. 마찬가지로 비교하고 대조하면
서 중요한 패턴과 관계성을 발견하는 것도 중요하다.

그래픽 오거나이저는 복잡한 생각을 배우는 데 도움이 된다. 학생들의 사
고과정을 지도해 주는 공통의 시각 언어가 되기 때문이다. 모든 그래픽 오거나
이저는 거기에 사용된 기술을 그대로 보여준다. 또한 패턴 안에 정보를 담고 있
어, 학생들이 내용과 과정 사이에서, 그리고 문제의 각 부분들 사이에서 앞뒤로

오가며 생각해 볼 수 있다.

윤리적 문제 해결에 도움이 되는 것 외에도 사고력 교육은 [표 5]와 같이 인성계발 훈련에 도움을 준다. 고매한 도덕성을 함양하겠다고 마음먹은 사람은 일상생활에서의 의사결정, 문제해결, 그리고 장기 계획에서 이성을 사용한다. 또한 헌신과 의무, 그리고 다른 일상 활동 속에서 이성을 사용하고 생각해야 한

[표 5] 사고와 인성의 관계

사고하는 행동	인성 특성	관련 활동
상호작용 촉진	경청을 통한 타인의 존중	생각하기-짝끼리 나누기-전체에서 발표하기
사고에 대해 생각하기	책임감 및 정직 발전	메모, 일지, 본보기 생각
창의적 사고 촉진	타인의 생각에 대한 신뢰와 존중	대안 육성 및 생산 장려
시각적 사고 촉진	일지/조사를 정직하고 책임감 있게 사용하도록 권장	일지 기록, 네트워크 확대, 시각 도표 활용
학습 스타일 개발	개인의 차이 존중	학습 및 가르치는 스타일 응용
전파를 위한 가르침	학습과 사고기술 사용에 대해 책임지기	모든 과목 및 일상 활동에 사고 적용
자율적 사고 촉진	사고기술의 본보기 제시 및 학생들이 책임감 있게 기술을 응용하도록 신뢰	생활의 방식으로서 책임감 있는 문제 해결 및 의사결정 활용

다고 믿는 사람은 책임감 있고 존경받을 만하며 신뢰할 수 있는 사람이다. 사고를 위한 교육과 인성계발을 위한 가르침은 서로 호환되는 목표이자 상호 도움이 되는 결과를 낳는다.

좋은 인성을 키우도록 사고능력을 향상시키기 위한 준비

어떻게 하면 교사들이 학생들의 사고능력을 향상시키고, 어떤 행동과 생각이 좋은 인성에 도움이 되는가를 추론하는 능력을 발달시킬 수 있을까?

첫째, 교사들은 "사고하도록 가르치는 것"이 무슨 의미인지를 이해해야 한다. 사고하는 교실 분위기를 만들려면, 교사가 먼저 여러 가지 방법과 과정을 배우는 훈련을 해야 한다. 둘째, 함께 공부하는 학생과 교사는 주어진 과제를 완성하는 데 필요한 사고기술을 규명할 수 있어야 한다. 그렇게 하기 위해 교사와 부모들은 계속해서 학생들과 함께 공부해야 한다. 학생이 과제를 이해하지 못하고 필요한 사고 기술을 적용하지 못했을 때, 그 책임은 학생에게만 있는 것이 아니다. 애들러가 개발한 파이데이아 프로그램이나 헤스터의 도표 같은 방법을 찾아서 자녀들과 학생들을 지도해야 한다. 셋째, 우리는 사고하고, 그 사고의 적용을 가치 있게 여기는 환경을 만들어야 한다. 어른들은 사고가 무엇인지 정의하고, 아이들은 여러 가지 생각을 알고 이해하는 능력, 선을 이해하고 적용하는 능력을 개발하는 환경을 만들어야 하는 것이다.

인성을 위한 독서교육

| 인성을 위한 독서교육

노스 캐롤라이나 주립 대학에서 중등 교육학을 가르치다가 은퇴한 존 아놀드 교수는 교육의 역할을 학생들이 훌륭한 사람으로 자라도록 돕는 것이라고 강조한다. 그러나 학생들은 누군가 훌륭한 사람이 되라고 말한다고 해서 훌륭한 사람이 되지는 않는다. 교사나 부모라면 누구나 잘 알고 있는 사실이다. 따라서 가능한 모든 방법을 동원하여 아이들이 선하고 올바른 행동을 배워나가도록 도와야 한다.

이번 장에서는 학교 교과과정을 통해 학생들에게 좋은 인성을 계발하고, 궁극적으로 좋은 인성의 사람으로 성장할 수 있도록 하는 방법에 대해 생각해 보기로 한다. 좋은 인성을 계발하는 데 있어 문학작품과 이야기를 읽는 것이 중요한 이유는, 학생들이 무엇을 읽고, 어떻게 독서교육을 받느냐가 훌륭한 인성을 키워 가는 데 영향을 미치기 때문이다.

다행히 아이들은 책을 사랑한다. 독서를 가르쳐야 하는 교사 입장에서는 보너스와 같은 사실이다. 아주 어린 아이들은 그림책을 좋아한다. 그림 하나하나를 세심하게 관찰하며 어른들이 읽어주는 이야기를 듣는다. 어른들의 무릎 위에서, 또는 잠자기 전 침대 머리맡에서 독서를 통해 사랑을 만끽한다.

부모가 아이에게 일찍부터 책을 가까이 하도록 도와주면 두 가지 좋은 점이 있다. 첫째, 함께 책을 읽고 생각을 나누는 시간을 통해 부모와 아이가 더 가까워진다. 독서라는 활동을 같이 하면서 신체적으로 가까이 붙어 있을 수 있고 감정적인 유대감도 생긴다. 둘째, 이런 습관을 통해 아이들은 책을 읽고 토론하는 것이 가치 있다는 사실과 독서가 중요하고 즐거운 것임을 알게 된다. 또한 좋은 책을 읽으면서 만족을 추구하는 것이 그만한 가치가 있다는 사실을 알게 된다.

독서를 중요하게 여기는 학급에서는 학년과 연령을 막론하고 같은 효과를 얻는다. 교사는 학생들에게 책읽기를 좋아하고 생각을 나누는 것을 좋아하는 마음을 심어줄 수 있다. 유치원생이든, 대학원생이든 교사가 가진 열정과 교육적 접근방법이 학생들에게 책을 읽고 다른 사람들과 의견을 나누도록 만든다.

독서 지도 방법

독서 지도에서는 2가지를 염두에 두어야 한다. 하나는 읽는 과정이다. 독서는 배우는 것이며, 그 자체로 즐거운 것이다. 너무 어려우면 재미있을 수가 없다. 그래서 학생들이 독서를 즐길 수 있도록 독서 기술을 배워야 한다. 이를 위해서는 정확한 발음을 중심으로 하는 파닉스(phonics)와 전체적인 이해를 중요시하는 총체적 언어 교수법(whole language approach)이 균형을 이루어야 한다. 또한 좀 더 깊은 의미와 이해를 위한 심도 있는 토론도 빠져서는 안 된다.

미국에서 총체적 언어교수법은 독서/학습 과정에서 학생들이 경험하는 기쁨과 다양한 경험에 초점을 맞추는 데 도움이 되었다. 이 운동으로 인해 전국의 학교들은 학생들이 무엇을 읽는지를 살펴보게 되었다. 또한 학생이 읽는 것의 내용과 수준이 학생 및 교사에게 매우 중요하다는 사실을 생각하게 되었다.

독서 지도에서 염두에 두어야 할 다른 하나는, 독서의 내용과 지식에 관한 것이다. 이 과정에서 우리는 저자가 무엇을 말하려고 하는지, 우리가 그 생각에 동의하는지 안 하는지, 그리고 그 이유는 무엇인지를 생각한다. 내용을 위한 독서는 교과 과정과 밀접한 관계가 있다. 예를 들면 고등학교 교사는 학생들에게 미국 독립선언문의 기원을 가르치기 위해 그 바탕이 되는 존 록크, 토마스 홉스, 토마스 페인 같은 철학자들의 글을 읽도록 할 수 있다. 그리고 남부 지역 문학의 이해를 돕기 위해 윌리엄 포크너, 카슨 맥컬러스, 워커 퍼시 같은 작가의 작품을 고를 수도 있다. 초등학생을 위해서는 메리 호프만의 〈놀라운 은혜 Amazing Grace〉를 선택하고, 10대 청소년에게는 로버트 펙의 〈돼지가 한 마리도 죽지 않던 날 A Day No Pigs Would Die〉을 읽혀서 삶의 풍성함과 아름다움을 만끽하게 할 수 있다.

독서를 통해 학생들은 책의 구성과 언어를 감상하는 능력을 개발할 뿐만 아니라, 문학성과 이야기를 즐기며 사회적·도덕적 문제까지 생각할 수 있어야 하므로, 교사와 부모는 학생들에게 그에 맞는 책을 선정하고 제시해야 한다.

독서는 세대 간 가치를 계승해 주는 통로

책은 우리 세대의 문화 전통과 경험을 다음 세대로 이어주는 다리 역할을 한다. 우리의 글과 이야기가 축적되어 우리의 미래를 정의하고 결정하는 데 도움이 된다. 또한 우리의 과거를 이해하는 데 도움이 된다.

학생들은 부모가 살던 가까운 과거의 이야기들을 읽고 겨우 한 세대 전 사람들이 왜 그렇게 생각하고 행동했는지 학교나 집에서 즉석토론을 벌일 수도 있다. 부모가 "내가 너 만할 때"라고 말하기 시작하면 아이들은 듣기 싫어한다. 하지만 아이가 책을 읽고 "아빠, 우리들은 오늘 반전 운동에 대한 책을 읽었는데, 아빠도 반전 데모에 참가한 일이 있으세요?"라고 질문을 한다면 얼마나 흥미진진한 대화가 가능할지 생각만 해도 가슴이 벅차다.

문학과 이야기는 다른 나라 문화의 사상과 감성을 배우고 이해하는 데 도움이 된다. 이런 가교가 없다면 나와 다른 사람들의 사상과 사고를 이해하는 데 애를 먹거나, 아니면 결코 이해할 수 없을지도 모른다.

학생들이 타문화권의 전통을 이해하도록 돕기 위해서는, 먼저 교사와 부모가 그러한 전통을 담은 심오한 글을 이해해야 하고, 학생들도 그렇게 하게 해야 한다. 예를 들면, 루디야드 키플링의 〈선장이여 용감하라 Captains Courageous〉 같은 책은 타락한 청소년이 포르투갈 어부로부터 명예와 좋은 문화 전통을 배워가는 과정을 그린 이야기이다.

인간답게 만드는 독서의 힘

깊이 있는 글이란 우리가 그 글을 읽고 행동, 환경, 결과를 생각해 보게 하는 문학작품과 이야기를 말한다. 위대한 문학작품은 우리에게 "무엇이 인간을 인간답게 하는가"를 가르쳐 준다. 위대한 글은 인간의 고뇌와 성공, 강점과 약점, 선과 악을 조명해 준다.

이것이 바로 2000년 넘게 학생들이 〈오디세이 The Odyssey〉를 읽어 온 이유이며, 400년 이상 셰익스피어의 〈줄리어스 시저 Julius Caesar〉를 읽고, 40여 년 동안 〈앵무새 죽이기 To Kill a Mockingbird〉를 읽어 온 이유이다. 이야기 속에 숨어 있는 훌륭한 생각을 연구하다 보면, 살아 움직이는 이야기 속에서 독자들은 자기 자신을 더 잘 이해할 수 있게 된다.

위대한 문학작품은 전 세계 곳곳에서 탄생한다. 그리고 매일매일 써지고 있다는 점을 기억해야 한다. 인성교육을 추구하는 순수 문학 프로그램에는 전 세계 고전 문학과 현대 문학을 골고루 포함시켜야 한다.

학생들을 위대한 문학작품과 접하게 하는 것은 교사의 중대한 의무이다. 도서 선정의 최우선 기준은 그 책이 학생들에게 인기가 있느냐가 아니라 읽을 만한 가치가 있느냐이다. 학생들에게 청소년 소설처럼 꼭 인기 있는 장르를 가르칠 필요는 없다. 청소년 소설은 읽을 만한 가치, 공부할 만한 가치가 있는 것에 한해 읽도록 해야 한다. 인간으로서의 우리 자신을 더 잘 이해하는 데 도움이 되는 문학작품을 수업용 교재로 선택하도록 노력해야 한다.

교사와 부모의 책임 중 하나는 아이들 마음속에 훌륭한 책과 이야기를 읽고자 하는 열망을 불어 넣어주는 것이다. 인생의 의미를 찾고자 고군분투하는 교사와 부모의 모습을 보여주고, 책임감, 존경, 친절, 용기, 충성 등과 같이 귀히 여기는 선의 가치를 깨닫는 데 도움이 되는 문학작품을 읽고 싶게 만들어야 한다.

인성교육을 위한 양서

교육은 항상 학생들이 더 나은 사람이 될 수 있다는 것을 보여주는 방향으로 이루어져야 한다. 현재의 생각과 행동에서 성장하여 더 나은 사람이 되는 것 말이다. 윌리엄 킬패트릭, 그레고리 울페와 수잔 울페는 〈인성 형성을 돕는 책들 Books that Build Character (1994)〉에서 이런 말을 한다.

이야기는 우리의 상상의 나래와 함께 펼쳐지기 때문에 선(goodness)에 대해서 감정적으로 친해지게 만든다. 다른 여건들만 제대로 맞아지면 이 감정적인 애착은 선을 직접 실천하는 것으로 발전할 수 있다. 이야기가 가진 극적인 요소는 우리가 도덕적 결정을 "예행연습" 하도록 해 주며 선과의 결속력을 더욱 강하게 다져준다.

학생들에게 인기가 있거나 그들의 현재를 묘사한 책을 읽혀야 한다는 의무감을 가질 필요는 없다. 주디 블룸은 10대 청소년들 사이에 인기 있는 작가이지만 그렇다고 해서 학교가 문학시간에 그의 책을 선정해야 하는 것은 아니다. 학교가 나서지 않아도 학생들 스스로가 그런 책은 쉽게 접한다.

S.E. 힌튼의 책 〈아웃사이더 The Outsiders (1967)〉는 청소년 소설의 고전으로, 수백만 명의 청소년들이 개인적으로, 혹은 학교 문학 시간에 읽은 책이다. 이 책은 저자가 겨우 16세일 때 쓴 것으로, 사회 속에서 자신의 자리를 찾는 반항 소년의 이야기이다. 로렐리프 출판사 판본은 이 책을 다음과 같이 평한다.

포니보이는 14살의 거칠고 혼란스러운 십대 소년이다. 하지만 도전적인 앞모습 뒤에는 상처받기 쉬운 예민함이 숨어있다. 부모님이 돌아가신 후 그의 충심은 형제와 자기네 패거리로 향했다. 하지만 그가 어울리는 패거리는 잘못된 길로 가는 아이들이었다. 거칠고 좌충우돌하며 머리도 길게 기르는 아이들이었다. 이 중 가장 친한 친구가 라이벌 패거리의 한 아이를 죽였을 때 포니보이의 악몽은 시작되고, 그는 계속해서 큰 사건에 휘말리게 된다.

여기서 잠깐 생각해 보자. 이것은 매우 인기 있는 책이고, 훌륭한 교사라면 이 책을 사용하여 학생들에게 포니보이의 인성이 어떻게 성장하는지를 설명해 줄 수 있다. 또는 적절하거나 부적절한 행동이 어떤 것인지를 비교 및 대조해 볼 수 있다.

그러나 간단히 말해 아이들의 인성계발을 돕는다는 하나의 목적을 위해서라면, 이보다 더 유익이 되는 책은 얼마든지 있다. 학부모로서 상상해 보라. 학교 문학시간에 아이에게 읽히고 싶은 문학 장르가 어떤 것이겠는가? 〈아웃사이더〉 같은 책들이 아이들이 읽으면 안 되는 나쁜 책이라는 뜻이 아니다. 학생들이 읽기도 좋고 토론하기도 좋은 책이다. 그러나 많은 학부모들과 생각 있는 교사들이 과연 이런 장르의 책에 많은 시간을 쏟아 붓는 문학 교과 과정을 원하겠느냐는 의문을 가지는 것이다.

모든 학생들이 읽을 줄 알고 제대로 된 독자로 성장하는 것도 중요하다. 하지만 양서를 읽음으로써 좋은 인성이 자라날 수 있다고 믿는다면 학생들이 무엇을 읽느냐에 주안점을 두어야 한다. 교사와 부모는 힘을 합쳐 학생들이 읽어야 할 최고의 우수 도서를 선정해야 한다. 아이들이 읽는 것을 검열하라는 뜻이 아니라 잘 선택하라는 의미이다. 심각하고 논란이 되는 쟁점을 담은 책도 피해서는 안 된다. 위대한 문학작품은 거의 항상 심사숙고를 요하는 문제를 담고 있다. 따라서 학생들이 양질의 문학을 읽도록 지도한다면 그들은 인성 문제도 접하고 함께 고민해 볼 수 있게 될 것이다.

한걸음 더 나아가 에드워드 윈과 케빈 라이언은 〈학교 교육의 회복 Reclaiming Our School (1993)〉이란 책에서 우화, 철학, 종교적 글, 그리고 소설과 같은 훌륭한 이야기들이 청소년들의 인성계발을 도울 수 있다고 강조했다. 학생들은 이야기나 인격 형성을 다룬 문학을 통해 다음과 같은 사실을 배운다.

독서를 통해 배우는 것들
_ 선하거나 악한 사람의 삶을 지성과 감성으로 이해하고, 무엇이 사람을 그렇게 행동하게 만들었는지를 배운다.
_ 이야기에 나온 인물을 통해 인간이 타고난 정의와 동정, 탐욕과 잔인성을 이해한다.
_ 남에게 버림받은 삶에 대해 동정한다.
_ 이야기의 영웅이나 악당의 삶을 보면서 인생의 도덕적 요소와 이상을 더 잘 이해하고 느끼게 된다.
_ 이야기에 나오는 인물들의 삶을 간접 경험하면서 도덕적 상상력과 민감성을 기른다.
_ 작품이나 역사 속의 이야기나 등장인물에 대한 깊은 식견을 갖게 된다.

_ 학생들의 실제 행동에 지침이 될 도덕적인 본보기를 많이 가지게 된다.

그렇다면 인성계발을 위한 독서로 적합한 글에는 어떤 예가 있을까? 필 빈센트 박사는 네 가지 장르를 예로 들었다. 대부분의 어른들에게는 이미 친숙한 글로 교과목에 상관없이 모든 교사가 사용할 수 있는 작품들이다. 시, 비유/도덕적인 이야기, 신화, 그리고 역사/철학서, 이렇게 네 가지를 살펴보자.

시
제일 먼저 "만약"이라는 루디야드 키플링의 시를 살펴보자.

만약
만약 모든 사람이 이성을 잃고 너를 탓할 때
네가 냉정을 유지할 수 있다면,
만약 모두가 너를 의심할 때
너는 자신을 믿고 그들의 의심까지도 감싸 안을 수 있다면,
만약 네가 기다리면서 기다림에 지치지 않는다면,
거짓에 속고도 거짓으로 답하지 않는다면,
혹은 네가 미움을 받고도 미워하지 않는다면,
그리고 너무 선해 보이려고도,
너무 지혜로워 보이려고도 하지 않는다면,
만약 네가 꿈을 꿀 수 있다면, 하지만 꿈의 노예가 되지 않을 수 있다면,

만약 네가 생각할 수 있다면,

하지만 생각을 목표로 삼지 않을 수 있다면,

만약 '승리'와 '재앙'을 만날 수 있다면,

그리고 이 두 사기꾼을 똑같이 대할 수 있다면,

만약 네가 말한 진실이 악인들에 의해 왜곡되어

어리석은 자들을 옭아매는 덫이 되는 것을 참을 수 있다면,

혹은 네 일생을 바친 것들이 무너지는 것을 보고도

허리 굽혀 낡은 연장을 집어 들고 다시 쌓을 수 있다면,

만약 힘써 얻은 모든 것을 한 더미로 쌓을 수 있다면,

그리고 그것을 한 방의 동전던지기에 걸 수 있다면,

그것들을 모두 잃고 처음부터 다시 시작하면서도

잃은 것에 대해 한 마디 한탄도 하지 않을 수 있다면,

만약 힘 빠진지 오랜 네 심장과 신경과 힘줄이

네가 방향을 돌릴 수 있도록 다시 일할 수 있다면,

그리고 네게 남은 것이라곤 "버텨!"라고 말할 의지뿐인 때도

여전히 버틸 수 있다면,

만약 네가 많은 사람과 이야기를 하면서도 고결함을 지킬 수 있다면,

혹은 왕들과 같이 거닐면서도 서민의 본분을 지킬 수 있다면,

만약 적도, 사랑하는 친구도 너를 해칠 수 없다면,

만약 모든 사람이 너를 중히 여기되 그 누구도 지나치지 않는다면,

만약 절대 용서할 수 없는 1분을

60초 거리의 달리기로 채울 수 있다면,

그러면 온 세상과 그 안의 모든 것이 네 것이 되리라.

그리고 그때 비로소 너는 인간이 되리라, 내 아들아!

키플링이 아들을 위해 이 시를 썼다는 사실과 만약 이 모든 것을 해낼 수 있다면 "인간이 되리라"고 말한 것은 잠시 잊어버리자. 그리고 마지막 줄을 "그때 비로소 너는 훌륭한 인성을 가진 사람이 되리라."고 바꿔보자. 이 시에 나열된 행동과 성품을 지닌 사람이 바로 좋은 인성을 가진 사람이 아니겠는가? 우리도 우리 자녀와 학생들이 진실을 말하고, 명예롭게 행동할 것을 스스로 믿으며, 가진 것을 잃어도 기꺼이 다시 시작할 수 있기를, 그리고 미덕을 지켜나갈 수 있기를 바라지 않는가? 그렇다면 문학 시간에 이 시를 비롯해 이와 비슷한 종류의 시를 공부해야 한다. 그래서 아이들이 이 시에 나온 행동과 마음가짐 같은 미덕을 생각하고 토론하는 시간을 갖도록 해야 한다.

키플링의 작품처럼 유명한 시는 아니더라도 연구해 볼 만한 시가 많다. 다음 두 편의 시는 〈지혜의 책 The Book of Wisdom〉이라는 모음집에서 발췌한 것이다. 간단하지만 강력한 메시지를 담고 있다.

암(癌)이 할 수 없는 것 (작자미상)

암은 할 수 없는 것이 많다.

암은 사랑을 절름발이로 만들지 못한다.

암은 소망을 산산조각 내지 못한다.

암은 믿음을 좀먹지 못한다.

암은 평안을 파괴하지 못한다.

암은 우정을 죽이지 못한다.

암은 추억을 억누르지 못한다.

암은 용기를 침묵시키지 못한다.

암은 영혼을 침략하지 못한다.

암은 영생을 훔쳐가지 못한다.

암은 정신을 정복하지 못한다.

요한 볼프강 폰 괴테가 쓴 아래의 시는 전학년의 아이들에게 두루 읽힐 수
있다.

본보기

지금도 천천히, 하지만 쉬지 않고

저 멀리서 빛나는

별처럼

사람도 모두 그렇게 꾸준히 몸을 움직이며

하루의 맡은 바를 위하여

최선을 다해야 하리라.

이 세 편의 시만 가지고도 학생들과 얼마나 많은 토론을 할 수 있을지 상상

해 보라! 세 편 모두 무엇이 훌륭하고 본받을 만한 것인지 생각하게 만드는 시이다. 시에는 우리의 도덕적 감성을 깨우치는 강력한 힘이 있다.

우화

우화는 어떤 진리를 가르치거나 종교적 원리, 도덕적 교훈을 묘사하기 위해 만든 짧은 비유적 이야기이다. 우화는 사람들이 이야기 듣기를 좋아하는 속성에 맞춰 이야기 형식을 취한 것이다. 하지만 그 속에 항상 진실을 담고 있기 때문에 우화는 미치는 영향과 지속력이 매우 크다. 아무도 우화 속에 들어있는 진리를 반박할 수 없다. 그리고 그 메시지는 듣는 사람의 의식 속에 깊숙이 파고든다. 우화는 사람들의 편견과 선입견에 정면으로 부딪히지 않으면서 우회할 수 있는 좋은 방법이다.

예수님은 가르칠 때 우화를 자주 사용했다. 그가 말한 우화는 갈등과 해결책을 담은 시나리오 형식이며 매우 단순했다. 때로 해결책에는 한 가지 이상의 메시지가 담겨있기도 했다. 신약성경에서 예수님이 사용한 우화에는 씨 뿌린 것을 수확하는 농부, 돌아온 탕자, 선한 사마리아인 등이 있다.

불교 선종(禪宗)의 이야기 중에 호랑이에게 쫓기는 사람 이야기가 있다. 그는 도망가다가 낭떠러지 아래로 미끄러져 나무뿌리를 붙잡고 간신히 매달렸다. 위를 쳐다보니 호랑이가 버티고 있고, 아래를 내려다보니 깊은 골짜기였다. 그러나 바로 그의 눈앞에는 잘 익은 딸기가 열려 있었다. 그는 그 딸기를 따서 입에 넣으면서 "정말 맛있는 딸기로구나!"하며 감탄했다.

여자를 만져서는 안 된다고 가르치는 불교 종파에 속하는 두 승려 이야기도 있다. 두 승려는 길을 가다가 커다란 웅덩이를 만났다. 그 옆에는 한 여인이 건너가지 못해 고민하고 있다. 승려 중 한 사람이 아무 말 없이 그 여인을 번쩍 들어 반대편으로 옮겨다 주었다. 그리고 두 승려는 말없이 계속 걸었다. 그러다 두 번째 승려가 마침내 입을 열었다. "자네는 어찌 서약을 어기고 여자를 만질 수 있단 말인가?" 그러자 첫 번째 승려가 대답했다. "자네는 아직도 그 여인을 안고 가는가? 나는 한 시간 전에 이미 그 여인을 내려놓았다네."

아프리카의 우화는 사람의 행동을 동물에 빗대어 옳고 바른 행동이 무엇인지를 가르친다. 위트 있고 효과적인 방법이다.

철학자 크리스티나 호프 소머스(1992)가 소개한 유명한 유대교 교훈을 아래 소개한다.

러시아에 있는 작은 유대인 마을에 랍비(필자 및 역자주: 선생)가 한 명 살고 있었다. 그는 금요일 아침마다 몇 시간씩 어디론가 사라지곤 했다. 신앙심이 깊은 마을 사람들은 랍비가 하늘로 올라가서 하나님과 이야기한다며 자랑스러워했다.

그러던 어느 날, 이 마을에 의심 많은 사람이 이사를 왔다. 그는 랍비가 정말 어디로 사라지는지 알아보기로 했다.

어느 금요일 아침, 이 의심 많은 사람은 랍비의 집 근처에 숨어서 그가 아침에 일어나는 것부터 훔쳐보기 시작했다. 랍비는 일어나서 아침 기도를 드리고, 농부 옷으로 갈아입은 후 도끼를 메고 산 속으로 들어갔다. 거기서 그는 나무를 베고 모아 땔감 한 짐을 만들었다. 그리고 랍비는 나뭇짐을 지고 그

마을의 가장 가난한 사람들이 사는 곳으로 가서 늙은 여인과 병든 아들이 사는 오두막집에 나뭇짐을 내려놓았다. 나뭇짐은 이 집의 일주일 땔감이었던 것이다. 랍비는 그리고 나서 조용히 집으로 돌아갔다.

이 이야기는 그 의심 많은 사람이 결국 그 마을에 눌러 살면서 랍비의 제자가 되었다는 것으로 끝을 맺는다. 그리고 마을 사람들이 "우리 랍비는 금요일 아침마다 하늘로 올라가신다."라는 이야기를 하면, 그는 "더 높은 곳이 없다면 말이지."라고 조용히 덧붙이곤 했다.

아래의 이솝 이야기는 쓸데없는 고집에 대한 우화이다.

세찬 폭풍우에 쓰러져 강물에 떠내려가던 떡갈나무가 강둑에 걸렸다. 그 곳에서 떡갈나무 가지 몇 개가 갈대에 스치게 되었다. 떡갈나무는 자기를 뿌리째 뽑아버릴 정도로 센 폭풍우에도 뽑히거나 꺾이지 않은 갈대가 존경스럽다는 생각을 하며 어쩜 그렇게 안전하게 다치지 않고 서 있을 수 있냐고 물었다. 갈대는 "나는 너랑 반대로 행동하면서 나를 지킨단다. 고집부리고 빳빳하게 서서 내 힘만 믿고 있는 대신, 바람이 불면 부는 대로 양보하고 굽히는 거지. 바람에 맞서는 것이 얼마나 헛되고 쓸모없는 일인지 잘 알고 있거든."이라고 대답했다.

우화나 도덕적인 이야기는 학생들의 인성을 성숙시키고 우리가 다른 사람을 어떻게 대해야 하는지를 가르쳐 주는 이점이 있다. 우화는 대개 짧고 단순하며 겉으로 보아 이해하기가 쉽다. 하지만 많은 토론과 묵상이 가능하다. 유대교 랍비가 늙은 여인과 병든 아들에게 매우 친절했다는 점은 어린 아이들도 알 수 있다.

또한 우화는 응용과 확장을 위한 토대를 제공한다. 교사는 학생들에게 이 랍비나 다른 우화 속 인물을 가정과 학교, 지역사회에서 어떻게 따라할 수 있을지 물어볼 수 있다. 학생들이 생각하는 바를 행동으로 옮기도록 기대할 수 있다. 우화는 인성교육에 큰 역할을 한다. 이를 효과적으로 잘 이용하는 교사가 현명한 교사이다.

신화

신화는 우리가 세상을 이해하는 데 도움이 될 뿐만 아니라 인성 발달을 위한 지침도 된다. 많은 학생들이 학교 문학시간에 신화를 배운다. 여기서 중요한 것은 교사와 학생들이 신화가 주려는 교훈, 즉 어떤 것이 선하고 정당한 행동인가와 어떤 것이 옳지 못한 행동인가를 알고 이에 대해 토론하는 것이다. 다양한 등장인물의 행동을 비교·대조하면서 학생들은 고매한 도덕적 원리를 이해하게 된다.

〈아이네아드 The Aeneid〉와 〈오디세이 Odyssey〉가 인성 발달을 보여 주는 좋은 예이다. 이 두 이야기는 모두 트로이 전쟁 신화를 배경으로 하고 있다. 신들은 아이네아스에게 가능한 한 많은 사람들을 데리고 곧 멸망할 트로이를 떠나라고 강권한다. 아이네아스는 10년 동안의 전쟁과 희생 끝에 새로운 고향을 건설하게 될 것이라는 신들의 약속을 믿고, 사람들을 데리고 트로이를 떠난다. 수많은 전쟁과 고생 끝에 아이네아스와 그의 추종자들은 로마를 건설한다. 그는 아름다운 카르타고의 여왕 디도와 함께 안락하고 화려한 인생을 즐길 수 있었지만 전쟁을 계속했다. 그는 자기를 따른 사람들에 대한 책임을 다하는 명예를 선택한 것이다.

트로이 패망 후 율리시즈(필자 및 역자주: 오디세우스)는 고향 그리스로 돌아가기를 원했다. 아내와 아이들이 있는 집으로 돌아가는 20년의 여행 중에 그는 많은 어려움을 겪었다. 여신 칼립소는 율리시즈에게 자기와 같이 있어 준다면 그를 영원히 죽지 않고 신처럼 살게 해 주겠다는 제안도 했다. 이 제안을 거절했을 때 그는 고난의 삶을 선택한 것이지만, 그것은 목적이 있고 명예로운 삶, 그리고 영원한 생명을 초월한 가족 사랑을 선택한 것이었다. 그는 쾌락을 극복하고 책임감을 선택했다. 이런 종류의 가치들은 학생들의 관심을 끌만한 값어치가 있다.

철학 및 역사 문헌

철학과 역사 문헌도 인간의 생각과 행동을 잘 그리고 있다. 모든 학생들, 특히 고등학생들은 이런 자료를 꼭 읽어야 한다. 학생들은 역사적 사건이나 생각에 대한 개관만을 담은 역사 교과서를 읽는 경우가 보통이고, 본래의 문헌자료를 읽을 기회가 없다. 이런 역사교육은 그다지 효과적이지 못하다. 본래의 1차 문헌을 읽지 못하면 학생들은 자기 문화유산을 희석해서 보는 것이다. 다시 말해 미국 고등학교 학생들은 독립선언서, 헌법, 게티스버그 연설, 마틴 루터 킹의 "버밍햄 교도소에서 쓴 편지" 같이 미국사회의 근간이 되는 문서를 발췌나 해석본이 아닌 본래의 완결본으로 읽어보아야 한다.

마틴 루터 킹 목사는 앨라배마 버밍햄에서 벌인 시민권 운동을 다시 생각해 보라고 권하는 동료 성직자들에게 편지로 답한다. 이 편지에서 킹 목사는 일부 사람들이 자기 같은 사람들을 못마땅하게 여기고 있음에도 불구하고 왜 이러한 저항을 계속해야 하는지 설명한다. 그는 반드시 지켜야 할 법이 있는 것과 마찬가지로 어떤 법은 어기는 것이 정당하다고 주장했다. 공정한 법은 지키되, 불공정한 법은 지키지 말아야 한다는 것이다.

공정한 법이란 인간이 만들어낸 규약으로, 도덕법과 하나님의 법에 부합하는 것입니다. 불공정한 법은 도덕법과 조화를 이루지 못하는 규약입니다. 토마스 아퀴나스의 표현을 빌리자면, 불공정한 법은 영원법과 자연법에 뿌리를 두지 않은 것이지요. 인간의 인간성을 고양시키는 법은 정의로운 법입니다. 하지만 인간의 인격을 무시하는 법은 불공정한 법입니다.(King, 1991)

킹 목사는 인종을 차별하는 법은 그 피해자를 무시하는 법이므로 잘못된 것이라고 주장한다. 그는 인종차별법 같은 불공정한 법은 다수가 소수에게 강제하는 법이지만 순종하거나 따를 수 없는 법이라고 덧붙였다. 킹 목사는 또한 흑인들의 시민권 운동에 도의적으로 대응하지 않고 있는 백인 중도파와 교회들을 비판했다. 그의 글 전체에서 열정과 지성이 빛난다. 심사숙고 끝에 정리된 주장이 얼마나 가치 있는지 보여주는 좋은 예이다.

학생들은 세련된 글이나 논문을 읽고, 거기 나오는 철학적, 역사적 관점에서 기술한 인간의 갈등이나 이상을 알아가야 한다. 한 편의 글이 때로는 변혁을 일으킬 수 있다는 사실에, 학생들은 큰 감명을 받을 수 있다. 프랑스의 에밀졸라는 〈나는 고발한다 J'Accuse〉라는 대정부 공개서한을 써서 간첩 혐의로 기소된 드레퓌스 대위를 구해냈다. 토마스 페인의 인권선언과 링컨 대통령의 노예 해방 선언은 미국 역사를 바꾸어 놓았다.

인간의 감정과 지성 · 도덕성에 호소하는 위대한 문학 작품들

위대한 문학 작품들은 시든, 우화든, 신화든, 철학이든, 역사든, 감동적인 소설이든 장르를 불문하고, 우리 인간의 감정과 지성 · 도덕성에 호소한다는 특징이 있다. 우리들은 율리시즈나 아이네아스의 훌륭한 선택에 감동하고, 그들의 인격을 찬양하며, 우리도 그런 환경에 처한다면 그들의 뒤를 따르게 되기를 소망한다. "버밍햄 교도소에서 쓴 편지"를 읽노라면, 마틴 루터 킹의 세심한 주장에 감탄하며, 그 편지에 담겨 있는 분노를 절절히 느낄 수 있다. 철학적 권리와 문화적 요구가 충돌했던 시대의 이 주장은 우리의 도덕적 민감성에 깊이 호소하고 있다. 테레사 수녀의 전기도 이와 비슷한 감정적, 지적 경험을 유발할 것이다. 성경이나 존 스타인벡의 〈분노의 포도 Grapes of Wrath〉, 중국 고전 〈홍루몽(紅樓夢)〉, 글로리아 휴스턴의 걸작 〈최고로 멋진 크리스마스 트리 The Year of the Perfect Christmas Tree〉(제1차 세계대전 중 한 가정이 겪는 희생, 소망, 사랑의 이야기) 같은 것들도 훌륭한 책들이다.

훌륭한 문학작품의 선택 방법

고려해야 할 쟁점은 좋은 책들이 충분히 많은가 하는 것이 아니다. 인기작이라 해서 꼭 훌륭한 문학작품은 아니기 때문에 현대문학 중에 양서를 골라내기가 어려울 뿐이지 분명히 많이 있고, 계속 저술되고 있다. 교사와 부모가 주안점을 둘 문제는 어떻게 인성에 초점을 맞춘 책을 선정해서 학생들의 방대한 독서 목록에 추가하여 읽히느냐는 것이다.

이렇게 시작해 보면 어떨까? 좋은 인성이란 어떤 것인지 목록을 만들어서 어린이들이나 학생들이 읽을 책을 선정하는 데 지침을 삼는 것이다. 그러면 교사와 부모들은 그 중에서 어려움을 잘 극복한 주인공의 이야기를 선정할 수 있을 것이다(어려운 상황에 봉착하지 않는 이야기는 재미없는 책이다). 주인공의 정당한 행동과 좋은 인성(책임감, 인내, 정직, 존경 등)을 보고 아이들은 교훈을 얻게 될 것이다.

이렇게 계속 진행하면서 교사와 부모가 알아야 할 것은, 아이들에게 합리적이고 도덕적인 감각을 발전시키려면 독서를 교과 과목으로 가르쳐야 한다는 점이다. 앞서 '인성을 위한 사고력 교육'에서 언급한 대로 학생들은 위대한 문학 도서를 이해할 수 있는 지적 능력을 연마하고 실천해 보아야 한다. 교사와 부모는 학생들이 도덕적 사고 능력을 키워 나가도록 두 가지 실천 사항을 염두에 둬야 한다.

첫째, 학생들이 작품의 주제를 파악하며 이야기하도록 격려하라는 것이다. 그러기 위해 교사들은 학생들의 사고가 어느 정도 발달했는지를 파악하고,

토론 수준을 그들의 지적 능력과 경험에 적합하도록 맞춰 주어야 한다. 어린 아이들은 문제와 내용을 상상하고 생각하는 능력은 있지만 스스로의 생각을 표현하는 방법에서는 한계를 보인다. 파이데이아 프로그램이나 주니어 양서 프로그램(Junior Great Books Program)이 주창하는 교육 접근방식은 이런 과정 도입에 필요한 통찰력을 제공한다.

둘째, 중고등학생들이라면 일기를 쓰도록 해서, 독서를 통해 배우고 토론한 내용을 생각하여 적어 보게 하면 좋다. 교사는 때로 이런 일기를 읽고 느낀 점을 학생에게 전달하여, 학생들이 제기한 문제를 더 완전하고 포용적인 방법으로 처리하도록 도울 수 있다.

자신의 이익에 관계된 견해만 피력하는 아이들에게는 다른 사람들의 필요도 고려해야 한다는 것을 가르쳐야 한다. 이런 종류의 교육에는 반드시 학생들의 지적 능력과 발달 사항을 고려해야 한다. 그러나 일기를 읽고 느낀 점을 전달하면 학생들의 시야가 넓어진다. 토론과 일기 쓰기를 병행하면, 현실 세계에서와 작품의 주인공에게서 배울 수 있는 도덕적·사회적 문제를 더 잘 이해하는데 필요한 학생들의 능력과 태도에 큰 발전을 이룰 수 있다. 다음 내용은 홀륭한 작품을 활용하는 두 가지 프로그램에 대한 설명이다.

인성을 가르치는 독서교육의 실제 1 - 주니어 양서 프로그램

모든 토론을 인성과 관련지을 필요는 없지만, 결국 대부분의 경우는 그렇게 될 것이다. 위대한 작품들은 대개 인간과 그들의 갈등을 그리면서, 도대체 인간은 다른 인간에게 어떤 의미가 있는지를 정의하려고 한다. 여기에는 가끔 우리의 필요와 우리의 소원을 포함하고 있는데, 이 둘은 꼭 같아야 하는 것은 아니다. 주니어 양서 프로그램의 추천 도서 목록에는 이런 내용을 토론할 수 있는 것들이 포함되어 있다. 이 독서 목록을 선정하는 데 도움이 되는 4가지 기준을 제안한다.

좋은 책을 선정하는 4가지 기준

1. 가장 중요한 것은 선정된 책이 확장해석과 토론이 가능한 것이어야 한다는 점이다. 주니어 양서 프로그램에 참여하는 학생들은 작품의 의미를 찾기 위해 협동학습을 해야 하므로 책의 내용이 다양하게 해석될 수 있어야 한다.

2. 어른이나 학생들 모두 책을 읽고 나서 진지한 질문을 가질 수 있어야 한다. 교사와 학생 모두에게 이야기하는 바가 있어야 협동해서 공통된 질문에 대해 토론할 수 있다.

3. 책의 분량은 너무 길지 않아서 학생들이 적어도 2번 이상 읽고 공부할 수 있는 것이어야 한다. 며칠 동안 동일한 작품을 집중해서 공부하면, 학생들은 여러 가지 해석에 따른 질문에 답할 목적을 가지고 책을 자세히 읽는다는 것이 무엇인지를 배우게 된다. 세세한 내용을 분석하고 서로 연결 짓는 법을 배우는 것이다.

4. 연령에 맞는 도서를 선정해야 한다. 어떤 책을 선정 목록에 포함시키느냐를 결정할 때 읽기능력 기준보다는 책의 테마와 형식이 학년에 맞는지에 먼저 관심을 두는 것이다. 소리 내어 읽기 프로그램을 포함하여 모든 양

서 프로그램에서, 학생들은 작가의 원본을 소리 내어 읽거나 듣는다. 단어 수나 수준을 조절하기 위해 다시 쓴 글은 사용하지 않는다.(그레잇 북스 파운데이션, 1992년)

주니어 양서 프로그램은 초등학생부터 고등학생까지를 대상으로 한다. 초등학교 1학년 아이들을 위한 책은 교사가 교실에서 큰 소리로 읽어주게 되어 있다. 선정된 글에는 전 세계의 재미있는 전설들이 많다. 셰익스피어와 롱스턴 휴 같은 다양한 작가들이 쓴 시도 포함되어 있다.

초등학교 2학년부터 고등학교 3학년까지는 학생들이 스스로 읽는다. 전 세계에서 모은 이야기 중에는 베아트릭스포터, 마야 앤젤로, 아리스토텔레스, 임마누엘 칸트, 찰스 디킨스 등의 작품들이 있다. 이 책들에는 모두 좋은 인성의 계발과 적용을 위해 가르칠 내용이 들어 있다. 주니어 양서 프로그램의 목적은 학생들이 해석과 평가에 관련된 질문을 소개하고 토론하는 활동을 통해 다른 학생들과 질문을 공유하는 것이다. 이른바 토론식 질문에 참여하는 것이다.

학생들에게 읽고 생각하는 법을 가르쳐서 그들을 유식하고 책임감 있는 유능한 시민이 되도록 하는 것이 학교 교육의 목표가 되어야 한다. 주니어 양서 프로그램은 이러한 목적을 달성하는 데 적합한 해석을 하며 읽기, 쓰기, 토론하기로 구성된 혁신적이고 훌륭한 프로그램이다. 이 프로그램은 모든 학생들이 위대한 작품들을 통해 비판적으로 생각할 수 있고, 유익과 즐거움을 얻을 수 있다는 신념에서 비롯되었다. 그레잇 북스 파운데이션이 개발한 토론식 질문법(shared-inquiry)을 학습 방법으로 사용하면서 학생들은 책 속의 풍부한 내용을 혼자서 그리고 협동해서 다양하게 해석할 수 있는 기회를 가진다(그레잇 북스 파운데이션, 1992).

여기서 핵심어는 "해석(interpretive)"과 "토론식 질문법(shared inquiry)"이다. 이 두 가지는 모두 학생들에게 해석적인 질문을 하는 것을 중심으로 하고 있다. 해석적 질문이란 본문 속의 어떤 이슈에 대해 한 가지 이상의 답변을 할 수 있도록 만들어진 질문이다. 학생들은 자신의 의견을 뒷받침하기 위해 본문 안에서 근거를 찾아야 한다. 학생이 어떤 답변을 했다는 이유만으로 그 답변이 본문의 지지를 받는 것은 아니다.

"잭과 콩나무" 이야기를 예로 들어보자. 이 이야기는 무수한 판본이 있는데, 주니어 양서 판본에서는 잭이 엄마 심부름으로 암소 밀키 화이트를 팔러 가게 된다. 잭은 소를 팔아 신기한 콩을 사 오는데, 이에 어머니는 화가 나 잭의 지적인 능력을 나무라면서 잭에게 저녁도 주지 않고 잠자리에 들게 한다. 잭이 일어나 보니 창밖에는 콩이 자라 나무가 되어 있다. 잭은 콩나무를 타고 올라가서 괴물의 아내를 만난다. 잭과 친구가 된 괴물의 아내는 괴물이 돌아올 때쯤 잭을 숨겨 준다. 괴물이 잠든 사이에 잭은 금을 한 자루 짊어지고 빠져나와서 어머니와 함께 나누어 가진다. 이후에 잭은 또 다시 콩나무를 타고 올라가는 모험을 해 보기로 한다. 잭은 또 괴물의 아내를 만났고, 그는 잭을 또 숨겨 준다. 이번에 잭은 황금알을 낳는 거위를 잡아 가지고 돌아온다. 그리고 얼마 지난 후, 잭은 또 다시 콩나무에 올라가기로 한다. 이번에는 괴물 아내의 도움을 받지 않고 집에 숨어든다. 그러자 괴물과 그 아내는 잭이 집에 숨어 있는 것을 눈치 채고 그를 찾기 시작한다. 하지만 결국 찾지 못하고, 잭은 황금 하프를 훔친다. 그런데 하프가 알람을 울린다. 낮잠을 자던 괴물이 깨어나 하프를 들고 콩나무를 내려가는 잭을 쫓기 시작한다. 잭이 어머니를 부르자 어머니는 도끼를 갖다 주고, 잭은 도끼로 콩나무를 쓰러뜨려 괴물은 결국 떨어져 죽게 된다.

학생들은 혼자 혹은 소그룹으로 나뉘어 며칠 동안 책을 읽고 연구한 후 다 같이 모여 "토론식 질문" 시간을 갖는다. 토론식 질문 시간에 학생들은 원이나 반원으로 모여 앉는다. 해석적인 질문을 사용하면서 교사가 읽은 이야기를 바탕으로 그룹 토론과 의견교환을 시작한다.

"잭이 큰 부를 누리게 된 것은 자기 능력 때문일까, 그냥 행운일까?"가 해석적 질문의 예이다. 이 질문에 답하려면 학생들은 행운과 능력이 무엇을 의미하는지 토론해야 한다. 또한 학생들은 자기 생각을 뒷받침하기 위해 본문에서 근거를 찾아야 한다. 예를 들면 잭은 콩나무를 타고 오르내리는 기술이 훌륭하고 괴물의 아내와 친해지는 능력도 있다. 한편, 잭은 괴물과 아내가 잭을 찾아다닐 때 운좋게 들키지 않았다.

해석적 질문은 학생들이 지적인 인내심과 진지한 문학에 대해 주의 깊게 생각하는 습관을 길러준다. "잭이 착한 소년인가?"라는 질문은 평가에 관한 질문으로 본문에 대한 해석적 토론을 거친 후에 던져야 하는 질문이다. 다양한 생각이 담긴 이야기는 학생들에게 행동과 생각, 동기를 분석하고 더 잘 이해하는 능력을 길러준다. "잭이 착한 아이인가, 아닌가?"에 대한 토론은 학생들 뿐 아니라 어른들에게도 잭의 행동을 윤리적으로 분석하는 기회가 된다. 어떤 답을 하게 되든 우리는 착하다는 것이 무엇을 뜻하는지 더 잘 알게 된다. 이런 방식으로 학생들은 깊이 있는 생각을 토론하고 통찰력을 얻으면서 진지하게 질문하는 습관을 기르게 된다.

주니어 양서 프로그램의 유익과 진행방법

주니어 양서 프로그램은 몇 가지 유익이 있다. 이 프로그램은 훌륭한 문학 작품을 읽는 것을 통해 깊이 사고하는 학생들을 키우고자 하는데, 여기에 의미 있는 사상들을 지적으로 탐구하는 과정을 통해 인성계발이 촉진되는 것이다. 학생들은 선정한 도서를 읽은 후 깊이 생각을 하고, 토론을 통하여 의견을 교환할 준비를 해야 한다. 그리고 자신의 생각을 비롯해 토론에서 공유된 다른 학생들의 의견을 생각하고 또 생각하는 법을 배우게 된다. 다행히 학생들은 이런 기술을 쉽게 배우고 즐길 줄 안다.

이 프로그램은 서로 다른 개성과 성향을 가진 학생들을 한 그룹으로 모아야 효과적이다. 학생들의 지능지수에 상관없이 각각 통찰력과 이해의 깊이를 절대 과소평가해서는 안 된다. 인간의 인성과 열망에 대한 통찰력은 지적인 평가 수준에 상관없이 누구에게나 발견된다.

주니어 양서 프로그램은 학생들이 지적인 활동에 참여하도록 한다. 지적 교류는 어른이나 아이들 모두에게 즐거운 경험이다. 어려운 질문이나 쟁점을 만나면 자기 자리에 미끄러져 들어가 다른 친구들이 하는 모든 말에 귀 기울이는 학생들이 종종 있다. 그들은 감정이 아니라 자기가 읽은 이야기에 대한 해석에 근거하여 동의하거나 동의하지 않을 준비가 되어 있다. 어떤 학생이 어떤 쟁점에 대하여 다른 이의 의견을 경청하고, 그것이 더 일리가 있다고 인정하여 자신의 견해를 철회하거나 재고하는 모습을 보는 것은 매우 흥분되는 일이다. 아무리 예전에 여러 번 토론을 했던 책이라도 학생들의 질의시간을 지도할 때마다 그 책에 대한 이해도가 높아진다는 것을 교사들은 알아야 한다.

인성을 가르치는 독서교육의 실제 2 - 센터 포 러닝의 가치 중심 독서 프로그램

센터 포 러닝(Center for Learning)이라는 기관이 운영하는 "가치 중심 독서 프로그램"에는 "보편적 가치를 학습 자료에 담아 학생들이 다원주의 사회에 꼭 필요한 존재이자 배려하는 존재로 자라도록 독려한다."는 목표가 있다. 오하이오주 록키 리버에 자리잡고 있는 센터 포 러닝은 "융통성, 시민정신, 동정, 숙고, 용기, 근면, 참을성, 평등의식, 믿음, 가족에 대한 헌신, 자유, 감사, 솔선수범, 성실, 정의, 충성, 평화, 사생활 존중, 존경, 책임감, 자아실현, 자기수양, 봉사, 팀워크, 진실"과 같은 가치들을 보편적 윤리 가치로 간주하며, "미국의 도덕적 분위기와 학생들의 도덕적 역량을 개선하는 데 필수적이다."라고 강조한다.

이 기관은 위대한 문학작품에 근거한 학습 자료를 개발, 출간하여 교사들이 핵심 가치를 교육하거나 강화하는 데 사용하도록 한다. 핵심 디렉터리가 커리큘럼의 전체를 통일성 있게 개괄해 준다.

다음에 소개된 네 권의 책이 흔하게 선정되는 책들이다. 각각의 책에 대해 센터 포 러닝이 주제/문화적 배경, 윤리적 가치, 학습활동을 제시했다.

[표 6] 센터 포 러닝이 개발한 가치 중심 독서 프로그램의 학습 자료 예시

	주제/문화적 배경	윤리적 가치	학습활동
〈다섯 번의 4월을 지나 Across Five Aprils〉 아이린 헌트	남북전쟁 당시의 분열상을 주제로, 정치적 격동기에 가족 결속력의 연약함과 성장을 보여줌.	동정 가족에 대한 헌신·성실 책임감	남북전쟁에 대한 조사, 토의, 해석적 질문, 지도 공부, 문학작품 분석, 변증적 연구 등
〈안티고네 Antigone〉 소포클레스	신탁과 저주에 관한 그리스인들의 믿음을 보여주는 기원전 5세기 그리스 비극을 주제로 하여, 모든 선택에는 결과가 따르며 법은 공정하고 합리적이어야 한다는 교훈을 줌	시민정신 참을성 가족에 대한 헌신과 자유 정의 진실	문학작품의 비교연구, 인성연구, 아이러니와 비극적 요소의 기원 분석
〈돼지가 한 마리도 죽지 않던 날 A Day No Pigs Would Die〉 로버트 펙	1920년대 후반 버몬트 농장을 배경으로 한 허구적 일대기를 주제로 하여, 셰이커 교도들의 생활상을 생생하게 보여주며 12살짜리 해설자가 자신의 유산과 미래의 책임을 이해하려고 하는 고군분투를 그림.	동정 참을성 믿음 성실 정의 존경 책임감 자기수양	내용에 대한 비평, 소리내어 읽기, 등장인물 묘사, 주제의 이해
〈검정새 연못의 마녀 The Witch of Blackbird Pond〉 엘리자베스 G. 스피어	17세기 뉴잉글랜드 식민지의 생활상을 그림. 사회갈등을 주제로 사용. 이교도에 대한 편협한 마음, 미신 등을 보여줌.	동정 가족에 대한 헌신 충성 존경	비판적 사고 기술의 개발 성격묘사에 대한 연구 이미지 창출

센터 포 러닝은 160권 정도의 책을 출간했다. 모두 학생들의 인성, 동기, 결과에 대한 사고와 추론 능력을 길러주기 위해 고안된 다양한 활동을 포함하고 있다. 학교가 이 접근법을 취했을 때의 장점은 특정 가치를 강조한 책을 고르기 쉽다는 것이다. 학교와 학교 시스템이 문학 프로그램에서 가르칠 가치를 결정하고, 목표 가치에 맞춰 센터 포 러닝의 책을 선택할 수 있는 것이다. 책의 상당부분이 고등학교 수준이지만 초등학생과 중학생 수준의 책들도 많이 있다. 이 프로그램은 가치 중심 문학 프로그램의 기초로 활용하거나 이미 사용 중인 교과의 보충자료로 활용할 수 있다. 어느 경우에나 성격 형성에 문학 작품이 지대한 역할을 할 수 있다고 생각하는 교사와 부모들에게는 이 자료가 큰 도움이 될 것이다.

인성을 위한 독서교육의 시작

학생들의 인성계발에 관심이 있는 학교라면 문학 작품이 학생들의 좋은 인성계발에 어떻게 영향을 끼치는지를 진지하게 생각해 보아야 할 것이다. 다음 제안은 어떻게 이런 프로그램을 시작할 것인지, 또는 이미 시행 중인 프로그램을 어떻게 개선할 것인지에 도움이 될 것이다.

교사와 부모들은 위원회를 구성하여 토론을 통해 목표한 가치를 가르치는데 좋은 책을 선정한다. 선정도서 목록을 학년별로 정해주되, 학년이 올라가도 같은 책이나 단편을 반복해서 읽는 일이 없도록 구성해야 한다. 책은 중요한 쟁점을 다루되 학생들의 읽기 능력에 적합해야 한다. 달리 말해 포크너의 〈음향과 분노 The Sound and the Fury〉는 중학교나 고등학교 저학년에는 맞지 않는 작품이다. 선정도서 목록에는 반드시 역사적·철학적 관점을 보여주는 서평이나 소개를 간단히 첨부하도록 한다. 훌륭한 현대 작품도 포함되어야 하지만, 고전을 어렵다고 외면하지도 말아야 한다.

교사들이 학생들의 세미나와 지도자가 있는 토론을 이끄는 기술을 습득할 수 있도록, 모든 교사들에게 훈련이 제공되어야 한다. 단순히 좋은 책을 읽고 마지막에 학생들이 질문을 하고 답하는 것만으로는 좋은 인성을 키워줄 수 없다. 학생들은 작품을 읽고 토론이나 글쓰기를 통해 작품 깊이 들어가야 한다. 학생들은 그 작품에서 정보를 얻는 수동적인 존재가 아니라 작품의 참여자가 되어야 한다.

마지막으로, 교사-부모 위원회는 필요에 따라 선정도서 목록을 개정하고 업데이트해야 한다. [표 기에서 제시한 도서목록은 노스캐롤라이나 벌링턴시와 앨러맨스 카운티의 학교들이 만든 자료의 일부를 소개한 것이다.◆ 이들은 조셉슨윤리연구소가 개발한 인성의 여섯 기둥을 채택하여 초등학교부터 고등학교까지 각 학년마다 읽을 책을 인성 특성과 연관 지었다. 아마 이 자료가 교사와 부모들이 학생들의 좋은 인성을 키워주기 위해 기울이는 노력에 도움이 될 것이다.

자기를 돌봐주는 어른의 무릎에서 소리 내어 읽어 주는 이야기를 듣는 시절부터 학생들은 평생 책을 사랑하는 습관을 키워나갈 것이다. 이런 밀접한 관

◆ 필자 및 역자주: 원문에는 여러 페이지에 걸쳐 수백 권의 책이 소개되어 있지만 모두 영문 서적이므로 번역의 의미가 없어 일부만 발췌하여 샘플로 활용함.

[표 7] 벌링턴시/앨러맨스 카운티 학교를 위한 인성독서 도서목록(1학년용)

제목	신뢰성	존중	책임감	공정성	배려	시민 정신
자기자신						
다니엘의 개 Daniel's Dog	◆		◆	◆	◆	
눈오는 날 The Snowy Day		◆			◆	
체스터 방식 Chester's Way	◆	◆		◆	◆	
공휴일 및 기념일						
라이언 댄서 Lion Dancer	◆	◆				
발렌타인 친구 Valentine Friends				◆		
추수감사절 It's Thanksgiving	◆				◆	◆

계와 경험을 통해 학생들은 독서가 즐겁고 가치 있는 일이라고 여기게 된다. 교육자로서 우리는 가능한 오래오래 이 경험을 쌓아가야 할 것이다. 교사와 부모의 무릎에 많은 아이들을 앉힐 수는 없을 것이다. 하지만 독서에 대한 열정과 우수한 문학작품의 선택을 통해 아이들을 더 많이 끌어안아 줄 수 있다.

아이들에게 인간성에 관한 위대한 사상을 읽어 보도록 권할 때, 그들의 정신적 삶의 문을 여는 것이다. 이런 경험으로부터 학생들은 현실을 초월하여 가능성의 세계로 들어가게 된다. 학생들에게 이보다 더 멋진 선물은 없을 것이다.

인성을 위한 봉사학습

인성을 위한 봉사학습

미네소타주 위노나시에는 봉사학습을 중요한 교과과정의 일부로 여기는 학교가 있다. 바로 위노나 고등학교이다. 이 학교 상급생들은 일주일에 네 번, 하루 90분씩 봉사활동을 해야 한다. 유치원 장애아동 도우미부터 죽음을 앞둔 말기 환자들을 돌보는 호스피스 활동에 이르기까지 다양한 분야의 봉사활동에 참여한다. 초등학생 지원 봉사가 가장 인기가 높은데, 이외에도 헤드 스타트*, ESL(English as a second language) 수업 지원, 미취학아동 및 장애인 주간보호(day care) 봉사, 지적 장애인 보호시설 봉사 등에 참여한다. 일주일에 4일 동안은 봉

◆ 필자 및 역자주 : 헤드 스타트(Head Start)란 미국 보건후생부에서 실시하는 빈민구제사업의 일환으로 저소득층 가정의 어린이와 가족에게 교육, 건강, 영양, 부모참여 등을 총체적으로 지원하여 빈곤이 대물림되지 않도록 지원하는 제도이다.

사 현장에서 봉사를 하고, 하루는 알츠하이머 치매 환자들을 보다 효과적으로 돌볼 수 있는 테크닉 등의 주제에 대해 토론하거나 워크숍 시간을 갖는다. 봉사 활동을 하면서 학생들은 연구보고서를 제출하고 매일 일지도 기록해야 한다. 이외에도 수시로 분석적 사고를 요하는 자잘한 과제물이 주어진다.(글로벌 윤리 연구소, 1996)

워싱턴주 타코마시의 한 병원에서 일하는 물리치료사가 어느 고등학교 산업디자인과에 비디오테이프를 하나 보낸 일이 있다. 다발성 근육경화증을 앓고 있는 18개월짜리 아이의 모습을 담은 비디오였다. 학생들은 이 아이의 모습을 보고 아이의 성장에 따라 크기를 조절할 수 있는 휠체어를 설계했다. 자기들이 가진 기술과 문제해결 능력을 동원하여 만든 이 휠체어를 보고 아이와 그 부모들은 환한 웃음으로 감사의 뜻을 전했다. 이를 보는 학생들도 큰 상을 탄 것처럼 기뻤다.(킨슬리·맥퍼슨 공저, 1995)

LA 중남부에 있는 한 고등학교에서는 학생들이 유기농 먹거리를 직접 기르고 팔아서 공동체를 살리고 대학교 장학기금을 마련한다. 워싱턴주 에버그린의 한 중학교 학생회는 투표를 통해 그 지역의 습지를 복원하기 위해 지역 최초의 토종 습지 종묘장을 만들기로 결정했다. 미네소타주 농촌 지역의 한 초등학교 3학년 학생들은 주변 고속도로 휴게소가 지저분하게 방치되는 것을 보고 새단장을 계획했다. 학생들은 여기서 멈추지 않고 정부당국의 허가를 받고 기금을 조성했으며 나아가 페인트와 조경공사까지 완벽하게 끝냈다.

봉사활동의 활성화

앞서 이야기한 사례들의 공통점을 생각해 보자. 모든 학생들이 남을 돕는데 헌신적이다. 다른 사람을 위해 기꺼이 자기 시간을 내놓는다.

미국 비영리 기부 및 봉사 기구 인디펜던트 섹터(Independent Sector)가 실시한 설문조사에 의하면 12세에서 17세 사이의 청소년들 61%가 일주일에 3시간 정도를 자원 봉사에 할애하고 있으며 누군가 자원봉사를 권했을 때는 그렇지 않았을 때보다 4배나 많은 시간을 자원봉사에 할애한다고 한다. 자원봉사를 권유받으면 학생들은 90%가 기꺼이 자원봉사에 참여한다.

"최고의 자아: 청소년 인성교육과 봉사활동 활성화"라는 보고서에서 브루스 볼턴은 1996년에 UCLA 대학교의 고등교육 연구소(Highter Education Research Institute)에서 실시한 조사에 대해 언급한다. 1989년에는 자원봉사에 참가한 적이 있는 학생들이 62%정도였는데, 1995년에는 71.8%로 늘어났다는 내용이다. 이 중 일주일에 1시간 이상 자원봉사를 한 학생들은 26.6%에서 38.4%로 31%나 증가한 것으로 나타났다.

봉사학습의 효과

위의 통계는 놀라운 것이 아니다. 필 빈센트 박사는 전국을 순회하며 많은 학생들과 교사들이 봉사활동에 참여하는 것을 봐왔다. 자연재해나 사고를 당해 큰 어려움을 겪는 사람들에게 음식을 날라다 주는 것은, 필 빈센트 박사가 흔하게 목격한 광경이었다.

이들에게 봉사경험을 물어보면 거의 모든 학생들이 좋은 경험이라고 대답했다. 어떤 사람들은 개인적으로나 도덕적으로 성장할 수 있는 기회가 되었다고도 말했다. 어떤 이들은 남을 섬기는 일이 곧 성경의 가르침을 실천하는 것이며, 더러는 남을 섬기면서 자기 자신에 대해 긍정적으로 느끼게 되었다고도 고백했다.

이러한 반응 모두가 봉사학습 덕분이다. "고등학교 사회봉사활동: 연구조사 및 프로그램 고찰"이라는 보고서에서 D. 콘라드와 D. 허딘은 봉사학습이 다음과 같은 것들을 향상시킨다고 주장했다.

봉사학습의 효과

_ 자존감 발달

_ 효능감(자신의 가치와 능력에 대한 확신) 발달

_ 자아 및 도덕성 발달

_ 새로운 역할, 정체성, 관심 분야의 발달

_ 위험을 감수하고 새로운 도전을 받아들이는 태도 발달

_ 가치관과 신조의 개선 및 발전

_ 자기 행동에 대한 책임 감수 및 결과 수용

다른 사람들을 도우려고 자원했던 때를 기억해 보라. 보이스카우트나 걸스카우트 리더가 되거나 주일학교 교사로, 혹은 초등학교 도서 전시회에서 봉사했던 적이 있을 것이다. 교회나 봉사활동 클럽에서 장애인의 집에 휠체어용 경사로를 만들어 준 적이 있을지도 모른다. 문맹인들에게 글을 가르쳐준 일이

있거나 노숙자 보호소에서 무료급식 봉사를 한 적이 있을 수도 있다. 아니면 이웃 노인이 지나다니는 길의 눈을 치워준 일이 있거나 내 돈으로 산 쓰레기봉투를 사용하여 동네 야구장 관중석의 쓰레기를 치운 경험이 있을 것이다. 아마 십대 청소년들을 데리고 개천을 청소한 일도, 폭풍우에 망가진 이웃 노인의 집을 수리해 준 일도 있을 것이다.

작던 크던 이런 봉사 대신, 우리는 이 귀한 시간을 가족과 함께 다른 일을 하면서 보냈을 수 있지만 그러지 않았다. 집에서 잠시 쉬면서 재충전할 수 있는 주말 시간을 봉사활동에 할애했을 수도 있다. 약속했던 봉사활동을 떠나면서 괜히 이런 봉사를 하기로 했다고 순간적으로 후회한 적도 있겠지만, 일단 일을 시작하면 자신의 태도에 작은 기적이 일어난다. 귀한 시간과 에너지를 기부함으로써 가장 큰 혜택을 누리는 것은 다름 아닌 자기 자신이라는 사실을 깨닫게 되는 것이다. 이로써 봉사활동을 통해 개인의 정신적인 지경이 넓어지며, 더 큰 사회 공동체와 연결되고 그 일원이 된다는 것을 느끼게 된다. 이를 두고 옛말에 "더 많이 베풀수록 더 많이 받게 된다."고 했다. 학생들도 봉사학습을 시작하면 이 격언의 의미를 배우게 된다.

다른 사람들을 섬길 때 우리는 긍정적으로 변화한다. 섬김의 경험에서 우리 모두는 섬김을 받는 사람보다 더 큰 유익을 얻는다. 일반적인 칭찬보다 도움을 받는 사람이 표시하는 감사가 더 좋고 오래 기억에 남는다. 자기 자신이나 자기가 처한 환경에 대해 비관적으로 느껴진다면 다른 사람을 도움으로써 안도감을 회복할 수 있다. 다른 사람을 섬기면 정신과 마음이 하나가 되고, 개인은 공동체의 일원이 된다.

봉사학습을 통한 인성교육의 효과

봉사학습은 좋은 인성의 요소 중 하나인 공감과 이해를 계발하는 데 도움이 된다. 성공적인 인성교육을 원하는 학교는 핵심과제로서 봉사학습에 힘써야 한다. 브루스 볼튼은 "최선의 자아 Their Best Selves"라는 보고서에서 봉사학습과 인성교육 사이의 "4가지 궁합 Four Way Fit"이라는 것을 설명하고 있다.

첫째, 봉사학습은 추상적인 도덕교육을 구체적으로 보여 준다. 둘째, 다른 사람을 섬기는 과정과 결과가 좋을 때 얻어지는 감정적인 만족감은 자기 자신에게만 집중해서는 얻을 수 없는 자신의 가치를 느끼게 해 준다. 셋째, 봉사를 통한 학습은 자기 수양과 약속한 바를 지키는 성실성 같은 가치를 계발하는 데 도움이 된다. 넷째, 가장 중요한 것은 다양한 봉사학습을 경험함으로써 학생들은 자기를 긍정적인 방향으로 바꾸는 기회를 가지게 된다. 다시 말해 좋은 인성을 키우게 된다.

볼튼의 요점을 좀 더 상세히 설명하자면 학생들이 추상적인 것에 구체적인 것을 적용할 수 있다는 점이 특히 중요하다. 사람들의 필요를 알아채는 것이나 친절한 말을 듣는 것은 별반 도움이 되지 않는다. 중요한 것은 직접 행동으로 옮기는 것이다. 마더 테레사의 무조건적인 사랑의 손길은 우리들이 실천하기에는 과하게 여겨질지 모른다. 그러나 학교와 지역공동체에서 조그마한 친절을 실천하는 학생은 누구라도 마더 테레사가 느꼈던 즐거움과 소명을 느낄 것이다.

수년 전 한 고등학생이 초등학생들을 돕는 중에 가난한 어린이들이 얼마나 많은지를 난생 처음 알게 됐다. 그리고 이들에 대한 그의 관점에 변화가 생겼다. 예전에도 빈곤에 관한 책을 읽고 학급에서 빈곤에 대한 토론을 한 적이 있었지만, 이제 좀 더 명백하게 빈곤이 어떤 것인지 매일 매일 보게 된 것이다. 이 학생이 배운 중요한 교훈은 물질적 빈곤이 곧 정신적 빈곤으로 해석될 수 없다는 사실이다. 봉사학습 덕분에 추상적으로 머릿속에만 있던 교육이 마음의 경험을 통해 변하게 된 것이다.

학생들은 다른 사람들을 섬기기로 작정할 때 누군가가 자기에게 의지한다는 것을 알게 된다. 집에서는 쓰레기를 들고 나가서 버리는 일을 쉽게 모른 채 할 수 있을지 몰라도, 가족 이외에 자기에게 의존하는 사람들에 대한 책임감을 포기하기는 어렵다. 의무를 통해 자기가 한 말이 무언가 중요한 의미를 갖는다는 사실을 깨닫는 것이다. 그들을 의지하고 있는 사람들은 그들이 끝까지 책임을 다하리라는 기대를 한다. 내가 원하고 필요로 하는 것과 다른 사람들이 원하고 필요로 하는 것의 경중을 가리는 중요한 교훈을 삶을 통해 배우는 것이다.

봉사학습은 돈을 받고 하는 일보다 더 큰 자존감을 주는 경우가 많다. 긍정적인 결과를 만들어 내기 위해 마음과 정신이 하나가 되어 헌신하는 것이다. 지역 봉사활동에 참가하는 학생들이 얻는 감정적인 만족감은 평생의 기억으로 남을 것이다. 섬김을 통해 배우는 학생들은 최고의 방법을 통해 "선을 알고 사랑하고 실천하는" 법을 배우는 것이다.

성공적인 봉사학습을 위한 전략

학생들에게 훌륭한 봉사학습 프로그램을 제공하는 것은 쉬운 일이 아니다. 학교가 먼저 고유의 문화를 분석하는 것이 필요하다. 학교가 배려를 강조하고 실제로 배려하는 문화가 정착되어 있는가? 어른들이 학생들에 대한 배려를 실천하고 본을 보이는가?

학교에서 배려를 "에토스(습관)"로 정착시키기 위해서는 아이들과 접촉하는 모든 사람들이 배려와 친절을 본보기로 보여야 한다. 횡단보도에서 등하교 지도를 하는 어머니들, 아이들의 이름을 다 외우고 있는 스쿨버스 기사, 그리고 학교 허드렛일을 어떻게 하는지 아이들에게 보여주기 좋아하는 관리인 아저씨가 시작점이다. 이런 문화는 학생들을 존중하면서 말하고 그들을 돕기 위해 수고도 마다하지 않는 교사를 통해 알 수 있다. 안전하고 질서 있는 학습 분위기에 대한 기대가 있을 때 이러한 환경은 더욱 공고해진다.

설명이나 명령만을 가지고는 학생들에게 배려하도록 가르칠 수 없다. 학교에서 어른들이 본보기를 보여야 하는 것이다. 학생들은 보는 것을 흉내낸다. 교사나 교직원들이 학생들을 향해 소리치고, 잘못한 아이들을 공개적으로 혼내거나 수업 중에 비꼬는 말로 학생들의 사기를 저하시킨다면, 이 학교에는 배려하고 훈육하는 환경이 존재하지 않는 것이다. 학생들에게서도 배려의 기술이 발전할 수 없다. 아이들이 이러한 인성 특성을 익히는 것은 바람직한 태도를 권장하는 외부 영향이 있을 때만 가능하기 때문이다. 이렇지 못한 학교는 더 나은 지역사회를 만들 수 있는 멋진 기회를 놓치는 셈이다.

봉사학습 프로그램을 기획함에 있어 교사와 부모는 학생들이 가진 '남을 돕는 힘과 능력'을 과소평가해서는 안 된다. 필 빈센트 박사는 가르친 학생들이 다른 학생들을 향해 베푼, 기대 이상의 친절한 행동을 많이 보아왔다. 아이들이 남을 위해 한 섬김의 행동을 보고 자신의 태도를 고친 적도 여러 번 있다고 했다.

쿠바혁명은 젊은이들의 능력을 잘 보여주는 좋은 예이다. 조나단 코졸의 〈혁명의 아이들 Children of the Revolution (1978)〉에 의하면, 10만 명의 쿠바 청소년들이 소작농들에게 글을 가르치기 위해 농촌으로 자원하여 이주함에 따라, 1년 만에 문맹자가 사라졌다고 한다. 쿠바혁명에 대해 우리가 어떻게 생각하는가는 중요하지 않다. 중요한 것은 쿠바 학생들이 무엇을 해냈는가를 알아주는 것이다.

봉사학습이 성공하려면 조직적으로 해야 한다. 학교 안에서와 밖에서의 봉사가 소기의 성과를 거두고 지속성을 가지도록 도울 수 있는 어떤 구조가 필요하다. 좀 더 성숙한 학생들은 스스로 학교 안팎에서의 봉사활동 프로젝트를 기획하고 결정할 수 있다. 성숙도는 나이를 따지는 것이 아니다. 섬김을 중요하게 여기는 가정과 학교에서 자란 아이들이 독립적으로 사고하고 행동하는 경험을 할 것이다. 다른 학생들은 도움이 필요한 곳을 알아채고 도움을 요청하며 봉사를 위한 스케줄을 정하고 모니터하기 위해 더 많은 구조와 뚜렷한 지침이 필요할 수 있다. 이들에게는 어른이건 다른 학생이건 감독하는 사람의 헌신이 더 많이 필요하다.

학교 안에서의 봉사학습

봉사는 학교 환경 안에서 행할 수도, 밖에서 행할 수도 있다. 우선 학교 안에서의 봉사학습을 자세히 살펴보자.

학생들에게 배려의 기회를 주기 위해 새로운 환경을 만들려고 애를 쓸 필요는 없다. 많은 학교와 학교 시스템이 남에게 봉사함으로써 배려의 환경을 만들어주고, 프로그램도 운영하고 있다.

필 빈센트 박사가 플로리다 포트 월튼 비치에서 봉사학습의 좋은 사례를 본 적이 있다. 유치원 아이들이 학교 식당에 도착하면 4학년 학생들이 어떻게 줄을 서고, 음식과 음료를 고르는지, 그리고 올바르게 앉아서 먹는 법을 지도하는 것이었다. 이런 "멘토링"은 평균 2~3주 가량 진행되는데, 두 번째 주가 끝나갈 무렵 교장선생님이 4학년 아이들과 만남을 가졌다. 아이들은 계속해서 어린 유치원 동생들과 함께 식사하고 싶다고 한결같이 말했다. 자기들이 없다면 다섯 살 동생들이 어떻게 해야 하는지 잘 모르기 때문에 자기들의 도움이 꼭 필요하다는 것이었다.

나중에 안 일이지만 이 4학년 학생들은 유치원생들과 점심을 먹기 위해 쉬는 시간 일부를 포기했어야 했다. 그래도 아이들은 계속 봉사하기를 원했던 것이다. 이런 봉사를 통해 더 큰 유익을 얻은 쪽은 유치원 아이들보다 4학년 학생들이 아니겠는가?

인성교육 전문가 토머스 리코나는 〈인성교육 Educating for Character (1991)〉에서 학교가 교내 봉사활동을 통해 배려하는 환경을 조성할 수 있는 사례를 몇 가지 언급했다. 캘리포니아 샌 래먼의 월트 디즈니 초등학교에는 "학급 친구(Class Buddies)"라는 제도를 운영하고 있는데, 이 제도는 고학년과 저학년이 한 교실에서 함께 공부한다. 예를 들면 5학년이 3학년 학생과 함께 공부하고, 3학년 학생이 유치원 아이에게 책을 읽어주는 것이다.

캐나다 온타리오의 에밀리 카 스쿨이라는 곳의 유치원 아이들은 학습장애를 가진 고등학생들과 함께 공부하도록 배치된다. 이 유치원 교사 디 브렌트는 학습장애를 가진 아이들이 어떻게 변했는지 다음과 같이 밝혔다.

이 프로그램을 통해 학생들은 자신의 가치를 느낀다. 읽기 능력이 크게 향상되고 유치원 아이들에게 읽어 줄 책을 찾기 위해 많은 시간을 들인다. 지난 가을 학생들이 어린 유치원 동생들을 위해 과학 보물찾기 놀이를 기획한 적이 있었는데, 학생들의 애정을 느낄 수 있었다. 학생들은 지나가다가 어린 동생들과 인사하기 위해 유치원 교실 문으로 고개를 쏙 내밀기도 하고, 유치원 아이들은 "토요일에 제 짝꿍형을 봤어요!"라고 즐겁게 말하기도 한다. 특히 집에서 천덕꾸러기 취급만 받아온 한 학생에게 이 봉사 경험은 큰 의미를 지닌다. 자신을 사랑하는 동생을 세 명이나 얻게 된 것이다.

〈가르침과 배움의 비전 Visions of Teaching and Learning (1990)〉을 쓴 존 아놀드는 이 책에서 일리노이 샴페인에 있는 제퍼슨 중학교의 도움의 손길 (Helping Hands) 프로그램에 대해 언급했다. 1978년에 도입된 이 프로그램은 간단히 말해 중학교 1, 2학년 학생들에게 친구들을 돕는 기회를 주는 프로그램이다.

예를 들면 친구되기 프로그램(더 많은 친구가 필요한 6학년 학생에게 친구가 되어주는 것), 개인·그룹지도(학습에 도움이 필요한 아이들에게 개인, 혹은 그룹으로 방과 후 학습지도를 하는 것), 경도정신지체아 교실(교육훈련이 가능한 경중 정신지체 장애아들에게 책을 읽어주고 친구가 되어주는 것) 등이 있다.

이 학교 상담교사인 데보라 캐삭은 학생들이 이 경험에서 많은 것을 배운다는 것을 알게 되었다. 캐삭은 존 아놀드의 책에서 "학생들은 공동과제에 대해 강한 책임감과 의무감을 갖게 된다. 그리고 누군가의 행복에 기여했을 때 자부심을 느낀다."고 언급했다.

〈봉사학습, A부터 Z까지 Serice Learning From A-Z (1991)〉를 쓴 신시아 파슨스는 교내에서 학생들에게 줄 수 있는 수많은 봉사 기회를 제안한다.

1. 영어가 모국어가 아닌 미취학 아동을 위해 영어와 그 아이의 모국어로 된 알파벳과 책자를 준비한다. 책 내용은 그 동네 주민자치센터와 중요한 건물에 대한 설명으로 한다.

2. 국민윤리 시간에 한 학기 적어도 한 명의 이민자를 후원하고 지도해 주도록 한다. 학생들은 미국의 민주주의 정부 원칙과 독특한 형태를 이해하는데 어려움을 겪는 이에게 친절을 베풀 것이다.(이런 시간은 정식 수업에서 할 수도 있고, 방과 후에 할 수도 있다.)

3. 중학생들은 5~9세의 아이들을 위해 방과 후 레크리에이션 프로그램을 운영할 수 있다. 이 프로그램은 특히 학교가 끝나면 혼자서 집을 지키는 맞벌이 부부 자녀들에게 도움이 된다.

학교 밖에서의 봉사학습

교내에서 다른 학생들을 돕는 방법으로 배려를 실천할 수 있는 기회가 많은 것과 마찬가지로 학교 밖에서도 많은 배려의 기회를 접할 수 있다. 학교는 봉사단체나 종교기관과 연계하여 지역사회의 필요에 따라 학생들이 봉사할 곳을 결정하면 된다.

가난한 사람들과 독거노인들의 겨울나기를 돕는 봉사단체를 예로 들어보자. 학생들은 토요일에 이 프로젝트에 참여하여 자원봉사활동을 할 수 있을 것이다. 혹은 주말에 무료급식 봉사를 돕거나, 학교의 정식 허락 하에 주중 무료급식 봉사에 참여할 수도 있다.

중학교 봉사학습의 예

존 아놀드(1993)는 사회 봉사활동을 통해 십대 청소년들이 매우 많은 것을 배울 수 있다고 언급했다. 그는 콜라라도 스프링스에 있는 챌린저 중학교를 예로 들었다. 이 학생들은 팀을 나누어 모든 학생들이 H.U.G.S.S.(봉사와 미소를 통한 성장) 프로그램에 참여함으로써 봉사를 실천한다. 뉴욕 쇼어햄의 쇼어햄 웨이딩 리버 중학교는 모든 학생들이 봉사활동에 참여하도록 교과과정을 편성했다. 예를 들면 노령화 과정을 공부하는 동안 학생들이 양로원을 방문할 기회를 가지는 것이다.

아놀드(1990)는 또한 일리노이 엘름허스트의 브라이언 중학교에서 하고 있는 "누군가에게 무엇이 되어" 프로그램을 사회 봉사활동의 좋은 예로 꼽았다.

"누군가에게 무엇이 되어"에 들어가려면 배려와 사랑을 실천하기만 하면 된다. 이 프로그램에는 학생회의 2/3가 참여하고 있다. 이 학생들이 하는 프로젝트에는 브룩필드 동물원의 양부모 되어주기, 병원에 있는 환자들 문병가기, 지역에 닥친 재난으로 인한 '스트레스 관리 워크숍' 개최 홍보지 돌리기, 가난한 가정의 아이들에게 줄 장난감 모으기, 다운증후군 아이들을 위한 프로그램 기획 등이 있다.

노스 캐롤라이나 히코리 지역의 중학교들도 봉사학습에 중점을 두고 있다. SERVE(Engaged in Responsible Visionary Endeavors)라는 봉사학습 플랜에 따라 학생들이 팀을 이루어 봉사를 배우는 것이다. 히코리의 컬리지 파크 중학교는 봉사학습을 학교 교과과정에 편성한 효과를 상당히 잘 거두고 있다. SERVE는 학교와 지역사회에서 학생들이 남을 도울 기회를 얻고, 자존감을 세우는 데 필요한 필요들을 채우며, 학교와 가정·지역사회에서 책임을 질 줄 아는 시민이 되는 데 필요한 기술을 배우도록 하는 목적을 가지고 만들어졌다. 그리고 1학년은 "자기와 팀에 대한 봉사", 2학년은 "학교에 대한 봉사", 3학년은 "지역사회에 대한 봉사"라는 발달단계에 따른 봉사학습을 발전시켰다.

1학년 학생들은 서로서로에 대한 의무가 무엇인지를 배운다. 남을 혹평하지 않고 격려하는 것도 이에 포함된다. 중학생으로서 익숙한 것은 아니지만 상담원과 상담 받는 학생의 역할 관계를 통해 세계적인 관점과 지역적인 관점에서 갈등의 원인을 분석해 보기도 한다. 활동의 일환으로 종이학을 천 마리나 접어 일본의 히로시마 어린이 평화기념공원에 보내기도 했다. 이 그룹은 또한 구세군의 무료급식 프로그램을 위한 모금도 하고, 가까운 초등학교와 유치원 아이들에게 일주일에 한 번씩 책을 읽어주는 활동도 했다. 1학년 학생들은 1993년 홍수로 피해를 입은 미조리주의 한 학교를 돕는 모금운동을 하기도 했다.

2학년의 초점은 팀이나 그룹을 넘어 학교 전체에 대한 봉사로 확대된다. 일주일에 한 번씩 교내 폐쇄회로 TV 방송을 한다든가, 교내 분위기를 살리기 위한 응원 활동, 신입생과 지역주민들에게 줄 학교 소개용 팜플렛 제작, 학교환경 정비·정화 활동, 학년별로 "금주의 우수학생"을 선정하고 이를 축하하기 위한 학교식당 특별 장식 등이 학교 전체를 대상으로 하는 섬김에 속한다. 가까운 곳에 있는 노숙자나 굶주린 사람들을 위해 모금 운동을 하는 것도 좋은 예이다.

3학년 때는 학교를 초월하여 지역사회로 봉사의 영역을 확장한다. 모든 3학년 학생들은 10시간의 사회봉사활동을 해야 한다. 모든 학생들은 팀별로 봉사기관과 연계하고 그 봉사기관의 필요에 따라 다양한 활동에 참여한다. 무료 급식 봉사, 구세군 활동, 성인 주간보호센터 재소자들을 위한 월별 생일파티 등이 그 예이다. 그리고 3학년 학생들은 봉사활동에 대한 평가로서 매일 일지를 작성하도록 한다. 이 일지에는 활동 내용뿐 아니라 이러한 활동에 참여한 후 얻은 개인적인 의견도 담도록 한다.

일지 작성은 봉사 경험을 통해 배우고 성장하는 학생들에게 매우 중요하다. 노먼 스프린트홀(1994)은 "소위 '봉사학습' 혹은 여러 가지 종류의 자원 활동은 반성을 유도하지 않으면 발달 측면에서 눈에 띄는 효과(긍정적인 자아와 도덕적 사고를 키우는 수단으로서의 이 경험의 중요성을 되돌아볼 수 있는 능력)가 없을 수 있다."고 지적했다. 그의 연구결과에 따르면 학생들이 세미나와 토론, 그리고 일지 작성을 통해 자기 경험을 되돌아볼 수 있다면, 윤리적 통찰력을 키우는 데 크게 도움이 된다는 것이다. 이는 학교 내에서건 밖에서건 모든 봉사학습에 매우 중요한 의미를 지닌다.

학생들에게는 자기 경험에 대해 이야기하고 일지를 작성할 시간이 필요하다. 그리고 이 경험을 통해 더 큰 통찰력을 갖도록 도와주려는 사람들로부터 피드백을 받을 시간이 필요하다. 미네소타 세인트폴의 컴퍼스 연구소 및 국립 청소년 리더십 카운슬의 공동대표 제임스 툴과 파멜라 툴이 개발한 봉사학습 사이클이라는 것이 있다. 이 사이클을 보더라도 봉사학습에서 지속적으로 성찰하는 것이 청소년 성장에 매우 중요하다는 것을 알 수 있다.

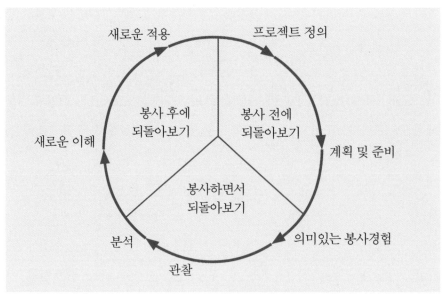

[그림 10] 제임스 툴과 파멜라 툴이 개발한 봉사학습 사이클

고등학교 봉사학습의 예

학생들에게 봉사기회를 줄 수 있는 것은 중학교뿐만이 아니다. 고등학교 단계까지 있는 샤타누가 예술과학학교는 봉사학습에 적극적인 학교이다. 이 학교 활동 중에 특히 좋은 것은 샤타누가 양로원과의 연계 프로젝트이다. 샤타누가 예술과학학교에 재학 중인 1,100명의 학생들은 이 양로원에서 갖가지 봉사의 기회를 가진다. 실내 페인트를 칠하는 일, 정원을 가꾸거나 마당을 치우는 일, 양로원 어르신들에게 공연으로 즐거움을 선사하는 일, 어르신들이 경험한 역사 이야기를 받아 적는 일 등이 모두 이러한 봉사에 속한다.

미국 전역의 고등학교들이 이렇듯 봉사학습에 적극 참여하고 있다. 워싱턴주 기그 하버의 기그 하버 고등학교가 그러한 예 중 하나이다. 이 학교는 전체 교과과정의 일부로 봉사학습을 포함시켰다. 그리고 학생들은 다양한 프로젝트를 수행한다. 스페인어 시간에는 아이들의 이야기를 스페인어로 쓰고 번역하기도 하고, 미술 시간에는 이를 그림으로 그려보기도 한다. 이렇게 만든 책은 마틴 루터 킹 노숙자 보호센터에 있는 히스패닉(필자 및 역자주: 미국내에 사는 라틴아메리카 계열 인종으로 스페인어를 사용함) 가정을 위해 기부되었다. 기그 하버의 학생들은 최근 집 없는 아이들을 위한 봉사로 국가에서 수여하는 상을 받기도 했다.

기그 하버 고등학교 학생들은 매우 다양한 봉사활동에 참여하고 있다. 생물학과 생태학 시간에는 일주일에 5번 이웃 초등학교에서 과학교실을 연다. 축구팀원들은 월요일마다 노인 요양소에서 노인들과 함께 축구경기를 관람한다. 경영 교육을 받은 학생들은 이 지역의 극빈자용 식량배급소 피쉬(FISH)에서 경리로 봉사한다.

지역사회와 연계한 봉사학습

다른 사람을 도울 수 있는 기회는 누구에게나 열려 있다. 아래와 같은 봉사
활동들은 지금 당장이라도 어느 학교에서나 활용할 수 있다.

1. 해비타트 사랑의 집짓기 운동

요즘에는 사랑의 집짓기 운동 지부가 있는 곳이 많다. 자원봉사자들이 모여
직접 땀 흘리며 집을 짓는 봉사활동이다.

2. 병원 자원봉사

큰 병원에는 자원봉사자들이 도울 일이 많다. 꽃이나 우편물을 날라다 줄
수도 있고 간호사를 돕는 일, 병원에 장기 입원해 있는 어린이들과 놀아주
는 일도 보람 있는 일이다.

3. 공원 및 공공시설 환경미화

쓰레기로 더러워진 시내 공원과 여러 공공장소를 청소하여 주변에 사는 젊
은이들이 쉴 수 있는 공간으로 만들어주는 일이다.

4. 고속도로 입양

노스 캐롤라이나에서는 시민들이 인근 고속도로의 일부 구간을 "입양"하여

쓰레기를 줍는 등 이 곳을 청결하게 유지하고 있다.

5. 독거노인 방문

노인들의 집을 방문하여 서로 알게 되는 것은 학생들에게 아주 좋은 경험이다. 특히 이분들이 경험한 과거를 역사로 남기고 정리하는 것이 보람차다. 이 분들이 자신의 삶을 나누지 못하고 그냥 세상을 떠나게 되면 중요한 사료가 사라지는 셈이다.

이러한 봉사활동을 기획할 때, 핵심은 자기가 사는 지역사회의 필요를 잘 분석하는 것이다. 매우 많은 사람들과 기관에서 우리 자녀와 학생들, 그리고 교사와 부모의 손길을 필요로 하고 있다는 사실을 알게 될 것이다.

좋은 인성을 가르치기 위한 봉사학습 실천하기

학교 안의 봉사활동으로 시작하기

인성을 가르치는 학교를 만들기 위해 교사와 교직원들이 가장 먼저 생각해 봐야 할 질문은 "우리 학교가 정말로 학생들을 배려하는 학교인가?"하는 것이다. 다시 말하면, "교직원들이 날마다 학생들을 환영하는가?", "학생들에 대한 사랑과 배려를 밖으로 보여주고 있는가?"에 대해 고려해 봐야 한다.

학생들은 자신이 깊은 배려와 사랑을 받고 있지 않다고 느끼는 한, 남에 대한 배려의 태도를 가지지 않을 것이다. 위 질문에 대답하려면 교사와 교직원들이 학교의 분위기를 제대로 평가해야 한다. 아마 학생, 부모, 지역사회를 대상으로 설문조사를 할 수 있을 것이다. 만약 학생들이 학교를 배려가 없는 곳이라고 생각한다거나, 교사 중 일부가 배려를 실천하지 않는다고 생각한다면 현장교육 프로그램을 통해 모든 교사들이 배려하는 학생들을 키워내는 데 왜 배려의 환경이 꼭 필요한지부터 배워야 한다.

이제 모든 교직원들이 학생들을 사랑하고 그 사랑과 배려를 삶으로 증명하고 있다면, 어떻게 봉사를 통해 학생들의 배려하는 습관을 키울 수 있을지 방법을 결정해야 한다. 교사, 학생, 학부모가 학급 안에서 어떤 행동이 배려하는 행동인지 목록을 만드는 것이 좋다. 학급회의 시간이나 학생회 대표들이 할 수도 있고, 학생들에게 다른 사람을 도울 수 있는 방법을 브레인스토밍 하도록 요청할 수도 있다.

이렇게 학생들의 아이디어와 학부모 및 지역사회의 아이디어를 합쳐 프로젝트와 활동 목록을 만들면 된다. 이 목록은 학급 전체와 공유하고, 나아가 학교 전체가 공유하는 봉사 기회로 활용할 수 있다. 교사들은 교내에서 실천할 수 있는 봉사활동을 구분해서 알려줘야 한다. 그리고 학생들이 관심 있는 분야를 선택할 수 있게 하는 것이다. 더 어린 학생들과 마니또 친구 되어주기, 깨끗한 학교 환경 가꾸기, 특별한 도움이 필요한 사람들도 남을 도울 수 있도록 도와주기 등이 쉽게 접근할 수 있는 것들이다.

도울 수 있는 기회는 무궁무진하다. 오직 교사와 부모, 학생들 스스로의 비전에 따라 제한될 뿐이다.

학교 밖의 봉사활동을 활용하기

학교 당국은 학교 밖의 봉사 기회도 잘 결정하여 적극 활용해야 한다. 그러려면 지역 사회 봉사단체나 종교기관과 협력해야 하고, 특히 교통편이나 다른 운송 문제도 고려해야 한다. 이런 학교의 의도를 공개적으로 알리고, 대중매체도 초청하여 학교의 계획을 알리도록 해야 한다. 홍보가 잘 될수록 더 많은 사업체와 다른 기관들이 프로젝트를 후원하고 기회를 주려고 할 것이다.

개인 및 그룹 자원봉사를 고마워할 만한 모든 봉사 단체들과 접촉하여 추천을 받으라. 교회를 접촉하는 것도 좋다. 교회에는 학생들의 도움을 늘 필요로 하는 사역이 일 년 내내 진행되는 경우가 많다. 어떤 후원자는 도움이 필요한 주민들을 찾아 나서기도 한다.

다시 말하지만 학생들의 봉사에 대해 꼭 칭찬을 해 줘야 한다. 봉사활동을 주관한 기관에서 노고에 대해 인정해 줄 수도 있을 것이다. 신문도 학생들의 자원봉사를 강조해서 싣도록 독려해야 한다. 핵심은 학생들 스스로 자원봉사가 의미 있음을 느끼도록 하여, 배려와 봉사의 중요성을 자기 자신의 인성의 일부가 되도록 만드는 것이다.

한 아이를 키워내는 데는 마을 전체가 필요하다고 하는 아프리카 속담이 있다. 봉사학습은 마을을 필요로 한다. 배려하는 학생들을 양육하려면 우리 마을 전체가 나서야 한다.

미국의 인성을 가르치는 학교 만들기

필 빈센트 박사의 인성교육론

앞서 필 빈센트 박사는 학생들에게 좋은 인성을 심어주기 위해 프로그램을 도입하려는 학교가 고려해야 할 다섯 가지 중요한 실천사항을 제시했다. 각각의 실천사항들은 기존의 학업에 인성계발을 더함으로써 실제적인 교육에 도움이 된다. 학업과 인성계발이 함께 어우러져 완전하게 통합된 인성교육 체험활동의 장이 만들어지는 것이다.

어른들이 기억할 것은 교사와 부모, 교직원들이 솔선수범하여 보여주지 않으면 인성교육 프로그램은 성공할 수 없다는 사실이다. 앞서 언급된 다섯 가지 영역의 실천사항을 아래와 같이 요약해 보았다.

1. 규칙과 질서로 예의바른 학교 만들기

규칙과 질서는 효과적이고 질서 있는 환경을 조성한다. 규칙과 질서가 잘 정립되어 있으면 학생들은 자신들이 해야 할 행동이 무엇인지, 어떻게 해야 하는지를 잘 안다. 아울러 학생들이 학교의 규칙과 질서를 잘 이해하고 있으면 서로가 좋은 인성을 보여주는 행동을 정착시켜, 좋은 습관을 몸에 익히는 환경이 조성된다.

2. 인성을 위한 협동학습

수업시간에 함께 공부하는 과정 속에서 학생들은 서로 무엇인가 도움을 줄 수 있다는 사실을 안다. 협동하는 방법을 배우면 학생들이 공동작업을 수행하기가 훨씬 수월하다. 그런데 교사들은 너무나 자주 학생들을 혼자 공부하게 한다. 반듯반듯 줄을 맞춰 앉혀놓고 서로 대화도 못하게 한다. 그러나 우리가 사는 실제 세상은 이렇게 움직이지 않는다. 우리는 함께 일하면서 서로 부딪히고, 그런 속에서 서로의 삶 일면이 연결되어 있는 것이다.

3. 인성을 위한 사고력 교육

우리가 추구하는 인성계발의 노력에 플라톤의 견해를 적용하면, 우리는 인성계발에 사고와 이성적 추론이 중요하다는 사실을 알게 된다. 학생들은 발달 단계에 따라 사고 기술도 배워야 한다. 기존에 배운 사고 기술 위에 새로운 기술을 더해야 하며, 정규 수업시간 교과과정에도 배운 기술을 응용해야 한다. 학생들은 사고력 지도 등 다양한 학습방법과 전략을 응용해 이러한 사고 기술을 적용할 수 있다. 고등학생까지 학년이 올라감에 따라 윤리적인 딜레마를 사용하여 사고력 훈련을 받아야 하지만, 딜레마는 사고 기술을 가르치는 교사의 유일한 응용방법이 되어서는 안 된다.

4. 인성을 위한 독서교육

훌륭한 작품이나 이야기를 읽으면 학생들은 독서의 기쁨을 누릴 수 있다. 교사가 유의할 점은 학생들이 읽을 가치가 있는 양서를 읽고, 책에서 훌륭한 인성의 사례를 만나도록 해야 한다는 것이다. 감동적이고 토론할 만한 가치가 있는 생각을 제공해 주는 문학작품은, 대체로 학생들에게 인기가 높다. 교사들은 학생들에게 지적으로 도전의식을 심어주는 책, 인성에 대한 토론 기회가 많은 책을 권해야 한다. 학생들이 읽을 도서는 우리나라 뿐 아니라 전 세계 최우수 문학 작품 가운데서 선정해야 한다.

5. 인성을 위한 봉사학습

학교와 교사는 학생들에게 배려를 실천할 수 있는 기회를 만들어 줘야 한다. 많은 학생들에게 이런 기회는 곧 어른들처럼 책임감을 가지는 생활의 시작이며, 주변의 세계와 연결되는 기회가 된다. 봉사학습에 참여하는 학생들은 다른 사람의 안녕을 돕는 책임감을 기르게 된다. 학교 밖 주변이 안전하지 않더라도 학교 건물 안에서는 안전하게 봉사활동을 실천할 수 있다. 학교 밖에서의 봉사는, 아마도 동네 밖 가장 가까운 곳의 봉사활동이라면 모든 학생들이 경험하도록 권할 만하다. 특히 곧 사회에서 자리를 잡기 시작할 고등학생들에게는 이런 활동이 더욱 중요하다.

　　대부분의 학교에서는 다른 프로그램을 추가할 시간이 없다. 인성교육처럼 중요한 것조차도 추가하기가 어렵다. 그러나 필 빈센트 박사가 주장하는 인성교육은 더 '추가'할 프로그램이 아니다. 대부분의 내용이 보통 일과나 교과과정 안에서 소화되는 것들이다. 봉사활동이 예외적으로 시간이 필요하지만 이것도 대부분은 학교 시간 내에서 계획을 세울 수 있다. 어떤 학교는 다른 사람을 위한 봉사활동의 대부분을 교과과정 안에 포함시키기도 한다.

　　인성교육을 위해 교사는 학생들을 어떻게 가르치고 있는지, 그리고 어떻게 기존의 교과과정에 위의 다섯 가지 인성교육 요소를 끼워 넣을 수 있을지 생각해야 한다. 이러한 교과과정 중심의 접근법 중 상당 부분이 이미 많은 학교에서 시행되고 있다. 교사의 임무는 이 모든 것을 학생들의 교육에 통합하여 하나로 만드는 것이다.

인성계발을 위한 8가지 제안

　　인성교육이 학생들의 교육에 중요한 역할을 한다는 사실에 동의한다면, 학교들은 학생들에게 훌륭한 인성을 심어줄 수 있는 질서를 도입하기 시작해야 한다. 이것이 전체 계획 중 가장 어려운 부분이다.

　　학부모들 중 상당수는 인성계발 프로그램이 이미 신용이 떨어진 가치명료화 방식의 프로그램일까봐 우려한다. 그러나 학교 지도자들이 학생들의 인성교육에 관심을 가지고 있음을 보여주고 주요 의사결정 과정에 학부모들을 참여시키면서 함께 경험을 나눈다면, 학부모와 지역사회의 후원을 얻는 일은 어렵지 않을 것이다.

헨리 호프먼(1993)은 펜실베이아 피츠버그 마운트 레바논 학교가 속한 지역에서 어떻게 인성교육 프로그램을 운영하고 있는가에 대해 상세히 설명했다. 마운트 레바논 학교는 토머스 리코나의 생각을 학부모 및 교사들과 나눈 후에, 지역사회의 지도자급 사람들이 모여 모든 사람들이 인성교육에 참여하도록 인성교육 계획을 세웠다. 이들이 세운 멋진 계획의 개요를 아래 소개한다. 굵은 글씨가 개요에 속하고, 그 아래 필 빈센트 박사가 제안하는 인성교육 프로그램 내용으로 살을 붙였다.

1. 인성교육의 핵심으로 가장 중요한 덕목이 무엇인지 정하라

우리가 가르치고 싶은 가치가 무엇인가? 아이들에게 의도적으로 가르치고 지역사회 어른들이 본보기를 보여야 할 덕목, 곧 예의와 윤리성을 키울 수 있는 덕목이 무엇인지 결정해야 한다. 이를 위해 교사, 부모, 학생 그리고 다른 관심 있는 지역사회 소속원들이 참여하여 태스크포스를 결성하는 것이 좋다. 초당파적인 사람들이 모여 어떤 가치를 강조할지 결정하는 것이다. 주디스 호프만과 앤 R. 리가 저술한 〈학교 이사회, 행정국, 지역사회 지도자들을 위한 인성교육 워크북 Character Education Workbook for School Boards, Administrators and Community Leaders (1997)〉이 이러한 태스크포스

팀을 만드는 데 필요한 지침을 잘 제시해주고 있다. 그 내용은 다음과 같다.

_ 우리들은 모두 평등하다. 예의범절은 우리로부터 시작된다.

_ 태스크포스 팀원들은 지역사회의 지지를 얻을 수 있는 합의를 도출하도록 노력해야 한다.

_ 각 팀원은 모든 안건에 대해 발언할 기회를 가지되 토론을 독점해서는 안 된다.

_ 팀원들은 자신의 확신과 우려를 자유롭게 표현해야 한다. 단, 서로가 하나 라는 생각과 존중을 항상 염두에 둬야 한다.

_ 모든 팀원들은 모든 의견을 존중하며 경청해야 한다.

_ 만약 누군가 이 모임이 비생산적이라는 생각이 드는 사람이 있다면 그는 서슴없이 이 사실을 태스크포스 팀 전체에 알려야 한다.

_ 태스크포스 팀의 회의는 일반에 공개된다.

_ 태스크포스 의장이 대변인 역할을 한다. 모든 중요한 사항은 직접 의장에 게 전달되어야 한다.

2. 교직원과 지역사회에 전략을 제시하라

이 전략에는 인성교육 프로그램의 목적도 자세하게 설명되어 있으며 지역 사회 구성원들도 알 수 있어야 한다. 비전을 공유하는 방법은 우편물, 학생 들을 통한 가정통신문 등 여러 가지가 있다. 텔레비전과 라디오 방송, 신문 등도 효과적인 매체이다. 상공회의소, 로터리 클럽, 자원봉사 모임 등 같은 마음을 품은 단체들의 지지를 이끌어 내는 것이 중요하다.

〈마음과 정신 교육: 인성교육의 틀 Educating Hearts and Minds:A Comprehensive Character Education Framework (1998)〉에서 에드워드 드로쉬와 메리 윌리엄스는 지역사회의 합의를 얻어내는 것이 학교에서 인성교육 프로그램을 성공적으로 시행하는 데 큰 도움이 된다고 밝혔다. 이들은 인성교육에 대하여 이렇게 제안한다.

_ 인성교육은 지역사회와 학교가 합의한 가치관에 대해 사명과 목적을 통해 어린이들과 청소년들을 교육하기 위해 일치단결된 노력을 쏟는다.

_ 인성교육은 가정에서 시작된다.

_ 인성교육은 합의된 가치에 따라 어른들이나 친구들이 행하는 것을 보고 학생들이 따라 흉내를 내는 것이다.

_ 인성교육은 지역사회(교회, 청소년 단체 등)와 학교에서 진행된다.

_ 인성교육은 어린이와 청소년들이 학교 환경과 교과과정 그리고 병행교육 프로그램을 통해 도덕적 가치가 무엇인지 알게 될 때 이루어지는 것이다.

_ 인성교육은 어린이와 학생들이 그 가치에 대해 공부하고, 확인하고, 반성하고, 추론하고, 결정하고, 행동으로 옮길 때 이루어진다.

_ 인성교육은 어린이와 청소년들에게 지침과 감독이 포함된 실천 기회를 줄 때 더 잘 이루어진다.

_ 인성교육에 참여하는 사람들이 각각의 프로그램과 활동을 평가하면서 사명, 목적, 기대를 얼마나 충족했는지 가늠할 수 있을 때, 인성교육 프로그램은 그 효과가 입증되고 필요에 따라 수정된다.

_ 인성교육은 학생들과 어른들이 그 가치를 실천하고 행동으로 보일 때 효

과가 입증된다.

각 지역사회가 논하고 있는 바에 위 내용의 일부 또는 전체를 포함시킬 수 있다. 또한 지역사회에 규칙과 질서, 협동학습, 사고력 교육, 독서교육, 봉사학습 등을 어떻게 실천하는지를 설명하는 것도 좋다.

이런 과정은 학교와 지역사회의 관심사가 동일하다는 것을 이해하는 데 도움이 된다. 또한 학부모들은 학교 행정당국과 교사들이 얼마나 심사숙고하여 이 계획을 수립했는가를 알게 된다.

3. 핵심 가치를 기존의 초중고 교과과정에 삽입하라

인성교육이 기존의 학교 교과과정을 기초로 하고 있다는 사실을 교사와 부모들이 믿도록 해야 한다. 전략은 변할지라도 교과과정 일반은 변하지 않는다. 또한 교사와 부모들은 인성교육이 또 하나의 "추가" 프로그램이 아니라는 사실을 알아야 한다. 교사들은 한결같이 현재의 교과과정에 무엇 하나라도 추가할 시간이 없다고 대답할 것이다.

인성교육을 위한 노력은 학생들이 좋은 습관(에토스)를 만들도록 학교생활 속에 반영해야 한다. 필 빈센트 박사가 제안한 것 중에 전통적인 프로그램 이외의 것으로 추가할 것은 봉사학습 뿐이다.(그리고 봉사학습도 교과과정 안에서 소화하는 학교가 이미 많다.) 하지만 이 점도 자녀가 지역사회와 학교 안에서 책임감을 배우고 올바르게 자라기를 바라는 부모라면 문제될 것이 없다고 생각한다.

모든 학교가 인성계발 프로젝트에 대한 주인의식을 가져야 한다. 이 프로그램이 중앙 교육청 같은 곳에서 개발된 것이라면 중앙에서 주인의식을 가질 뿐 정작 서비스를 제공해야 할 학교는 주인의식을 가지지 못한다.

그래서 학부모, 교사, 학생들이 함께 모여 핵심 가치를 담은 행동강령과 사명선언을 만들어야 한다. 이 행동강령은 우리가 앞으로 어떻게 되고 싶은지에 대한 비전을 담고 있어야 한다. 즉, 존중하고 책임감 있으며 배려하는 것이 어떤 모양이며 어떻게 들릴지 그림을 그려야 하는 것이다. 또한 이러한 예의바른 행동에 동참하기를 거부하는 사람에게 어떤 결과가 따를지도 담고 있어야 한다. 사명선언은 학교가 세운 목표를 반영하는 것으로써, 모든 사람이 이행해야 할 책임이 있는 계획을 담은 것이어야 한다.

5. 윤리적인 학생들을 키워내는 데 교직원 모두가 참여하도록 독려하라

성공적인 학교 개혁운동의 전문가인 빌 로하우저는, 학교 분위기는 학교의 관리인 및 간사와 이야기를 나눠보면 알 수 있다고 말한다. 여기에 더해 급식실 직원들도 학교 분위기를 가늠하게 하는 지표가 된다.

학교에서 일하는 모든 사람은 학생들의 인성계발을 돕는 역할을 한다. 인성계발이 담임교사에게만 맡겨진다면 학교 안에 넘쳐나는 중요한 자원을 잃는 셈이다. 모든 직원을 인성교육 과정으로 끌어들이는 것이 인성계발의 귀중한 역할들을 잘 감당하게 만드는 일이 된다.

학교는 학생들의 인성계발에 필요한 역할의 일부만을 감당할 뿐이다. 더 중요한 것은 바로 가정생활이다. 따라서 집에서 어떻게 훌륭한 인성을 계발시킬 수 있는지 부모들을 훈련하는 프로그램을 제공해야 한다.

주민센터 같은 곳에서 인성교육 개요 프로그램을 제공하고, 학교는 학생 및 학부모의 특정 필요에 맞춘 추가 프로그램을 제공할 수 있을 것이다.(초등학생 학부모용 프로그램과 중고등학생 학부모용 프로그램은 달라야 할 것이기 때문이다.) 교회, 회당, 사찰 등 지역 단체들도 학생들의 인성형성에 전문성을 가지고 도울 수 있다.

학교는 교직원에만 의존하여 훈련이나 자원을 제공하려 하지 말아야 한다. CIS(Cities in Schools)◆ 같은 단체도 도움이 될 것이다. 마지막으로 PTA(필자 및 역자주: 학부모-교사협회) 같은 모임이 학부모를 위한 자료창고를 만들어 줄 수 있다. 이들은 자주 기금모금 활동을 하므로 인성교육을 위한 부모의 역할 관련 책이 기금모금에 활용될 수도 있을 것이다. 헬렌 르게트가 쓴 〈학부모, 자녀 및 인성:자녀의 인성계발을 돕는 21가지 전략 Kids and Character: 21 Strategies to Help Your Children Develop Good Character (1999)〉과 핼어번의 〈생애 최고의 교훈: 내 아이에게 알려주고픈 20가지 Life's Greatest Lessons: 20 Things I want my Kids to Know (1997)〉가 고려할 만한 두 권의 책이다.

◆ 필자 및 역자주: 학교와 지역 기업들의 연계를 강화하여 더 효율적인 교육을 추구하고자 하는 비영리단체

7. 초중고 수준에 맞는 지역 봉사활동 프로그램을 만들라

이제는 우리 지역에 학생들이 참여할 만한 봉사기회를 달라고 요청해 보자. 버지니아주 댄빌의 한 대안학교는 모든 학생이 매일 아침 90분씩 지역 봉사활동을 하기로 결정했다. 교장선생님이 지역의 노인정, 초등학교, 여타 기관을 찾아가 상황을 이야기했다. 모든 기관에서 학생들의 봉사활동을 환영했고 학생들은 어린이들과 노인들에게 책을 읽어주는 등 다양한 봉사활동을 했다.

이 활동에 대한 지역사회와 학생들의 반응은 뜨거웠다. 만약 교장 선생님이 지역사회 곳곳을 찾아가서 학생들이 봉사하도록 기회를 달라는 부탁을 하지 않았다면 아무 일도 생기지 않았을 것이다. '찾으라, 찾을 것이요!'라는 말을 기억해야 한다.

8. 모든 학생들이 성공할 수 있는 배려의 학교환경을 조성하라

아이들에게는 교사가 얼마나 알고 있는가보다, 얼마나 자기들을 사랑하고 배려하는가가 더 긍정적인 영향을 준다. 교직원들이 확실하게 학생들을 배려하고 돌보지 않는다면 학생들의 인성계발 프로그램은 무용지물이다. 교사가 통제력을 잃는 것을 학생들이 보게 되면 교사가 아무리 "좋은 날"이라고 메시지를 보내도 학생들은 "나쁜 날"이라는 현실을 보게 된다. 교직원들이 배려하는 환경의 특성을 정의하면 이런 특성의 본보기가 제시되고 매일매일 가르침이 제공될 수 있도록 질서가 만들어져야 한다.

학생들의 인성계발을 위해 제시된 위의 8가지 제안은 학교와 가정, 지역사회가 함께 도모하고 실천해야 할 내용이다. 아이들의 인격함양을 위해 인성교육의 도입을 고려하고 있는 학교에게 특별히 더 중요한 교훈이다.

인성교육 계획을 세우는 단계에서 이 계획을 실행하는 데 도움이 될 사람들을 미리 초청하여 함께 하도록 해야 한다. 그렇게 하면 전문성과 우리가 살고 있는 지역사회의 민감한 부분을 미리 확보하여 짚고 넘어가는 것이 된다. 어떤 계획이나 프로젝트에 참가한다는 것은 곧 그에 대한 책임감과 헌신을 가져온다는 것을 기억할 필요가 있다.

인성을 가르치는 가정과 학교 만들기

제임스 레밍은 "효과적인 인성교육 방법을 찾아서 In Search of Effective Character Education (1993)"라는 논문에서 인성교육 중심의 프로그램에 대해 알아야 할 정보를 요약했다.

일방적인 설교식 교육(지령, 약속, 교사의 훈계 등) 만으로는 학생들의 인성에 지대하거나 지속적인 변화를 가져올 수 없다. 도덕적인 행위에 대한 질문에 합리적으로 답변할 수 있는 능력이 발달한다고 해서 그런 행동의 변화가 따르는 것은 아니다. 사람은 선한 행동으로 가는 길을 이성으로 따를 수 없다. 인성은 사회적인 네트워크 혹은 환경 안에서 발전한다. 환경의 본질이 개인에게 보내는 메시지, 그리고 그 환경이 장려하는 행동, 이 모든 것이 인성교육에서 중요한 요소이다. 뚜렷한 행동 규칙과 학생들이 그 규칙을 자기 것이라고 생각하는 태도, 적극적으로 지지하는 환경, 후원하는 분위기, 그리고 환경의 규칙에 상응함으로써 빚어지는 만족감 등이 종합되어 선한 행동을 만들어 낸다.

인성 교육자들은 인성형성이 쉽다거나 즉각적으로 가능하다고 기대해서는 안 된다. 또는 선한 행동으로 바로 이어지는 질서 도입이 가능하다고 기대해서도 안 된다. 쉽게 얻기를 기대하고 극적인 효과를 원하는 사람은 실망할 것이다. 당신의 자녀에게 얼마나 많은, 같은 말을 반복해 왔는지 생각해 보라.

인성교육에 관심을 가진 사람들은 도덕적인 감흥을 주는 문학작품이 모든 인성교육 프로그램의 일부로 포함되어야 한다는 것을 오랫동안 믿어왔다. 그러나 놀랍게도 어떤 연구조사도 문학작품을 읽는 효과가 인성에 기대했던 효과를 가져오는지 평가하려는 시도가 없었다.

아이들이 어른으로 자라면서 태도와 믿음에 항구적인 변화를 가져오게 하고 싶다면, 본인 스스로 훌륭한 행동과 바른 행위로 본보기를 보이고 아이들에게 어떤 좋은 습관을 원하는지 설명해야 한다. "그냥 아니라고 말해!"나 "유혹을 뿌리치고 순결을 지켜라!"라고 슬로건을 반복하는 것은 개인의 인성에 깊거나 오래 지속되는 효과가 없다.

훌륭한 강의나 설교도 마찬가지의 한계가 있다. 그 순간에는 감동을 받을 수 있고, 연사의 열정에 가슴 부풀 수 있지만 며칠 지나고 나면 효과는 사라지고 만다. 그 감동을 지지할 수 있는 전략이나 행동이 뒤따라 줘야 하는 것이다.

학생들의 인성을 계발해 준다는 목적은 모든 학교에서 달성할 수 있는 것이다. 인성계발은 교육자로서, 부모로서, 그리고 지역사회 지도자로서 함께 모여 아이들과 지역사회, 그리고 궁극적으로는 나라에 도움을 주는 프로그램을 기획할 것을 요청한다.

더 이상 누군가 인성교육의 길을 밝혀주기만을 기다릴 수는 없다. 과정이 어떤 것인지 교사와 부모는 충분히 알고 있다. 이제 문제는 우리에게 그럴 의지가 있느냐는 것이다. 점점 더 많은 사람들이 학생들과 그들의 인성을 걱정한다. 학생들이 자기가 속한 공동체 및 직업에서 성공하는 데 필요한 인성을 함양하기를 바라는 것이다.

이 책을 읽고 있는 당신도 인성교육에 대한 이 방향에 의견을 같이 하길 바란다. 하지만 당신이 동의하지 않더라도, 인성교육이라는 이 중요한 이슈에 관심을 갖고 있다는 점에 대해서는 박수를 보낸다.

이제는 더 이상 어떤 "새로운" 아이디어가 나오기를, 혹은 학계에서 다른 아이디어가 나오기를 기다릴 수는 없을 것 같다. 지금 우리에게 필요한 것은 새로운 아이디어가 아니다. 학업능력과 함께 결합된 인성교육은 학교가 가진 가장 오래된 사명 중 하나이다. 우리 마음에 있는 것이 진실이라는 점에 초점을 맞추자. 학생들이 걸어가야 할 인생의 천리 길이 한 걸음부터 시작된다는 점 말이다.

당신이 속한 학교나 지역에서 누군가 그 첫걸음을 떼어야 다른 사람들이 따라갈 수 있다. 우리 아이들의 미래를 믿는다면 모든 교사와 부모가 매우 중요한 이 첫걸음을 지금 떼어야 한다.

4

이영숙 박사의 한국형 12성품교육론과
한국의 인성교육

'한국형 12성품교육'은 이영숙이 2005년에 고안한 인성교육으로, '성품'이라는 단어를 최초로 교육에 접목시키고, 한국 문화와 한국인의 정신적 · 심리적 · 행동적인 요소들을 고려하여 한국인에 맞게 태아부터 노인에 이르기까지 평생교육과정으로 고안한 인성교육 프로그램이다.

추상적 수준의 인성교육의 한계를 극복하고 실제 교육현장에 적용하기 위해, '한국형 12성품교육론'은 공감인지능력(Empathy)과 분별력(conscience)이라는 2개의 기본 덕목과 12가지 주제성품을 강조하며 가르친다.

Ⅰ. 한국형 12성품교육의 내용과 방법

1. 이영숙 박사의 성품의 정의

1) 현시대 인성교육의 한계점

오늘날 교육 영역에서 가치, 옳음, 덕과 같은 주제와 함께 거론되는 개념은 인성, 도덕성의 말들로 통용되고 있다. 인성(人性)을 교육한다는 말은 "지식을 많이 소유한 인간을 기르는 것이 아니라 오히려 인성을 갖춘 인간다운 인간을 기르는 일에 관심을 집중하는 것"이라는 의미로 통용된다(장성모, 1996). 도덕성의 개념도 이와 같은 맥락에서 관점과 접근법에 따라 다양하게 이해되고 있다.

그러나 이러한 인성, 도덕성과 같은 개념은 실제를 배제한 추상적 개념으로 그치거나, 단순히 심리적 요소의 결합에만 그친다는 점에서 실제 교육의 적용에는 한계가 있었다(장성모, 1996; 서강식, 1996; 최신일, 2008). 또한 지나친 지식을 강조하는 인성교육은 행동으로 실천할 수 있는 동기 유발을 전혀 제공하지 못한 채, 알고는 있되 현실에 어떻게 적용할 수 있는가를 구체적으로 제시하지 못했다.

이와 더불어 필자가 우려하는 현대 인성교육의 가장 큰 모순점은, 한국 학교에서 가르치는 도덕교육, 윤리교육, 혹은 인성교육이라는 이름의 모든 실체가 서양에서 전달된 이론과 철학을 배경으로 진행되어 왔다는 점이다.

인성 혹은 성품은 그 나라의 문화 속에서 형성된다. 각 나라의 국민성과 그 나라 사람들이 추구하는 가치가 그 나라의 문화 속에서 체험적으로 양성된 것임에도 불구하고, 그동안 우리는 한국 문화와 한국인의 정서에 맞는 인성교육을 실천하지 못했고 도리어 미국을 비롯한 서구 문화 속에서의 인성교육을 가르쳐 왔기에 효과적이지 못했다. 이제 한국 사람의 인성교육은, 한국 문화에 맞는 인성교육으로 맞춤교육을 실천해야 한다.

2) 성품의 정의

성품의 사전적 의미는 '사람의 성질이나 됨됨이'를 뜻한다. 그러나 필자는 성품을 "한 사람의 생각, 감정, 행동의 총체적 표현(이영숙, 2005)"이라고 정의하고, 성품을 생각(thinking), 감정(feeling), 행동(action)의 세 영역으로 구분하여 성품의 발달이 일률적 또는 획일적, 개별적으로 분리되지 않고 개인의 경험 안에서 상호작용하며 성장하는 것이라고 보았다(이영숙, 2007). 이로써 필자가 고안한 한국형 12성품교육에서는 기존의 추상적 의미의 '성품'을 구체적으로 정의하여 연령별로 실천방안을 만들고 인간의 근본적인 내면과 외면을 성숙한 인격으로 표현이 가능하도록 평생교육과정으로 인성교육 프로그램을 고안했다.

성품(character)의 어원은 그리스어로 "to mark(새겨진 것)"을 의미한다. 즉 어떤 사람의 일관되고 예측 가능하며 변하지 않는 성향으로서, 성격의 깊이에 작용하고 행동과 태도, 가치를 통합하는 원리를 제공한다(Lapsley & Naravaez, 2006).

흔히 이 성품의 개념을 성격(personality)과 혼용하지만 성격은 사람이 타고난 자신의 유전적 기질을 세상에 드러내는 방식을 뜻하며, 외적으로 타인에게 보여 지는 것을 의미한다. 반면 성품은 "자신의 타고난 성격에, 교육과 경험의 요소들을 포함한 환경적 영향력에 의해 형성된 '내면의 덕'을 갖춘 상태"(이영숙, 2010)를 말한다.

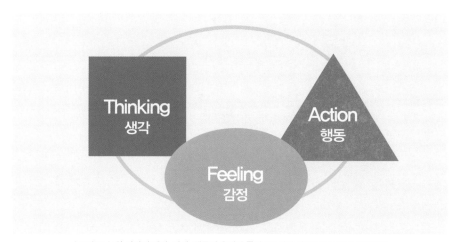

[그림 11] 한 사람의 생각, 감정, 행동의 총체적 표현으로서의 성품(저작권 제C-2014-008454호)
(출처 : 이영숙 (2011). 한국형 12성품교육론. 좋은나무성품학교)

성품은 도덕적, 윤리적 성격을 띠며, 윤리적 결정과 관련 행위에 영향을 주는 일련의 신념과 도덕적 가치들로 구성된다. 또한 성품은, 일종의 성격이라는 자기 표현방식의 바탕을 제공한다는 점에서 성격보다 더 근본적이고 총체적인 덕의 개념이며, 단순히 한 사람이 가진 여러 개 중 하나가 아니라 하나하나가 모두 모여서 이루어진 거대한 집합체를 뜻한다.

(1) 성품은 생각이다

성품의 요소 중 하나는 바로 생각이다. 한 사람이 소유하고 있는 생각의 패턴이 바로 그 사람의 성품이다.

이 생각의 패턴은 그 사람이 경험한 관계로부터 시작된다. 자녀에게 최초의 사고를 경험하게 해주는 사람은 부모이므로, 부모가 제공한 최초의 경험들이 기억이 되어 생각으로 자리 잡게 된다.

"다섯 살이었던 것 같아요, 밖에서 매미를 잡아왔는데 아빠가 보자마자 그런 걸 왜 집에 가지고 들어오냐고 소리를 지르셨어요. 갖다버리라고 야단치는 아빠의 말을 듣고 무서워서 얼른 창문을 열고 밖에 버렸지요. 사실 처음 잡아본 매미가 신기해서 자랑스럽게 가지고 들어온 것이었는데... 그 이후부터는 새로운 것, 신기한 것을 봐도 무심히 지나가려고 노력하게 되었어요."

이 이야기를 통해 알 수 있듯이 기억은 바로 그 사람의 생각이 된다. 새로운 것에 도전하기를 꺼려하는 자신의 모습 뒤에 어릴 적 부모에게 혼난 기억이 잠재되어 있었던 것이다.

대부분 기억하는 내면의 상처들은 5~13세 전후의 것들이다. 대인관계에 영향을 끼치는 기억들은 최소한 다섯 살은 되어야 남기 때문이다. 이러한 기억들이 현재 나의 모습이 되어 대인관계의 틀을 만든다.

부모와 재미있게 이야기하며 놀아본 경험이 있는 부모는 내 아이와도 재미있게 놀아주고 친밀한 스킨십을 해줄 수 있다. 그러나 부모에게 응석을 부리지 못하고 감정을 이해받지 못한 부모는 내 아이와도 어떻게 놀아주어야 할지 어디로 데리고 가야 좋아할지 모른다. 그래서 가장 안전한 지대인 자신 안에 꽁꽁 숨어서 꼼짝 않는 부모가 되어버린다.

그렇다면 기억하지 못하는 5세 이전의 기억들은 어떻게 될까? 그것은 현재 자신이 다른 사람들과 함께 있을 때 주로 어떤 느낌이 드는지, 어떻게 행동하는 경향이 있는지를 살펴보면 알 수 있다.

기대감을 가지고 자녀를 반기면서 양육한 부모 밑에서 건강한 애착관계를 형성하며 자란 사람들은, 자신을 좋아하고 다른 사람과의 관계를 편안해하며 사람들과의 만남을 기대하고 좋아한다. 그러나 왠지 다른 사람과 함께하는 것이 힘들고 혼자 있는 것이 편한 사람들은, 부모로부터 무시와 거부를 당했거나 좋은 애착관계를 형성하지 못하고 자랐을 확률이 높다. 늘 외로워하면서도 사람에게 가까이 가는 것이 힘들고 좋은 사람 주변을 맴돌지만 쉽게 다가가지 못하는 성향을 가진 사람이라면, 어려서 부모와의 충분한 정서적 교류 없이 엄한 훈육을 받았거나 자신에 대한 부모의 기대치가 자신과 다르다는 것을 두려워하면서 자랐을 가능성이 크다.

부모와의 경험은 자신도 모르는 사이에 나를 형성하는 의식적·무의식적인 기억이 되어 현재의 나를 형성한다. 그러므로 부모와 교사는 학생들에게 좋은 성품을 형성하게 해주려는 노력을 하기 이전에, 자기 자신의 과거의 기억들을 먼저 성찰해 봐야 한다. 부모와의 기억이 현재 자신의 행동에 영향을 끼치고 그 행동이 다시 자녀와 학생들에게 직접적인 영향을 주기 때문이다. 부모와의 기억이 행동을 만들고 행동이 버릇을 만들고 버릇이 습관이 되어 현재 자신의 성품이 되듯이, 현재 자녀와 학생들의 성품은 부모와 교사들로부터 모델링되어 형성된 것이다.

성품을 만드는 과거의 기억

몇 해 전 두 아들을 키우고 있는 한 어머니를 상담한 적이 있다. 부부는 남편과 아내가 모두 교사였고 그 중 아내가 두 아들을 연년생으로 낳아 휴직 중이었다. 상담 중에 아내는 육아를 하느라 너무 지치고 힘이 드는데, 남편이 자녀를 전혀 돌보지 않는다며 고민을 털어 놓았다.

남편은 날마다 학교에서 수업 준비를 하느라 너무 바빴다. 10년 이상 한 과목을 가르친 그동안의 경험으로 보아 이제는 좀 수월하게 준비해도 되는 수업을 이유로 자녀양육을 외면했다. 아내는 이런 남편을 보며 속상했지만 어쩔 수 없이 포기하고 혼자 최선을 다해 자녀들을 양육했고, 이제는 아들들이 커서 혼자 뛰어놀 수 있는 나이가 되었다.

아내는 남편이 밖에서 아들들과 몸으로 놀아주고 함께 운동도 하면서 좋은 대화로 자녀들에게 건강한 남성관도 심어주고, 엄마가 채울 수 없는 부분을 채워주면서 친밀한 관계를 맺었으면 하는 소망이 있었다. 하지만 남편은 좋은 아빠가 되겠다고 하면서 여전히 날마다 앉아서 공부만 했다. 좋은 아빠가 되는 방법을 배우기 위해 '아버지 학교'를 다니고, 날마다 교회나 단체에서 열리는 강연을 듣느라 바쁜 탓에 여전히 아내와 아이들 얼굴 볼 시간이 부족했다.

이 남편의 경우, 상담 결과 자신의 아버지와 좋은 관계를 형성한 기억이 전혀 없었다. 그의 아버지는 늘 아들의 행동을 트집 잡아 야단치기 일쑤였고 무서운 언사로 협박하는 것이 일상이었다. 이런 아버지 밑에서 자란 남편은 자신이 부모가 된 후에 무의식적으로 부모로부터 들었던 말을 자녀들에게 하기 시작했고, 그런 자신을 발견하고는 자녀들과 어떻게 관계를 맺어야 할지 몰라 전전긍긍하며 자녀를 대할 때마다 자신이 없어 자꾸 피하게 됐다고 고백했다. 아들을 대하면 대할수록 상처를 주게 될까봐 두렵고 자신의 아버지상을 자녀에게 대물림할까봐 무서웠던 것이다.

위 사례를 보면 좋은 부모·좋은 교사가 되기 위해서는, 반드시 자신의 성격을 형성하게 된 기억을 찾아가는 '과거로의 여행'이 반드시 필요함을 알 수 있다. 그러려면 먼저 생후 0세부터 3세까지의 기억을 더듬어보는 것이 좋다. 그 다음 3~6세, 그 이후 13세까지의 아동기 기억들을 차례로 성찰해 보는 것이다.

한 사람의 인생에 있어, 0~3세는 매우 중요한 시기이다. 이 시기에 부모와 상호작용한 경험들이 기억으로 저장되어 이를 바탕으로 대인관계의 패턴들이 만들어지기 때문이다. 생후 12개월 무렵부터 시작되는 애착패턴은 3세 전후로 고정되어 이후 다른 사람들을 대할 때마다 나타나는 행동의 기제로 작동한다. 연구에 의하면 90%의 사람들이 이렇게 고정된 애착패턴을 가지고 평생을 살아간다고 한다.

애착이란 영국의 정신분석학자인 존 보울비(John Bowlby)가 처음 사용한 단어로, 사랑하는 대상과 관계를 맺고 유지하려는 본성을 말한다. 포유류나 조류들은 태어나면서 본능적으로 어미에 대한 애착을 갖고 동시에 낯선 동물들에 대해서는 두려움을 느끼게 된다.

인간은 특별히 영유아 시기에 엄마와 아기 사이의 강한 애착을 형성하게 되는데, 이때 엄마가 아기를 따뜻하게 위로해 주고 아기의 요구를 민첩하게 들어주고 아기의 욕구를 제대로 해석해주면 아기는 안전한 상태를 유지하면서 편안한 심리를 회복한다. 그러나 이 시기에 엄마가 아기의 욕구를 무시하거나 제대로 해석하지 못하고 반응해주지 않으면 아기는 심리적으로 매우 불안정한 상태에 놓이게 된다. 그리고 이러한 기억들이 결국 총체적으로 아이들의 성격이 되어 성장한다.

이러한 과거의 기억들은 자녀의 타고난 기질적 요소보다 아이의 성품을 형성하는 데 더 중요한 영향을 미친다. 울 때마다 늘 따뜻하게 대하면서 자신의 욕구를 해결해준 엄마와의 애착 경험은 자녀로 하여금 세상을 따뜻하게 보고 참고 기다리면 적절할 때 도움의 손길이 반드시 온다는 신뢰감을 갖고 세상을 긍정적으로 바라보는 성품을 형성하게 한다. 그러나 반대로 아무리 울어도 반응이 없는 애착 경험을 가진 아이는 세상을 비정하게 보고 늘 불안해하며 대인관계의 어려움을 호소하는 부정적인 성품으로 자라나게 된다.

과거의 기억들은 현재의 생각이 되어 행동들을 만들고 이런 행동들이 모여서 버릇을 형성한다. 이 버릇들이 계속되면 그 사람의 습관이 되고 이 습관들이 모여 그 사람의 성품이 된다. 학생들에게 좋은 성품을 가르칠 때, 교육이 무엇보다 행복하고 재미있어야 효과적인 이유가 바로 이 때문이다. 행복하고 재미있는 과거의 경험들이 좋은 기억으로 남아 좋은 행동의 패턴으로 나타나기 때문이다.

기억은 몸의 경험

많은 부모들과 자녀교육 상담을 해 보면 자신도 모르게 자녀에게 손찌검을 하고 소리를 질러 양육에 전혀 도움이 안 되는 훈육을 하고 있는 자신을 한탄하면서도, 고치고 싶지만 그러기가 너무 어렵다는 사례가 많다. 늘 자녀에게 미안해하면서도 똑같은 행동을 반복하는 자신을 고칠 수 없어 안타까워하는 절절한 마음이 깊이 전해진다. 이것은 바로 우리 안에 내재된 기억 시스템이 그 원인이다. 내 머리로는 기억하지 못하지만 몸은 기억하는 시스템이 내 안에서 작동하고 있기 때문이다.

살아 있는 모든 유기체는 어떤 자극을 받으면 반드시 반응을 하게 마련이다. 강렬한 자극이든 미세한 세포 단위의 자극이든 반복되면 우리 몸 어딘가에 저장이 된다. 심지어 엄마 뱃속 태아 시절의 자극도 훗날 기억으로 남는다. 한마디로 모든 사람들은 온갖 자극에 반응하는 세포로 이루어진 몸과, 모든 경험을 기억하여 저장하는 놀라운 능력의 뇌를 갖고 태어난다고 볼 수 있다.

그래서 '몸으로 경험하고 뇌로 기억한다'는 말이 있다. 몸으로 경험된 모든 것들은 시간이 지나면 소멸하는 것이 아니라 우리의 뇌에 기억되고 마음에 남게 된다. 다른 사람들과의 관계 맺기가 어려운 사람들은 대체적으로 이러한 마음이 아픈 사람들이 많다.

부정적인 행동으로 다른 사람들과의 관계를 악화시키는 모습들을 살펴보면, 그 사람 자체가 나쁜 것이 아니라 과거의 나쁜 경험들이 아픈 기억들이 되어 나타나는 부적응 행동들이라고 이해할 수 있다. 결국 자녀의 몸이 경험한 모든 자극들이 기억으로 남아 아이의 평생에 영향을 끼치는 산물이 되는 것이다. 자녀가 나쁜 경험을 하게 되면 그 기억은 뇌의 어딘가에 저장되어 있다가 훗날 특정한 반응으로 표현된다고 볼 수 있다.

이렇게 뇌의 어딘가에 저장되어 있지만 의식적으로 기억해낼 수 없는 기억을 '암시기억'이라고 한다. 뇌생리학자들은 이러한 기억들을 '몸의 기억' 혹은 '감정기억'이라고 부른다. 우리가 어떤 행동을 의식적으로 아무리 고치려고 해도 잘 안 되는 것은 나도 모르게 우리 몸 안에 그러한 행동을 유발하는 암시기억 시스템이 항시 작동 중이기 때문이다.

어릴 때 아빠에게 배운 자전거 타는 법을 오랜 시간이 지나도 우리 몸이 기억하는 것처럼, 좋은 성품을 가르치려면 어릴 때부터 좋은 생각, 좋은 감정, 좋은 행동들이 우리 몸에 기억되어 표현되도록 훈련시켜야 한다. 몸의 기억이 행동으로 반복되면 버릇이 되고 이러한 버릇이 습관이 되고 그 습관이 모여 바로 나의 성품이 되기 때문이다. 또한 이렇게 형성된 성품은 바로 한 사람의 운명을 만들어 성공과 실패를 좌우하는 원동력이 된다.

좋은 성품을 형성하는 교사와 부모의 사명

필자가 속한 (사)한국성품협회에서 부모인성 프로그램을 진행하면서, 부모들에게 질문지를 나눠주고 글을 써보게 한 후 토론하는 시간이 있었다. 내 부모가 내게 훈계했던 경험과 지금 내가 자녀에게 훈계하는 방법들을 묻는 질문에, 많은 부모들이 자신의 부모들이 자신을 키웠던 것과 똑같은 양육방식으로 자녀를 키우고 있다고 응답했다. 매를 맞고 자란 사람들은 매를 때리는 부모가 되어 있었고 소리 지르고 화를 잘 내는 부모 밑에서 자란 사람들은 자신도 모르게 자녀들에게 고함을 치며 화를 내고 있었다고 말했다.

실제로 1985년 미국 버클리대학교의 메리 메인(Marry Main) 박사가 이 사실을 증명했다. 애착관계를 연구하던 그녀는 부모의 자녀 양육패턴이 자식에게도 반복된다는 사실을 실증적 연구를 통해 밝혀냈다. 메리 박사는 부모가 된 성인들을 대상으로 부모와의 관계가 어땠는지를 심층 인터뷰를 통해 조사했고, 그 결과 부모 자신이 부모와 어떤 관계를 형성했고 어떤 경험을 주고받았는지가 현재 자신의 양육태도에도 그대로 영향을 주고 있다고 밝혔다.

우리가 자녀와 학생들을 대할 때의 행동들은, 사실 따지고 보면 우리의 부모들이 우리에게 했던 행동들을 고스란히 물려받은 것이다. 과거에 경험한 모든 자극들이 기억으로 남아 평생에 영향을 주고 있다는 사실을 부모와 교사들이 안다면, 자녀와 학생들에게 무심코 주는 자극들을 더 신중하게 생각할 것이다.

성품은 한 사람의 운명이라 할 만큼 개인에게 절대적인 영향력을 발휘한다. 한마디로 좋은 성품이란 축적된 좋은 기억들로 만들어진다고 해도 과언이 아니다. 그래서 부모와 교사들의 가장 큰 사명은 자녀와 학생들에게 행복한 기억을 갖게 하는 좋은 경험들을 많이 제공하는 것이다. 과거의 경험들은 훗날 그가 어떤 사람이 될 것인지를 결정하는 중요한 좌표가 되기 때문이다. 실제로 어린 시절 부모로부터 받은 좋은 기억들이 지금 내가 만나는 자녀와 학생들의 좋은 성품으로 이어진다.

필자가 인성교육의 첫걸음을 부모교육과 교사교육부터 시작해야 한다고 강조하는 이유도 바로 여기에 있다. 부모와 교사의 인성이 자녀와 학생들에게 그대로 영향을 미치기 때문이다. 좋은 성품을 가르치기 위해서는, 무엇보다도 부모와 교사 인성교육을 통해 자신을 성찰하고 치유하고 회복하는 프로그램이 절실하다.

성품교육의 시작, 좋은 생각을 갖게 하는 것

성품은 그 사람의 생각에서부터 출발한다. 그러므로 좋은 생각을 갖게 하는 것이 바로 좋은 성품을 갖게 하는 첫걸음이다. 좋은 생각을 하게 하려면 기존의 생각 패턴들을 바꿀 수 있도록 좋은 생각들의 기준을 세워주어야 한다. 각사람마다 갖고 있는 기존의 생각들을 바꾸기 위해서는 새로운 정보가 우리의 뇌 속에 들어가야 하고 그 새로운 정보들이 더 유익하고 행복한 경험이 된다는 것을 알게 해야 한다.

자신의 의견을 관철시키기 위해 매번 언성을 높이고 화를 내며 말하는 한 학생을 예로 들어보자. 언성을 높이는 학생의 기억 속에는 부모 또는 교사가 이렇게 말해야만 말을 들어주었던 경험이 있다. 의식 속에 '언성을 높이고 말하는 것이 자신의 욕구를 달성할 수 있는 좋은 방법'이라는 생각이 이미 형성되어버린 것이다. 이런 생각의 패턴을 바꾸어 긍정적인 태도로 말하도록 가르치려면 우선 언성을 높이는 것보다 더 좋은 방법이 있다는 것을 알게 하고 학생이 이해할 수 있는 개념으로 가르쳐서 생각을 바꾸도록 도와주어야 한다.

즉 "긍정적인 태도란 어떠한 상황에서도 가장 희망적인 생각, 말, 행동을 선택하는 마음가짐(좋은나무성품학교 정의)"이라는 정의를 가르친 후 어떤 것이 가장 희망적인 말이고 행동인지를 구체적으로 경험시키는 것이다. 언성을 높이는 것보다 더 강력하면서 다른 사람에게 영향력을 주는 좋은 방법이 있다는 것을 알게 되면, 아이도 자신의 생각을 수정할 수 있게 된다. 이렇게 좋은 성품을 갖게 하기 위해서는 '생각'부터 바꾸어 나가는 것이 중요하다.

(2) 성품은 감정이다

감정의 정의

감정이란 '느낌'이다. 슬픔, 분노, 공포, 쾌감, 공포, 즐거움, 부끄러움, 혐오감 등 느낀다고 말할 수 있는 모든 것이 감정이다.

이러한 감정은 자연스럽게 생기는 것이 아니라 사실 생각에서 기인한다. 뇌가 물질의 집합이라면 감정은 그 작용인 것이다. 그래서 감정은 어떤 자극에 대한 몸의 반응이라고도 말할 수 있다.

우리가 누군가를 보거나 무엇인가를 경험하게 되면 감정이 생겨난다. 어떤 사건과 맞닥뜨렸을 때 그 자극에 대해 몸에서 일어나는 반응은 사람마다 제각기 다른데, 나타나는 반응 자체가 바로 그 사람의 성격이다. 똑같은 상황에서 어떤 사람은 감정을 폭발시켜 절망에 빠지고, 또 어떤 사람은 긍정적인 마음으로 그 상황을 받아들여 감정을 절제하며 평안함을 유지한다. 태어나면서부터 저마다 감정을 표현하고 받아들이는 방식들이 제각각 다르기 때문에 '타고난 성격'이라고 말하기도 한다.

그러나 감정을 표현하고 처리하는 '타고난 성격'이 어떠하든 교육과 훈련을 통해 감정을 잘 조절하고 표현하여 더 좋은 방향으로 나아갈 수 있다. 이것이 바로 성품교육이다. 즉 성품교육에서 지향하는 감정 영역은, 사물과 상황에 대한 느낌(feeling)의 영역을 넘어 감성(emotion)의 영역으로 전환하는 과정이다.

감정과 감성의 차이

어떤 상황이 발생하면 거기에서 어떤 느낌이 전해진다. 자연스러운 감정(feeling)은 어떤 상황에서 일어나는 개인적인 마음의 상태로써, 일시적이고 즉흥적으로 작용한다. 감정이 즉흥적이고 순간적으로 일어나는 작용인 반면, 감성은 이러한 감정에 이성의 영역이 첨가되어 정화되고 순화되고 지속되게 하는 정서적 작용이다.

대니얼 골먼(Daniel Goleman)은 〈감성지능: EQ가 IQ보다 중요한 이유는 무엇인가? Emotion Intelligence〉에서 감성지능이 뛰어날수록 효율적이고 생산적으로 살며 성공할 가능성이 높아진다고 역설했다. 그 후 감성지능에 대한 많은 학자들의 관심이 이어졌고 지금도 많은 연구를 통해 IQ보다 EQ가 성공의 요인이라고 증명하고 있다.

IQ와 EQ의 차이

IQ(Intelligence Quotient)는 개인의 지적, 분석적, 논리적, 합리적 능력을 측정하는 기준이다. 즉 IQ는 새로운 내용을 배우고, 과제와 연습에 집중하여 객관적인 정보를 기억하고 회상해내는 능력이다. 나아가 추론과정을 활용하고, 숫자를 빠르게 파악하고, 추상적이고 분석적으로 사고하며, 기존의 지식을 적용하여 문제를 해결하는 능력이 바로 IQ이다.

IQ는 비교적 고정적이라는 특징이 있다. 일반적으로 17세에 최고수준에 도달하고 성인기 내내 동일한 수준에 머물다가 노년기에 서서히 떨어진다.

그렇다면 EQ(감성지능, Emotional Quotient)란 무엇일까? EQ는 감정과 느낌을 통제하고 조정할 줄 아는 능력을 가리킨다.

감성지능이란 용어는 1990년 미국 뉴햄프셔 대학의 심리학 교수인 존 메이어(John Mayer)와 예일 대학의 교수인 피터 샐로비(Peter Salovey)가 이론화한 개념이다. 존 메이어와 피터 샐로비는 감성지능에 대해 '자신과 타인의 정서를 평가하고, 표현할 줄 아는 능력, 자신과 타인의 정서를 효과적으로 조절할 줄 아는 능력, 그리고 자신의 삶을 계획하고, 성취하기 위해서 그런 정서를 이용하여 활용할 줄 아는 능력'이라고 정의를 내렸다.

토머스 스탠리(Thomas Stanley)의 〈백만장자 마인드 The Millionaire Mind (2007)〉를 살펴보면 이러한 감성지능이 더 이해하기 쉬워진다. 미국 각지의 백만장자 733명을 조사해서 얻은 정보에 의하면 백만장자들이 갖고 있는 상위 5가지 공통된 성공요인이 다음과 같다고 한다.

1. 누구에게나 솔직하게 대하기

2. 자기관리에 힘쓰기

3. 사람들과 잘 어울리기

4. 적극적으로 지원해주는 배우자 만나기

5. 남보다 열심히 일하기

토머스 스탠리가 밝힌 백만장자의 핵심 비결은 사람들이 으레 짐작하는 IQ가 아니었다. 그보다는 감성지능을 반영한 요인들이 우선적으로 강조되었다.

EQ의 특징 중 하나는 IQ처럼 고정적이지 않다는 점이다. 캐나다와 미국에서 4,000명을 대상으로 연구한 결과, 10대 후반에 평균 95.3에서 시작되는 EQ는 40대까지 평균 102.7로 서서히 상승하다가 50세가 지나면 서서히 줄어들면서 평균 101.5 수준에 머문다고 밝혔다. 급격히 떨어지거나 하지 않고 남녀 모두 동일한 양상을 보인다고 하니 상당히 고무적인 결과라 할 수 있다. 나이가 들수록 현실에 적응하는 능력이 발전하고 사람들과의 관계도 원만해지는 경향은, 살아가면서 감성과 이성의 균형을 이루어가는 지혜를 배우기 때문일 것이다.

이와 같이 IQ와 EQ를 살펴본 것은 우리가 논의하는 성품을 좀 더 쉽게 이해하도록 돕기 위해서이다. 성품교육은 이러한 감성요인을 발달시키는 구체적인 교육방법을 제공한다.

기질과 성격, 성품의 차이

많은 사람들이 기질과 성격, 성품에 대해 적잖이 혼동하는데, 기질과 성격,

성품은 다음과 같은 분명한 차이가 있다.

기질은 부모로부터 물려받은 유전적 요소이다. 다시 말해 부모의 DNA가 자녀에게 유전적으로 전달되어 내성적, 외향적, 다혈질, 담즙질, 우울질, 점액질과 같이 형성된 성향을 의미한다.

성격이란 유전적 요소인 기질이 겉으로 드러나 타인에게 보여지는 양식을 의미한다. 성격에는 누구나 장점과 단점이 있는데, 이와 같이 특징적이고 지속적이며 안정적인 방식으로 생각하고 느끼고 믿게 되는 개인의 고유한 특질이 바로 성격이다.

성품이란 타고난 기질과 성격 위에 좋은 경험과 교육으로 덕을 쌓아 균형잡힌 상태가 되게 하는 것이다. 기질들은 삶을 살아가는 전반적인 전략으로, 우리의 생각·감정·행동 속에 표현되고 드러난다. 사람들마다 타고난 성격은 IQ처럼 아예 고정되어 있는 것으로 보이지만, 타고난 기질과 성격 위에 더 좋은 가치와 경험들을 교육시키면 성격도 품위 있게 바뀔 수 있다. 이것이 바로 성품이다. 성품은 더 좋은 생각·더 좋은 감정·더 좋은 행동을 선택하도록 배우고 훈련하는 과정을 통해 완성된다.

성품교육, 이성으로 균형 잡힌 감성교육

사람마다 환경과 여건 그리고 상황에 따라 각기 다른 감정이 반응하여 일어난다. 이 때 느껴지는 감정 그대로 반응하지 않고 'STOP!'하여 멈추고 생각하고 반응하는 것이 성품이다.

실제로 성품 안에는 21세기 지도자의 자질이라 할 만한 EQ의 요소들이 포함된다. 좋은 생각으로 좋은 감정을 소유하여 표현하고 좋은 행동을 선택하는 성품의 개념 안에 EQ의 요소들이 내재되어 있는 것이다. 그러므로 성품교육에서 가르치는 '멈추어 생각해보고 선택하기'(STOP-THINK-CHOOSE)는 이성으로 균형 잡힌 감성교육이라 할 수 있다.

(3) 성품은 행동이다

행동이란 살아 있는 유기체의 모든 움직임을 말한다. 우리는 사람들의 행동을 보고 그 사람이 어떤 사람인지 평가하는 경향이 있다. 그런데 그 행동 뒤에는 그 사람의 생각과 감정이 숨어 있다는 사실을 놓치곤 한다.

행동으로 표현되는 생각과 감정

우리는 한 사람의 행동을 보면서 그 사람의 심리상태를 알 수 있고 그 사람의 생각을 이해할 수 있다. 행동 뒤에는 그 사람의 마음이 숨겨져 있고 그 사람의 생각들이 담겨 있는 법이다.

다시 말하면 생각이 행동으로 표현된다. 그 행동을 반복하면 버릇이 된다. 버릇이 반복되면 습관이 된다. 그 습관들이 바로 그 사람의 성품이 되고 성품은 그 사람의 운명이 된다. 아리스토텔레스는 이것을 "현재의 우리는 우리가 반복적으로 하는 행동의 결과다"라고 말했다.

부모와 교사의 역할

산을 옮기려면 작은 돌부터 치워야 한다는 말이 있듯이, 성품이라는 고지를 향해 나아가려면 지금 자녀와 학생들에게 보이는 작은 걸림돌들을 치워주는 일부터 시작해야 한다. 좋은 성품을 키우기 위해 오늘 보이는 문제행동을 바르게 잡아주는 것이 부모와 교사의 중요한 역할이다.

사람들에게 보이는 문제행동들은 바로 그 사람의 성품에 부족한 점이 있기 때문에 나타나는 것이다. 각 성품들의 특징을 살펴보고 그 성품이 부족할 때 나타나는 행동의 유형을 알아본 후에 구체적으로 그러한 행동을 바로잡는 방법들을 모색해 보자. 부정적인 행동들을 좋은 성품으로 고쳐나가는 전략들은 필자가 쓴 〈성품양육 바이블(이영숙. 2009. 물푸레)〉에서 자세히 다루었으니 참조하기 바란다.

(4) 성품은 한 사람의 생각, 감정, 행동의 총체적 표현이다

지금까지 말한 바와 같이 성품은 한 사람의 생각, 감정, 행동이 총체적으로 표현되는 것이다. 생각이 행동이 되고, 행동이 반복되면 버릇이 되고, 버릇이 반복되면 습관이 되고 그것이 굳어져 성품이 된다.

성품이 한 사람의 운명을 좌우한다는 것은, 바꿔 말하면 사람의 운명도 성품이 바뀌면 함께 바뀔 수 있다는 의미이다. 결과적으로 자녀와 학생들의 기질이나 성격을 바꾸는 데 그치지 않고, 그들의 인생 전체를 좌우한다는 점에서 이 일은 부모와 교사들에게 중요한 과제이다.

그런데 오늘날 많은 가정과 학교가 혼란 속에서 자녀와 학생들을 어떻게 제대로 가르쳐야 할지 갈등하고 있다. 학생들의 나쁜 행동이 더 굳어지지 않도록 전략을 미리 알고 대처할 때 성품 좋은 지도자들이 바르게 나라를 세워나갈 수 있다.

3) 좋은 성품이란 무엇인가

인생은 고난과 위기 그리고 갈등의 연속이라고 해도 과언이 아니다. 갈등과 위기가 닥칠 때 어떤 선택을 하느냐 하는 것은 각 사람의 성품에 따라 달라진다. 좋은 성품을 가진 사람은 어려운 상황에서도 좋은 생각과 좋은 감정을 표현하고 유지하면서 좋은 행동을 선택하고, 비극과 파괴적인 결과를 초래하지 않도록 자신을 조절한다.

그래서 필자는 좋은 성품이란 "갈등과 위기의 상황에서 더 좋은 생각, 더 좋은 감정, 더 좋은 행동으로 문제를 해결하는 능력(이영숙. 2010)"이라고 정의를 내렸다. 즉 좋은 성품은 "어떠한 환경에서도 항상 옳은 일을 선택할 수 있는 결단력(이영숙, 2005)"으로, 더 좋은 가치와 옳은 일을 지향하는 인격의 총체적 표현을 뜻한다.

아리스토텔레스가 우수한 사람은 갑자기 만들어 지는 것이 아니라 우수한 행동을 지속적으로 할 때 가능하다고 주장한 것처럼 좋은 성품은 우연히 갖게 되거나 타고나지 않는다. 좋은 성품은 삶의 구체적인 상황 속에서 배우고 훈련해야 얻을 수 있는 인격적 결단으로, 가르침과 배움 그리고 훈련을 통해 길러진다.

좋은 성품의 특징은 실제 삶에서 다음의 5가지 구체적인 모습으로 나타난다.

<u>첫째</u>, 좋은 성품은 눈에 보인다.

성품은 삶의 위기와 갈등에 직면했을 때 드러난다. 어려운 상황이나 삶의 압박에 대해 반응하는 모습이 바로 그 사람의 성품이다. 성품은 아무도 모를 것 같은 상황에서 보이는 행동으로, 좋은 성품은 평상시의 말과 생각, 표현하는 방법과 태도를 통해 숨겨지지 않고 그대로 드러난다.

<u>둘째</u>, 좋은 성품은 다양한 인간관계로 나타난다.

우리가 살고 있는 이 시대는 좋은 성품을 제대로 갖춘 성품 지도자를 갈망하고 있다. 미국 경영자협회의 후원으로 제임스 카우지스와 베리 포스너가 전국의 경영자 약 1,500명을 대상으로 "당신의 지도자에게서 보고 싶은 모습은 무엇입니까?"라는 질문을 던졌을 때, 놀랍게도 가장 많이 응답한 답변이 '덕, 진실성, 좋은 성품' 등과 같은 성품에 관련된 항목이었다.

좋은 성품을 갖춘 지도자는 사람들을 옳은 길로 인도하며 많은 사람의 유익을 위해 자신의 역할을 감당한다. 좋은 성품은 이러한 인간관계에서의 성공을 바탕으로 삶의 여러 영역에서 아름다운 결실을 맺는다.

<u>셋째</u>, 좋은 성품은 습관을 통해 드러난다.

좋은 성품을 지니고 있다는 것은 좋은 습관을 가지고 있다는 뜻이다. 습관은 오랫동안 무의식적으로 행해온 기억들이 모여 형성된 '기억 더미'이다. 매일 무의식적으로 반복하여 행한 버릇들이 습관이 되어 우리의 삶을 지배하고, 이 습관에 이성의 작용이 더해져 결국 성품이라는 안정적이고 지속적인 상태로 자리 잡는다.

사실 몸에 밴 나쁜 습관을 바꿀 수는 없다. 다만 새로운 습관으로 대체할 수 있을 뿐이다. '나쁜 습관'을 대체할 수 있는 '좋은 습관'을 날마다 연습하는 과정이 필요하다. 이것이 바로 성품교육의 시작이다. 좋은 생각이 무엇인지 알고 선택하는 것이 좋은 성품을 만드는 밑거름이 된다.

넷째, 좋은 성품은 예절과 매너를 통해 나타난다.

현대 사회에서는 예의가 곧 경쟁력이다. 예의 바른 사람이 성공할 수 있다. 그런데 예의는 갑자기 생겨나는 것이 아니다. 아리스토텔레스는 "사람의 우수성은 일회적으로 나오지 않는다. 그것은 오랜 세월 동안 계속된 반복적인 습관에서 나온다"라고 주장했다. 좋은 생각이 좋은 행동으로 표현되고, 그 행동을 반복할 때 좋은 습관이 되며, 그 습관이 바로 예의 바른 사람을 만드는 것이다. 예의는 다른 사람을 존중하는 표현이자 타인을 배려하는 마음이며, 마음속에 있는 친절을 나타내는 성품이다.

다섯째, 좋은 성품은 말을 통해 나타난다.

19세기 영국의 낭만파 시인 바이런(Baron Byron)은 "말은 사상이다. 작은 잉크 방울이 안개처럼 생각을 적시면 거기에서 수백, 수천의 생각이 가지를 치고 나온다"라고 말했다. 사람의 말 속에는 성품이 들어 있다. 그 사람의 생각이 말에 고스란히 담겨져 있다.

이처럼 실제적인 삶에서 드러나는 좋은 성품은 좋은 가르침과 꾸준한 훈련으로 성장하게 된다.

2. 한국 문화를 반영한 한국형 12성품교육론의 기조

1) 한국인의 성품의 특징

(1) 동양의 관계주의 문화권 속에서 본 한국인의 성품

2005년부터 필자가 '한국형 12성품교육론'을 실천하는 인성교육 전문기관인 전국의 좋은나무성품학교를 통해 발견한 것은, 성품은 각 나라의 문화 속에서 다양한 모습으로 발전해 나간다는 점이다. 성품은 그 나라의 문화적 요소와 환경적 요소, 그리고 각 나라의 민족적 경험 요소에 의해 형성되는 특징이 있다.

한국인의 성품은 동양의 관계주의와 깊은 영향이 있다. 한국 문화는 관계주의 문화권의 영향으로, 개인주의 문화권인 서양문화와는 상당한 차이가 있다 (장성숙, 2009).

개인주의 문화권에서의 개인의 성품은 자기만족을 목표로 하고, 개인의 노력에 의한 목표성취를 지향한다. 이때의 개인은 전체보다 앞서 존재하는 개체로, 전체인 사회는 개체의 목적을 실현하기 위해 계약의 형태로 구성 또는 해체된다. 그러므로 이런 서구의 개인주의 문화 속에서는 개인이 전체보다 중요하기 때문에, 전체를 위해 개인이 희생하는 것을 꺼리는 경향이 있다. 또한 서양문화에서의 개인은 자유의지에 따라 합리적 사고를 통해 선택하고 행동하는 주체로 인식되므로, 개인의 자유로운 정서 표출을 중시한다.

반면 관계주의 문화권에서는 전체 중심의 관점에서, 개인을 사회에 소속된 개체로 인식한다. 개인을 사회적인 존재로 보기 때문에, 개인보다 사회를 우선시하는 경향이 강하다.

동양문화의 대표적 국가인 한국은 관계주의 문화권에 속하기 때문에, 개인의 자유보다는 공동체의 이익과 사회적 관계에서 얻는 정서적 만족에 가치를 두고 문제를 인식한다. 그래서 한국인은 감정의 표출에서도 사회적 관계와 타인의 평가를 염두에 두고, 부적 정서표출을 억제하는 경향이 있다.

일반적으로 서양 사람들은 정서표현에 있어서 자유롭다. 개인의 생각과 감정, 그리고 행동을 거리낌 없이 표현하는 것을 미덕으로 여긴다. 그러나 한국 문화 속에서의 개인의 정서는 감정 표현을 억제하는 것을 미덕으로 여겼고, 익숙하지 않고 훈련되지 않아서 다르게 표현하거나 부적절하게 표현함으로써 오히려 부정적인 결과를 가져오는 원인이 되기도 했다.

[표 8] 문화권에 따른 서양 문화와 한국 문화의 차이

구분	서양의 문화	한국의 문화
문화권	개인주의 문화권	관계주의 문화권
사고방식	전체보다 개인을 중요하게 생각함	개인보다 전체를 중요하게 생각함
개인의 정서표출	자유로움	억제함

_ 출처 : 이영숙 (2011). 한국형 12성품교육론. 좋은나무성품학교

(2) 유교문화 속에서 본 한국인의 성품

한국인의 문화는 상당 부분 유교문화의 영향을 받았다.

유교문화 속에서의 한국인의 성품은 첫째, 개인보다 사회에 비중을 둔다는 특징이 있다. 개인은 희생하더라도 가족과 사회를 살리는 희생정신이 강한

것이 한국 문화 속에 면면히 나타난다. 개인적 이익보다 타인과 사회에 초점을 두어 배려를 중시하고, 이 배려를 역할과 의무의 근거로 하여 질서와 조화를 추구한다(장성숙, 2009).

둘째, 도덕성의 근거를 인간관계에서 찾는다. 아무리 개인이 뛰어나고 선량해도 인간관계가 좋지 않으면 '나쁜' 사람으로 인식해 버린다. 한국인들은 인간관계를 매우 중시 여기는 문화 속에 살고 있다.

셋째, 위계적 구조에 따른 예의를 중시한다. 유교의식은 오랫동안 한국의 언어문화 발달에 영향을 끼쳤다. 유교의 기본 지침이 되는 삼강오륜(三綱五倫)은 한국 문화 속에서 매우 중요한 미덕으로 여겨져 왔다.

삼강오륜은 신하는 임금을, 아들은 아버지를, 아내는 남편을 섬겨야 한다는 삼강(三綱), 곧 군위신강(君爲臣綱), 부위자강(父爲子綱), 부위부강(夫爲婦綱)과 어버이와 자식, 임금과 신하, 부부, 어른과 아이, 친구 간의 덕목인 오륜(五倫)으로 구성된다. 특히 오륜은 어버이와 자식 사이에는 친함이 있어야 한다는 부자유친(父子有親), 임금과 신하 사이에는 의로움이 있어야 한다는 군신유의(君臣有義), 부부 사이에는 구별이 있어야 한다는 부부유별(夫婦有別), 어른과 아이 사이에는 차례와 질서가 있어야 한다는 장유유서(長幼有序), 친구 사이에는 믿음이 있어야 한다는 붕우유신(朋友有信)의 덕목을 지칭하며, 한국인의 성품은 이러한 삼강오륜의 예의범절을 바탕으로 발달하였다.

유교문화는 관계에서 신분과 지위에 따른 위계적 구조를 전제하고, 관계의 완전한 실현을 추구하기 위해 덕목들을 실천할 것을 강조한다. 특히 유교의 덕목은 아랫사람이 윗사람을 대할 때 갖춰야 할 마음가짐과 예의에 초점이 맞춰져 있기 때문에, 유교문화의 영향을 받은 한국인들은 어른이나 상전을 대할 때의 언어가 훨씬 더 강화된 성품의 특징이 있다. 신하가 임금에게 문안드리고 간언하고, 자녀가 부모에게 인사하는 등의 언어는 발달했지만, 평상시 만나는 사람에 대한 언어적 표현이나, 윗사람이 아랫사람을 대할 때 사용하는 언어는 자연스럽지 않다. 일례로, 일상의 대화에서 수평적 언어의 요소들이 결핍돼 있어, 현대에는 엘리베이터를 타도 옆집 사람과 인사하지 못하는 경우가 많다. 이처럼 대다수의 한국인들은 자신의 생각과 감정을 전달하고 표현하는 '일상적 언어'가 익숙하지 않은 성품의 특징을 갖고 있다(이영숙, 2010).

(3) 정(情)의 심리학적 특징으로 본 한국인의 성품

한국의 특별한 문화 중의 한 요소가 바로 정(情)의 문화이다. 나쁜 줄 알면서도 정 때문에 떼어내지 못하는 현상은 한국 사회 곳곳에서 존재하고 발생한다. 심지어 방송 CF에서도 '정'의 개념을 이용한 상품 광고가 화제가 될 정도로 '정'은 한국인만의 특별한 문화이다.

이 정(情)이라는 요소를 무시하고서는 한국인을 대상으로 한 성품교육이 성공하기 어렵다. 아무리 좋은 내용이라도 한국인들은 심정적으로 정이 들어야 받아들이는 경향이 있기 때문이다. 그래서 학교에서 교사들이 학생들에게 좋은 성품을 가르치기 위해서는 좋은 지식을 강요하기보다 정을 주고 '우리'라는 공동체 의식을 심겨주는 활동이 중요하다.

많은 연구들이 한국인의 인간관계에서 가장 핵심적인 정서가 정(情)이라는 근거를 발표했다(최상진·김기범, 1999 등). 정이란 상대를 가족처럼 아껴주는 마음으로, 한국인들은 정이라는 감정을 통해 마음을 주고받으며 관계를 맺는다. 이때의 마음은 가시적인 행동이나 물질이 아니기 때문에, 한국인들은 마음을 해석하는 과정에서 심정(心情)을 단서로 사용한다.

물건을 주고받는 게 아니라 마음을 주고받는다는 것이 얼마나 어려운 일인가? 그래서 한국인들은 대인관계에서 마음을 해석하는 데 언제나 불확실성(precariousness)의 위험성을 가지고 있다. 이처럼 어려운 상호작용을 기반으로 한국인들의 성품이 형성되었고 한국 사람들의 관계 문화가 발달했다. 그 특징을 자세히 살펴보면 다음과 같다.

① '사리논리'를 기반으로 하는 서구 문화와 '심정논리'를 기반으로 하는 한국 문화

한국인은 이성보다는 감정에 더 섬세한 자극을 받는 민족이다.

한국어에서의 마음은 영어에서의 마음(mind)보다 좁은 의미로 사용된다. 영어에서의 마음은 이성(reason)과 감정(passion)을 모두 포괄하는 개념인 반면, 한국어에서의 마음은 주로 감정(passion)에 더 비중을 둔다. 서양인은 '개별자 상호작용의 논리, 공적 논리, 이해관계의 교환 논리, 객관성 논리, 이성 논리'의 사리논리(事理論理)를 기반으로 하지만, 감정적 측면의 마음을 더 중시하는 한국인은 '우리성의 논리, 사적 논리, 마음 교류의 논리, 상호주관성의 논리, 정의 논리'의 심정논리(心情論理)를 기반으로 사고한다(최상진·김기범, 1999).

이처럼 사리논리를 기반으로 사고하는 서구 문화에서 개인은 독립적으로 기능하는 독특한 완성체(solid entity)로 인식되기 때문에 전체 속에서 자기(self)를

그대로 유지한다(최인재, 최상진. 2002). 그러나 심정논리를 기반으로 사고하는 한국 문화에서 개인은 사회적 관계 안에서 기능하는 부분자(partial individual)로 인식되기 때문에, '우리'라는 관계 안에서의 역할과 기능에 따라 자기(self)를 규정한다(최봉영, 1994). 그래서 한국인들은 이성적으로 아무리 옳다고 생각이 들어도 심정적으로 풀어지지 않으면 문제가 해결되지 않는다. 이런 특징을 갖고 있는 한국 문화 속에서의 한국인을 위한 성품교육은 이성적으로 접근하는 사리논리보다는 감정에 호소하는 심정논리를 효과적으로 사용하는 지혜가 필요하다.

② 정(情)의 부정적 기능

심정논리를 기반으로 사고하는 한국인에게 정(情)은, '서구적 합리성·박애주의·정의감에 근거한 자선적 행동'과 같은 합리적이고 당위적인 개념이 아니라 소위 인간적이라 표현하는 비합리적 성격의 심리현상으로 작용한다(최상진 외, 2000). 더욱이 '느끼는 것'에 기초한 한국인의 정(情)은, '든든하고 의지가 됨, 무거리감, 이성적 판단 방해'로 특징되는 정(情)의 3가지 기능 중 '이성적 판단 방해'라는 대표적인 부정적 기능을 야기한다(최상진·김지영·김기범, 2000).

이성적 판단을 방해하는 정(情)의 부정적 기능은 다음의 4가지로 설명된다.
첫째, 공사(公私) 구분의 불명확성을 가져온다.

정으로 인해 사람들과의 감정과 인지가 오랜 시간 공유되면, 더 이상 감정의 좋고 나쁨을 떠나 그저 우리 것, '우리성'이 돼버린다. 그래서 "우리 것이니까 지켜야 돼"라는 인식으로 이성적 판단을 방해하기 때문에 상대방이 아무리 나쁜 행동을 해도 정든 사람이 한 행동을 모두 옳다고 판단하며 지지한다. 사회적 관계에서 얻은 긍정적 감정이 공사(公私)구분의 불명확성과 같은 문제로 이어진다.

둘째, 정든 사람들끼리 '우리 근성'으로 뭉쳐 다른 사람들에게는 배타적 태도를 취하기 때문에, 상호적으로 좋은 관계를 맺기가 어려워진다.

한국인은 '우리'라는 인식을 바탕으로 사회적 관계를 맺는 경향이 있어 '우리'라는 단서를 가진 사람들과 선택하고 선택되는 식으로 관계를 맺는다. 이는 단순한 무리짓기와 구분되며 '우리'로 규정되는 내집단을 강조하기 때문에 외집단에 대해 배타적 성격을 나타낸다(최상진·김지영·김기범, 2000).

한국 사회 안에 혈연, 지연, 학연의 뿌리가 깊은 것도 이 때문이다. 이미 상호적으로 관계가 형성돼 있는 사람들을 뚫고 새롭게 관계를 형성하는 것이 어렵기 때문에 정(情)에서 비롯된 '우리성'은 깊은 분쟁의 원인으로 고착화되어 있다.

셋째, '미운정'도 정(情)이라는 인식으로 부정적 감정을 미화시킨다.

정(情)은 감정의 좋고 나쁨이 아니라 '우리성'을 얼마나 공유했느냐 하는 '시간'에 바탕을 둔다. 그래서 한국인들은 표면적으로 드러나는 행동과 언어가 호의적이 아님에도 불구하고, '우리성'을 오랜 기간 공유했다는 이유로 '미운정'을 인정하게 된다.

넷째, 정(情)에 기반한 관계를 유지하는 과정에서, 자신의 감정을 명확하게 표현하지 못한다.

한국인의 보편적 심리현상인 정(情)은 한국인이 중시하는 '관계'를 유지하게 하는 기능을 한다. 그러나 정(情)에 기반한 관계를 유지하기 위해 개인은 불확실성 속에 타인의 마음을 추론하고 이해하도록 사회화된다. 자신의 감정을

'명확하고 올바르게' 표현하지 못하고 사회적 관계 속에서 심리적 부담을 감내해야 하는 문제를 야기한다.

현재 한국의 학교가 왕따와 폭력의 문화로 부정적인 문제를 일으키는 원인에 대해, 필자는 이러한 관점에서 문제를 바라보고 해결점을 찾아야 한다고 생각한다. 나쁘다는 것을 알면서도 관계를 중시 여기는 한국인의 특성상 부정적인 '우리성'을 놓지 못함으로써 더 큰 문제를 발생시키는 경향이 있다. 한국형 12성품교육론의 두 가지 기본 덕목인 공감인지능력과 분별력을 가르침으로써 이 문제를 해결할 때 진정한 한국인의 좋은 성품을 문화적으로 확산시킬 수 있다고 확신한다.

(4) 한국적 샤머니즘문화로 본 한국인의 성품

한국인의 성품 특징 중 하나는, 갈등과 고통을 자신이 책임지고 나갈 자신의 문제로 인식하여 자신을 성찰하면서 내부적 요소로 풀어가는 과정으로 여기지 않고, 외부적 요소로 누군가의 개입이나 도움이 있어야 갈등이 풀린다고 믿고 외부의 힘과 통제를 의존하는 경향이 있다는 것이다. 이러한 한국인의 성격이 만들어진 원인을 한국 문화 속에서 살펴보면 한국적 샤머니즘의 영향력을 꼽을 수 있다.

한국적 샤머니즘은 한국인의 보편적 정서인 한(恨)을 풀어주기 위한 시도로 굿이라는 샤머니즘적 예식(ritual)을 통해 나타난다. 굿은 전통적인 '공동체적 종교행사'로 이 예식을 통해 개인의 정서인 한(恨)이 공동체적 사건으로 전환된다(홍경완, 2009).

특히 한국의 샤머니즘은 "인간의 운명을 통제하고 재난을 막으며 복을 가져다 줄 수 있다"고 믿는 민간신앙을 근간으로 하기 때문에, 모든 문제의 근원을 외부에서 찾고 외부적 요소들이 잘 풀려야 내부도 원활해진다고 믿는다. 내부적 요소를 고찰하고 내면을 성찰하기보다는 굿을 통해 누군가 외부에서 개입하고 통제하도록 의존적 성향을 띤다. 그래서 굿을 통해 개인의 부정적 삭힘을 누가 개입하여 잘 풀어주지 않으면 그저 참고만 있어야 한다는 인식으로 한국 내 한풀이 문화가 정착되었다.

그러나 한국 문화에서의 '한(恨)'은 개인에게서 나타나는 '부정적 감정의 삭힘'으로(고건영 외. 2005), 관계 형성에 치중한 나머지 자기 내면의 욕구를 표현하는 능력이 부족한 데서 비롯된 것이다. 한국적 샤머니즘은 이러한 개인의 부적 감정을 표출하는 통로의 역할을 했지만, 근본적인 문제 해결은 부정적 감정을 올바르게 표출하고 풀어내는 데 있다는 점에서 한국적 샤머니즘의 한풀이는 본질적인 한계를 가졌다.

이에 이영숙 박사의 '한국형 12성품교육론'에서는 한국인의 성품교육을 위해 부정적 감정을 바르게 표현하고 올바른 관계 맺기를 통해 행복한 감정을 소유하게 하기 위해서 'TAPE 요법(이영숙, 2005)'을 개발하여 교육 현장에 보급함으로써 이혼한 부부 및 부모와 자녀 관계, 교사와 학생 관계 회복 등 관계가 깨지고 막힌 부정적 감정을 해결하고 긍정적인 관계 맺기에 성공할 수 있도록 많은 임상 효과를 거두었다.

(5) 한(恨)의 심리학적 특징으로 본 한국인의 성품

지난 8년 동안 좋은 성품 세미나를 개최하면서 필자가 가장 많이 받은 질문은 바로 "참아야 할까요, 말아야 할까요?"였다. 일반적으로 많은 사람들이 참아야 좋은 성품이라고 생각하는 경향이 있었다.

모든 갈등과 위기를 긍정적으로 생각하고 참으며 해결하는 사람은, 도를 닦은 수준의 좋은 성품의 소유자임에는 틀림없을 것이다. 그러나 참음으로 분노를 키우고 병이 된다면 이는 분명히 좋은 방법이 아니다.

한국인의 정서에는 한(恨)이라는 특별한 병리현상이 있다. 한은 심장, 마음을 뜻하는 '심(心)'과 가만히 머물러 있다는 의미의 '간(艮)'이 합쳐진 단어로, 마음에서 커져 마치 거기에서 난 것처럼 그 자리에 머물러 있는 상태를 의미한다. 한국인의 가치관 속에 복잡하게 스며들어 뚜렷이 그 형체가 나타나지는 않지만 본질적으로는 그 무엇이라고 설명할 수 있는 것이 바로 한이다(홍경완, 2009). 그러므로 한국 문화 속에서 빚어진 한의 심리적 특징을 살펴보는 것은 매우 중요하다.

① 집단주의 문화와 한국인의 한(恨)

한국은 개인주의적인 서구 문화와는 다르게 집단주의 문화의 특성을 나타낸다. 타인에 대한 배려가 자신의 표현보다 우위인 집단주의 문화에서, 개인은 자신의 부적감정을 표출하기보다는 '삭히도록' 사회화된다. Markus와 Kitayama(1991)는 집단주의 문화에서 '부적감정의 삭힘'이 나타나는 이유를 개인주의 문화와 집단주의 문화에서의 개인에 대한 인식과 여기서 비롯된 감정경험의 차이 때문이라고 설명한다.

즉 서구의 개인주의 문화에서 개인은 스스로를 '독립적인 개인(independent self)'으로 인식하고 자아에 초점을 둔 감정들(the ego-focused emotions)을 느끼고 표현하는 반면, 집단주의 문화에서 개인은 '상호의존적인 자기(interdependent self)'로서 자신을 인식하고 타인에 초점을 둔 감정들(the other-focused emotions)을 경험한다고 설명한다.

② 한(恨)의 병리적 특징

전통사회에서는 딸을 결혼시켜 보낼 때, "장님 3년, 귀머거리 3년, 벙어리 3년이면 집안이 조용하다. 그러니까 참고 살아라."라고 이르며 시집을 보냈다. 그런데 이렇게 3년-3년-3년, 총 9년 동안 자신의 정확한 생각이나 감정, 행동을 표현하지 못한 채 살아야 한다고 가정해 보자. 행복한 관계를 맺는 것이 과연 가능하겠는가? 관계 속에서 쌓인 한이 내면에 얼마나 깊이 잠재해 있겠는가?

이러한 부적감정들은 부적절한 감정 표현을 만들고 분노로 내재돼 있다가 한풀이의 방식으로 폭발해 버린다. 평상시에는 조용했던 사람이 화가 나면 무섭게 폭력적으로 돌변하는 병리적인 특징이 바로 이러한 내면의 한이 원인이 되어 나타나는 것이다.

③ 한(恨)의 긍정적 기능

한(恨)은, 한국인의 심리적 구조에서 가장 핵심적인 개념 중 하나이다. 그런데 시각에 따라 한을 긍정적 의미로 해석하기도 한다.

한(恨)이라는 개념은 체념, 원한, 공포, 외로움, 슬픔과 기대, 좌절 등의 복합적인 감정을 포함하는 "다양한 감정들의 총체"로 규정된다. 인간 행동과 사고 등에 동원이 된다는 점에서 긍정적이고 창조적인 감정이기도 하지만, 다른 한편으로는 감정의 억압이라는 부정적이고 파괴적인 의미를 갖는다는 점에서 한의 개념 안에는 모순된 두 가지 의미가 상존한다(홍경완, 2009). 또한 한을 단순 부적감정이 아니라 긍정적 특성까지 포함하는 개념으로 정의하는 시각에서는, 정서와 지혜의 측면을 모두 포함하는 '정서적 지혜'로 한을 규정한다(고건영·김진영, 2005).

그러나 '부정적 감정의 삭힘'으로서의 한(恨)이 한국인에게 정서적 지혜로 발휘되기 위해서는, 한(恨)이 전제하는 부적감정을 올바른 방법과 형태로 승화하고 표출하는 과정이 중요하다. 부적감정을 올바르게 표출하기 위해서는 한국인의 한(恨)이라는 보편적 정서를 이해하고 '심리 사회적 성숙'을 기르는 것이 선행되어야 한다.

2) 바람직한 한국인의 성품을 위한 해결책

한국인의 성품은 한국 문화에 대한 근본적인 통찰과 한국인의 심리적 특징에 대한 배경을 알고 있어야 비로소 이해할 수 있다. 나와 내 옆 사람이 좋은 성품으로 관계를 잘 맺지 못하는 이유는, 우리가 한국 사람으로서 겪어야 했던 민족적인 특징들, 지리학적이고 정치적인 국가의 영향력, 주변 국가와의 관계, 한국인의 의식주와 종교적인 영향, 한국인으로 지탱하게 해 온 다양한 가치관들, 즉 한 마디로 한국 문화의 특성에 의해 한국인의 성품이 만들어 졌기 때문이다.

이제 우리는 그 특성을 바르게 알고 긍정적인 영향력을 끼치는 성품교육을 실천하여 한국 문화 속에 있는 갈등의 요소들을 해결하고 더 행복한 성품 좋은 글로벌 리더들을 키우도록 풍성한 인간관계를 맺을 수 있는 비결을 찾아 교육해야 한다. 그런 의미에서 앞서 언급한 한국인의 성품 특징들을 요약해 보고 바람직한 한국인의 성품을 위한 해결책을 제시해 본다.

한국인들은 첫째, 동양의 관계주의 문화권의 영향으로, 개인보다 사회와 공동체를 중시하고, 관계 안에서 정서적 만족감을 얻기 때문에 개인의 감정 표출을 억제하는 경향이 있다.

사회 속에서는 많은 관계를 맺고 살아도 가정과 개인의 삶 속에서는 친밀한 관계를 맺지 못하는 경향이 있는 것은 바로 개인의 감정 표출에 익숙하지 못하고 억제되어 있었기 때문이다. 그러므로 좋은 성품 훈련으로 개인의 감정을 잘 표현할 수 있도록 돕고 개인적인 친밀한 관계를 형성해 보는 경험을 주어야 한다.

둘째, 유교문화의 영향으로, 어른이나 상전을 대할 때의 예의범절은 발달했지만, 평상시 만나는 사람들이나 아랫사람을 대할 때 사용하는 언어는 발달하지 못했다. 그래서 일상에서 자신의 생각과 감정을 전달하고 표현하는 언어가 익숙하지 않다. 자신의 감정을 말로 표현하는 언어 인성교육을 실천하여 상하좌우의 인간관계 속에 매너 있는 모습으로 예의 있게 말하고 행동하는 좋은 성품의 교육을 실시해야 한다.

셋째, 한국적 샤머니즘의 영향으로, 자기 내면의 욕구를 잘 표현하여 부정적 감정을 해결하기 보다는 한풀이를 통해 서과지피(西瓜舐皮)식의 한시적 만족을 얻는다. 개인이 느끼는 부적감정을 외부의 개입에만 의존하여 해소하려는 경향이 나타난다. 그러므로 자신을 성찰할 수 있는 기회와 체험 활동을 통해 자신의 생각, 감정, 행동을 주관적이고 책임감 있게 선택하고 자신의 주변을 정돈하며 살필 수 있는 기회를 훈련해야 한다.

넷째, 정(情)의 영향으로, 지나친 '우리성'에 얽매여 이성적 판단을 방해하고 '마음써주기' 형태의 모호한 표현으로 관계 속에서 상대방의 본심을 미루어 짐작해야 하는 불확실성의 심리적 부담을 감내한다. '우리끼리'라는 '우리성' 때문에 나쁜 줄 알면서도 다른 사람을 왕따시키고 학교폭력으로 이어지는 관습을 끊어 버리고, 분별력을 갖고 옳고 그름을 스스로 인식하면서 이성적으로 행동하도록 좋은 성품을 길러 주어야 한다.

다섯째, 한(恨)의 영향으로, 개인의 감정을 '참고 삭히는' 경향이 나타난다. 억눌린 감정을 부정적이고 파괴적으로 표출하여 관계의 단절을 가져오기도 한다. 이제는 '감사하기'라는 정서의 표현으로 시작되는 'TAPE 요법'을 통해 한으로 응어리진 과거의 경험들을 감사로 승화시키는 한 차원 높은 정신적, 심리적 해결점으로 삼고 관계의 문을 열게 하는 교육을 시작해야 한다. 지나온 고통은 다르게 보면 또 다른 성숙이고 사람은 고난을 통해 성장한다는 것을 인지하게 되면 감사의 성품으로 자신을 성찰하고 성숙시킬 수 있다.

이러한 특징은 오랜 시간동안 만들어진 한국인의 심리현상이다. 그러므로 한국 문화에 따른 한국인의 성품 특징을 이해하고, 나아가 어떻게 인성을 가르칠 수 있는지 고려하는 것이 중요하다. 위에서 살펴본 대로 필자가 만든, 좋은 성품을 친밀하고 풍성한 인간관계로 맺게 하는 비밀인 TAPE 요법을 자세히 살펴보자.

3) 한국형 12성품교육론의 "관계맺기의 비밀 – TAPE 요법"

관계 맺기를 잘 하는 것은 좋은 성품의 특징이다. 한국인들은 그동안 동양의 관계주의 문화와 한국적 샤머니즘이 갖는 특징들로 인해 감정을 억압하는 데는 익숙했지만 오해나 편견 없이 감정을 잘 표현하는 데는 부족한 부분이 많았다. 세미나와 강연에서 만난 현대인들의 대부분은 가정과 학교·직장에서 수직적−수평적 인간관계를 잘 풀어내지 못해 극심한 정신적·감정적 어려움을 호소하고 있었다.

한국형 12성품교육론에서는 좋은 성품으로 친밀한 관계를 맺을 수 있는 방법을 만들고, 관계의 막힌 담을 좋은 생각, 좋은 감정, 좋은 행동으로 풀어내도록 가르친다. 한국인들이 관계의 어려움을 없애고 내면의 감정을 올바르게 표현하도록 TAPE 요법을 제시하고 있다.

필자가 고안한 TAPE 요법은 자신의 감정과 욕구를 바르게 전달하여, 건강하고 행복한 관계를 형성하고 유지하게 하는 데 목적이 있다. 수직적 관계 맺기와 수평적 관계 맺기를 모두 포괄하여 감사하기(Thank you), 용서 구하기(Apologize), 요청하기(Please), 내 마음 표현하기(Express)의 네 단계로 구성한다. 각 단계의 앞 글자를 따서 만들어진 TAPE 요법은 단계별로 아래와 같은 특징이 있다.

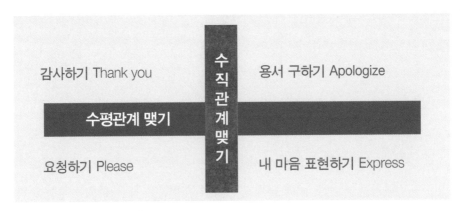

[그림 12] 한국형 12성품교육의 '관계맺기의 비밀-TAPE 요법' 모형(저작권 제C-2014-008459호)
(출처 : 이영숙 (2009). 성품 좋은 아이로 키우는 부모의 말 한마디. 위즈덤하우스)

　　첫째, TAPE 요법의 시작 단계인 감사하기(Thank you)는 상대를 존중하는 마음을 바탕으로 한다. 존중이란 '나와 상대방을 공손하고 소중하게 대함으로 그 가치를 인정하며 높여주는 태도(이영숙, 2005)'이다. 감사하기는 생명 자체에 대한 존중을 바탕으로 상대의 구체적인 태도, 마음, 행동 등에 대한 감사를 표현하는 단계이다. 이후 TAPE 요법의 다음 단계를 여는 문과 같은 역할을 하는 단계이다.

　　둘째, 용서 구하기(Apologize)는 내재된 감정을 긍정적으로 표현하여 관계의 '회복'을 꾀하도록 돕는 것을 핵심으로 한다. 상대에 대한 부정적 인식을 인정하고 반성적으로 자신을 돌아보는 과정을 거쳐, 잘못에 대해 정직하게 용서를 구하는 단계를 통해 관계 맺기의 장애요인을 제거하고 관계를 회복하는 단계이다.

　　셋째, 요청하기(Please)는 자신의 필요에 대한 일방적인 강요나 주장이 아니라, 자신의 필요와 욕구(need)를 솔직하고 명확하게 전달하는 동시에 상대에게 자신의 필요와 욕구를 정확하게 긍정적인 방법으로 요청하는 기술을 가르친다. 서로의 필요와 욕구를 진술하고 명확하게 표현하는 과정을 통해 불필요한 오해의 소지를 차단할 수 있다.

넷째, 내 마음 표현하기(Express)는 자신의 감정을 정확한 용어를 통해 진술하게 전하는 단계이다. 긍정적 감정뿐만 아니라 부정적 감정까지도 올바른 방법과 적절한 용어를 통해 진술하게 표현하는 과정을 통해 더욱 친밀하고 원만한 관계를 형성할 수 있다.

TAPE 요법은 한국인의 특징인 내재된 감정을 부적절한 방법으로 표현하는 습관과, 억압하여 표출하지 않는 습관, 왜곡된 방법으로 감정을 표출하여 오해를 받게 되는 습관들을 올바른 방법으로 표현하게 하여 좋은 성품을 기르게 하는 효과적인 교육 방법이 된다. 감정의 폭발로 관계의 단절을 경험했거나 깨진 관계를 회복하고자 하는 부모, 교사, 학생들에게 좋은 성품으로 관계를 풀어내게 하는 중요한 해결의 실마리를 제공한다.

3. 한국형 12성품교육의 내용

1) 한국형 12성품교육의 2가지 기본 덕목

한국형 12성품교육론에서 필자는, 선을 가치로 바꾼 가치명료화론과 인지적 도덕발달론의 한계점을 지양하고, 사람이 마땅히 지켜야 할 절대가치와 행동의 규범 및 질서들이 존재한다는 사실을 교육의 기조로 삼는다. 특별히 한국형 12성품교육론에서는 사랑과 공의의 완전한 성품을 내면화하고 타인의 감정을 공감하는 능력과 선·악을 분별하는 능력이 균형있게 조화를 이루도록, 공감인지능력(Empathy)과 분별력(conscience)이라는 두 개의 기본 덕목을 강조하며 가르친다.

(1) 공감인지능력(Empathy)

공감인지능력(Empathy)이란, '다른 사람의 기본적인 정서, 즉 고통과 기쁨, 아픔과 슬픔에 공감하는 능력으로 동정이 아닌 타인에 대한 이해를 바탕으로 하여 정서적 충격을 감소시켜 주는 능력'(이영숙. 2007)이다. 공감인지능력은 개

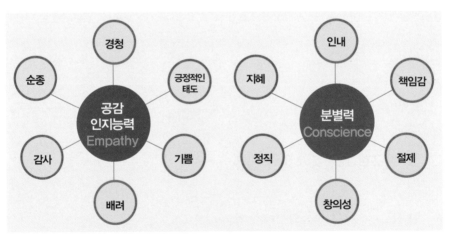

[그림 13] 한국형 12성품교육의 기본 덕목 : 공감인지능력(Empathy)과 분별력(Conscience)(저작권 제C-2014-008457호)
(출처 : 이영숙 (2011). 한국형 12성품교육론. 좋은나무성품학교)

인의 내적인 자존감과 정서적·사회적 발달을 위해 필요한 경청(Attentiveness), 긍정적인 태도(Positive attitude), 기쁨(Joyfulness), 배려(Caring), 감사(Gratefulness), 순종(Obedience)의 6가지 주제성품으로 구성되어 있다. 한국형 12성품교육은 공감인지능력의 기본 덕목을 통해, 다른 사람의 기분을 생각하는 구체적인 방법을 가르치고, 다른 사람과 정서적으로 서로 교감하는 능력을 갖게 하며, 정서적인 충격을 피하고 관계 속에서 무례하게 행동하지 않도록 가르친다.

(2) 분별력(Conscience)

분별력이란(Conscience), '인간의 기본적인 양심을 기초로 하여 선악을 구별하는 능력으로, 올바른 생활과 건강한 시민정신, 도덕적인 행동을 위한 토대가 되는 덕목'(이영숙, 2007)이다. 분별력은 선악을 분별하고, 개인의 건강한 사회화와 공동체 연합 및 질서와 규범의 준수를 위해 필요한 인내(Patience), 책임감(Responsibility), 절제(Self-control), 창의성(Creativity), 정직(Honesty), 지혜(Wisdom)의 6가지 주제성품으로 구성되어 있다. 한국형 12성품교육론은 분별력의 기본 덕목을 통해, 학생들이 옳고 그름을 판단하는 기준을 배우도록 돕고, 선에 반하는 힘에 대항하도록 확고한 분별력을 세워주며, 유혹을 받는 환경에서도 올바르게 행동할 수 있도록 내면에 깃들어 있는 양심의 기능을 강화시킨다.

2) 한국형 12성품교육의 12가지 주제성품들

한국형 12성품교육은 공감인지능력과 분별력을 기본 덕목으로 하는 12가지 주제성품을 바탕으로 교육 모형을 정립하고, 각 주제성품에 따른 교육내용

[표 9] 한국형 12성품교육의 기본 덕목과 12가지 주제성품(저작권 제C-2014-008458호)

기본 덕목	주제성품	한국형 12성품교육·정의
공감인지능력 (Empathy)	경청 (Attentiveness)	상대방의 말과 행동을 잘 집중하여 들어 상대방이 얼마나 소중한지 인정해 주는 것. (Being thoughtful to the words and actions of others, to show you care about them.)
	긍정적인 태도 (Positive attitude)	어떠한 상황에서도 가장 희망적인 생각, 말, 행동을 선택하는 마음가짐. (Always choosing to have the best thougths about something or someone.)
	기쁨 (Joyfulness)	어려운 상황이나 형편 속에서도 불평하지 않고 즐거운 마음을 유지하는 태도. (Always having a happy heart without complaints.)
	배려 (Caring)	나와 다른 사람 그리고 환경에 대하여 사랑과 관심을 갖고 잘 관찰하여 보살펴 주는 것. (Giving love and attention to the world around me.)
	감사 (Gratefulness)	다른 사람이 나에게 어떤 도움이 되었는지 인정하고 말과 행동으로 고마움을 표현하는 것. (Showing thanks for a helpful hand or a kind gesture.)
	순종 (Obedience)	나를 보호하고 있는 사람들의 지시에 좋은 태도로 기쁘게 따르는 것. (Following the instructions of others with a good attitude.)
분별력 (Conscience)	인내 (Patience)	좋은 일이 이루어질 때까지 불평 없이 참고 기다리는 것. (Waiting in peace for a good thing to happen.)
	책임감 (Responsibility)	내가 해야 할 일들이 무엇인지 알고 끝까지 맡아서 잘 수행하는 태도. (Knowing what my tasks are doing them the best I can.)
	절제 (Self-control)	내가 하고 싶은 대로 하지 않고 꼭 해야 할 일을 하는 것. (Choosing to do what is right even if it's not what I want.)
	창의성 (Creativity)	모든 생각과 행동을 새로운 방법으로 시도해 보는 것. (Trying different ways with new ideas.)
	정직 (Honesty)	어떠한 상황에서도 생각, 말, 행동을 거짓 없이 바르게 표현하여 신뢰를 얻는 것. (Winning the trust of others by always telling the truth.)
	지혜 (Wisdom)	내가 알고 있는 지식을 나와 다른 사람들에게 유익이 되도록 사용할 수 있는 능력. (Using what I have and what I know to help others.)

_ 출처 : 이영숙 (2007). 이제는 성품입니다. (도)아름다운 열매

을 구성한다. 경청, 긍정적인 태도, 기쁨, 배려, 감사, 순종, 인내, 책임감, 절제, 창의성, 정직, 지혜의 12가지 주제성품은 공감인지능력과 분별력을 보다 명확하게 이해하고 가르치도록 분리한 것으로, 각각의 주제성품은 개별적인 개념으로 가르치기보다는 서로 긴밀하게 관련지어 이해해야 한다.

한국형 12성품교육의 12가지 주제성품과 각각의 정의를 정리한 표는 [표 9]와 같다.

4. 한국형 12성품교육의 방법

필자는 성품을 "한 사람의 생각, 감정, 행동의 총체적 표현(이영숙, 2005)"이라고 정의하고 이와 같은 맥락에서 성품교육이란 "교육을 통해 생각, 감정, 행동에 각각 의미 있는 영향을 주어 바람직한 변화를 도모하는 과정(이영숙, 2005)"이라고 강조한다. 필자는 추상적 차원의 성품 개념이 교육 현장에서 구체적인 적용이 용이하지 않다는 교육적인 현실의 한계에 문제의식을 갖고, 성품의 개념을 정립하여 한국 문화와 한국인의 특성에 맞는 '한국형 12성품교육론'으로 태아, 영유아, 유치, 초등, 청소년, 청년, 성인, 노인에 이르기까지 성품교육의 평생교육과정 모형을 개발했다.

한국형 12성품교육론의 성품 개념은 한 개인이 자기 자신을 포함한 주위 환경에 대해 어떻게 생각하고 느끼는지, 또 어떻게 말하고 행동하는지를 보여주는 인격의 총체적 표현으로 규정한다. 생각, 감정, 행동의 모든 영역을 포괄하는 실제적 교육을 지향함으로써 구체적으로 '올바른 표현'이 가능하도록 인성 교육내용을 전개한다. 즉 한 개인이 생각하고 느끼고 행동하는 일련의 유기적 과정의 표현이 성품이라면, 학교 현장에서 인성교육 체험활동을 통한 개인의 생각과 감정과 행동의 근본적인 변화를 바탕으로 '올바른 표현'이 좋은 태도로 나타나도록 돕는 것이다.

성품교육의 핵심인 성품은 세 가지 요소로 구성되고, 이 세 가지 요소 곧 생각, 감정, 행동은 일률적으로 또는 획일적이거나 따로따로 분리되어 발달하지 않는다. 성품의 세 가지 요소는 다양한 경험 안에서 서로 연관되어 상호작용을 하며 함께 성장한다(이영숙, 2007).

1) 한국형 12성품교육의 3가지 접근방법

성품교육의 목적은 사람의 생각, 감정, 행동을 변화시켜 그를 행복하게 하는 데 있다. 성품교육이란 "교육을 통해 생각, 감정, 행동에 각각 의미 있는 영향을 주어 바람직한 변화를 도모하는 과정(이영숙, 2005)"이므로, 구체적으로 개인의 생각, 감정, 행동에 대해 총체적으로 성품교육을 전개해야 한다. 특히 한국형 12성품교육론은 성품을 가르치는 기본방침으로 인지적 접근, 정의적 접근, 행동적 접근을 모두 포괄하도록 내용들을 구성하였다.

성품을 가르치는 첫 번째 방법은, 학생들에게 인지적 접근을 통해 영향을 주는 것이다. 가르치고자 하는 성품에 대해 먼저 명확한 개념을 정립시켜 주는 것이 중요하다. 가르치려는 성품의 정의를 정확하게 표현하는 작업은, 효과적인 가르침을 위해 또는 학생들에게 그 성품이 얼마나 효과적으로 습득되어졌는

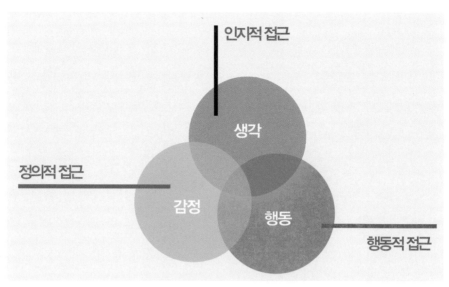

[그림 14] 한국형 12성품교육론의 인지적 · 정의적 · 행동적 접근(저작권 제C-2014-008461호)
(출처 : 이영숙 (2011). 한국형 12성품교육론. 좋은나무성품학교)

지를 평가하기 위해 필요한 기준이 된다.

예를 들어 학생들에게 '(타인을) 배려하는 성품'을 가르치고자 한다면, '배려
란 나와 다른 사람 그리고 환경에 대하여 사랑과 관심을 갖고 잘 관찰하여 보살
펴 주는 것(이영숙, 2005)'이라는 명확한 배려의 정의를 제시해야 한다. 인간의 행
동을 변화시키기 위해서는 새로운 지식에 대한 정확한 개념을 바탕으로 행동을
훈련하는 것이 가장 효과적이다.

이때 교사는 학생들로 하여금 단어로만 그 의미를 익히게 하는 것보다 생
활의 주변에서 쉽게 접할 수 있는 경험을 통해 해당 성품의 의미를 이해하도록
유도할 필요가 있다. 또한 이 성품을 어떤 구체적인 행동으로 표현할 수 있는지

에 대해서도 생각해 보게 한다.

성품은 학생들이 그 내용에 대하여 이해할 때 더 잘 계발되기 때문에, 더 좋은 생각을 하도록 유도하는 것이 중요하다. "네가 한 이 행동 말고 더 좋은 방법은 없었니?", "이것 말고 또 다른 방법은 없을까?" 등의 질문으로 학생들이 이성적이고 논리적인 생각을 하도록 기회를 줘야 한다.

또한 다른 사람의 입장에서 행동해 보도록 도덕적 인식을 일깨워 주는 훈련도 필요하다. 대부분의 사람들은 자신의 행동이 다른 사람에게 미치는 영향을 알면, 더 좋은 행동을 하려고 노력하게 된다. 그러므로 학생들에게 다른 사람의 관점에서 바라보고 다른 사람의 감정을 이해하도록 공감인지능력을 가르치는 것이 중요하다.

성품을 가르치는 두 번째 방법은, 학생들에게 정의적 접근을 통해 영향을 주는 것이다.

사람의 감정은 어떤 일을 결정하는 데 있어 가장 강력한 동기유발의 조건이 된다. 성품을 가르칠 때 감정 영역을 계발시켜 주는 것은, 좋은 성품을 기르는 결정적인 자극제가 된다. 또한 동시에 가르치려는 성품에 대해 감정적으로 좋은 경험을 심어주면, 학생들은 이 성품을 습득하고 훈련받고자 하는 강한 열망을 갖게 된다. 그러므로 교사는 강압적인 방법으로 성품을 가르치는 것이 아니라 자율적인 방법 즉 격려와 칭찬을 통해 성품교육을 실천해야 한다.

성품을 배우면서 그에 따른 감정적 경험이 긍정적이고 좋은 느낌으로 다가온 학생들은, 배운 성품을 자신의 몸에 배게 하고 습관으로 간직하려는 동기유발이 자연스럽게 일어난다. 성품의 정의적 측면을 교육하기 위한 구체적인 방법으로는 감정을 잘 조절하기, 양심 혹은 도덕성을 증진하기, 인간성을 발달시키기, 위인을 모방하고 싶은 동기를 유발시키기, 사회성의 능력을 발달시키기, 자존감을 세워주고 강화시키기 등이 있다.

성품을 가르치는 세 번째 방법은, 행동적 접근을 통해 영향을 주는 것이다. 학생들로 하여금 좋은 성품으로 합당한 행동을 선택하도록 기회를 제공하고, 이것을 행동적인 기술로 발달시켜서 좋은 습관으로 발현되도록 영향을 주어야 한다.

우리가 기억해야 할 것은, 좋은 생각이 좋은 행동을 낳고 좋은 행동이 반복되면 좋은 습관이 되며 좋은 습관은 곧 좋은 성품이 된다는 것이다. 그리고 그 성품이 바로 그 사람의 운명을 결정한다는 사실이다.

이때 목표가 되는 좋은 성품을 선정하고 그 성품의 태도를 60일 이상 집중적으로 반복하여 연습하는 것이 중요하다. 60일은 좋은 성품으로의 기적을 만드는 최소한의 시간이다. 60일 이상 우리 몸에 반복된 행동들은 우리에게 버릇이 되고 습관이 되어, 좋은 성품을 형성하게 한다.

성품을 교육할 때는 위의 세 가지 접근방법을 기본으로 하되, 연령에 따라 그 비중을 달리하는 것이 필요하다. 예를 들면 청소년기의 아이들은 한창 민감하고 혼란스러운 시기이므로 더 섬세한 정의적 접근을 통해 영향을 주어야 한다. 특별히 자신에 대해 예민하게 성찰하는 시기이므로 청소년기에는 열등감이 강하게 나타난다. 열등감을 극복하지 못한 학생들은 심각한 혼란과 갈등을 겪으며, 정상적인 또래 모임에 들어가지 못한다. 결과적으로 비슷한 처지에 있는 친구들끼리 소속감을 형성하고 탈선을 일삼으며 그릇된 길로 향하게 되는 안타까운 상황에 처하게 된다.

그러므로 학생들의 태도에 대해 책망으로 다스리려 하지 말고 칭찬과 격려로 내면세계를 이해해 주는 것이 필요하다. 그래야 열등감을 감추기 위해 건방진 태도로 기성세대를 공격하는 방어기제를 소멸시킬 수 있다.

또한 분노를 자주 폭발하는 학생에게는, 분노 자체는 나쁜 것이 아니지만 잘못 분노하는 것이 문제라고 알려 줘야 한다. 분노의 감정은 잘 다스리지 못해 파괴적이고 공격적으로 폭발할 때 문제가 되기 때문이다. 학생들이 분노를 드러낼 때 교사와 부모가 예민해지지 않고 여유있게 행동하면 학생들도 감정을 다스릴 수 있게 된다.

2) 한국형 12성품교육의 'One point Lesson'

성품이라는 추상적인 논제를 생각, 감정, 행동의 실제적인 요소로 연결시키고 좋은 습관을 만들어 좋은 성품을 가르치기 위해서는, 부모나 교사 등 주변 어른들과의 환경적 경험과 모델링이 중요하다. 성품교육은 지식적 차원으로 전달되거나 말로 교육할 수 없으며, 한 개인의 생각, 감정, 행동의 실제적인 변화를 이끌어 내야 하는 총체적인 성장을 전제로 하기 때문이다.

한국형 12성품교육은 교사교육과 부모교육을 선행하는 것을 원칙으로 하여 동일한 주제성품의 정의(Definition)를 주지시키는 'One point Lesson'을 방법론적으로 사용한다. 성품워크북, 성품일기장, 성품포스터, 10분 해피타임을 통해 학교와 가정을 연결시키는 특징이 있다.

5. 한국형 12성품교육론의 이론적 배경

1) 고대 플라톤과 아리스토텔레스

한국형 12성품교육론의 이론적 배경은, 고대 플라톤과 아리스토텔레스로 거슬러 올라간다. 덕이란 무엇인가에 대한 플라톤과 아리스토텔레스의 해석을 통해, 한국형 12성품교육론에서 성품을 한 사람의 생각, 감정, 행동의 총체적 표현(이영숙, 2005)으로 정의한 배경을 알 수 있다.

덕(virtue)은, 희랍어로 아레테(arete)이다. 고대 그리스 교육이론에서 매우 중요한 개념인 아레테는, 일반적으로 "인간 자체로서의 빼어남, 즉 인생에 있어서의 능함"이라 정의한다. 특히 교육목적으로 보편성을 띠는 아레테는, 현대의 추상적인 덕목과는 구분되는 개념으로 "특수한 분야에서 발휘하는 구체적인 능력"이라는 협의의 아레테 개념과 구분된다(Guthrie, 1960).

한국형 12성품교육론은 공감인지능력과 분별력이라는 2가지 기본 덕목을 중심으로 교육의 방법론들을 펼친다. 부모로부터 유전적으로 타고난 기질이 외부로 드러나는 것을 성격이라고 할 때, 선천적으로 갖고 있는 성격에 덕을 쌓는 것이 바로 성품이다. 다시 말해 보편적인 인간 자체로서의 빼어남과 인생으로서의 능한 요소들을 연습함으로써 더 좋은 생각, 더 좋은 감정, 더 좋은 행동을 가능하게 하는 것이 성품이다.

(1) 플라톤의 탁월성과 한국형 12성품교육론의 '생각'

플라톤은 인간 삶의 아레테, 즉 훌륭한 삶과 행위의 근거를 인간의 '내적인 상태'에 두었다. 내적인 상태가 얼마나 훌륭한가 하는 것은 이데아를 인지하는 능력인 지성(nous)에 따라 결정된다고 주장하면서 정신적 영역에서의 인간의 지성을 강조했다. 인간이 지성의 영역이나 인지의 발달 없이 아무렇게나 사는 것은 동물이나 다를 바 없으므로, 지성을 통해 이데아를 인지하고 인지한 이데아를 본으로 삼아 행동을 선택할 때 훌륭한 삶을 살 수 있다고 주장했다. 플라톤에게 '지성'의 영역은 바로 인간 특유의 기능(Nettleship, 1989)이며 마땅히 인간다우려면 지성의 영역을 훈련해야 한다는 것이다.

'철학의 정신이 인격 형성에 미치는 영향'을 설명하면서 플라톤은 철학이란 완전한 선 곧 이데아를 관조하고 사유하게 하는 학문이므로, 철학을 통해 절대 선(善)을 이해하고 그 이해를 바탕으로 선을 추구하게 하는 이성의 역할이 중요하다고 말했다. 여기서 선은 인간 지성의 형태 즉 사고하며 좋은 생각들을 하는 인지의 개념을 통해 이룰 수 있는 것이다.

좋은 것에 대한 지식은 동시에 그것을 성취하는 능력(dynamics)과 욕구(boilomenos)를 갖는다(김태경, 2001). 결론적으로 플라톤이 강조한 덕(아레테)은, '좋은 것에 대해 지식을 갖고 그것을 잘 성취할 수 있는 능력'이다. 플라톤에게 '좋은 것에 대한 지식이 있다'는 말은 반대되는 나쁜 것을 자발적으로 하지 않는 것 즉 스스로 좋은 것을 선택하는 것을 의미한다.

플라톤이 강조한 지성은 성품의 요소인 생각 즉 인지하는 능력과 관련이 있다. 한국형 12성품교육론은 개인의 생각으로부터 좋은 성품이 출발한다고 보고 올바른 생각과 기준을 갖도록 교육내용들을 전개한다. 성품의 정의에서 생각의 영역을 강조하고 인지론적인 발달을 강조한 것은, 플라톤이 주장한 '지성의 중요성'을 기반으로 한 것이다.

(2) 아리스토텔레스의 탁월성과 한국형 12성품교육론의 '감정'

아리스토텔레스는 성격의 탁월성을 "상황에 맞게 적절한 방식으로 행동하기를 원하며 그렇게 행동할 수 있는 일정한 성향(Urmson, 1988)"이라고 보았다. 이때의 적절한 방식이란 '중용(mesotes)'을 뜻하며, 아리스토텔레스가 주장하는 탁월성이란 결국 "과도함과 부족함이라는 두 가지 결함들 사이의 중용"을 의미하는 것이다(유원기, 2009). 즉 아리스토텔레스는 성격의 탁월성으로 감정의 중용을 강조했다.

물질의 집합인 '뇌'의 작용으로 발생한 감정은 어떤 자극에 대한 몸의 반응이며 결과적으로 생각의 영향을 받아 행동으로 드러난다. 그러므로 한국형 12성품교육에서 상정하는 감정은 일시적이고 즉흥적인 반응으로서의 느낌(feeling)이 아니라, 이성의 영향을 받아 지속성과 안정성을 갖게 되는 감성(emotion)을 의미한다(이영숙, 2010). 감정을 느낌 그대로 표현하는 것이 아니라, '멈추어 생각해보고 선택하기'의 일련과정을 거쳐 지성의 영역에서 'Stop!'하고 이성적으로 생각한 다음, 그것을 행동으로 옮기는 과정에서 탁월성을 발휘하는 것이다.

멈추어 생각해 보고 좋은 행동을 선택하는 것이 습관으로 반복되면 아리스토텔레스가 말한 인간의 탁월성을 연마할 수 있다. 습관을 통해 지속성과 안정성을 지니는 아레테 즉 반복적 경험으로 형성된 생각, 감정, 행동의 중용은, 한국형 12성품교육에서 상정하는 '좋은 성품'의 개념 정립에 깊은 영향을 주었다.

(3) 아리스토텔레스의 탁월성과 한국형 12성품교육론의 '행동'

성품의 탁월성에 관해, 아리스토텔레스는 플라톤과 다른 면을 강조했다. 플라톤이 성품의 탁월성을 지성에 두었다면, 아리스토텔레스는 행동에 기반한 탁월성을 주장했다.

아리스토텔레스는 인간의 탁월성에 대해 "탁월성은 능력이 아니라, 상태(유원기, 2009)"이기 때문에 항상 같은 상태를 유지할 수 있는 반복적인 습관과 행동이 중요하다고 강조했다. 특히 탁월성은 "어느 정도 영혼의 습관화된 인격상태로, 발휘의 기회가 오면 언제나 잘 처신할 수 있게 하는 상태를 말하며, 뛰어난 발휘의 계기를 함축한다"(강상진, 2007)고 설명했다.

탁월성은 인간의 본성에 가능성으로 주어져 있다가 습관을 통해 완성되고, 습관에 의해 형성된 탁월성은 개인의 성품을 결정한다. 그래서 아리스토텔레스는 "사람의 우수성은 일회성에서 나오는 것이 아니다. 그것은 오랜 세월 동안의 반복적인 습관에서 나온다."고 주장했다.

한국형 12성품교육에서는 성품의 요소 중 행동을 생각의 표현(이영숙. 2005)으로 보고, 생각과 행동을 떼려야 뗄 수 없는 불가분의 관계로 규정한다. 그래서 플라톤이 강조한 지성과 아리스토텔레스가 강조한 행동은, 성품을 "한 사람의 생각, 감정, 행동의 총체적 표현(이영숙, 2005)"으로 정의하는 데 직접적인 영향을 미쳤다.

좋은 성품이란 "갈등과 위기의 상황에서 더 좋은 생각, 더 좋은 감정, 더 좋은 행동으로 문제를 해결하는 능력(이영숙. 2010)"이다. 플라톤과 아리스토텔레스가 주장한 탁월성은 곧 좋은 성품을 의미한다. 플라톤과 아리스토텔레스로부터 시작된 생각, 감정, 행동의 탁월함은 한 사람의 탁월성을 구분하는 '좋은 성품'을 정의하는 데 기초가 되었다.

2) 성경과 탈무드

한국형 12성품교육론은 기본적이고 기초적인 신념을 '성경과 탈무드'를 근거로 하여 찾았다. 진리에 대한 맥락을 성경과 동일선상에서 이해하고, 성경과 탈무드 안에서 객관적인 앎과 객관적인 지식을 얻는다. 기존의 질서를 무너뜨리는 관점의 교육이 아니라, 진리로서의 교육을 추구하는 정초주의적 맥락에서 절대가치를 실현하는 인성교육 프로그램이다.

(1) 정초주의(Foundationalism)

정초주의는 기본적 신념(basic beliefs) 및 기초적 신념(foundational beliefs)에 근거해 신념과 지식을 정의하는 인식론의 통칭이다. 이때의 기본적이고 기초적인 신념이란, 다른 신념을 근거로 하지 않는 자명한 신념을 말한다.

현대는 시간이 지날수록, 기존의 질서와 지식의 체계를 부정하는 포스트모더니즘 철학이 사람들의 마음을 뒤흔든다. 예전에는 진리라고 여겼던 것들이 이제는 진리가 아닌 것으로 인식되고 있다. 더 이상 진리라고 부를 수 있는 고정점이 없기 때문에, 많은 사람들이 가치와 인식을 둘러싼 생활의 전반에서 갈등과 방황을 경험한다.

교육학에서 정초주의는 "인식의 기초와 기점을 찾는다"는 뜻으로 이해된다. 어떤 상황과 문제에 맞닥뜨렸을 때, 우리가 가져야 할 기본적이고 기초적인 신념이 있다고 정립한 이론이 바로 정초주의이다. 따라서 정초주의 인식론은 개인의 편견이나 주관에 좌우되지 않는 '객관적 앎'◆을 추구한다(홍은숙, 2000).

정초주의론자들은 "인식은 모든 의심스러운 것이나 불확실한 것을 버리고 확실한 지식의 체계를 보장할 수 있는 확고부동한 기점에서 출발하며, 지식은 이러한 기점으로부터 일직선상에 계단처럼 쌓아간다"고 주장한다(홍은숙, 2000). 이러한 정초주의 인식론에는 플라톤의 이데아론, 데카르트의 합리주의, 영국의 경험주의와 칸트에 이르는 인식론, 훗설의 현상학, 논리실증주의가 포함된다. 이들 이론들은 구체적인 내용과 방법상의 차이는 있지만, "무지에서 출발하여 전적으로 오류가 없는 '확실한 지식'을 얻을 수 있으며, 그것만이 유일하고도 유의미한 지식이라고 본다."는 점에서 정초주의의 범주에 포함시킬 수 있다(장상호, 2000).

그렇다면 정초주의에 반대되는 반정초주의(anti-foundationalism)란 무엇인가?

정초주의가 불변의 진리를 상정하고 그 진리와 본질을 추구하는 인식론인 반면, 반정초주의는 그 반대 선상에서 상대적이고 주관적인 인식론을 근간으로 삼는다. 절대적이고 보편적이고 객관적인 지식을 상정하는 정초주의 인식론에 대한 반발에서 시작된 반정초주의는, 대상의 고유한 본질이 아닌 인식주체의 인식에 따라 대상을 규정한다(이용남, 2008). 여기에는 절대적으로 올바른 진리란

◆ 홍은숙(2000)은 정초주의 인식론에서 추구하는 '객관적 앎'은 '객관주의적 앎'과 구분된다고 설명한다. 객관적 앎이란, 교육에서 추구하는 개인의 편견이나 주관에 좌우되지 않는 지식을 말한다. 이 객관적 앎을 추구하는 과정에서 객관주의적 앎이 등장하게 된 것이다. 객관주의적 인식론은, 앎을 인식주체와 인식 대상이 멀찍이 떨어져서 아무런 인격적 관계도 가지지 않는 '무인격적(impersonal) 앎' 또는 '거리를 둔 앎'으로 간주한다. 무인격성을 전제하는 객관주의적 앎에 반대되는 개념으로 Polanyi의 '인격적 지식'이 있다(Polanyi, 1966). 인격적 지식이란, 앎에 포함된 '묵시적 요소(tacit dimension)'로 인해 객관적 진리를 추구하는 과정에 인식주체의 인격적 참여와 판단 그리고 지적인 측면의 개입이 일어난다는 점을 수용하는 지식이다.

있을 수 없고 올바른 것은 그것을 정하는 기준에 의해 정해진다고 주장하는 상대주의와, 보편적인 윤리 규범을 부정하면서 개인이 구체적인 상황 속에서 자신의 윤리적 당위(當爲)에 따라 이로운 것을 선이라고 믿는 상황윤리, 진리로 인식됐던 기존의 체계들을 부정하고 개인 고유의 선을 만들어 내는 포스트모더니즘 등이 포함된다.

(2) 유대교육과 탈무드

정초주의 인식에 기반을 둔 교육의 대표적인 예로, 유대교육을 꼽을 수 있다.

유대교육의 바탕이 되는 탈무드(Talmud)는 구약성서의 사상과 이념을 계승하여 종교예배·의식·도덕·법률·신앙·사회 행동 등 인간생활 전체를 규제화하고, 쉐마(Shema) 교리를 바탕으로 교육을 전개한다. 탈무드의 윤리가 기본적으로 절대자의 계명에 복종하고 그 분을 사랑하는 개념에서 시작(김찬국, 1994)된 것과 마찬가지로, 필자가 고안한 한국형 12성품교육론은 정초주의의 맥락에서 성경과 탈무드를 근본으로 하여 절대자에 대한 계명과 윤리들을 기본적인 질서로 가르친다.

그동안 교육현장에 많은 혼란이 있었던 이유는, 기존에 알고 있던 질서들을 무시하고 진리와 선이 없다는 명제 하에 교육을 이끌어 왔기 때문이다. 여기에 반대하는 사조로, 포스트모더니즘 시대에 부각된 가치교육 방법이 바로 '가치명료화'이다. 가치명료화란 가치문제에 대해 여러 각도에서 성찰함으로써 스스로의 가치관을 분명히 하는 것을 말하는데, 이는 매우 좋은 의미인 것 같지만 사실은 아주 위험한 주장이다. 마땅히 따라야 할 '선(善)'의 개념이 사라진 시대에, 많은 사람들이 가치명료화에 따라 자기가 생각하는 선이 진정한 선이라고 생각하고 각자가 옳은 대로 선택을 하고 있는 것이다.

한국형 12성품교육론은 우리 각자가 갖고 있는 이기적인 선이 아니라, 성경에 근거하여 기초적이고 기본적으로 인간이 따라야 할 절대 가치를 지향한다. '절대 가치(absolute value)'란 모든 조건과 관계로부터 자유롭고, 독립적·무조건적·무제한적이며 완전 순수한 상태의 가치(교육학용어사전, 1995)이다. 변하지 않는 진리를 바탕으로 옳고 그름에 대한 절대적 기준을 명확히 하고, 어렸을 때부터 원칙과 기준을 분명하게 제시함으로써 학생들의 분별력을 키워준다.

특히 유대인의 교육은 절대자를 사랑하는 것과 선조로부터 물려받은 야훼 신앙을 자녀들에게 전수하는 데 목적을 두어, 표면적 지식의 전달보다는 지혜의 근본인 야훼를 사랑하는 것에 중점을 두므로 올바른 행동과 실천을 매우 중시한다(민대훈, 2005). 이와 같은 맥락에서 한국형 12성품교육론은 인생의 가치와 불변하는 진리를 강조하고, 더 좋은 생각·더 좋은 감정·더 좋은 행동을 생활의 전반에 구체적으로 실천하도록 절대 가치에 따른 삶의 원칙과 기준을 가르친다.

6. 한국형 12성품교육의 9가지 특색

필자는 추상적인 명제로 머물러 있던 성품을 "한 사람의 생각, 감정, 행동의 총체적 표현(이영숙, 2005)"으로 정의하고, 성품교육을 생각의 표현, 감정의 표현, 행동의 표현으로 구현하도록 실제적인 교육의 내용과 방법을 정립했다. 필자가 고안한 한국형 12성품교육의 9가지 특색은 [그림15]와 같다.

1) 한국 문화와 한국인의 정신적 · 심리적 · 행동적 특성에 맞게 고안된 성품교육

한국형 12성품교육은 한국 문화와 한국인의 성품 특징에 맞게 성품교육의 내용과 방법들을 제시했다. 관계주의 문화와 유교문화를 바탕으로 발달한 심

[그림 15] 이영숙 박사의 한국형 12성품교육의 9가지 특색(저작권 제C-2014-008456호)

정논리와, 샤머니즘의 영향 및 정(情)과 한(恨)의 정서적 측면을 모두 포괄하여 한국인에게 성품을 실제적으로 가르칠 수 있도록 구체적이고 실천적인 요소들을 교육내용으로 담았다.

특히 유교문화의 영향으로 일상적 관계에서 올바르고 명확한 감정표현이 권장되지 않았던 한국 사회의 문제점을 해결하기 위한 대안으로, 한국형 12성품교육론의 기본 덕목 중 하나인 공감인지능력을 기르도록 교육 내용을 제공하고, 심정논리를 기반으로 한 정(情)에 치우쳐 올바른 이성적 판단을 방해하는 부적기능을 해결하기 위해, 한국형 12성품교육론의 기본 덕목 중 하나인 분별력을 함양하도록 교육 내용을 제공했다. 샤머니즘의 영향으로 외부의 영향과 개입에 의존하여 문제를 해결하던 방식을 지양하고, 다양한 인성 체험활동을 통해 근본적으로 자신을 성찰하고 자발적으로 문제해결을 도모하는 좋은 성품을 계발해 나가도록 한국형 맞춤 인성교육을 전개한다.

2) 성경과 탈무드를 기초로 한 절대 가치를 추구하는 성품교육

한국형 12성품교육은 가치명료화나 인지적 도덕발달론의 한계를 뛰어넘어, 성경과 탈무드를 기초로 한 절대 가치를 추구한다. 자신에게 유익하고 의미 있는 것을 가치로 여기는 시대적 흐름과 그에 따라 개인주의 성향이 만연한 현 시점의 혼란을 진단하고, 각자의 유익에 의해 선택되는 이기적인 선이 아니라 인간이 마땅히 지켜야 할 보편적이고 절대적인 선을 강조한다. 한국형 12성품교육은 인류에게 지대한 영향력을 끼쳐온 성경과 탈무드에서 강조하는 변하지 않는 진리를 바탕으로 옳고 그름에 대한 원칙을 분명히 하고, 판단의 기준을 명

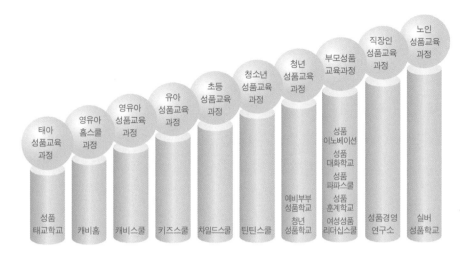

[그림 16] 한국형 12성품교육의 평생교육 구조도(저작권 제C-2014-008460호)

출처 : 성품저널 제2권 (2012), (사)한국성품협회

확하게 제시함으로써 절대 가치에 따른 삶의 원칙과 기준을 가르친다.

3) 태아부터 노인에 이르기까지의 평생교육과정으로 진행되는 성품교육

한국형 12성품교육은 태아, 영유아, 유아, 초등, 청소년, 청년, 부모, 직장인, 노인에 이르기까지 평생교육과정으로 전개된다. 연령에 따라 정신적·심리적·행동적 특성이 다름에서 오는 교육적 과업들을 중시하고, 대상에 따라 교육에 적합한 방법들이 다른 점을 고려하여, 동일한 주제성품을 각각의 연령별 특성에 맞게 제공한다.

4) 인성교육을 통한 좋은 생각, 감정, 행동의 습관화

좋은 생각은 좋은 행동으로 표현되고, 그 행동을 반복할 때 좋은 습관이 되며, 그 습관이 바로 좋은 성품을 만든다. 한국형 12성품교육은 좋은 생각, 좋은 감정, 좋은 행동의 습관화를 통해 균형 잡힌 좋은 성품을 소유하게 한다.

"사람의 우수성은 일회성에서 나오는 것이 아니다. 그것은 오랜 세월 동안의 반복적인 습관에서 나온다."고 강조한 아리스토텔레스의 말처럼, 한국형 12성품교육은 갈등과 위기의 상황에서 더 좋은 생각, 더 좋은 감정, 더 좋은 행동을 선택하도록 배우고 훈련함으로써 좋은 성품의 태도를 몸에 배게 한다.

5) 주제성품 정의(Definition)를 One point lessen으로 실천하여 부모교육
   · 교사교육 강화

추상적인 성품의 영역에 대해 분명한 정의를 만들고, 주제성품의 특색을 밝혀 주제성품마다 교육목표를 명확히 제시하고 교육을 실천함으로써 분명한 평가가 이루어지도록 한 것이 한국형 12성품교육의 특징이다.

지난 9년 동안 한국형 12성품교육의 효과가 극대화될 수 있었던 것은, 학생들에게 가르치는 성품의 정의를 부모와 교사들에게도 동일하게 주제성품 정의(Definition)를 통해 성품교육을 선행했기 때문이었다. 학생, 교사, 부모에게 똑같이 흘러내려가는 한국형 12성품교육의 'one point lesson'은 더욱 효과적인 성품교육이 될 수 있도록 결정적인 역할을 해주었다.

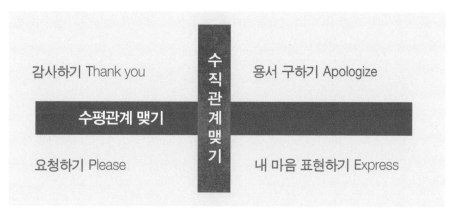

[그림 17] 한국형 12성품교육의 '관계맺기의 비밀—TAPE 요법' 모형(저작권 제C-2014-008459호)
(출처 : 이영숙 (2009). 성품 좋은 아이로 키우는 부모의 말 한마디. 위즈덤하우스)

6) 인간관계를 회복하고 풍성하게 하는 '관계맺기의 비밀—TAPE 요법' 적용

한국형 12성품교육은 좋은 성품으로 친밀한 인간관계를 회복하고, 관계의 막힌 담을 풀어내어 풍성한 관계를 만드는 성품교육을 목표로 고안되었다. 필자가 만든 TAPE 요법은, 자신의 감정과 욕구를 바르게 전달하여 건강하고 행복한 관계를 형성하고 유지할 수 있도록 돕는다. 감사하기(Thank you), 용서 구하기(Apologize), 요청하기(Please), 내 마음 표현하기(Express)를 순서대로 적용할 때 성공적인 인간관계를 경험하게 된다. 한국형 12성품교육의 TAPE 요법으로, 관계의 단절을 경험했거나 깨진 관계를 회복하고자 하는 부모, 교사, 학생들에게 좋은 성품으로 관계를 풀어내게 하는 해답을 제공한다.

7) 재미있고 흥미 있는 교육방법으로 긍정적인 정서와 논리적이고 풍성한 사고력을 발달시키는 성품교육

'올바른' 가치에 근거한 '올바른' 성품이라는 다소 경직된 내용을 주제로 하기 때문에, 한국형 12성품교육은 긍정적인 정서를 기반으로 한 즐겁고 흥미로운 교육이 되도록 내용을 구성한다. 앞서 설명한 인지적, 정서적, 행동적 측면의 변화를 도모하는 한국형 12성품교육은 인지적 능력을 향상시키는 긍정적 정서를 바탕으로, 교육의 방법적 측면뿐만 아니라 내용적 측면에서의 흥미를 고려하였다. 한국형 12성품교육은 전 연령이 흥미롭게 배울 수 있도록 성품워크북, 성품음악, 성품뮤지컬, 성품애니메이션 등의 다양한 자료와 미디어를 활용하여 성품을 가르치고 배우도록 내용이 구성되어 있다.

8) 기본생활습관과 일상생활에 적용할 수 있는 경험과 체험 중심의 성품교육

한국형 12성품교육은 한국 인성교육의 역사에서 한계로 지적된, 지식위주의 주지주의 인성교육의 한계를 극복하고 교육해야 할 좋은 성품을 전인격적으로 접하며 경험할 수 있도록 구성하였다. 특히 한국형 12성품교육은 직접적 배움이 일어나는 교실 현장뿐만 아니라 가정, 사회와의 연계를 통한 생활에서의 경험을 통해 성품교육이 이루어지도록 고안되었다.

9) 분명한 목표를 가지고 평가가 가능하도록 고안된 성품교육

교육은 계획, 실천, 평가의 과정을 거쳐 지속적으로 수정하고 보완해 나가

야 한다. 한국형 12성품교육은 그동안 인성교육의 한계로 지적된 성품 개념의 추상성을 극복하기 위해, 성품을 "한 사람의 생각, 감정, 행동의 표현" 즉 생각, 감정, 행동의 총체적 표현으로 정의하고(이영숙, 2005), 가시적인 행동으로 드러나는 표현으로서의 성품 변화를 측정할 수 있도록 성품 진단평가지를 개발했다(이영숙, 2011). 특히 박갑숙(2009), 이영숙(2011)은 한국형 12성품교육에서 개발한 성품 진단평가지를 사용하여 성품연구논문을 발표한 바 있다.

II. 한국형 12성품교육의 적용과 효과

1. 한국형 12성품교육의 연령별 적용 사례

이번 장에서는 성품교육으로 얻은 감동적 사례들을 살펴보면서 '한국형 12성품교육'을 통한 효과를 실제적 변화들과 함께 고찰해 보고자 한다.

1) 학생 성품교육 적용 및 사례

(1) 청년 성품리더십교육

① 프로그램 소개

'청년이 살아야 나라가 산다'는 월남 이상재 선생의 말이 생각난다. 젊은이가 생동하고 우수한 인적자원으로서의 역할을 다할 때 국가의 경제·사회·문화도 함께 살아나는 것이다.

(사)한국성품협회 좋은나무성품학교는, 자아발견 청년성품리더십 캠프, 청년취업연계프로그램인 성성매너스쿨(성공하는 사람들을 위한 성품매너), 청년성품 Basic세미나 등 청년들을 위한 다양한 성품리더십 프로그램들을 실천해 오고 있다.

[표 10] 한국형 12성품교육의 청년성품리더십교육 프로그램

구분	특징
자아발견 청년성품리더십 캠프	자아발견 청년성품리더십 캠프는, 좋은 인성을 계발하여 행복하고 보람찬 학교생활을 할 수 있도록 강의·워크숍·공연·공동체 활동·자기성찰 활동 등의 체계적이고 다양한 프로그램이 연계되어 있다.
청년취업연계프로그램 -성성매너스쿨	성성매너스쿨은 '성공하는 사람들을 위한 성품매너' 프로그램으로, 대학생들을 위한 청년취업연계프로그램이다. 좋은 성품으로 나와 다른 사람과 좋은 관계를 맺도록 예의와 몸가짐을 연습하고, 12가지 주제성품에 따라 구체적이고 실제적인 상황별 태도와 자세를 배운다.
청년성품 Basic세미나	청년성품 Basic세미나는, 한국형 12성품교육의 이론적 배경과 성품교육 기초 실기를 대학에서 가르치는 성품교육 입문과정이다.

_ 출처 : 청년 성품리더십교육 브로셔 (2013). (사)한국성품협회

특별히 대학생을 위한 자아발견 청년성품리더십 캠프는, 주제성품 강의 및 소그룹활동·토론·콘서트 등을 통해 자신의 성품을 변화시키고 역량을 개발하여 국가와 사회를 이끌어나가는 미래 지도자를 양성하는 것을 목표로 한다.

기쁨의 성품을 주제로 한 자아발견 청년성품리더십 캠프는 다음과 같이
진행된다.

[표 11] 한국형 12성품교육의 자아발견 청년성품리더십 캠프 프로그램

구분	1일차	2일차	3일차
주제	I'm Special	You're Special	We're Special
내용	있는 그대로의 나를 사랑하는 기쁨	관계 회복을 위한 소통의 기쁨	세상을 기뻐하는 행복 찾기
기쁨의 단계	기쁨의 1단계 내가 얼마나 소중한지 알고 즐거워 하는 것 (좋은나무성품학교 정의)	기쁨의 2단계 어려운 상황이나 형편 속에서도 불평하지 않고 즐거운 마음을 유지하는 태도 (좋은나무성품학교 정의)	
비고	대그룹 : 기쁨 주제성품 특강, 기쁨의 콘서트, 기쁨의 레크리에이션, 기쁨을 표현한 페스 티벌 소그룹 : 토론, 발표, Workshop, 기쁨의 미션 수행, 기쁨의 Activity, 개인성품진단		

_ 출처 : 청년 성품리더십교육 브로셔 (2013), (사)한국성품협회

2013년 2월 26~28일, 충남 건양대학교에서 신입생 330명을 대상으로 '자아
발견 청년성품리더십 캠프'를 진행했다.

3일 동안 진행된 자아발견 청년성품리더십 캠프에는 글로벌경영학부, 금
융국제학과, 건설환경공학과, 국방경찰행정학부, 군사학과, 기계공학과, 나노
바이오화학과, 디지털콘텐츠학과, 사회복지학과, 세무학과, 시각디자인학과,

심리상담치료학과, 아동보육학과, 운동처방학과, 유아교육과, 융합IT학부, 의공학부, 의료IT공학과, 의료공간디자인학과, 의료뷰티학과, 의약바이오학부, 재활퍼스널트레이닝학과, 정보보호학과, 제약생명공학과, 중국일본학부, 중등특수교육과, 초등특수교육과, 패션디자인산업학과, 호텔관광학부, Global Frontier School의 30개 학과 신입생들이 참여했다.

기쁨의 성품을 주제로 한 자아발견 청년성품리더십 캠프를 통해, 참여한 학생들에게는 기쁨·비전·자아이해력·자아실현에 대한 긍정적 향상 효과가 나타났다. 신입생들은 존재에 대한 기쁨을 회복하고, 자존감 향상 및 진로 코칭의 긍정적 효과를 얻었다.

청년 성품리더십교육을 마치고, 신입생들은 있는 그대로의 나를 기뻐하고 나의 장점과 강점을 알게 되었으며, 관계 회복을 통해 소통의 기쁨을 경험했다고 소감을 밝혔다.

② 적용 사례

다음은 '자아발견 청년성품리더십 캠프'에 참여했던 대학생들의 캠프 참여 후 소감이다.

기쁨의 성품으로 절망을 이겨내기까지...

일주일 전까지만 해도 내 삶은 정말 불행했다. 너무나 절망스럽고 죽을 만큼 힘들었다. 항상 과정보다 결과를 중요시했기 때문에 나는 스스로에게 부끄럽지 않도록 열심을 내는 편이었는데, 결과가 좋지 않으면 스스로를 용서

하지 못했다. 그런데 이번 자아발견 청년성품리더십 캠프를 통해 나에게 가장 믿음을 주고 진정한 나를 기뻐하는 내가 되기로 새롭게 다짐했다. 행복을 찾는 방법도 알게 되었다. 그동안 맘속에 가득했던 절망들을 버리고 이제는 기쁨과 행복을 채워나가는 삶을 살 것이다. 기쁨을 회복할 수 있는 기회를 만나 다행이다. (제약생명공학과 장O원)

세상을 떠나지 않도록 나를 잡아줬어요.

자아발견 청년성품리더십 캠프에 오기 전까진 세상을 떠나려고 했었다. 모두 내 잘못이라고 생각했다. 내가 못나서 일어난 일들을 항상 엄마의 책임으로 돌리고 화풀이를 하며 지내왔다. 그런데 이번 자아발견 청년성품리더십 캠프를 통해 나 자신을 생각해보는 의미 있는 시간을 갖게 되었고, 다시 용기를 내어 살아 보기로 다짐했다. 못난 아들을 위해 항상 눈물만 흘렸던 엄마에게 용서를 구하며 꼭 안아드리고 싶다. 나를 끝까지 잡아준 친구에게도 고마움을 전하고 싶다. 자아발견 청년성품리더십 캠프를 통해 내가 얼마나 소중하고 많은 사랑을 받는 존재인지 깨달았다. (국방경찰학과 김O철)

콤플렉스를 극복했어요.

나는 내적으로나 외적으로 자신감도 없고 소심함에 늘 콤플렉스를 갖고 살아왔다. 스스로 내가 못난 아이라고만 생각했다. 건강하지 않은 마음을 항상 갖고 있었다. 하지만 이번 자아발견 청년성품리더십 캠프 덕분에 나 자신이 얼마나 소중한 존재인지 깨달았고 나를 사랑하는 법을 배웠다. 앞으로 살아가면서 겪게 될 모든 일들을 이젠 즐겁고 기쁘게 받아들일 자신이 생겼다. "나는 내가 정말 좋다!!!"(사회복지학과 성○영)

나를 비하했던 삶에서 기쁨으로 다시 태어났어요!

이번 자아발견 청년성품리더십 캠프를 통해 내 삶을 너무 비하하며 살아왔다는 것을 깨달았다. 나보다 더 어려운 환경을 이겨내며 살고 있는 사람들이 많은데, 나에게 주어진 삶을 감사하지 못하며 살았다는 생각을 했다. 앞으로 더 긍정적으로 다른 사람에게 힘을 실어주고 희망을 전해주는 사람이 되겠다는 새로운 꿈을 꾼다.(기계공학과 김○민)

비교는 NO! 난 내가 참 좋아!

항상 나와 다른 사람을 비교했다. 나 자신을 아끼지 않고 스스로에 대해 알려고도 하지 않았다. 만약 자아발견 청년성품리더십 캠프에 참여하지 않았다면 예전과 다름없는 학교생활을 했을 것이다. 하지만 이번 자아발견 청년성품리더십 캠프를 통해 나 자신을 용납하고 더 이해할 수 있게 되었다. 예전보다 더 잘살 수 있는 용기가 생겼고 진정한 기쁨의 삶이 무엇인지 알게됐다.(재활퍼스널트레이닝과 박○훈)

틀린 게 아니라 다른 거예요!

자아발견 청년성품리더십 캠프를 참여하면서 나와 너에 대해 다시 한 번 생각하고 이해하게 되었다. 다양한 사람, 다양한 경험 속에 지금까지 이런 캠프가 없었다는 것이 아쉽다. 이번 자아발견 청년성품리더십 캠프는 가슴속에 영원히 새겨둔 채로 늘 생각하며 살아갈 것이다. (의료공학과 황O훈)

술 대신 기쁨의 성품으로 나를 위로했어요.

고등학생 때부터 힘들 때마다 술로 나 자신을 위로하곤 했다. 늘 '나는 작고 못난 존재'라는 낙인을 찍으며 살아왔다. 그런데 이번 자아발견 청년성품리더십 캠프를 통해 나를 사랑할 줄 모르고 의지 없이 살아온 자신에게 용서를 구하고 싶어졌다. 나 자신이 어떤 존재인지 잘 알게 되었고, 그 어떤 사람도 내 삶을 대신 살아갈 수 없으며 내가 소중한 존재라는 걸 이제야 깨닫게 됐다. 나만의 색깔을 갖고 더 발전하는 사람이 되고 싶다. (사회복지학과 김O영)

살아 있음에 감사합니다!

이번 자아발견 청년성품리더십 캠프를 통해 다짐한 것이 하나 있다. 앞으로 나는 나의 존재자체만으로도 기뻐하며 살 것이다. 살아 있음에 감사하고 나를 사랑해주시는 분들이 많다는 것에 감사하다. 다른 사람과 비교하며 위축되는 삶이 아닌 나의 존재만으로도 감사하는 삶을 살아갈 것이다. 한 번뿐인 인생을 소중히 여기며 살 것이다. 나·너·우리, 모두 특별한 사람들이다. (심리상담치료학과 송O정)

(2) 청소년 성품리더십교육

① 프로그램 소개

한국형 12성품교육의 청소년 성품리더십교육은, 주제성품별 8~10차시로 구성된 정규 성품수업과, 강의·워크숍·공연·공동체 활동·자기성찰 활동 등의 다양한 프로그램이 연계된 성품캠프의 형태로 진행되고 있다.

또한 학교폭력·왕따 문화·인터넷 중독·교단의 권위 훼손과 같은 공교육의 일상화된 문제들을 해결하기 위해, 12가지 좋은 성품으로 지속가능한 성품교육을 교육부-시도교육청-일선 학교들과 유기적으로 펼쳐 나가고 있다. (사)한국성품협회 좋은나무성품학교에서는 청소년 성품전문지도자과정을 매분기 개설하여, 청소년들의 좋은 성품을 키우는 역량 있는 지도자를 양성하는 일에 주력한다.

특별히 청소년 성품리더십교육은, 특허 받은 12가지 좋은 성품을 중·고등학생들에게 실제적으로 가르치기 위해 청소년 성품리더십교재를 사용하여 성품수업을 전개한다. 한 성품 당 8차시의 수업으로 진행하며, 각각의 수업은 아래와 같은 5단계 학습영역으로 전개된다.

[표 12] 청소년 성품리더십교육의 5단계 학습영역

단계	교육 내용	결과
1단계 Happy Time(HT)	성품 수업을 시작할 때 지시대로 말하고 행동하기 성품 수업이 없는 날에도 매일 말과 행동을 반복하기	반복하여 생각하고, 말하고, 행동함으로써 좋은 성품을 소유한 리더로 성장한다.

2단계 Story Telling(ST)	주제성품에 관한 이야기를 읽으며 생각해 보기	주제성품의 정의, 태도를 구체적으로 발견할 수 있다.
3단계 Think Tank(TT)	질문에 대한 대답을 생각해 보고 글로 표현하기	주제성품의 의미를 정리해 볼 수 있다.
4단계 Real Action(RA)	활동을 적극적으로 실천해 보기	반복을 통해 좋은 습관이 되고 성품으로 표현되게 한다.
5단계 성품이 궁금해요(Q&A)	성품 Q&A 시간	성품에 대한 궁금증을 해결하고 이해를 돕는다.

_ 출처 : 청소년 성품리더십교육 교재 '틴틴스쿨-기쁨' (2011). (사)한국성품협회

(사)한국성품협회 좋은나무성품학교는 전국의 24개 중·고등학교에서 청소년 성품리더십교육을 진행하여, 실천적 인성교육의 효과를 거뒀다.

2014년도 7월 기준 '한국형 12성품교육-청소년 성품리더십교육'을 실천한 중·고등학교들은 다음과 같다.

[표 13] 2014년도 7월 기준 '한국형 12성품교육-청소년 성품리더십교육'을 실천한 학교들

전국 총 24개 중·고등학교	중학교	강원 신남중학교 강원 인제중학교 경기 서호중학교 경기 신성중학교 경기 포천중학교 서울 방산중학교 서울 오금중학교 서울 정의여자중학교 서울 한영중학교 전북 칠보중학교 등	강원 신남중학교 강원 인제중학교 경기 신길중학교 경기 와부중학교 대전 정림중학교 서울 서연중학교 서울 정원여자중학교 서울 풍성중학교 전북 남원용북중학교

	경기 관양고등학교	경기 안양여자상업고등학교
고등학교	경기 하남고등학교	인천생활과학고등학교
	충남 강상고등학교 등	

2012년 5월 17일부터 7월 2일까지 경기도 신성중학교에서 1학년 9개 반, 2학년 8개 반 학생들을 대상으로 '청소년 성품리더십교육-기쁨'이 진행되어, 연구논문들을 통해 효과 검증을 마쳤다. 이영숙, 유수경(2012)이 연구한 〈이영숙 박사의 한국형 12성품교육론을 바탕으로 한 청소년의 자존감에 대한 연구 : '기쁨'의 성품을 중심으로〉에서는 청소년들이 한국형 12성품교육의 '청소년 성품리더십교육-기쁨'을 통해 신체외모 자아·신체능력 자아·친구관련 자아·가정적 자아를 비롯한 자아존중감이 향상된 것으로 나타났다. 또한 이영숙, 임유미(2012)가 발표한 〈이영숙 박사의 한국형 12성품교육론이 청소년의 대인관계 및 주관적 행복지수에 미치는 영향〉에서는 한국형 12성품교육의 '청소년 성품리더십교육-기쁨'이 청소년들의 대인관계 향상에 긍정적인 효과가 있었으며, 주관적 행복지수가 향상됐다고 검증되었다.

② 적용 사례

다음은 청소년 성품리더십교육을 실천한 교사와 한국형 12성품교육으로 변화된 학생들의 소감이다.

학교폭력의 대안, 성품교육이라고 생각합니다!

지난해 학교 내의 폭력 사건이 많이 발생했다. 올해 그 심각성을 깨닫고 기본이 바로 선 교육을 시작해야겠다는 다짐에서 청소년 성품리더십교육을 시작하게 되었다.

청소년 성품리더십교육을 시작할 땐 학생들이 성품수업에 어떻게 임할지 상당히 걱정이 됐다. 그러나 열정을 가지고 가르치시는 (사)한국성품협회 좋은나무성품학교의 청소년성품 전문강사들 덕분에 아이들이 잘 따라가고 있다. 2학기에는 예년에 비해 사고도 없고 선생님과 아이들의 관계가 회복될 것이라고 기대가 된다.

학생들의 학교생활에 있어 갈등과 위기는 항상 있어왔지만 이것을 바로 잡아주는 교육은 지금까지 없었다. 이제 그 문제를 바로 보게 되었고, 성품 좋은 리더를 키우는 일에 큰 도움이 될 것이라고 생각된다.

청소년 성품리더십교육을 통해 우리 학교 아이들이 자라나서 세상을 바꾸는 성품의 인재가 될 것을 기대한다.(경기 신성중학교 교장 김영길)

학교 문화를 바꾼 좋은 성품교육, 감동입니다!

"꿈과 실력과 인격을 갖춘 민주시민 육성"이라는 본교 교육목표를 효과적으로 달성하기 위해 고민해 왔다. 그러던 중 서울특별시교육청과 인성교육 MOU 기관인 (사)한국성품협회 좋은나무성품학교를 알게 됐다. 다행히 송파구청의 2013 인성교육 지원 사업에 본교가 선정되어 학생들에게 성품을 가르칠 수 있었다.

아이들은 성품수업에 참여하는 것을 무척 기뻐하며 재미있어 했고, 학부모들도 청소년 성품리더십교육에 큰 관심을 보였다. 이번 청소년 성품리더십교육을 통해 성품교육의 중요성을 다시 한 번 깨닫게 되었고, 앞으로 공교육에서 더욱 관심을 갖고 확대해 나가야겠다는 생각을 했다. (서울 오금중학교 교장 김동성)

성품교육으로 밝아진 교실, 그 효과에 놀라고 있어요.

좋은 성품이란 자신을 사랑하고, 모든 일에 열심을 다하고, 다른 사람을 배려하는 것이라고 생각한다. 친구를 배려하지 않고 거짓말로 실수를 회피하거나 무례한 행동을 할 때가 가장 괴롭다. 청소년 성품리더십교육을 통해 학생들이 이런 나쁜 습관들을 고치고, 더 좋은 성품으로 성공하기를 바란다. 지금 받고 있는 청소년 성품리더십교육을 아이들이 무척 좋아한다. 한층 더 밝아진 아이들을 볼 때마다 청소년 성품리더십교육의 효과를 실감한다. (경기 신성중학교 교육연구부장 교사 정명희)

좋은 성품으로 바른 가치관을 세워주고 싶어요.

왕따 · 체벌 · 교권하락 등 학교폭력의 문제가 제기되면서 이런 문제를 해결하기 위해서는 인성교육이 무엇보다 중요하다는 것을 절감했다. 그런데 인성교육에 대한 구체적인 연구 논문이나 자료가 많지 않다는 것을 알고 무척 놀라면서도 안타까웠다.

다행히 우리나라에서 최초로 성품을 가르치는 (사)한국성품협회 좋은나무성품학교를 알게 됐고 기쁜 마음에 교원 직무연수와 성품전문지도자과정을 이수했다. 성품교육을 좀 더 깊이 배우게 된 것을 계기로, 이번 1학기 때부터 학교에서도 '기쁨'을 주제로 청소년 성품리더십교육을 시작하게 되었다.

성품을 가르치면서 일관성 있는 교사의 행동이 참 중요하다고 느꼈다. 청소년 성품리더십교육 덕분에 교사로서의 모습을 돌아보게 되었고 아이들을 바라보는 시선도 바뀌었다. 아이들이 왜 분노하는지 귀 기울이고 공감해주는 경청의 태도를 보여주자, 아이들이 교사의 말을 의미 있게 듣기 시작했다.

교사의 역할은 처음부터 어려웠다. 모범생으로만 자란 나에게 말썽쟁이를 이해해야 하는 학교생활은 애초부터 힘든 것이었다. 말썽을 일으키는 아이들이 이해가 되지 않았고, 안타깝게도 해가 지날수록 아이들을 가르치는 것이 점점 힘들어졌다. 아마 다른 교사들도 마찬가지일거라 생각한다.

청소년 성품리더십교육은 학교 인성교육의 좋은 대안이라고 생각한다. 앞으로 좋은 성품을 가진 교사가 되어 아이들에게 바른 가치관을 심어주는 교사가 되고 싶다. (서울 한영중학교 교사 구윤)

좋은 성품의 교사, 성품으로 행복한 교사가 되고 싶어요.

(사)한국성품협회 좋은나무성품학교의 청소년성품 전문강사들이 직접 성품을 가르쳐 줘서 기대 이상으로 매우 좋았다. 어쩌면 8차시 수업만으로 큰 변화를 얻기란 어려울 수도 있지만, 성품의 중요성에 대해서 아이들이 생각하

는 계기를 마련할 수 있었고, 힘든 상황임에도 불구하고 '기쁨'의 태도를 유지하려고 하는 아이들의 모습을 보면서 좋은 성품의 싹을 틔웠다고 본다.

이번 청소년 성품리더십교육은 개인적으로도 많은 도움이 됐다. 전에는 학생들을 대할 때 항상 어두운 얼굴이었고, 아이들에게 쉽게 짜증을 내거나 혼을 많이 내곤 했다. 당연히 아이들도 얼굴이 어둡고 전혀 기쁘지 않은 표정을 한 채 기계적으로 수업을 받았다.

그러나 청소년성품리더십교육을 통해 교사가 행복해야 아이들이 행복하다는 진리를 깨닫게 되었다. 좋은 성품의 교사란 행복한 교사라는 생각이 들었다. 스스로가 먼저 마음의 문을 열고 아이들을 기쁘게 바라보며 수업하는 순간을 행복하다고 생각하면, 그 교사가 바로 좋은 성품의 교사가 아닐까 생각한다.

학교에서 아이들을 대하다 보면 정말 걱정되는 상황이 많이 발생한다. 너무 이기적이고, 충동적이며, 남을 전혀 배려하지 않는 모습이 보이지만 아이들 탓만 할 수는 없다. 아이들을 그렇게 만든 건 가정과 사회이기 때문이다. 어른들이 좀 더 성품에 관심을 갖고 성적보다는 성품으로 인정받는 사회를 만든다면 아이들에게도 희망이 있으리라 생각된다. 아이들이 자기 자신을 사랑하고, 남을 배려하며, 어떤 상황에서도 기쁨을 잃지 않는 그런 사람이 되었으면 한다.(서울 오금중학교 교사 윤혜정)

성품교육으로 의미 있는 학교를 만들었어요.
좋은 성품이란 남을 배려하는 말과 행동이라고 생각한다. 아이들이 교사를 통해 변화되는 순간, 눈빛이 변하는 순간을 볼 때가 있는데 그때가 가장 행복하다. 반대로 아이들과 잘 지내려고 하다 보니 존경보다는 친밀감이 형성되고 선생님에 대한 예의가 없을 때가 있다. 이런 것들을 청소년 성품리더십교육을 통해 아이들이 하나씩 배워 가면 좋겠다는 생각을 하게 되었다. 아이들에게 나는 어떤 사람이 되어야 하는지 이번 청소년 성품리더십교육을 계기로 배우게 됐다. (경기 신성중학교 국어과 교사 배민영)

역시 성품교육이구나! 감탄합니다.

(사)한국성품협회 좋은나무성품학교에서 만든 청소년 성품리더십교육 교재를 통해 아이들이 선생님들과 호흡을 잘 맞춰 프로그램에 참여했고, 학교 분위기가 조금씩 밝아지는 것을 느꼈다. '해피타임' 시간에 배운 기쁨의 태도들을 실천하는 모습도 자주 보게 되었다. 그래서 '청소년 성품리더십교육 참 좋다', '역시 성품교육이구나'라고 생각하게 되었다. (사)한국성품협회 좋은나무성품학교에서 만든 청소년 성품리더십교육 교재는 전문적인 내용이어서 확실히 신뢰가 간다. (경기 와부중학교 국어과 교사 김신숙)

기쁨의 성품으로 더 많이 웃고 행복한 교실이 되었어요.

내가 생각하는 성품이란 내면의 순수한 모습을 잃지 않는 것이다. 그래서 아이들과 서로 교감이 될 때 교단에서 가장 행복하고, 반대로 아이들이 교사를 비롯한 다른 친구들과 소통이 안 돼 서로 상처주고 싸우는 모습을 볼 때 가장 안타깝다. 청소년 성품리더십교육을 통해 치열한 경쟁 속에 성적을 추구하는 것이 아닌 순수한 성품을 잃지 않고 더 많이 웃고 살 수 있었으면 좋겠다. 이번 청소년 성품리더십교육을 통해 아이들이 한결 더 밝아진 모습을 보게 되어 흐뭇하다.(경기 신성중학교 음악과 교사 주승진)

전문적인 성품수업이 인상적입니다!

청소년 성품리더십교육을 통해 아이들의 생활면에 긍정적인 효과들이 많이 나타나고 있다. 특히 전문적이고 많은 연구를 통해 나온 성품수업의 모형들이 인상적이었다. 다른 반 담임선생님들로부터 아이들의 폭력성이나 생활태도 면에서 변화된 이야기들을 접할 때마다 청소년 성품리더십교육을 시작하길 잘했다는 생각이 든다. 성품교육은 참 필요한 교육이고, 다른 공교육에도 빨리 보급됐으면 좋겠다는 생각을 하게 된다.(서울 오금중학교 교사 박봉정)

성품수업으로 내가 먼저 변했어요!

처음으로 하는 성품수업이었다. 정말 재밌었다. 내가 먼저 변하면 다른 사람도 변한다는 것을 청소년 성품리더십교육을 통해 깨달았다. 기쁨의 5-2-5 법칙을 배운 것이 가장 기억에 남는다. 잊지 않고 꼭 실천할 것이다.(경기 신성중학교 2학년 김종민)

매순간 필요한 배려!

배려 성품수업을 통해 배려가 어떤 것인지 구체적으로 알게 됐다. 배려는 매순간 필요한 성품이라는 생각이 든다. 배려를 배우고 나서 친구의 입장에 대해 한 번 더 생각해 보고, 작은 배려부터 실천하도록 노력하다보니 친구도 좋아하고 나도 기분이 좋다. 이런 배려가 계속된다면 학교 내 폭력은 줄어들 것 같다는 생각이 든다.(서울 오금중학교 1학년 김원경)

불평하지 않고 기쁨의 태도를 유지할게요.

두 팔과 다리가 없는 장애에도 불구하고 행복하게 사는 닉 부이치치의 모습을 보면서, 건강하게 살고 있지만 작은 일에도 불평했던 내 모습을 돌아보게 됐다. 청소년 성품리더십교육을 통해 앞으로 어려운 상황에서도 기쁨의 태도를 유지하며 살아야겠다는 다짐을 해보게 되었다.(경기 와부중학교 1학년 김지선)

배려의 생각, 말, 행동으로 바뀌었어요.

나의 배려가 누군가에게 행복이 될 수 있다고 생각하니 정신이 번쩍 들었다. 배려 성품수업을 받은 이후부터는 도움이 필요한 친구들이 있는지 관찰해 보게 됐다. 성품을 배우니까 성품의 정의처럼 생각, 말, 행동이 바뀌게 되어 놀라웠다.(서울 오금중학교 1학년 임유나)

성품교육으로 성적도 올랐어요!

청소년 성품리더십교육을 처음 받아봤다. 기쁨을 배우는 동안 불평하고 싶은 마음이 들거나 힘들 때, 나도 모르게 기쁨의 정의를 생각해 보게 되었다. 청소년 성품리더십교육 덕분에 긍정적으로 수업에 임하게 됐고 이번 성적도 올랐다. 앞으로 기쁨의 성품을 소유한 사람이 되고 싶다.(서울 오금중학교 2학년 심민아)

어려운 상황에서도 기쁨을 유지할 거예요.

좋은 성품은 태어나는 것이 아니라 훈련을 통해 된다는 것을 알았다. 청소년 성품리더십교육에서 배운 것처럼, 어려운 상황에서도 기쁨을 유지하는 것이 제일 중요한 것 같다.(경기 신성중학교 2학년 노하준)

기쁨의 성품으로 나를 발견했어요!

청소년 성품리더십교육에서 '나를 발견하는 기쁨'에 대해 배운 내용이 특별히 기억에 남는다. 이번에 기쁨에 대해 다시 한 번 떠올려 보면서, 기쁨이란 다른 사람까지 행복하게 만드는 태도가 아닐까 생각했다. 다른 사람이 행복하면 내 기쁨이 배가 되는 것처럼 그런 기쁨의 성품을 소유한 사람이 되고 싶다.(서울 오금중학교 2학년 임은희)

진정한 기쁨이 무엇인지 알게 됐어요.

내가 생각하는 기쁨이란 다른 사람에게 즐거움을 주고 친절하게 대하는 태도다. 이번 청소년성품리더십교육을 통해 진정한 기쁨을 알게 됐다. 다른 사람에게 기쁨을 줄 수 있는 방법을 진지하게 고민하게 됐다.(경기 신성중학교 2학년 김희상)

배려의 습관을 길러요!

배려의 성품이 자연스럽게 나타나려면 배려의 습관을 길러야겠다고 생각했다. 아직 누군가를 배려한다는 것이 좀 어려운데, 내 생활 속에 배려의 습관을 들이면 남을 배려하는 태도가 더 자연스럽고 진심으로 대할 수 있을 것 같다.(서울 오금중학교 1학년 박규리)

화내고 싶어도 기쁨을 선택할 거예요.

청소년 성품리더십교육 중 기질 찾기 테스트가 가장 인상 깊었다. 내 기질을 알게 되어 참 신기했다. 나는 기쁨이 '약'이라고 생각한다. 먹기 싫어도 약을 먹어야 병이 낫는 것처럼, 기뻐하면 내 몸과 마음에 유익이 되기 때문이다. 그래서 앞으로는 화내고 싶은 상황에서도 기쁨을 유지해 보기로 결심했다. 항상 성적 때문에 스트레스 상태였는데, 이번 청소년 성품리더십교육을 통해 성적보다 성품이 중요하다는 것을 깨달았다. 늘 마음속에 성품수업을 기억하며 살고 싶다.(서울 오금중학교 2학년 박현주)

성품수업으로 꿈을 찾았어요.

기쁨이란 내가 하고 싶은 것을 즐겁게 열심히 할 수 있는 것이라고 생각한다. 앞으로 기뻐하면서 다른 사람을 도우며 살고 싶다. 기쁨에 대해 정확히 이해하지 못했는데 청소년 성품리더십교육을 통해 진정한 기쁨이 무엇인지도 알게 됐다. (경기 신성중학교 2학년 최준수)

배려가 내 삶의 일부가 되길!

배려 성품수업을 통해 다른 사람을 존중하는 태도가 바로 배려가 아닐까 생각해보게 됐다. 그러다 보니 말을 함부로 하지 않게 됐다. 이런 습관이 오래 갔으면 좋겠다. 배려가 내 삶의 일부가 되었으면 좋겠다.(서울 오금중학교 1학년 허예지)

기쁨에 대한 깊은 성찰을 하게 됐어요.

기쁨에 대해 진지하게 생각해 보게 됐다. 나로 인해 다른 사람도 기쁘고 나 자신도 기쁜 그런 성품을 갖고 싶다. 이번 청소년 성품리더십교육을 통해 내 성품지수를 테스트해 봤는데 89점이 나왔다. 앞으로 더 좋은 성품을 만들 때까지 성품훈련을 열심히 할 것이다.(경기 신성중학교 2학년 이홍석)

성품수업에서 자신감을 찾았어요!

청소년 성품리더십교육 중에서 '나를 빛나게 하는 기쁨'을 주제로 한 성품수업이 가장 기억에 남는다. 내가 즐거운 일, 다른 사람에게 즐거움을 줄 수 있는 일, 나와 다른 사람에게 가치 있는 일 등을 생각하면서, 내가 나와 다른 사람을 위해 해낼 수 있는 일은 무엇이 있을까 생각하게 됐고, 할 수 있다는 자신감도 얻었다. (서울 오금중학교 2학년 전보원)

성품교육, 감동이었어요!

좋은 성품이란 언제나 긍정적으로 기쁘게 사는 것이라고 생각한다. 청소년 성품리더십교육을 받으면서 나를 축복하는 시간이 있었는데 감동이었다. 나를 축복해본 적이 많지 않은데, 내 성품을 구체적으로 칭찬해보니 참 좋았다. (경기 신성중학교 2학년 전효재)

나의 배려가 세상을 바꾼대요!

작은 배려가 세상을 변화시킨다는 사실을 깨달았다. 학교에 이런 배려의 운동이 있다면 분명 변할 거라 생각한다. 나의 작은 배려의 행동 하나가 세상을 움직인다는 생각을 하니 배려를 안할 수 없게 된다. 친구를 이해하게 되고, 더불어 다툼이 줄어드니까 정말 신기했다. 좀 더 다른 사람의 입장을 생각하고 배려하는 사람이 되고 싶다. (서울 오금중학교 1학년 이병주)

긍정적으로 생각하게 됐어요!

처음 배운 성품교육이었는데 공부보다 청소년 성품리더십교육이 더 재밌었다. 또 배우고 싶다. 앞으로 어렵고 힘든 상황에서도 긍정적으로 생각하고 말하는 긍정적인 성품을 갖고 싶다.(경기 신성중학교 1학년 학생)

(3) 초등 성품리더십교육

① 프로그램 소개

한국형 12성품교육의 초등 성품리더십교육은, 학교폭력 예방을 위한 성품교육·진로지도를 위한 성품교육 등 12가지 주제성품을 특성화하여 주제성품별 8차시로 구성된 정규 성품수업과, 강의·워크숍·공연·공동체 활동·자기성찰 활동 등의 다양한 프로그램이 연계된 성품캠프의 형태로 진행되고 있다.

(사)한국성품협회에서는 초등 성품전문지도자과정을 매분기 개설하여, 아동기 아이들의 좋은 성품을 키우는 역량 있는 지도자를 양성하고, 방과 후 초등교실·초등학교 성품교육·아동센터 성품교육 확산에 앞장선다.

특별히 초등 성품리더십교육은, 특허 받은 12가지 좋은 성품을 초등학생들에게 실제적으로 가르치기 위해 서울시 교육감 인정도서로 승인받은 초등 인성교과서를 사용하여 성품수업을 전개한다. 한 성품 당 8차시의 수업으로 진행하며, 각각의 수업은 아래와 같은 5단계 학습영역으로 전개된다.

[표 14] 초등 성품리더십교육의 5단계 학습영역

단계	결과
1단계 의미알기 Definition	1단계 의미알기 영역에서는 성품의 의미에 대해 알 수 있다. 정의를 알고 여러 가지 방법으로 표현해 봄으로써 성품의 의미를 느껴볼 수 있다.
2단계 이야기 나누기 Story Telling	2단계 이야기 나누기 영역에서는 옛날부터 전해지는 세계의 이야기들과 생활 속 이야기를 읽고 성품의 의미를 생각해 보고 다른 이들과 함께 생각을 나누어 본다. 이 과정을 통해 생각하는 힘을 기르고 성품을 이해할 수 있다.
3단계 생활하기 Doing&Being	3단계 생활하기 영역에서는 성품을 생활 속에서 연습하고 실천함으로써 성품과 태도가 자연스럽게 몸에 배게 하고, 이를 바탕으로 더 좋은 성품을 갖게 된다.
4단계 관계 맺기 Buildilg Bridges	4단계 관계 맺기 영역에서는 나의 생활을 돌아보며 감사한 것들을 찾아보고, 잘못한 일에 대해서는 용서를 구하고, 어려움이 있을 때는 도움을 요청하기도 한다. 가장 중요한 것은 내 마음 속에 있는 사랑을 표현해 보는 것이다. 사랑은 표현할 때 더욱 귀중한 보석이 된다.
5단계 탐구하기 Let's Study	5단계 탐구하기 영역에서는 인물이나 동물 등을 찾아 탐구해 보며 우리의 생활 속에서 성품을 실천하는 모습을 찾아본다.

_ 출처 : 이영숙 (2011). 한국형 12성품교육론. 좋은나무성품학교

한국형 12성품교육의 초등 성품리더십교육은, 2014년 7월을 기준으로 전국의 36개 초등학교에서 진행되고 있다. 2009년부터 (사)한국성품협회를 통해 초등 성품전문지도사 자격증과정을 이수함으로써 배출한 700여 명의 성품 전문지도사들이 정규과정(창의적 체험활동 시간)과 방과 후 초등교실, 지역아동센터에서 초등학생들을 대상으로 성품을 가르치고 있다.

2014년도 7월 기준 '한국형 12성품교육-초등 성품리더십교육'을 실천한 국·공립, 사립초등학교들은 다음과 같다.

[표 15] 2014년 7월 기준 '한국형 12성품교육-초등 성품리더십교육'을 실천한 학교들

전국 총 36개 초등학교	경기 각골초등학교	경기 늘푸른초등학교
	경기 능서초등학교	경기 도덕초등학교
	경기 도암초등학교	경기 미원초등학교
	경기 배영초등학교	경기 서정초등학교
	경기 월곶초등학교	경기 의정부초등학교
	경기 지석초등학교	경기 한얼초등학교
	경기 호곡초등학교	대전 매곡초등학교
	서울 계상초등학교	서울 구남초등학교
	서울 둔촌초등학교	서울 문현초등학교
	서울 선유초등학교	서울 세종초등학교
	서울 신가초등학교	서울 영풍초등학교
	서울 포이초등학교	서울 풍성초등학교
	인천 서림초등학교	인천 서흥초등학교
	인천 창영초등학교	전북 고산초등학교
	전주 덕일초등학교	충북 양산초등학교
	서울 서대문 옹달샘지역아동센터	서울 신월동 옹달샘지역아동센터
	서울 홍제지역아동센터	경기 항상행복한지역홈스쿨
	인천 어깨동무지역아동센터	대전 매곡지원아동센터 등

한국형 12성품교육을 배운 학생들은, 12가지 좋은 성품에 따른 인지능력이 강화되고 좋은 성품의 태도를 실생활에서 적용하여 문제를 해결해 나가는 데 실제적인 변화를 보였다. 자기효능감과 의사소통기술, 자기통제력을 가진 아이들은 높은 자존감으로 자기계발에 대한 적극적 관심을 보이며, 능동적으로 진로를 설계해 나갔다.

② 적용 사례

다음은 초등 성품리더십교육을 진행한 교사와 한국형 12성품교육으로 변화된 학생들의 교육 후 소감이다.

초등 성품리더십교육을 실천한 교사들의 소감

성품교육으로 선악을 분별하는 아이들을 보고 놀랐어요.

초등 성품리더십교육을 통해 기대 이상으로 아이들이 달라져서 놀랐다. 다른 사람을 칭찬하거나 배려하는 행동들이 보이고, 아이들이 해야 될 행동과 해서는 안 될 행동에 대한 판단, 선과 악을 분별하게 되었다.

앞으로 초등 성품리더십교육이 학교폭력이나 따돌림과 같이 요즘 이슈가 되고 있는 문제에 대해 아이들이 깊이 생각할 수 있도록 더 좋은 교육을 펼쳐주면 좋겠다. 한 학기 동안 초등 성품리더십교육으로 참 행복했다.(서울 풍성초등학교 교사 최지현)

아이들이 화가 나도 좋은 태도를 유지해요!

초등 성품리더십교육을 시작하면서, 학생들이 인성교육을 통해 더 긍정적인 마인드를 갖기를 가장 기대했다. 초등 성품리더십교육을 통해 아이들이 자기 자신을 좀 더 긍정적으로 바라보고, 화가 날 때 좋은 태도로 대처하는 모습을 보면서 성품수업의 효과를 눈으로 볼 수 있었다. 다양한 방법으로 성품수업을 현장에 적용할 수 있도록 (사)한국성품협회 좋은나무성품학교가

계속적인 연구와 실천의 노력을 기울여 주길 바란다.(서울 풍성초등학교 교사 강경혜)

지식교육보다 반드시 선행되어야 할 성품교육!

성품 좋은 교사의 역할은, 식물이 자랄 토양을 보살피고 가꾸는 것처럼 아이들의 인생의 기반을 다지는 일이라 생각한다. 초등 성품리더십교육을 시작하면서 나 역시 이런 교사가 되어야겠다고 다짐하고 노력했다. 매번 느끼는 것이지만 성품교육은 지식교육보다 반드시 선행되어야 할 중요한 교육이라고 생각한다. 아이들의 변화된 모습을 보면서 이런 생각을 많이 했다. 꾸준한 성품교육을 통해 아이들이 함께 사는 기쁨을 누리며 살기를 진심으로 바란다. 저 멀리 있는 것을 찾기보다 바로 옆에 있는 사람, 물건, 자연을 배려하고, 자신이 받는 배려에 감사하는 사람이 되었으면 좋겠다.(서울 풍성초등학교 교사 한송이)

배려의 성품으로 난폭함이 줄었어요.

우리나라 아이들의 경우 공부의 분량이 많다 보니 스트레스가 많다. 교사는 아이들의 말에 귀기울여주고 공감해 주는 따뜻한 성품을 가진 선생님이 되어야 한다고 생각한다. 입시경쟁에 치이다 보니 아이들도 주변에 있는 친구들이 내 경쟁자이고, 밟고 일어서야 한다는 생각을 갖고 있다. 그런 생각들이 주변을 배려하지 못하게 막는 장애물이 돼 버렸다. 너무나 안타까운 현실인데, 우리 어른들부터 반성하고 고쳐야겠다. 지금부터라도 아이들에게 성품교육을 통해 타인과 함께 배려하며 살아가는 공동체 의식을 심어줘야 한다고 생각한다.

5~6학년 아이들의 경우 자신의 영역에 침범당하는 것에 매우 민감한데, 그러다 보니 아이들이 난폭하기도 하다. 그런데 배려의 성품을 배우면서 그런 부분이 많이 줄었다. 한 번이라도 더 양보하고 웃으면서 상대방을 대하려는 태도가 부쩍 늘었다. 앞으로도 좋은 성품으로 서로 돕고 의지하며 살아가는 아이들이 됐으면 좋겠다.(서울 풍성초등학교 교사 문언순)

진정한 기쁨을 찾은 아이들

초등 성품리더십교육의 수업 시작에 앞서 아이들에게 요즘 무엇을 통해 기쁨을 느끼는지 물었다. 아이들은 모두 하나같이 선물이나 게임 등을 통해 기쁨을 느낀다고 대답했다. 아이들의 환한 미소와 다르게 그 기쁨의 시작은 무미건조한 것들뿐이었다.

초등 성품리더십교육의 기쁨 성품수업을 시작한지 두 달이 지나고, 아이들은 점점 기쁨의 성품에 젖어들고 있었다. 초등 성품리더십교육을 진행하면서, 첫 성품수업 때 했던 질문을 아이들에게 다시 물어보았다. 그런데 아이들의 대답이 달라져 있었다. 게임, 선물, 용돈 등에서 기쁨을 찾았던 아이들이 이제는 "나는 키는 작지만 태권도를 잘해서 기뻐요", "내 몸이 건강해서 기뻐요", "내 짝꿍이 있어서 기뻐요." "나의 존재 자체만으로도 기뻐요" 등 자신을 소중히 여기는 기쁨으로 바뀌어 있었다. 더 놀라운 것은 같은 반에 장애를 가진 친구를 따돌리며 놀렸던 아이들이, 몸이 불편한 친구를 도울 수 있어 기쁘다며 함께 어울려 노는 사이로 바뀐 것이었다. 사랑과 관심을 갖고 배려해줘야 한다며 서로 칭찬하고 감사를 표현하고 격려하는 아이들의 모습이 절로 마음을 뭉클하게 했다.

초등 성품리더십교육을 통한 아이들의 변화를 보면서, 친구의 마음을 공감하지 못해 왕따 문제가 발생하고, 무엇이 옳고 그른지 분별할 줄 모르기 때문에 생기는 학교폭력 앞에, 이제는 성품교육이 산적한 교육의 문제들을 앞장서 해결해 나갈 수 있겠다는 확신이 생겼다.(경기 D초등학교 초등성품 전문강사 차예슬이)

초등 성품리더십교육으로 아이들이 기쁨의 유익을 배웠어요.

초등 성품리더십교육의 기쁨 성품수업은 말 그대로 기쁨이 넘쳤다. 기쁨의 정의 노래를 즐겁게 따라 부르면서 아이들의 마음의 문을 열리기 시작했다. 한번은 "기뻐하는 마음이 생기면 어떤 점이 좋을까요?"라는 질문에 "우리 가족이 행복해져요", "마음이 따뜻해요", "공부가 잘 돼요", "착한 마음이 생겨요.", "좋은 생각만 나요", "화가 안 나요" 등 다양한 대답들이 쏟아졌다.

초등 성품리더십교육을 마치면서 깨달은 것은 '성품교육으로 아이들의 성품에 과연 변화가 있을까?'하는 염려를 할 필요가 없다는 것이다. 초등 성품리더십교육을 통해 아이들은 좋은 성품으로 반드시 변화되고 아이들 스스로가 변화된 자신을 더 잘 안다는 것, 단지 어른들이 좋은 성품을 가르쳐 주기 위해서는 자신이 먼저 좋은 성품으로 변화되어야 한다는 점을 다시 한 번 느꼈다. (경기 도덕초등학교 초등성품 전문강사 윤경희)

문제아와 비행아동을 대상으로 한 성품교육 사례

본 사례는 (사)한국성품협회에서 배출한 초등 성품전문지도사가 인천의 G초등학교를 주1회 방문하여 초등 성품리더십교육을 통해 비행아로 지목된 문제아들을 집중적으로 교육시켜 변화된 감동의 사례이다.

복지실로 달려오는 한 명 한 명의 목소리가 가까워지면서, 갑자기 "우당탕!", "픽!", "으악!" 맞고 때리고 욕설이 오갔다. 초등 성품리더십교육을 시작하기도 전에 아이들은 서로 소리 지르고 면박주고 욕하고 비웃고 혼자 이야기하고 발로 차는 행동들을 멈추지 않았다. 여기 모인 아이들은 왕따, 일진으로 대표되는 그야말로 '문제아' 아이들이라고 했다.

두 번째 초등 성품리더십교육 시간에 아이들과 반갑게 인사하며 악수하고 안아주려는데, 모든 아이들이 스킨십을 거부했다. 한 남자친구는 밀치며 연필로 찍으려고까지 했다. 앞에서는 배려의 성품수업을 진행하고 있는데, 한 일진 친구가 무조건 옆 사람을 패고 가위를 던지고 뾰족한 연필을 아이들 눈을 향해 던지며 썩소를 날렸다. 다른 남자 친구는 "칼로 째 죽여요"라고 말하며 잔인한 이야기를 끝도 없이 늘어놓았다. 한 여자 친구는 남자 아이들과의 스킨십을 재미삼아 하면서 소리를 지르고, 옆의 다른 친구는 계속 놀림을 받으면서 분노를 절제하지 못해 폭발할 때는 말로 형언할 수 없는 괴성을 질렀다. 일진 짱에 마인크래프트 게임 마니아도 있었다. "시발", "조까", "fuck"가 모든 말에 들어갔다. 어떤 친구는 조용한데 폭식이 문제이고 너무 느려서 아이들과의 관계가 힘들었다. 끝도 없는 반항과 잔인한 역을 구사하며 틱장애를 겪고 있는 아이도 있었다.

(사)한국성품협회 배려 인성교과서에 '엄마를 배려해 주기' 내용이 있었는데, 한 친구가 "엄마를 칼로 찔러 죽여요!"라고 말하니 옆 친구가 "목을 베는 게 나아"라고 얘기했다. 다른 친구는 엄마 얘기가 나오니 두려워하고 또 다른 친구는 엄마를 보게 되면 죽을 만큼 때리고 싶다고 했다. 엄마가 날 버리고 떠났는데, 개 같은 놈하고 살고 있다고 말했다.

아이들의 아픔을 들으니, TAPE 요법의 용서 구하기가 생각났다. 아이들에게 어른으로서 용서를 구해야겠다는 생각이 들었다. 너희들이 이렇게까지 마음 아파하는 줄 몰랐다며 용서를 구하자, 한 아이가 입술을 꼭 깨물면서 눈물을 글썽였다. 아이들이 조용해졌다.

그날 이후 성품수업 분위기가 조금씩 달라졌다. 예전에는 아이들 앞에서 혼자 율동하며 정의 노래를 불렀는데, 아이들이 하나 둘 따라 하기 시작했다. '나를 배려하기' 활동에서는 아이들 대부분이 욕하지 않기를 적었다.

한 번은 배려의 초등 성품리더십 교육과정대로 왕따에 관한 영상을 보여주었는데, 아이들 마음속에 있던 분노가 표출되고 말았다. "에이, 시발! 의자로 모니터를 깨버려!", "저 새끼는 칼로 목을 따야해!", "다 죽여 버리고 싶어!"라며 소리를 질렀다. 영상이 끝나고 "저 아이의 마음이 어떨까?"라고 물으니, "담에 저 새끼도 왕따 시켜야 돼요"라고 말했다. 여기 모인 아이들은 모두 치욕스러울 정도로 왕따를 경험한 아이들이었기 때문이었다.

배려란, 나와 다른 사람 그리고 환경에 대하여 사랑과 관심을 갖고 잘 관찰하여 보살펴 주는 것(좋은나무성품학교 정의)이라고 다시 한 번 알려준 날, 한 친구에게 카톡이 왔다.

"나 다쳤는데"

"저런, 괜찮니? 어딜 어떻게 다쳤어? 많이 아팠겠다."

"…"

초등 성품리더십교육 시간에 아이들이 눈을 맞추며 수업을 듣기 시작했다. 욕보다 다른 일상 언어로 자기 마음을 표현하게 되었다.

성품수업을 마치고 나오는데, 먹는 것이 절제가 안됐던 친구가 "선생님은 우리가 욕하고 때리고 잔인하게 구는데, 우리한테 소리도 안 지르고 배려해 줘서 신기하고 고마워요."라고 나에게 수줍게 말했다. 그동안 아이들이 눈을 감고 있는 것 같았는데, 그게 아니었다. 눈으로 귀로 마음으로 배려의 성품을 받아들이고 있었다.

초등 성품리더십교육을 통해 아이들에게 좋은 성품을 포기하지 않고 가르치는 것이 가장 중요하다는 것을 깨달았다. 초등 성품리더십교육으로 아이들의 인생을 바꿀 수 있다는 사실에 순간순간 가슴이 벅차오른다. (인천 G초등학교 초등성품전문강사 오문아)

기쁨을 선택하는 게 내 선택이라는 것을 알았어요!

초등 성품리더십교육 중에서 계란을 이용해 조별 게임을 한 것이 가장 재미있었다. 꿈을 이루기 위해서는 많은 방해들이 있지만, 그 때마다 기쁨을 유지하고 다시 일어서는 것은 내 선택이라는 것을 배웠다.(서울 풍성초등학교 6학년 정○람)

성품수업 덕분에 목표가 생겼어요.

초등 성품리더십교육 덕분에 꿈을 이루는 목표가 정해졌다. 친구들과 더 친해지고 학교생활이 재미있어졌다.(서울 풍성초등학교 5학년 유○영)

기쁨의 말로 기쁨을 전했어요.

다른 사람에게 기쁨을 전하는 말을 연습한 것이 감동적이었다. 초등 성품리더십교육을 통해 내가 듣고 싶은 기쁨의 말이 뭘까 생각해 보면서, 부모님과 선생님, 내 친한 친구들에게 기쁨의 말을 들려줘야겠다고 다짐했다.(서울 풍성초등학교 6학년 김○식)

매일 매일이 기뻐요!

초등 성품리더십교육 시간에 기쁨의 성품을 배웠는데, 기쁨을 어떻게 찾는지 알게 됐다. 거의 항상 웃게 됐고, 매일 매일이 기쁘다.(서울 풍성초등학교 4학년 송○아)

나눠 쓸 줄 아는 배려

내 친구 윤서가 참 배려를 잘 한다고 생각한다. 윤서야말로 친구들과 나눠 쓰는 걸 좋아하는 친구이다. 이런 친구가 많이 드문데, 초등 성품리더십교육 배려를 통해 이렇게 나눠 쓸 줄 아는 태도가 얼마나 좋은 것인지 다시 한 번 깨닫게 됐다. 나 또한 윤서처럼 좋은 성품을 지녀야겠다고 생각했다. (서울 풍성초등학교 6학년 서○)

모두를 생각하는 배려의 성품!

배려 성품수업을 통해 동생에게 배려를 실천하려고 노력하고 있다. 동생이 자전거를 배우는 중인데 겁이 많은 아이라서 잘 넘어지고 울기도 한다. 자전거 타는 것을 많이 두려워해서 "괜찮아, 원래 처음에는 넘어지고 다칠 수도 있는 거야. 언니도 그랬어. 다시 해보자"라는 말을 자주 해주고 자전거를 잘 잡아주었더니 동생이 무척 좋아했다. 배려를 배우고 나서, 이런 말 한마디도 배려라는 걸 알게 됐다. 앞으로 예의 바르고 '나만' 알기보다 '모두'를 생각하는 사람이 되고 싶다. (서울 풍성초등학교 6학년 이○수)

나를 기쁘게 해 주는 음식을 골고루 먹을 거예요.

내 몸을 건강하게 해 주는 음식에는 무엇 무엇이 있는지 새롭게 알게 됐다. 그 동안 맛있는 음식만 골라 먹었는데 못생기고 냄새가 싫어도 나를 기쁘게 해 주는 음식을 맛있게 먹어야겠다. (서울 풍성초등학교 6학년 김○훈)

성품수업이 또 기다려져요.

초등 성품리더십교육 중에서 기쁨의 정의를 한글과 영어 정의로 불러보는 게 재미있었다. 시시하거나 지루하지 않고, 재미있게 성품을 가르쳐 주신 성품선생님이 정말 좋았다. (서울 풍성초등학교 6학년 조ㅇ탁)

초등 성품리더십교육을 받으니까 세상이 기뻐 보여요!

초등 성품리더십교육을 받고 나 자신을 사랑하게 됐다. 내가 기쁘니까 세상이 참 기뻐 보였다. 성품수업이 재미있어서 참 좋았다. (서울 풍성초등학교 5학년 임ㅇ원)

매일 매일 기쁘게 보내고 싶어졌어요!

성품선생님께서 오늘은 두 번 다시 오지 않으니까 즐겁게 보내자고 하셔서 나도 매일 매일을 그렇게 보내고 싶어졌다. 화가 나면 참게 됐고, 예전보다 훨씬 더 긍정적으로 생각하고 있다. (서울 풍성초등학교 4학년 신ㅇ은)

배려의 성품으로 다른 사람의 입장을 이해하게 됐어요!

'배려'에 대해 구체적으로 배운 적이 없었는데, 배려 성품수업을 통해 배려란 무엇인지 정확하게 알게 됐다. 상대방의 입장을 이해하지 못하면 배려하기란 쉽지 않다. 예를 들면 며칠 전에 짝꿍이 준비물이 안 챙겨왔을 때 짝꿍의 마음이 어떨지 생각해 보게 됐는데, 준비물을 못 챙겨 갔을 때 나도 많이 당황한 경험을 해보았기 때문에 친구가 얼마나 당황스러운지 알 것 같았다.

선뜻 준비물을 나눠 썼더니 짝꿍이 무척 고마워했다. 배려한 나도 덩달아 기분이 참 좋았다. (서울 풍성초등학교 6학년 김O하)

왕따를 없애는 배려의 성품!

배려란, 다른 사람에게 상처를 주지 않는 것이라고 생각한다. 말과 행동으로 주는 상처들은 정말 오래 가슴에 남는다. 나 역시 친구들로부터 말과 행동으로 배려를 받고 싶은데, 내가 받고 싶은 만큼 상대방 친구들도 똑같을 거라고 생각한다. 배려의 성품을 잘만 실천해도 학교에 왕따 같은 문제들이 안 일어날 것 같다. (서울 풍성초등학교 5학년 최O린)

기쁨으로 공부에 대한 스트레스를 날려 버렸어요!

초등 성품리더십교육을 통해 생각이 긍정적으로 변했다. 공부에 대한 스트레스도 덜 받고 마음에 기쁨이 생겼다. (서울 풍성초등학교 6학년 이O현)

부정적이었던 마음이 긍정적으로 바뀌었어요.

전에는 부정적이었는데, 초등 성품리더십교육을 통해 친구들에게 긍정적인 마음을 갖게 됐다. 기쁨의 정의를 배우면서 기쁨에 대해 더 많이 생각하게 됐다. (서울 풍성초등학교 6학년 허O현)

웃음이 많아지고 행복해졌어요.

초등 성품리더십교육 시간에 기쁨을 배웠는데, 웃음이 많아졌다. 마음이 행복해지고 기뻐져서 친구들과도 짜증내지 않고 사이좋게 잘 지낼 수 있게 됐다.(서울 풍성초등학교 6학년 배ㅇ연)

욕을 잘 쓰지 않게 됐어요!

초등 성품리더십교육을 통해 욕을 잘 쓰지 않게 됐다. 화내기 전에 한 번 더 생각해 보게 됐고, 부정적인 생각이 줄어들었다.(서울 풍성초등학교 6학년 박ㅇ빈)

기쁨의 메달을 걸어주면서 기쁨이 더 커졌어요.

초등 성품리더십교육 시간에 기쁨의 메달을 만들어서 담임선생님과 친한 친구들에게 나눠주었다. 기쁨의 메달을 만들면서 재미있었고, 내가 만든 메달을 기쁘게 목에 거는 친구들을 보면서 기쁨이 더 커졌다.(서울 풍성초등학교 6학년 강ㅇ우)

배려의 성품으로 좋은 친구를 사귀어요!

친구를 사귀는 데는 꼭 필요한 것이 배려의 성품인 것 같다. 배려 성품수업을 통해 나만 편하기 위해 행동한다면 그것은 배려가 아니라는 것을 깨달았다. 한 번은 친구와 다툰 적이 있었는데, 화해를 하지 않았다. 문득 성품교육 시간에 배운 배려의 태도가 생각나서 먼저 화해를 요청했는데, 친구가 나를 이해해 줘서 다시 예전처럼 사이좋게 지내게 됐다. 아마 배려를 배우지 않았다면 성품을 배우기 전처럼 고집부리다 좋은 친구를 놓쳤을지도 모르겠다.(서울 풍성초등학교 5학년 박ㅇ은)

내가 원하는 직업을 찾았어요.

'나를 기뻐하기' 시간에 내가 잘 하는 것, 내가 좋아하는 것을 적어 보았다. 초등 성품리더십교육을 통해 내 꿈이 더 뚜렷해지고, 내 진로에 대해 다시 한번 생각해 볼 수 있어서 좋았다. 세상에는 여러 가지 직업들이 있다는 것을 알게 됐고, 내가 원하는 직업을 찾을 수 있었다. (서울 풍성초등학교 6학년 이ㅇ우)

초등 성품리더십교육 덕분에 내가 소중하다는 것을 알았어요!

초등 성품리더십교육을 통해 마음이 따뜻해졌다. 내가 소중하다는 것을 알고 자신감도 생겼다. 기쁨의 정의를 배웠는데, 기쁨에 대해 생각해 볼 수 있게 됐다. (서울 풍성초등학교 6학년 이ㅇ수)

힘든 시기에 성품수업으로 위로를 받았어요.

힘들 때 초등 성품리더십교육을 받아서 위로를 얻었다. 기쁨의 성품을 배워서 친구들을 대하는 태도가 달라졌는데, 그래서 친구들과 사이가 더 좋아졌다. (서울 풍성초등학교 6학년 노ㅇ준)

성품수업 덕분에 이제는 무조건 끝났다고 생각하지 않아요!

초등 성품리더십교육 시간에 기쁨을 배운 후로는 어떤 일이 생겨도 긍정적으로 생각하게 됐다. 이제는 무조건 끝났다고 생각하지 않는다. (서울 풍성초등학교 6학년 김ㅇ람)

아이가 정직의 성품으로 신뢰를 얻었어요.

학교에서 수업을 마치고 집에 돌아온 주훈이의 표정이 밝지 않았다. 이유를 물어보니 학교에서 억울한 누명을 썼다는 것이었다. 상황은 이랬다.

주훈이의 짝꿍인 여자 친구가 다른 남자 친구로부터 놀림을 받았다. 말장난으로 여자 친구를 놀려댔던 것이다. 잠시 후 수업시작 종이 울렸고 담임선생님께서 들어오셨는데, 여자 친구가 갑자기 선생님께 주훈이가 자신을 놀렸다며 거짓으로 일렀다는 것이다. 선생님은 여자 친구의 말만 믿고 주훈이에게 이야기할 기회조차 주지 않고 벌을 주셨다.

이렇게 집에 돌아온 주훈이는 전혀 상관없는 일에 자신이 누명을 썼다며 억울해했고, 저녁이 될 때까지 기분이 풀어지지 않았다.

다음날 아침, 학교 갈 준비를 하는 주훈이를 보니 마음이 무거웠다. 주훈이를 어떻게 격려해야 할지 잠시 고민하다 주훈이를 불렀다.

"주훈아, 기분은 좀 어때?"

"응! 엄마, 난 괜찮아. 오늘 학교에 가서 친구들과 재미있게 수업하고 놀 거야. 난 긍정적인 태도를 배웠잖아. 어떠한 상황에서도 가장 희망적인 생각, 말, 행동을 선택하는 마음가짐!"

그날 오후, 집에 돌아온 주훈이로부터 뜻밖의 얘기를 들었다. 어제 학교에서 있었던 일은 자신과는 전혀 상관없는 일이라며 선생님께 솔직하게 말씀드리고 왔다는 것이다.

"선생님! 드릴 말씀이 있습니다. 정직의 성품은, 어떠한 상황에서도 생각, 말, 행동을 거짓 없이 바르게 표현하여 신뢰를 얻는 것이잖아요. 어제 짝꿍을 놀린 것은 제가 한 일이 아닙니다. 저는 정직하게 말씀드렸습니다. 안녕히 계세요."

그렇게 말하고 선생님께 정중하게 인사드리고 나왔단다. 당당한 주훈이를 보며 기쁘고 뿌듯했다. 배운 성품을 잊지 않고 발휘한 주훈이가 대견하고 자랑스러웠다.(대전 동구 신주훈 어머니)

성품교육을 받은 어린이는 달라요.

다빈이는 좋은나무성품학교에서 성품교육을 받은 후 성품이 많이 달라졌다. 그런데 올해 초등학교에 입학한 다빈이를 보면서 부모로서 새로운 걱정거리가 생겼다. '성품교육을 하지 않는 초등학교에서도 잘 적응하고 배운 성품을 기억할 수 있을까?'하는 것이었다. 그러나 걱정과 달리 다빈이는 현재 초등학교에서 어엿한 성품리더로 잘 자라 주었다.

한 번은 다빈이가 학교에서 돌아와 자랑을 했다.

"엄마, 오늘 수업시간에 친구들이 떠들어서 '선생님이 말씀하실 때는 경청하는 거야!'라고 말해줬더니 친구들이 경청이 뭐냐고 물어 봤어요."

"어머, 그랬구나? 그래서 뭐라고 대답해 줬어?"

"응, 그래서 내가 '경청이란, 상대방의 말과 행동을 잘 집중하여 들어 상대방이 얼마나 소중한지 인정해 주는 거야'라고 정의를 말해줬더니, 친구들이 우와~ 하면서 놀랬어요."

"우와~ 정말 대단하다. 앞으로 다빈이가 다른 성품도 친구들에게 알려주면 정말 좋을 것 같구나."

학교에서 다빈이의 성품 실천은 이렇게 시작되었다.

어느 날, 다빈이의 담임선생님으로부터 한 통의 전화가 걸려왔다. 상황은 이랬다. 그날 준비물이 물감과 크레파스였는데, 다빈이가 준비물을 챙겨오지 않은 몇 명 아이들에게 자신의 색칠도구를 함께 나눠 쓰자고 했다고 한다. 준비물을 챙겨온 다른 친구들은 자신의 학용품을 나눠 쓰는 것을 싫어하거나 누가 준비물을 안 챙겨 왔는지 관심도 없었는데, 다빈이는 준비물을 안 챙겨온 친구는 없는지 관찰부터 하고 자기 것을 나눠 쓰며 배려했다는 것이다. 보통 아이들과 달리 항상 예의바르고, 양보도 잘하고 질서도 잘 지켜서 친구들에게 인기도 많고 다른 선생님들께 칭찬도 많이 듣는다고 한다. 다빈이를 보면 깜짝 놀랄 때가 많다며 비결이 뭐냐고 물으셨다. 나는 다빈이가 경청할 줄 알고 배려할 줄 아는 것은 성품을 배웠기 때문이라고 설명했다. 그 말을 들은 선생님은 성품교육에 대해 진지하게 고민해보게 되었다고 하셨다.

그날 선생님과 통화 후 성품교육이 공교육에서도 반드시 필요한 교육이라는 것을 깊이 생각해 보게 되었다. 가정에서 실천하는 교육뿐만 아니라 초등학교와 중학교를 거쳐 고등학교와 대학교까지 성품교육이 계속해서 이어져야 한다는 생각이 들었다. 성품교육이 빠진 학교교육은 그저 안타까울 뿐이다. 하루빨리 성품교육이 모든 교육의 중심이 되었으면 좋겠다.(제주 남제주 임다빈 어머니)

공부 잘 하는 비결, 경청의 태도 덕분이에요!

초등학교에 다니는 지원이는 성품모범생이며 공부도 잘한다. 어느 날 지원이 학교 짝꿍인 성훈이의 엄마를 시장에서 마주친 적이 있다. 성훈이 엄마는 성훈이가 머리는 좋은데 지원이를 늘 앞서지 못해 아쉽다며 말을 꺼냈다.

"지원이 때문에 우리 성훈이는 항상 2등이에요."

성훈이 엄마는 웃으면서 말했지만 왠지 씁쓸함이 묻어나는 말투였다.

"아니에요. 성훈이가 워낙 똑똑해서 더 잘 할 거예요"

라고 말하고 왔지만 집에 오는 내내 마음이 무거웠다. 그날 저녁 지원이와 이야기하면서 성훈이에 대해 물었다.

"지원아, 짝꿍 성훈이가 너보다 앞설 때도 있니?"

"아니요. 성훈이는 나보다 머리는 좋지만 경청을 잘 안 해요. 나는 좋은나무 성품학교에서 성품을 배워서 잘 아는데 지원이는 성품을 안 배웠거든요. 경청이란, 상대방의 말과 행동을 잘 집중하여 들어 상대방이 얼마나 소중한지 인정해 주는 것이라는 걸 지원이는 몰라요. 하지만 수업시간에 선생님 말씀에 잘 경청한다면 공부도 잘할 수 있을 거예요."

지원이의 입에서 뜻밖의 말이 흘러나와 놀랐다. 공부를 잘하는 것이 IQ가 아닌 경청의 태도로 결정된다는 것을 지원이는 알고 있었던 것이다. 좋은 성품이 아이의 학습 능력과 학습 태도에도 영향을 준다는 것을 지원이를 보며 실감했다. (대전 동구 황지원 어머니)

(4) 유아 성품리더십교육

① 프로그램 소개

유아 성품리더십교육은, 특허 받은 12가지 좋은 성품을 유아들에게 실제적으로 가르치기 위해 연령별 성품리더십워크북 교재와, 성품을 가르치는 성품

[표 16] 유아 성품리더십교육의 4단계 학습영역

단계	교육내용	특성화 프로그램
1단계 이야기 나누기 Story Telling	1단계 이야기 나누기 영역에서는, 주제성품과 관련된 재미있는 이야기들을 통해 주제성품을 배운다. 성품리더십워크북 교재의 이야기를 읽고 토론하면서 주제 성품의 개념을 익히고 다양한 책을 읽는 좋은 습관을 형성하게 된다.	_ 유아 성품리더십 (Character Leadership) _ 유아 성품음악 (Character Music) _ 유아 성품영어 (GIS Character English) _ 유아 성품매너 (Character Manner)
2단계 생활하기 Doing&Being	2단계 생활하기 영역에서는, 주제성품을 생활 속에서 매일 실천해 보고, 상황에 맞는 좋은 활동을 알게 한다. 구체적이면서도 반복적으로 좋은 행동을 연습함으로써 좋은 습관을 갖게 한다.	
3단계 관계 맺기 Buildilg Bridges	3단계 관계 맺기 영역에서는, 다양한 상황 속에서 좋은 관계를 맺어 보는 경험들을 갖게 한다. 한국형 12성품교육론의 TAPE 요법에 입각하여, 좋은 관계를 맺는 방법을 구체적으로 배우고 익힌다.	
4단계 탐구하기 Let's Study	4단계 탐구하기 영역에서는, 좋은 성품을 자연과 훌륭한 위인들의 삶 속에서 찾아보고 프로젝트 활동을 해 봄으로써, 깊이 있는 연구를 경험하고 논리적으로 폭넓은 사고의 틀을 갖게 한다.	

_ 출처 : 이영숙 (2011), 한국형 12성품교육론, 좋은나무성품학교

일기장, 성품포스터, 성품주제정의노래, 성품법칙, 성품페스티벌, 가정연계교육인 10분 해피타임 등을 활용하여 체계적인 성품교육을 실시한다. 12가지 주제성품을 각 주제별로 8주 과정으로 진행하며, 각각의 수업은 [표 16]과 같은 4단계 학습영역으로 전개된다.

전국의 373개 어린이집과 유치원에서 한국형 12성품교육의 유아 성품리더십교육을 통해 유아·유치를 위한 인성교육을 펼치고 있으며, 2014년 4월 기준 '한국형 12성품교육-유아 성품리더십교육'을 실천하고 있는 국·공립, 사립 어린이집과 유치원들은 다음과 같다.

[표 17] 2014년 4월 기준 '한국형 12성품교육-유아 성품리더십교육'을 실천하는 유아·유치 교육기관

구분	파트너십
서울 지역	잠실밀알유치원 외 39개 유치원, 31개 어린이집
경기·강원 지역	밀알유치원 외 59개 유치원, 70개 어린이집
인천 지역	성광유치원 외 11개 유치원, 4개 어린이집
충북·충남 지역	소망어린이집 외 25개 어린이집, 9개 유치원
대전 지역	동심유치원 외 11개 유치원, 3개 어린이집
전북·전남 지역	고창중앙유치원 외 8개 유치원, 13개 어린이집
전주 지역	제이그림나라유치원 외 6개 유치원, 5개 어린이집
경북·경남 지역	오천영광어린이집 외 7개 어린이집, 8개 유치원
부산·대구·울산 지역	조은유치원 외 9개 유치원, 6개 어린이집

제주 지역	에덴어린이집 외 27개 어린이집
국외 지역	상해엘림유치원 외 미주 11개 기관
전국 총 373개 기관	

한국형 12성품교육의 유아 성품리더십교육은, 지난 9년 동안 이미 무수한 사례와 임상실험을 통해 성품교육의 효과가 입증됐다.

필자가 연구한 〈한국형 12성품교육이 유아의 인성개발, 정서지능, 자기통제 및 문제행동에 미치는 효과(2011)〉에서는 한국형 12성품교육이 유아의 인성개발과 정서지능, 자기통제에 긍정적인 효과가 있으며, 세부적으로 유아의 자기정서 인식 및 표현과 자기감정 조절 및 충동 억제, 자기정서 이용, 장기적인 자기통제에 긍정적인 효과가 있는 것으로 나타났다.

또한 좋은나무성품학교에서 개발한 유아용 성품체크리스트를 도구로 성품교육의 효과를 검증한 박갑숙은 〈성품교육 프로그램이 유아의 인성에 미치는 영향(2009)〉에서 성품교육이 유아의 인성발달 곧 공감인지능력의 하위 요인인 경청, 긍정적인 태도, 기쁨, 배려, 감사, 책임감의 성품에 긍정적인 영향을 준 것으로 입증됐다.

필자가 속해 있는 (사)한국성품협회 좋은나무성품학교는, 성공적인 유아 성품리더십교육을 위해 두 달에 1번씩 서울·경기·대전·전주·광주·부산·제주 등 전국 7개 시·도에서 1,400여 명 교사들을 대상으로 '교사들을 위한 교사 실기 성품세미나'를 개최하여 한국형 12성품교육을 효과적으로 실천할 수 있도록 돕고 있다. 또한 12가지 좋은 성품으로 아이들의 실제적인 생활의 변화뿐만 아니라 가정의 변화를 위해 다양한 학부모 인성교육을 실천하고 있다. 부모성품대화학교(PCC), 부모성품훈계학교(PCD), 부모성품이노베이션(PCI), 성품파파스쿨-아버지성품학교(CPS)등의 다양한 '부모성품교육'을 개발하여 지원하고 있다.

② 적용 사례

다음은 전국의 좋은나무성품학교에서 유아 성품리더십교육을 실천한 결과, 좋은 성품으로 변화된 아이들의 실제적 사례를 정리한 것이다.

장애를 이기는 경청의 성품

청각 장애가 있는 남편은 보청기를 통해 소리를 듣고, 수화를 일상 언어로 사용한다. 듣는 것이 불편한 아빠 때문에 정아는 가끔 "아빠는 내가 불러도 대답도 안하고, 내 말도 못 알아들어요!"라며 투덜대곤 했다.

하지만 유아 성품리더십교육을 받고 있는 정아가 요즘 아빠를 향한 마음과 태도가 바뀌기 시작했다. 아빠의 발음이 정확하지 않아 어린 정아에게는 듣기 어려울 수도 있는데, 정아는 "아빠는 소중하니까 아빠의 말과 행동에 잘 집중해서 들어야 해."라며 아빠의 말 한 마디 한 마디를 놓치지 않으려고 귀를 쫑긋 세워 듣는다.

"우리 아빠는 경청하는 아빠예요. 우리가 하는 말을 더 잘 들으려고 귀를 쫑긋 세워 집중해 들어주시거든요. 우리 가족도 아빠의 말과 행동에 잘 집중해서 듣는 경청의 가족이에요."

유아 성품리더십교육으로 누구보다도 서로의 말과 행동에 잘 경청해 주는 우리 가족이 있어 오늘도 감사함을 느낀다. (경기 수원 좋은나무성품학교 새밀알유치원 배정아 어머니)

많이 아팠지만 인내했어요.

지난 봄 준영이가 열감기로 입원을 하게 되었다. 입원 후 제일 먼저 준영이는 링거를 맞아야 했는데 간호사선생님이 준영이의 혈관이 잘 보이지 않는다고 했다. 담당 간호사선생님이 혈관을 찾다가 두 번이나 실패했고 수간호사선생님도 세 번의 시도 후 겨우 혈관을 찾았다.

보통 어른도 혈관주사는 맞기가 곤혹스럽고 많이 아픈데, 어린 아이인 준영이는 눈물 한 방울도 흘리지 않고, 자세도 변함이 없다면서 소아병동의 모든 간호사선생님들이 놀라워했다. 엄마인 나는 오히려 눈을 뜨고 보지 못할 정도였는데 말이다.

입원실 침대로 돌아와 준영이가 말했다.

"엄마, 저 인내한 거예요."

"응? 뭐라고"

"주사 맞을 때 제가 인내했어요. 많이 아팠지만 참았어요. 유치원에서 그랬어요. 인내란 좋은 일이 이루어 질 때까지 불평 없이 참고 기다리는 거라고. 엄마! 아파도 참고 기다리면 감기 낫는 거죠?"

어린 아이인데 인내의 성품을 알다니, 유아 성품리더십교육에 대해 새삼 감

사한 마음이 들었다. 그 후에도 준영이는 주사를 잘 참고 인내하면서, 결국
은 건강한 모습으로 퇴원을 했다. 아이가 보여준 변화에 그저 기특하고 감
사한 마음이 들었다. (서울 송파 좋은나무성품학교 잠실밀알유치원 박준영 어머니)

가장 좋은 순종의 방법, YES 법칙

아이가 있는 집이라면 어느 집이든 옷 때문에 시끄러울 때가 종종 있다. 하
지만 좋은나무성품학교에 다니고 부터는 적어도 우리 집은 그럴 일이 없어
졌다. 선생님께서 배려를 가르칠 때, '나를 위한 배려'로 자기 전에 다음 날
입을 옷을 미리 챙겨 놓거나 그러지 못했다면 아침에 엄마가 선택해준 옷을
입기로 아이와 약속했기 때문이다. 그 후부터 예린이는 저녁마다 옷부터 양
말까지 나름대로의 스타일에 맞춰 챙겨 놓고 잠자리에 드는 기특한 모습을
보였다.

그런데 시간이 지날수록 그냥 잠이 들거나, 약속대로 아침에 옷을 챙겨주면
그 옷이 맘에 들지 않는다고 떼를 쓰고 불만 가득한 얼굴로 집을 나서는 날
이 늘어났다.

그러던 어느 날, 예린이가 약속을 지키지 않아 내가 옷을 선택해 주게 되었
다. 예린이의 불만 어린 눈빛을 보며 오늘은 어떻게 달래줘야 하나 고민하
고 있었는데 예린이가 의외로 순순히 "네!"하고 밝은 목소리로 대답하는 게
아닌가! 유치원에서 순종의 성품을 배우던 시기였기 때문에 '와, 이게 바로
순종의 성품을 배운 효과인가 보다!'라며 속으로 감탄하고 있었다.

그런데 잠시 후 씻고 나온 예린이가 내 옆으로 오더니, "엄마, 그런데요. 저

오늘은 다른 옷 입으면 안 될까요?"하고 정중하게 물어보는 것이었다. 순종이라면 그저 "네"하고 대답하는 것으로만 알고, 자칫 자기주장이나 표현이 부족한 아이로 자라나지는 않을까 내심 걱정하고 있었는데, 좋은나무성품학교에서 YES법칙(Yes, Earnest, Suggestion)을 통해 자기의 뜻을 정중하게 표현하면서도 관계를 깨뜨리지 않을 수 있는 높은 수준의 성품을 가르치고 있다는 것을 알게 되었다. 어릴 때부터 이렇게 성품을 배우고 연습할 수 있는 우리 아이의 미래가 정말 기대되고, 부럽기까지 했다.(경기 수원 좋은나무성품학교 새밀알유치원 유예린 어머니)

기쁜 마음으로 어린이집에 갈 거예요!

며칠 전부터 지독한 감기에 연달아 걸린 예은이는 계속 밤잠을 설쳐 엄마가 보기에도 안쓰러울 정도였다.

아침에 예은이가 너무 곤히 자고 있어서 오늘은 어린이집을 쉬게 해야겠다고 생각했지만, 업무가 있어 외출을 해야 하는 상황이라 어쩔 수 없이 곤히 자는 예은이를 깨울 수밖에 없었다.

"예은아, 예은이 어린이집 가야지."

당연히 짜증내며 안가겠다고 울 것이라고 예상했던 것과는 달리 세상에서 가장 사랑스러운 미소를 지으며 눈도 안 뜬 상태에서 벌떡 일어나더니,

"엄마, 예은이 어린이집에 갈 거예요."

라고 말하는 것이었다.

"예은아, 힘들지 않아? 안 피곤해?"

그런데 예은이의 입에서 뜻밖의 대답이 돌아왔다.

"엄마, 기쁨이란 어려운 상황이나 형편 속에서도 불평하지 않고 즐거운 마음을 유지하는 태도예요. 예은이는 기쁜 마음으로 어린이집에 갈 거예요. 조금 힘들어도 어린이집에 가면 좋아요! 재미있고 친구들도 많고, 선생님도 있고!"

하며 미소를 지어보이는 것이 아니겠는가. 어린이집에 가야 하는 이유를 열심히 설명하는, 예은이의 조금은 당황스럽기도 하고 사랑스럽기도 한 행동에 저절로 웃음이 났다. 기쁨으로 어린이집에 가겠다는 예은이가 참 대견했다.(제주 좋은나무성품학교 영락어린이집 김예은 어머니)

무조건 참는다고 다 인내가 아니에요.

여름휴가 때 친할아버지가 막국수 집에 데리고 갔다. 날씨가 워낙 후덥지근해서인지 음식물 냄새와 겹쳐서 막국수 가게에서 이상한 냄새가 났다. 정현이는 슬그머니 할아버지께 가더니 귀에다 대고 "할아버지 냄새가 너무 나서 여기에서는 막국수를 못 먹을 것 같아요."라고 이야기를 하더니 밖으로 나갔다. 나는 어른들이 계신 자리라 얼른 밖에 나가 정현이에게 말했다.

"정현아, 인내해야지. 조금만 참으면 괜찮아질 거야. 조금만 참아보자. 할아버지 서운해 하시겠다."

"엄마도 냄새 나서 힘들잖아? 엄마는 막국수 맛있게 먹을 수 있어? 냄새가 너무 지독한데 인내해서 무슨 유익이 있어? 이럴 때는 인내하는 게 아니야."

가만히 생각해보니 정말 인내란 좋은 일이 이루어질 때까지 불평 없이 참고 기다리는 것인데 이렇게 이상한 냄새 나는 곳에서 참고 음식을 먹는다는 것은 좋은 일이 아니라는 생각이 들었다. 얼른 들어가 어른들께 말씀드렸더니 모두들 기쁜 얼굴로 일어났다. 냄새가 너무 나서 음식을 주문하지도 않고 왜 이렇게 냄새가 나는지 이야기하고 있었다고 했다. 아이들이 냄새에 예민해서 죄송하다고 하고 그곳을 나와 다른 음식점에서 더 맛있는 막국수를 먹었다.

정현이는 무조건 참고 기다리는 인내가 아니라, 나에게 좋은 일이 무엇인지 알고 그 좋은 일을 찾아 행동하는 진정한 인내의 모습을 보여주었다.(경기 수원 좋은나무성품학교 밀알유치원 이정현 어머니)

아빠의 목숨을 살린 성품교육

"그 날 여섯 살짜리 제 딸아이 입에서 나온 긍정적인 태도의 정의가 아니었다면 지금 제가 어떻게 되어 있을지 아득합니다. 제 아이에게 좋은 성품을 가르쳐 주셔서 감사합니다."

제주도에 있는 좋은나무성품학교를 찾아와 거듭 감사의 인사를 전한 아버지는 제주도에서 양어장을 운영하고 있었다. 어느 날 양어장 산소 기계의 전원이 빠져 있었던 것을 뒤늦게 발견한 직원이 다급한 목소리로 이 아버지에게 전화를 걸어 충격적인 소식을 전했다. 양어장의 모든 물고기들이 죽어 물 위에 둥둥 떠올라 있다는 것이다. 이 소식을 들은 아버지는 2억이나 되는 손실을 어떻게 감당해야 할지 난감해 하며 절망스런 생각 속에 집을 나오려고 했다. 그때 딸아이가 다가와 말했다.

"아빠, 알지? 긍정적인 태도! 긍정적인 태도란 어떠한 상황에서도 가장 희망적인 생각, 말, 행동을 선택하는 마음가짐이야."

아버지는 딸아이의 또랑또랑한 표정과 말을 들으면서 낙심하고 절망적인 생각을 한 것이 부끄러웠고 다시 기운을 낼 수 있었다. 딸아이가 말한 대로 희망적인 말과 행동으로 모든 일을 다 처리하고 난 후 곰곰이 생각하니 딸아이가 보여준 긍정적인 태도가 너무 고맙다는 생각이 들었다. 딸아이가 배운 긍정적인 태도 덕분에 절망하면서 부정적인 생각으로 자신을 망치지 않고 희망적인 생각으로 바꾸어 새롭게 시작할 수 있었다. (제주 좋은나무성품학교 표선어린이집 남규빈 아버지)

(5) 영유아 성품놀이교육(0~3세 아기성품놀이학교)

① 프로그램 소개

한국형 12성품교육의 특징은 대상과 연령에 따라 성품교육의 방법과 적용의 범위를 다르게 한다는 점이다. 특별히 영유아 성품놀이교육은 가르치는 12가지 좋은 성품의 주제는 동일하지만, 영유아들이 이해할 수 있도록 성품의 정의를 달리 하였다. 0~3세를 위한 한국형 12성품교육의 정의와 내용은 다음과 같다.

[표 18] 한국형 12성품교육의 영유아 성품놀이교육 정의

교육 주제	주제성품	한국형 12성품교육-영유아 성품놀이교육 정의
하하하 행복해요	기쁨 (Joyfulness)	내가 얼마나 소중한지 알고 즐거워 하는 것 (Being joyful by knowing how precious I am.)
	긍정적인 태도 (Positive attitude)	언제나 좋은 생각, 언제나 좋은 행동, 언제나 좋은 말을 선택하는 것 (thinking, acting and speaking in a good way)
	배려 (Caring)	다른 사람이 행복할 수 있도록 잘 관찰하여 도와주는 것 (giving others my attention to help them)
네네네 사랑해요	경청 (Attentiveness)	귀는 쫑긋쫑긋 고개는 끄덕끄덕 말하는 사람의 눈을 보고 잘 듣는 것 (Twinkle eyes, open ears! Look and listen!)
	순종 (Obedience)	엄마 아빠 말씀에 기쁘게 따르는 것 (doing as my parents say happily)
	책임감 (Responsibility)	내가 해야 할 일을 끝까지 하는 것 (doing my best to finish what I have to do)
꼭꼭꼭 약속해요	절제 (Self-control)	내 맘대로 하고 싶은 때 Stop! 멈추고 좋은 행동을 하는 것 (When I want to do things my way, stop and behave.)
	인내 (Patience)	좋은 일이 이루어 질 때까지 잘 참고 기다리는 것 (waiting until good things happen)
	정직 (Honesty)	있는 그대로 솔직하게 표현하는 것 (Showing things as they are.)

통통통 축복해요	창의성 (Creativity)	생각은 반짝반짝 행동은 통통통 새롭게 해 보는 것 (Shine my thoughts, Tong-Tong-Tong my behaviors, I try new things.)
	감사 (Gratefulness)	고마운 마음을 말과 행동으로 표현하는 것 (showing that I am thankful through words and actions)
	지혜 (Wisdom)	나와 다른 사람들에게 기쁨을 주는 행동을 하는 것 (acting to make others joyful)

_ 출처 : 영유아 성품놀이교육 교재 '캐비스쿨' (2013), 좋은나무성품학교

좋은 성품은 행복한 경험들이 축적되어 만들어진다고 해도 과언이 아니다. ㈜한국성품협회 좋은나무성품학교에서는 영유아 성품전문지도자과정을 매분기 개설하여, 0~3세 아이들의 좋은 성품을 키우는 역량 있는 지도자를 양성한다. 또한 캐비문화센터에서 캐비스쿨 엄마랑반, 캐비스쿨 쿠킹, 캐비스쿨 아트, 캐비스쿨 부모교육 과정을 진행하여 일찍부터 가르치는 좋은 성품의 효과를 극대화하고 있다.

한국형 12성품교육의 영유아 성품놀이교육은, 전국적으로 194개 어린이집과 문화센터에서 영유아를 위한 인성교육으로 펼쳐지고 있으며, 2014년 4월 기준 '한국형 12성품교육-영유아 성품놀이교육'을 실천한 어린이집과 문화센터는 다음과 같다.

.

[표 19] 2014년 4월 기준 '한국형 12성품교육-영유아 성품놀이교육' 실천기관

구분	파트너십
서울·강원 지역	청암어린이집 외 31개 기관
경기·인천 지역	경기 엘림어린이집 외 74개 기관
대전·충북·충남·세종 지역	공주 샛별어린이집 외 26개 기관
전북·전남·전주·광주 대구·부산·경북·경남 지역	셀라어린이집 외 34개 기관
제주 지역	예심원어린이집 외 21개 기관
국외 지역	할렐루야아기학교 외 중국 2개 기관
캐비 문화센터	2001아울렛 미금점, NC백화점 송파점, NC백화점 야탑점
전국 총 194개 기관	

한국형 12성품교육의 영유아 성품놀이교육은, 부모와 함께하는 성품놀이교육으로 이 시기에 필요한 애착관계를 형성해 주고, 부모와 교사의 친밀한 스킨십으로 아이와 정서적 유대감을 높인다. 놀이를 통해 오감을 자극하는 성품놀이교육을 통해 좋은 생각·좋은 감정·좋은 행동을 일찍부터 자연스럽게 익힐 수 있고, 성품을 가르치는 음악·미술·동화·요리·게임 등의 재미있고 다양한 활동들을 통해 부모와 교사로부터 받은 행복한 경험으로 좋은 기억을 갖게 함으로써 영유아의 좋은 성품이 계발된다.

② 적용 사례

다음은 영유아 성품놀이교육을 통해 변화된 사례이다.

세 살배기 아이에게서 배운 긍정적인 태도

어느 날 갑자기 발가락에 마비 증상이 왔다. 서있기 조차 힘들어 부랴부랴 찜질하고 마사지도 했지만 차도가 없이 점점 더 아프기만 했다. 병원을 가야 하는데 남편도 퇴근 전이라 세 살 된 아들을 데리고 혼자 병원에 가려니 엄두가 나지 않았다. 그래서 고통을 참아가며 찜질만 하고 있었다. 그런데 그때였다.

"엄마, 뭐해?"

"응, 엄마 발가락이 아파."

"그럼 병원가야지!"

"응…. 그런데 엄마 병원가기 싫다."

"엄마, 병원이 무서워? 그래도 아플 땐 병원 가야해. '병원가면 안 아플 거다' 라고 긍정적인 태도로 생각하고 가야 해."

순간 세 살밖에 안된 아들이 맞나 싶을 정도로 야무지게 말하는 아들의 말에 입이 딱 벌어졌다. 다른 아이들보다 말을 빨리 배우고 잘 하는 아들이긴 했지만 그날은 말을 잘하는 아들보다 긍정적인 태도에 대해 잘 이해하고 말하는 아들이 마냥 신기했다. 이제 세 살 된 아들이 영유아 성품놀이교육기관인 캐비스쿨에서 배운 긍정적인 태도를 잘 기억하고 있다는 생각을 하니 머리끝까지 전율이 흘렀다.

사실, 아이가 성품을 배우고 있긴 하지만 '세 살 아이들은 아무것도 모른다.' 고만 생각했기 때문에 큰 기대를 하지 않았다. 그런 나로서는 "언제나 좋은 생각, 언제나 좋은 행동, 언제나 좋은 말을 선택하는 것"이라고 캐비스쿨의 긍정적인 태도 정의를 흥얼거리는 아이가 놀랍지 않을 수 없었다. 아이를 보며 놀라고 있을 때쯤 아들이 마지막으로 이렇게 말했다.

"엄마는 소중하니까 내일 기쁜 마음으로 병원 가세요. 내가 손잡고 같이 가 줄게."

아들의 야무진 말에 크게 웃으며 아들을 꼭 안아주었다.

아들의 모습을 통해, 영유아 성품놀이교육은 어린 세 살짜리 아이의 마음에도 깊이 스며드는 교육이라는 것을 실감하게 되었다. 어렸을 때부터 가르쳐야 좋은 생각과 습관이 쌓여 결국 좋은 성품이 된다는 것을 다시 한 번 깊이 생각해보게 되었다.

세 살에 웬 성품교육이냐고 생각할 부모들에게 성품교육이야말로 어린 나이, 아니 태아부터 시켜야 하는 교육이라고 자신 있게 말하고 싶다.(경기 수원 좋은나무성품놀이학교 캐비스쿨 3세 정우진 어머니)

경청의 성품으로 사회성이 발달했어요!

어린이집에 보낼 계획을 가지고 있었던 중에 영유아 성품놀이교육기관인 캐비스쿨에 대해 듣게 되었다. 평소 성적 지향적인 교육관에 많은 문제점을 느끼고, 근본을 중요시 여기는 인성교육에 관심을 가지고 있었던 터라 12가지 좋은 성품을 교육시킨다는 것에 큰 매력을 느껴 28개월 된 희엘이를 보내기로 결정했다.

당시 희엘이는 낯선 환경과 사람들에게 심한 거부감을 가지고 있는 상태였고 엄마와 떨어지는 것에 대해 무척 힘들어했다. 하지만 영유아 성품놀이교육인 캐비스쿨 선생님의 편안한 성품과 더불어, 희엘이의 눈높이와 기질에 맞는 교육이 희엘이의 내면을 점점 변화시키고 있음을 느꼈다. 희엘이는 수업 때마다 집중하는 모습을 보여주었고, 수업시작 30분 전 자유놀이 시간에 여러 종류의 성품교구를 가지고 놀면서 큰 흥미를 보였다.

캐비스쿨에서 배운 내용들을 집에 와서 따라 하기도 하고, 선생님과 친구들에 대한 좋은 감정을 종종 말로 표현하기도 했다. 당시 가장 염려했던 희엘이의 사회성은 현재 매우 좋아졌고, 긍정적인 언어로 잘 표현하는 모습을 볼 때마다 뿌듯함마저 느낀다. 희엘이와 수업에 함께 참여하면서 캐비스쿨 선생님에게 배운 성품지도법은 희엘이를 양육하는 데에도 많은 도움이 됐다. (서울 잠실 좋은나무성품놀이학교 캐비스쿨 28개월 이희엘 어머니)

2) 교사 성품교육 적용 및 사례

초중고 공교육 교원 성품직무연수

① 프로그램 소개

(사)한국성품협회가 서울특별시교육청과 경기도교육청이 지정하는 '특수분야 연수기관'으로 지정됨에 따라, 2011년부터 초·중·고 교사들을 대상으로 초중고 공교육 교원 성품직무연수를 지속적으로 개최하고 있다.

다음은 (사)한국성품협회가 그동안 개최해 온 초중고 공교육 교원 성품직무연수의 프로그램이다.

[표 20] 초중고 공교육 교원 성품직무연수 프로그램

구분	일정	강좌명	강의과목
2011 하반기 교원 직무연수	2012년 1월 9~13일	2011 유초중고 창의적 체험활동 내실화를 위한 좋은 성품 기르기	· 성품교육 이론의 기초 · 좋은 성품교육의 학교 현장 적용 방안 · 학급담임으로서의 지도의 실제 · 성품리더십 · 성품영어뮤지컬 · 성품교육의 지도 방법: 기쁨 · 성품교육의 지도 방법: 인내 · 성품교육의 지도 방법: 배려
2012 상반기 교원 직무연수	2012년 7월 25~27일	2012 초중고 창의적 체험활동 내실화를 위한 좋은 성품 기르기	· 한국형 12성품교육론 · 성품교육의 지도방법 · 성품음악 · 좋은 성품으로 바꾸는 학교폭력 개선방안 · 성품교육의 학교적용방안
2012 하반기 교원 직무연수	2013년 1월 9~11일	교사와 학생의 관계 향상을 위한 성품대화법	· 성품의 리더십 · 성품대화란 무엇인가? · 학교 폭력 예방을 위한 운영 실천 사례 · 성품대화의 기술 · 성품대화법 · 성품대화의 실제 · 탁월한 교사의 성품 스피치 기술 · 성품대화를 통한 성품계발
2013 상반기 교원 직무연수	2013년 7월 24~26일	좋은 인성을 키우는 성품 훈계법 1	· 한국형 12성품교육론의 이론 · 훈계란 무엇입니까? · 훈계의 구체적인 기술 · 기질에 따른 훈계법 · 탁월한 교사의 성품훈계 기술
2013 하반기 교원 직무연수	2014년 1월 8~10일	좋은 인성을 키우는 성품 훈계법 2	· 한국형 12성품교육론의 실제 · 교정과 보상에 대하여 · 좋은 성품으로 키우기 위한 다양한 훈계법 · 훈계를 통한 관계 맺기의 행복

_ 출처 : 좋은 성품으로 행복한 학교 만들기 (2013), (사)한국성품협회

초중고 공교육 교원 성품직무연수는 교사들이 성적 위주의 평가방식에서 벗어나 성품 위주의 가치관을 정립하고, 성품교육에 대한 교사들의 주체의식을 강화하여 자발적으로 성품교육의 안정화를 도모하게 한다는 점에서, 차별화된 인성 직무연수로 평가받고 있다.

초중고 공교육 교원 성품직무연수에 참여한 교사들은 현장에서의 교권 하락과 학교폭력·왕따 문화·교실 붕괴 등의 원인을 객관적인 시각에서 분석하고, 성품교육을 다각도로 실천하도록 한국형 12성품교육의 독자적 지침을 배우고 교실 현장에 적용했다.

② 적용 사례

다음은 2013년까지 초중고 공교육 교원 성품직무연수에 참여한 교사들의 소감을 정리한 것이다.

2011 하반기 초중고 공교육 교원 성품직무연수에 참여한 교사들의 소감

현 교육의 열쇠는 성품교육이다.

가장 기본이 되어야 할 교육은 바로 성품교육이라 생각한다. 어릴 때부터 성품교육을 받았다면 지금처럼 학교폭력·왕따 문제·교권하락과 같은 문제는 없었을 것이다. 이런 문제들은 근본적으로 해결되어야 한다. 앞으로 좋은나무성품학교가 힘을 내어 성품교육에 박차를 가해 주길 바란다. (인천 해사고등학교 교사 노옥래)

막연했던 성품교육의 해답을 얻었다!

인성교육에 대해 그동안 막연하게 생각해 왔는데, 이번 교원 성품직무연수를 통해 구체적이고 실제적인 방법을 알게 되었고, 다음 세대를 가르치는 교사로서 나의 성품부터 점검하는 시간이 되어 매우 유익했다. (광신정보산업 고등학교 교사 최명주)

교사의 실력보다 좋은 성품이 중요하다.

교사가 아무리 실력이 있다 해도 좋은 성품이 갖추어져 있지 않으면 아이들에게 어떤 영향을 끼치게 될지 심각하게 생각하게 되었다. 교원 성품직무연수를 받는 동안 학생의 성품보다 부모와 교사의 성품이 얼마나 중요한지를 느꼈다. (인천 서림초등학교 교사 최미숙)

교원 성품직무연수는 인성교육의 목마름을 채워주었다.

학교 현장에서 인성교육의 필요성을 절실하게 느끼고 있지만 실제로는 입시와 학력 향상에 몰입하고 있는 것이 현실이다. 이런 상황에서 교원 성품직무연수를 통해 인성교육의 구체적인 교육 방법들을 배우게 되었다. 앞으로 더 다양한 프로그램들이 계발되어 좋은 인성교육을 실천하고 싶다. (하남 고등학교 교사 김승아)

'내 마음 표현하기'로 딸과 통했다.

항상 딸을 사랑하면서도 내 마음을 잘 표현하지 못했다. 학교에서 학생들에게는 너그러운 엄마 같은 선생님이었지만 집에서는 외동딸에게 엄한 엄마였다.

이번 교원 성품직무연수를 통해 나 자신에게 문제가 있다는 것을 깨닫고, 좋은나무성품학교에서 배운 대로 내 마음 표현하기부터 실천하기로 했다. 용기를 내어 아이에게 문자를 보냈다.

"슬기야! 엄마는 너를 사랑한단다. 엄마가 짜증내서 미안해. 밥은 먹었니?"

그런데 집에 돌아가 보니 놀랍게도 딸이 맛있는 감자, 고구마, 순 호박을 준비해 놓고 "내일은 엄마를 위해 김밥 만들어 줄게."라고 말하는 것이었다. 그리고 이어서 하는 말, "엄마! 갑자기 변하면 무서워! 그렇지만 이번 연수는 잘 받은 것 같아!"라며 나를 위로해 주었다.

딸의 약속대로 다음날 아침, 맛있는 참치김밥, 치즈김밥이 나를 반겼다. 좋은 성품은 내가 속한 세상을 근원적으로 행복하게 만드는 힘이 있다.(선학중학교 교사 정명옥)

2012 상반기 초중고 공교육 교원 성품직무연수에 참여한 교사들의 한 줄 소감

_ 성품교육은 행복교육이며 미래 인재를 기르는 교육이다.

_ 성품교육이 전국 공교육에 흘러갔으면 좋겠다.

_ 성품교육은 부모, 교사, 학생 모두의 평생교육이 되어야 한다!

_ 성품교육이야말로 모든 교육의 우선이 되어야 하며 기본이라고 생각한다.

_ 함께 살아가는 사회에서 행복한 관계 맺기를 위한 교육이 바로 성품교육이다.

학생들과의 소통, 이제는 자신 있다!

복직 후 1년 동안 현장에서 학생들과의 소통이 힘들었다. 이번 교원 성품직무연수를 통해 배운 성품들을 새 학기부터 바로 실천하여 학교에 선한 문화가 형성되도록 노력하는 교사가 되겠다.(경기도 성남교육청 송은진)

교원 성품직무연수는 교사들의 지침이 되는 연수다.

지난해부터 (사)한국성품협회가 개최하는 교원 성품직무연수에 매년 꾸준히 참석하고 있다. 예전에 들었던 다른 연수들은 연수로 끝나버리는 경우가 많았는데, 교원 성품직무연수는 단순히 연수로 끝나는 것이 아니라 나의 생활의 한 지침이 되었다. (서울 영풍초등학교 교사 김은숙)

성품교육은 벼랑 끝에 선 제자들을 위한 것이다.

불우한 가정환경에서 사랑을 받지 못하고 자란 제자가 있다. 아이가 벼랑 끝에 서지 않도록 도와주고, 나 자신도 끝까지 포기하지 않고 좋은 성품과 대화법으로 제자와 관계를 회복하기 위해 이번 교원 성품직무연수를 신청했다. 교원 성품직무연수에서 배운 내용들을 꼭 실천하여 좋은 성품으로 제자들을 품는 교사가 되려고 한다.(동성중학교 교사 송덕주)

성품교육의 실제적 방안을 이해했다.

금년에 창의지성 학년부장을 맡게 되어 인성교육을 어떻게 실시해야 할지

고민을 많이 하고 있었다. (사)한국성품협회의 교원 성품직무연수를 알게 되어 정말 많은 것을 배웠다. 한편 성품교육의 중요성을 알게 되면서 많은 공감을 얻고 우리나라의 교육현실을 다시 보게 되었다. 좋은 성품이 교육을 통해 길러질 수 있다는 확신을 갖고 돌아간다. (희망대초등학교 교사 김숙경)

2013 상반기 초중고 공교육 교원 성품직무연수에 참여한 교사들의 소감

좋은 성품의 삶을 살아가는 교사!

교원 성품직무연수를 통해 성품교육의 중요성과 필요성을 실감했다. 소중한 보물을 안고 간다. 앞으로 어떤 교사가 되어야 하는지, 어떤 관계를 맺고 살아야 하는지, 어떤 삶을 살아야 하는지 삶의 방향을 되짚어 보며 새로운 비전을 갖게 됐다. 이제 '좋은 성품'을 목표로 성품교육의 첫 걸음아를 뗀 기분이다. 아이들과 함께 좋은 성품의 삶을 살아가는 교사가 될 것이다.(전북 군산동초등학교 교사 하춘영)

아이들에게 꼭 가르쳐야 할 절대 가치를 깨달았어요.

전에는 모든 학생들의 성격을 그 아이들만의 고유한 특성으로만 생각해 왔다. 하지만 교원 성품직무연수를 통해 그 위에 더 좋은 경험을 쌓게 해주면 그것이 곧 성품이 된다는 것을 알게 됐다. 아이들에게 꼭 가르쳐야 할 진정한 절대 가치들이 있다는 것 또한 알게 됐다. 지금까지는 그것들을 놓쳤지만 이제 나의 성품을 돌아보며 제자들에게 반드시 가르쳐야 할 귀한 가치를 일깨워 주는 교사가 되기로 다짐했다. 용기를 갖고 아이들에게 다시 돌아간다. (서울 하늘초등학교 교사 이정아)

인내의 성품을 견고하게 한 연수

그동안 '나는 교사로서 최선을 다했다'라고 생각하며 지냈다. 교육이란 무엇인지 잘 알지도 못하고 열심만 냈다. 이번 교원 성품직무연수를 통해 열심히 달려온 '최선'이 '최악'이었을 수도 있겠다는 생각을 들었다.

그동안 학교 교육부장으로서 '창의 인성교육'이라는 목표를 통해 그저 실적 쌓기에만 매달렸던 내 모습이 부끄러워 깊이 고개가 숙여진다. 교육부장으로서 우리 반 아이들뿐만 아니라 일명 '문제아'들의 생활지도까지 맡게 되는 경우가 있었다. 쉽게 변하지 않는 아이들 때문에 고민이 많을 때 나를 더욱 힘들게 했던 것은 '어떻게 지도하나 보자'하고 지켜보는 주변 선생님들의 시선이었다. 그런 시선들 때문에 폭력적이고 공격적인 방법들로 훈계해 온 게 사실이다.

이제 교원 성품직무연수를 통해 진정으로 아이들을 어떻게 품고 지도해야 하는지 구체적인 방법들을 알게 됐고, 나에게 '인내'의 성품이 더 견고해져야 한다는 것도 깨닫게 됐다. 포기하지 않고 좋은 성품의 길을 가는 교사가 되겠다. (서울 용답초등학교 교사 임현)

교원 성품직무연수, 탁월한 선택이었어요.

주변 동료 교사의 적극적인 권유로 교원 성품직무연수를 받게 됐는데, 탁월한 선택이었다. 올해 초등학교 2학년 담임을 맡으면서 그동안의 교육경력 17년 중 가장 힘든 학기를 보냈다. 대학원에서 상담교육도 공부하고 나름 교사로서의 사명감과 신앙적인 사명감을 가지고 노력했지만 학기 내내 고민과 좌절과 안타까움의 연속이었다. 바로 초등학교 2학년 아이답지 않게 폭언과 폭력, 과잉행동을 일삼는 한 아이 때문이었다. 그 아이는 "안녕!"하고 인사하는 친구를 이유 없이 발로 차며 때리는가 하면, 거의 수업 진행이 어려울 만큼 폭력과 폭언, 과잉행동을 일삼는 아이였다. 1:1로 상담을 하다 보면 또 사랑스러운 아이로 변하는 팔색조 같은 친구였다. 한 학기 내내 이해가 안 되는 친구였다.

어쩌면 이 아이 한 명을 위해 이번 연수에 초대된 것인지도 모르겠다. 교원 성품직무연수는 이런 고민과 의문에 대해 희망의 빛을 준 소중하고 귀한 축복의 시간이었다. 앞으로 어떻게 해야 할지 나아갈 수 있는 용기와 길을 보여준 연수였고, 변화의 시작은 교사, 부모인 나 자신으로부터 시작된다는 것을 깨닫게 해준 연수였다. 매 순간 12가지 성품을 실천하는 희망을 심어주는 교사가 되도록 노력할 것이다.

공교육에서는 현재 성품교육이 시급하다. 적극적인 도입이 이루어져야 한다고 생각한다. 그래서 성품교육을 통해 마음속에 아픔과 분노를 갖고 살아가고 있는 아이들을 좋은 성품으로, 따뜻한 성품으로 품는 교사들이 늘어나야 한다고 생각한다. (서울 삼전초등학교 교사 김진희)

20년 동안 고민해 온 문제의 해답을 찾았어요.

20년 이상 교직에 몸담고 있으면서 늘 고민이 됐던 것은 어떻게 하면 기본이 튼튼한 학생으로 교육할 것인가, 인성을 바로잡는 교육은 무엇인가 하는 것들이었다. 그런데 이번 교원 성품직무연수를 통해 이런 고민에 대한 해답이 '성품'이라는 것을 알게 됐다. 삶이 힘들고 행복하지 않는 것은 아마 이런 좋은 성품을 갖추지 못한 데서 오는 결과라는 생각이 든다. 무엇보다 내가 먼저 변하면 우리 가정, 우리 학교를 조금씩 변화시킬 수 있다는 희망을 안고 간다. (경기 비봉중학교 교사 고인옥)

2013 하반기 초중고 공교육 교원 성품직무연수에 참여한 교사들의 소감

성품교육의 생명력을 경험하다!

이번 교원 성품직무연수를 통해 감성을 터치해주고 사랑의 친밀감이 회복될 때 지적인 부분도 성숙해질 수 있음을 깨닫게 됐다. 이러한 원리를 모른 채 지금까지 막연히 알고 있는 지식들로 학생들을 지도하다 보니 진정한 사랑의 힘을 발휘하지 못하고 한계를 맛보았다. 진정한 힘과 잠재력은 감성을 튼튼히 해주고 성품교육과 연결 지을 때 나타날 수 있다는 것을 알게 됐다.

여름에 진행된 '좋은 인성을 키우는 성품훈계법 1'은, 학생들을 교육하는 한 계점에 다다랐던 나에게 큰 충격이고 혁명과도 같은 연수였다. 연수를 마치고 돌아와 2학기 때부터 수업시간에 12성품 정의를 아이들에게 적용하기 시작했는데, 아이들에게 정의를 외우게 하는 것만으로도 매우 큰 변화를 경험할 수 있었다. 성품교육의 생명력을 경험한 특별한 시간들이었다.

이번 연수도 나 자신을 들여다보고 성품교육의 중요성을 깨닫고, 깊은 생명력을 경험하는 의미있는 시간이었다. 새학기에는 할 수 있는 최선을 다해 좋은 성품을 더 열심히 가르칠 것이다.(서울삼전초등학교 교사 김진희)

생활지도의 해답을 얻었다!

사실 생활지도가 다른 교과지도보다 중요한 것은, 세월이 지날수록 더 크게 다가오는 문제다. 그리고 특별히 명칭을 정리하지 않아도 생활지도의 핵심은 늘 '인성'이다. 3월에 새로운 아이들을 맡으면서 시작되는 나름대로의 규칙과 질서를 앞세운 생활지도는, 일관되고 무엇보다 지속성을 요구하는 교사들에게 다른 많은 업무와 함께 큰 부담이 되는 게 사실이다.

다행히 이번 교원 성품직무연수는 그런 의미에서 그동안의 생활지도 개념을 넘어, '좋은 성품'이라는 방향을 체계적이고 정확하게 제시해 주었다. 단지 연수로 끝내지 않고 지속적인 훈련을 통해 좋은 성품을 가르치는 교사가 될 것이다.(서울 신가초등학교 교사 주보숙)

체계적인 인성교육 연구와, 프로그램에 감탄했다!

지난해 인성교육을 막연히 주먹구구식으로 진행해 왔다. 이론적으로나 실천적으로나 뭔가 부족한 느낌을 많이 받았고, 지금 하고 있는 교육을 내가 잘 하고 있는 것인지 의문이 들어 답답했다. 그러던 와중에 교원 성품직무연수에 참여하게 됐다. 이번 연수를 통해 그동안 답답했던 묵은 체증이 내려간 느낌이다. 이렇게 체계적인 이론과 연구들을 바탕으로 구체적인 인성교육을 펼칠 수 있다니 놀라움 자체였다. 좋은 인성교육 프로그램을 적절한 시기에 만나게 된 것이 얼마나 다행이고 감사한지 모르겠다. 이제 나부터 좋은 성품을 위한 좋은 성품의 교사가 되고, 아이들에게 진정한 행복을 전하는 참 좋은, 행복한 선생님이 되고 싶다.(경기 쌍령초등학교 교사 강현성)

성품교육에 앞장서겠다.

그동안 이론적이고 피상적으로만 느꼈던 성품교육에 대해 자세히 알고 경험하게 된 연수였다. 그동안 나의 확신들로 인해 범했던 실수가 얼마나 많았는지 알게 됐고, 이번 기회에 그것을 바로잡는 계기가 된 것 같아 다행이다. 앞으로의 교육의 길에도 큰 영향을 줄 것 같다.

내가 몸담고 있는 학교에서도 성품교육을 실천할 수 있도록 앞장서고 싶다. 그리고 우리 아이들이 누구의 강요에서가 아닌 자신이 원하는 꿈을 향해 가도록 도와주는 성품 좋은 교사가 되고 싶다. 사실 아이들을 바로 잡는다는 마음에서 시작한 훈계였지만 훈계의 방식들로 인해 아이들에게 상처만 주었음을 인정하고, 개학날에는 아이들에게 진심이 담긴 사과를 할 것이다.(서울 아주초등학교 교사 조현아)

그 외에도 한국형 12성품교육을 통한 교원 직무연수의 효과 검증은 수료한 교사들의 소감과 사례들로 그 효능감을 증명해주고 있을 뿐만 아니라 다양한 연구논문들을 통해 여러 차례 검증되었다. 특별히 이영숙, 허계형(2011)이 발표한 〈한국형 12성품교육을 실천한 유아교육기관의 교사 인식 및 인성개발 효능감〉에 따르면, 한국형 12성품교육을 실천하는 교사들은 프로그램 내용에 대해 전체의 80%, 교사연수 프로그램에 대해 69%, 프로그램 효과에 대해 75%가 만족한다고 응답하여 전체적으로 높은 만족도를 갖고 있는 것으로 나타났다. 또한 한국형 12성품교육이 교사에게 주는 효과와 유익으로 대다수의 교사들이 교사 자신의 성품을 성찰해 볼 수 있다는 점을 꼽았으며, 이는 학생들을 위한 성품교육의 수행이 교사들에게 성품교육의 중요성을 더욱 인지하게 하고 이에 따라 적절한 성품교육을 실시하도록 촉진하는 상호 긍정적인 결과를 가져온 것이라 볼 수 있다.

3) 부모 성품교육 적용 및 사례

현대의 부모는 맞벌이와 핵가족화로 인해 자녀를 양육함에 있어 도움과 조언을 얻을 수 있는 환경이 구비되어 있지 못하고, 외부 교육 기관에 자녀 교육을 맡길 수밖에 없는 상황에 있다. 그리하여 자녀의 인성교육조차 사교육에 의존하고 있는 현실이다.

이러한 부모들을 위해 (사)한국성품협회 좋은나무성품학교는 2008년부터 부모를 위한 성품교육을 진행하고 있다. 부모성품교육을 통해 부모가 먼저 변화되어 부모-자녀간의 관계, 부부와의 관계가 회복되고 가정이 치유되는 사례들이 많이 일어나고 있다.

현재 학교폭력에 노출되어 심각한 피해를 입고 있는 가정은 지속적으로 늘고 있으며, 이들은 같은 고통을 경험한 '학교폭력 피해자 가정 모임'을 자발적으로 만들어 스스로 해결방안을 모색하는 집단을 이루고 있다. 그러나 이는 우리 사회에 또 다른 부정적인 학교 문화를 양성할 우려가 높다. 왜냐하면 피해자 학부형이나 가해자 학부형들은 법적 투쟁이나 상대 쪽 자녀들에게 또 다른 형태의 폭력을 사용함으로써 문제를 해결하려는 시도가 다분해 지속적인 위험의 요소들을 안고 있기 때문이다.

(사)한국성품협회 좋은나무성품학교에서는 현대사회의 문제를 보다 성숙

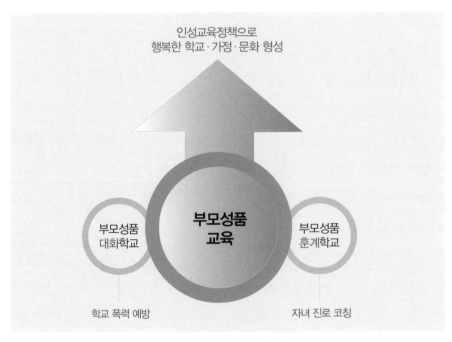

[그림 18] 부모성품교육의 목적

하고 더 근원적인 해결책을 제시해 주는 '부모성품교육'을 통해 자신을 성찰해 보는 기회를 제공하고, 더 긍정적이고 더 성숙한 자세로 이 시대 가정의 문제를 바라보고 해결할 수 있도록 지원한다.

인성교육은 가정에서부터 출발할 때 가장 효과적이며, 가장 강력한 영향력으로 자녀를 변화시킬 수 있는 원동력이 된다. 학교폭력을 예방하는 좋은 성품으로 학교 문화를 바꾸고, 행복한 자녀를 양육하도록 학부모들을 지원하여 자녀의 행복한 진로를 코칭하도록 돕는 '부모성품교육'은 전국의 학교와 기업, 교육청에서 실천하고 있다.

(1) 부모성품대화학교(PCC : School of Parents Character Communication)

① 프로그램 소개

부모성품대화학교(PCC)는 일반인, 부모를 대상으로 좋은 성품의 대화를 실제적으로 가르치고 훈련하도록 진행되는 6주 과정의 부모성품교육이다. 좋은 인성의 자녀로 키우기 원하는 전국의 초중고 학부모를 대상으로 진행하되 학교폭력에 노출된 가해자 및 피해자 학부모를 우대하는 것을 원칙으로 한다.

부모성품대화학교(PCC)는 오프라인 6주 과정 또는 온라인 12강으로 진행한다. 주교재 〈성품 좋은 아이로 키우는 부모의 말 한마디(이영숙 저. 2009. 위즈덤하우스)〉와 부교재 〈부모성품대화학교 6주 과정 워크북((사)한국성품협회 제작)〉를 사용하여 다음과 같은 교육과정으로 진행한다.

[표 21] 부모성품대화학교(PCC)의 6주 교육과정

	주 제	교육 내용
1주	성품교육이란 무엇인가 -인성교육의 실제-	_ 성공의 뿌리가 되는 좋은 성품 _ 성품의 정의와 특징 및 중요성 _ 성품대화의 필요성
2주	성품대화의 준비1 -언어 인성교육의 이해-	_ 성품대화의 준비(존중하는 마음, 관찰하는 태도) _ 익숙하게 사용하는 언어 유형 인식
3주	성품대화의 준비2 -언어 인성교육의 이해-	_ 성품대화의 준비(느낌과 욕구를 표현하는 마음, 요청하는 마음) _ 언어를 통한 관계 맺기의 비밀(자녀에게 사랑의 편지 쓰기)
4주	성품대화의 기술 -언어 인성교육의 방법-	_ 성품대화의 기술(성품대화의 특별한 4가지 기술) _ 성품대화의 기술을 적용하여 자녀와 대화하기
5주	성품대화를 통한 성품개발 -언어 인성교육의 실제-	_ 인성을 키우는 좋은나무성품학교의 기본 덕목 (공감인지능력/분별력)과 12가지 주제성품 _ 좋은 성품으로 자녀와 대화하는 방법(경청, 긍정적인 태도, 배려, 책임감의 성품으로 대화하기)
6주	연령별 발달수준에 맞는 성품대화법 -언어 인성교육의 적용-	_ 연령별 특징의 이해와 연령에 따른 성품대화법 _ 자녀에 대한 긍정적인 인식으로 자녀와 친밀한 관계 회복하기

_ 출처 : 이영숙 (2011). 한국형 12성품교육론. 좋은나무성품학교

(사)한국성품협회 좋은나무성품학교는 2008년부터 '부모성품대화학교'를

시작하여 2013년 현재까지 1,261명의 수료생들을 배출했다. 본 프로그램은 자녀의 연령에 상관없이 실천할 수 있는 효과적인 부모 역할 강화 프로그램으로써 부모의 인성을 강화하고 생활에 쉽게 적용할 수 있는 프로그램이다.

[표 22] 2013년 상반기 현재까지 한국형 12성품교육의 '부모성품대화학교' 실적

기수	일시	주최	장소	수강인원	비고
1	2010. 9. 2 ~ 10. 7(목)	(사)한국성품협회	(사)한국성품협회 수원본부	50	개인부담
2	2010. 10. 28 ~ 11. 25(목)	경기도 구리남양주 교육지원청	구리시 종합복지관	500	경기도 구리남양주 교육지원청 후원
3	2011. 3. 7. ~ 4. 4(화)	(사)한국성품협회	(사)한국성품협회 서울본부	30	개인부담
4	2011. 11. 8. ~ 11. 5(화)	(사)한국성품협회	(사)한국성품협회 서울본부	35	개인부담
5	2012. 3. 6 ~ 4. 10	(사)한국성품협회	(사)한국성품협회 서울본부	23	개인부담
6	2012. 3. 8 ~ 4. 5	NC백화점 문화센터 (강서점)	NC백화점 문화센터(강서점)	30	개인부담
7	2012. 3. 8 ~ 4. 5	NC백화점 문화센터 (평촌점)	NC백화점 문화센터(평촌점)	25	개인부담
8	2012. 4. 12(목)	(사)한국성품협회	(사)한국성품협회 서울본부	33	개인부담
9	2012. 6. 5(화)	(사)한국성품협회	미국 LA 남가주 사랑의 교회	30	개인부담
10	2012. 6. 27 ~ 7. 25(월)	(사)한국성품협회	(사)한국성품협회 서울본부	40	개인부담

11	2012. 6. 28(목)	양평군 청소년 지원센터	양평군 청소년 지원센터	25	양평군청 후원
12	2012. 7. 3 ~ 8. 7(화)	(사)한국성품협회	(사)한국성품협회 서울본부	33	개인부담
13	2012. 6. 30. ~ 7. 28	서울특별시 남부교육지원청	매봉초등학교 강당	30	구로구청 후원
14	2012. 8. 13 ~ 8. 14	(사)한국성품협회	(사)한국성품협회 서울본부	22	개인부담
15	2012. 9. 13 ~10. 18(화)	(사)한국성품협회	(사)한국성품협회 수원본부	40	개인부담
16	2012. 10. 19 ~ 11. 26	서울 선유초등학교	선유초등학교 강당	40	영등포구청 후원
17	2012. 11. 10. ~ 12. 8(토)	(사)한국성품협회	(사)한국성품협회 서울본부	35	개인부담
18	2012. 12. 20 ~ 12. 21	(사)한국성품협회	(사)한국성품협회 서울본부	16	개인부담
19	2012. 12. 3. ~ 12. 30(월)	2001 아울렛 문화 센터(분당 미금점)	2001 아울렛 (분당 미금점)	15	개인부담
20	2013. 2. 15 ~ 2. 16	군산지경교회	군산지경교회	43	군산지경교회 후원, 개인부담
21	2013. 4. 2 ~ 5. 7(화)	(사)한국성품협회	(사)한국성품협회 서울본부	25	개인부담
22	2013. 4. 26 ~ 4. 27	익산고성교회	고성교회	50	고성교회 후원, 개인부담
23	2013. 4. 29 ~ 4. 30	(사)한국성품협회	(사)한국성품협회 서울본부	16	개인부담
24	2013. 5. 13. ~ 6. 17(월)	GICS 성품국제학교	GICS 성품국제 학교 강당	30	개인부담

25	2013. 5. 14 ~ 6. 18	서울계상초등학교	계상초등학교 강당	10	노원구청 후원
26	2013. 6. 7 ~ 7. 5	인천광역시 남부 교육지원청	동인천 주민자치센타	35	인천광역시 남부 교육지원청 후원
총 1,261명 수료					

모든 인간관계는 언어로 시작된다. 사람의 말은 그 사람의 성품이기 때문이다. 학교폭력의 시작은 언어폭력에서부터 시작된다. 언어폭력에서 학생들을 해방시킬 수 있는 방법은, 가정에서 부모들이 자녀들에게 들려주는 말들이 변하면 가능해 진다. 모든 갈등은 대화로 풀려질 때 가장 행복한 관계가 되고 성숙한 성품을 소유하게 된다.

그러나 학부모들도 역시 자녀들에게 어떤 말로 어떻게 대화해야 할지 알지 못하는 것이 문제이다. 이는 부모가 되었지만 행복한 대화를 시도해본 모델링 없이 성장했기 때문이다.

6주 동안 집중적으로 인성교육의 중요성을 깨닫고, 좋은 관계를 맺을 수 있는 방법과 말하는 구체적인 대화법들을 훈련함으로써 부모 자신을 성찰해 보고, 자녀의 존재에 대한 확신을 주고 행복한 부모-자녀 관계를 맺게 하는 부모성품리더십을 소유하게 한다. 가정에서 부모-자녀 간의 관계가 회복된 자녀들은 더 이상 자신의 분노를 폭력으로 해결하지 않고 성품대화로 모든 인간관계를 풀어나가는 좋은 인성의 자녀들로 변화된다.

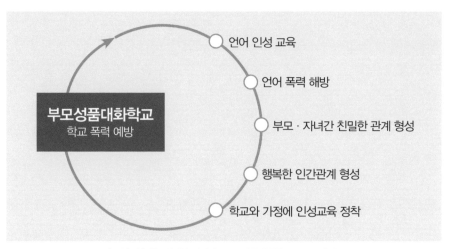

[그림 19] 학교폭력을 예방하는 부모성품대화학교(PCC)의 효과

(출처 : 이영숙 (2011), 한국형 12성품교육론, 좋은나무성품학교)

② 적용 사례

다음은 부모성품대화학교(PCC)를 수료한 학부모들의 소감이다.

사춘기 아들과 기적 같은 소통을 하게 됐어요!

아이가 어릴 때는 부모의 말을 그대로 따라주었기 때문에 혼낼 일이 별로

없었다. 그런데 아이가 나날이 커가면서, 내 아이인데도 대하기가 너무 어

려워서 절망했던 순간이 많다. 어떻게 하면 아이와 잘 대화할 수 있을까? 어

떻게 하면 아이에게 도움이 되는 말을 할 수 있을까?

부모성품대화학교에 참여하면서, 내 아이가 잘 되기를 바라면서도 전혀 좋

은 모델이 되어주지 못했음을 반성하게 되었다. 많은 순간 내가 "부모"라는 사실을 잊고 있었음을 깨달았다. 습관적으로 아무렇지 않게 내뱉고 쏟았던 내 말 한마디가 아이의 성품과 인생을 결정한다는 것을 알고, 더 늦기 전에 부모성품대화학교를 만나게 되어 정말 다행이라는 생각이 들었다. 내가 우리 아이에게 얼마나 중요한 존재인지를 잊지 말고 나를 늘 격려하면서 우리 아이가 좋은 성품을 가진 멋진 사람으로 성장하도록 좋은 모델링이 되어야겠다고 다짐했다.(1기 (사)한국성품협회 수원본부 부모성품대화학교 수료생 박O숙)

앞으로 남은 삶을, 좋은 성품의 말들로 채울 거예요.

엄마로서 아내로서 할머니로서 좋은 성품이 참 부족했음을 깨닫는 시간이 되었다. 그동안 자녀들에게 "사랑한다."는 말 한번 못한 엄마였다. 아내로서 남편에게 칭찬 한마디 안하는 무뚝뚝한 아내였다. 긍정적인 말이나 격려와 같은 말을 할 줄 모르는 그런 엄마, 아내였던 것이다. 그런데 부모성품대화학교를 통해 이런 나를 엄마로, 아내로 여기며 감싸준 가족들에게 감사함을 느꼈다. '앞으로 남은 삶을 어떻게 살 것인가'에 대한 행복한 고민을 시작했다.

이번에 배운 성품의 중요성을 잘 기억하여 성품대화를 시도해보기로 했다. 내 자녀들에게는 자주 들려주지 못했던 좋은 말들을, 손자 손녀에게, 자녀와 남편에게 마음껏 고백하면서 대화할 것이다. 남편 역시 그동안 나의 잘못으로 인해 많은 상처를 받았을 것이다. 용기를 내어 용서를 구하고 싶다. 남편에게 긍정적인 힘을 실어주는 아내가 되고 싶다. 마지막으로 아이들에게 나의 마음을 전해본다.

"사랑하는 우리 애들아, 엄마가 그동안 너희들에게 좋은 말을 해주지 못했다는 것을 잘 안다. 앞으로는 어떤 문제든지 엄마하고 이야기하면서 서로 오해가 쌓이는 일이 없도록 하자. 엄마가 더 많이 노력할게."(22기 고성 부모성품대화학교 송금자)

대화의 습관이 달라졌어요!

나 자신을 내려놓지 않으면, 누군가에게는 화살이 되고 상처가 된다. 특히 부모의 말 한마디의 중요성을 많이 느끼는 시간이었다. 부모성품대화학교에서 배운 TAPE 요법대로 감사하기, 용서 구하기, 요청하기, 내 마음 표현하기를 딸아이에게 한 마디, 한 마디씩 표현해 보았다.

"넌 엄마의 보물 1호란다.", "널 보면 행복해.", "엄마는 네 덕분에 살아, 고맙다." 등의 TAPE 요법이 효과가 컸다. 성품이 중요하다는 것을 새삼 느꼈고, 부모가 먼저 변해야 아이도 변화된다는 것을 경험했다.(26기 인천광역시남부교육지원청 부모성품대화학교 수료생 학익초등학교 학부모 이O희)

교직생활 36년 만에 부모성품대화학교로 신세계를 경험했어요!

교육계에 36년간 몸담아 헌신하며 교사로서 살아왔다. 부모성품대화학교는 이런 나에게 엄청난 도전과 진정한 교육의 가치를 깨닫게 해준 교육과정이었다. 그동안 나는 부모성품대화학교와 같은 교육을 접해본 경험이 없었기 때문에 더욱 놀랍고 가슴 벅찬 교육이 되었다. 성품대화법이 따로 있다는 말에 '성품대화? 도대체 어떤 과정이야?'하며 반신반의하는 마음으로 부모성품대화학교에 참여했다. 그런데 놀랍게도 점입가경이란 말이 있듯이 깊이 들어갈수록 내가 느껴보거나 그동안 배우지 못한 새로운 지식들이 나의 마음을 흔들었다. 부모성품대화학교는 진정한 가치를 깨닫게 해주고 눈 뜨게 한 요인이 되었다. 60여 평생을 살아오며 교육현장에서 아이들을 가르쳐 왔지만, 나의 정체성을 깨닫게 하는 교육은 이번 교육이 처음이었다.

부모성품대화학교 과정 덕분에 앞으로 나의 가정, 내가 속한 사회를 변화시키는 역할을 해야겠다는 결론을 얻었다. 더불어 계층과 연령을 초월하여 상대방과 대화의 문을 열고 대화의 물꼬를 틀 수 있는 담대한 마음도 갖게 됐다.(22기 고성 부모성품대화학교 윤순호)

초보엄마에서 성숙한 엄마로!

초보엄마로 나만의 틀에 갇혀 많은 것들을 놓치고 살지 않았나 반성하는 계기가 되었다. 부모성품대화학교를 통해 내 중심에서 아이를 바라보던 입장에서 아이 중심으로 바라보는 관점으로 바뀌었다.

성품에 대해 가볍게 여겼던 것을 다시금 소중히 돌아보게 되었다. 좀 더 성숙한 엄마로써 아이를 대할 수 있게 됐다. (13기 서울 남부교육지원청 부모성품대화학교 수료생 선유초등학교 학부모 김O연)

예전에는 꿈도 못 꿨던 일이 성품대화법으로 가능해졌어요.

고등학교에 간 이후로 아들과의 모든 대화가 "아! 또 왜 그래!" 이런 식으로 종결됐다. 내 말을 듣는 게 아니라 일단 "뭐!"부터 말하고 보는 아들에게 몇

마디 이야기를 하고 나면 아들은 한껏 짜증을 내고, 거기에 나는 화가 나서 발끈하곤 했다. 서로 질세라 화를 폭발했다.

공부를 잘 하는 아들보다, 엄마에게 다정다감한 아들이 부러웠다. 아들이 사춘기를 겪으면서 밖에서 나쁜 것만 잔뜩 배워오기 때문이라고 생각했다. 어떻게든 애를 썼지만, 현관문을 쾅 닫고 나가는 아들을 보면서 더 이상 희망이 없다고 느꼈다.

부모성품대화학교를 신청하고 처음에는 발걸음이 닿는 대로 참석을 했는데, 점점 내가 아들에게 잘못 말하고 있었다는 것을 깨닫게 되었다. 부모에게 벌컥 화를 내는 아들이 문제가 아니라 그 전에 나 자신이 이미 아들을 공격하고 있었던 것이다.

부모성품대화학교에서 성품대화법을 이토록 자세하고 철저하게 배울 수 있다는 사실이 놀랍다. 요즘은 아들과 눈을 맞추며 이야기를 나눈다. 예전에는 절대 꿈도 못 꿔 본 일이다. 아들이 내 말을 경청한다는 것에, 더 큰 책임감과 감사를 경험하고 있다. 부모성품대화학교를 통해 아들과의 관계가 회복될 수 있어, 말할 수 없이 감사하다. (15기 (사)한국성품협회 수원본부 부모성품대화학교 수료생 김O진)

단절되었던 자녀와의 소통이 새롭게 시작됐어요.

나와 자녀에 대해 알아가는 시간을 통해 그동안 자녀와의 소통에 너무 무관심했다는 것을 느꼈다. 지금부터 시작하는 마음으로 노력해야겠다. 앞으로 조폭 같은 부모가 아닌 항상 경청하는 좋은 성품의 엄마가 되어야겠다. (26기

인천광역시남부교육지원청 부모성품대화학교 수료생 학익초등학교 학부모 오O희)

아이를 진정으로 사랑하는 법을 배우는 시간!

유아기, 아동기, 청소년기 아이들을 모두 키우는 네 아이의 엄마다. 스스로 "나는 아이들을 사랑하고 아이들에게 잘하는 엄마다!"라고 생각하며 살아왔다. 그런데 이번 부모성품대화학교를 통해 큰 아들이 왜 지금의 상황까지 왔는지, 하나밖에 없는 딸이 왜 아이들과 못 어울리는지 알게 됐다. 스스로를 돌아봄으로써 이제는 온전히 아이들을 사랑하는 방법이 무엇인지 알게 됐다.(26기 인천광역시남부교육지원청 부모성품대화학교 수료생 숭의초등학교 학부모 유O선)

행복한 가정의 첫 걸음, 사랑의 대화

말이면 그냥 다 하고 사는 것이라고 생각했는데, 부모성품대화학교를 통해 '말하는 법'이 따로 있다는 것을 깨달았다.

우리 집은 말하는 법을 전혀 모르고 사는 집안이었다. 부모님은 아버지의 여자 문제로 늘 싸우셨고, 결국 이 문제로 지친 엄마는 집을 나가셨다.

어느 날 아버지가 새엄마라고 불러야 한다며 데리고 온 여자는 나와 두 살 차이 나는 고등학교 선배였다. 너무 기가 막혔다. 나는 이 여자와 매일 싸워야 했고, 결국 장독대의 모든 항아리를 돌로 쳐서 부수고 집을 도망쳐 나왔다.

그 뒤로 나는 친구 집에 숨어 살았다. 내가 우리 집에서 벗어날 수 있는 길은 결혼뿐이라는 결론을 내려 아버지와는 정반대일 것 같은 순한 지금의 남편과 결혼을 했다. 다른 것은 몰라도 아버지와 같은 문제만 없이 살기를 소망했다. 그런데 내 소망과는 달리 착했던 남편에게 이상한 전화번호와 여자 이름이 발견되면서 결국 나도 어머니와 같은 상황에 처하게 되었다. 우리 가정은 날마다 사람 사는 집이 아닌 것처럼 되었고, 두 아들도 자신의 방에서 나오지 않는 우울한 가정이 되고 말았다.

그러던 어느 날, 큰 아들에게 답답한 심경을 이야기하자 남편에게 무척 화가 난 아들이 아버지에게 제발 그렇게 살지 말라며 소리쳤다. 아들의 반항에 화가 난 남편은 결국 과도를 아들을 향해 던졌지만, 자신의 손이 잘리는 사고를 당하고 말았다.

이 날 사건으로 충격을 받은 아들은 우울증에 걸려 자신의 방에서 두문불출하고 아무리 어두워도 불을 켜지 않은 채 혼자 우울하게 살았다. 그러나 이 일 후에도 남편은 보란 듯이 여자 행각을 벌였고 나는 어떻게 해야 할지 몰라 절망과 방황 속에 하루하루를 보냈다.

사실 이 모든 문제가 다 남편에게 있는 줄 알고 나는 그동안 남편에게 화를 내고 있었다. 그런데 부모성품대화학교를 통해 내가 문제였다는 사실을 발견하게 되었다. 내가 말할 줄 모르는 집안에서 자라 남편에게 그리고 아이들에게 너무 잘못된 말만 하며 살았던 것이다. 말하는 방법이 따로 있는 줄은 전혀 몰랐던 것이다. 나는 이영숙 박사님에게 물었다.

"이제 와서 우리 집도 새로 시작할 수 있을까요?"

그런데 놀랍게도 박사님은 나에게 하나의 제안을 하셨다.

"그럼, 지금 저에게 방금 말씀하셨던 부분부터 시작해 보세요. 오늘 남편 분께 '대화하는 방법을 몰랐다'는 그 말부터 시작해 보세요."라고 말씀하셨다. 그리고 결과를 알려주기로 하고 헤어졌다.

우리 집의 기적은 놀랍게도 그날부터 시작됐다. 나는 그날 저녁, 집에 돌아와 남편을 기다렸다가 이렇게 얘기했다.

"여보, 난 이 모든 일이 다 당신 탓인 줄 알고 원망만 했는데 알고 보니 내 잘못이었어요. 내가 말할 줄 몰랐어요. 날마다 싸우는 것이 평상시 말인 줄 알고 살았던 집안에서 자라서, 싸우는 것이 다 말인 줄 알았어요. 당신에게 날마다 싸우듯이 말해서 너무 힘들었죠? 내가 잘못했어요."

그런데 나의 얘기를 듣던 남편의 얼굴이 변하면서 한참을 물끄러미 쳐다보다가 이렇게 말했다.

"당신, 내일 나하고 골프 갈래?"

그리고 다음날 정말 기적처럼 남편과 몇 년 만에 함께 골프를 치러 나갔다. 난 이제 마음이 편해졌다. 배운 대로 하면 왠지 잘될 것 같다. 큰아들과도 이렇게 시작하면 잘될 것이다. 아들에게 용서를 구하고 희망적인 생각, 말, 행동을 하는 엄마의 모습과 아내의 모습을 보여줄 것이다. 사랑의 대화, 그것이 행복한 가정의 첫 걸음임을 잊지 않고 끝까지 실천할 것이다. (15기 (사)한국성품협회 수원본부 부모성품대화학교 수료생)

TAPE 요법의 기적

지난해까지만 해도 나는 35세의 싱글맘이었다. 남편은 있지만 없는 것처럼 살았고 다섯 살 된 아들 하나를 키우는 것을 낙으로 여기며 살았다.

결혼해서 줄곧 우리 부부는 함께 사는 것이 괴로워 이혼하지 않고 적당하게 살아가는 방법을 터득해 각자 살아가고 있었다. 그런데 그나마 남편은 이런 생활을 청산하고 새롭게 '떠남'을 준비하고 있었다. 2주 후면 미국으로 떠나 언제 돌아올지 모르는 이별을 하게 된 것이다.

나는 남편에게 한 가지 소원이 있었다. 바로 "미안하다, 내가 당신의 인생에 큰 잘못을 했다."라는 사과를 정식으로 받는 것이었다. 그래서 남편에게 "당신, 이제 떠나는 것은 좋은데 가기 전에 나한테 사과하고 가!"라고 말했다. 내 말을 들은 남편은 어이없어 하며 "그런 너는? 너는 잘했고?"하면서 도리어 큰 싸움을 하고 말았다.

남편과 이런 갈등 속에 있을 때 마침 부모성품대화학교에 참석하고 있었고, 마음이 괴로운 상황에서 이영숙 박사님께 용기 내어 상황을 말씀드리며 도움을 요청했다. 그때 박사님께서 나에게 방법 하나를 제안해 주셨다. 그것은 바로 TAPE 요법이었다. 첫째, 감사하기(Thank you), 둘째, 용서 구하기(Apologize), 셋째, 요청하기(Please), 넷째, 내 마음 표현하기(Express)가 그 것이다.

박사님은 이 순서대로 남편과 다시 이야기해 보라고 권하셨지만, 나는 남편에게 감사할 것도 없고 용서를 구할 것도 없다며 거절했다. 그러나 박사님은 나의 소원을 이루기 위해 이 순서대로 꼭 한 번 해보라고 다시 권하셨고, 집에 돌아와 용기를 내어 남편과 대화하는 시간을 만들었다.

나는 남편과 집 근처 공원을 같이 걷기를 제안했고 다행히도 남편은 어렵지 않게 응해 주었다. 공원을 산책하면서 남편에게 어떻게 말을 꺼내야 할지 막막했지만 용기 내어 이렇게 말문을 열었다.

"당신하고 이렇게 걸으면, 당신 키가 커서 내 마음이 든든해져 참 좋아요."

남편은 생전 처음으로 나에게 좋다는 소리를 들어 눈이 휘둥그레졌고 표정이 달라졌다. 나의 말은 계속되었다.

"그런데 생각해보니 이런 말을 당신에게 한 번도 안했네요. 미안해요."

나는 박사님에게 배운 대로 잘 하고 있었다. 감사하기, 용서 구하기를 나름대로 약하게 사용한 것이다. 그런데 그 순간 남편의 반응은 정말 놀라웠다. 남편은 갑자기 어쩔 줄 몰라 하면서 이렇게 말했다.

"아니야, 내가 더 미안하지. 사실 내가 당신한테 잘한 게 없어. 너무 미안해…."

순간, 나는 남편에게 내가 그렇게 바라던 사과를 받아냈다. 내가 다음 단계인 요청하기를 하지 않았는데도 소원대로 남편에게 사과를 받아낸 것이다! 정말 기적이었다. 대화로 이렇게 사람이 금방 변할 거라고는 기대를 못했는데 참 놀라웠다. 왜 지금까지 이런 방법을 몰랐을까? 아쉬운 마음과 놀라움이 함께 내 마음속에 소용돌이쳤다.

이 날 이후로 나와 남편은 조금씩 마음을 열기 시작했고, 서로 이메일을 주고받기로 하고 남편은 미국으로 떠났다. 그 다음날 나는 기쁜 마음으로 부모성품대화학교에 가서 나의 이야기를 고백했다.

부모성품대화학교는 그동안 내가 깨닫지 못했던 많은 생각들을 알게 해 주었고, 생각, 말, 행동을 변화시키도록 도와주었다. 과정을 마친 후 나는 집에 돌아가서 미국에 있는 남편에게 이렇게 메일을 보냈다.

"여보, 나는 그동안 우리 결혼의 비극이 모두 당신 탓이라고 여기며 당신을 원망하고 살았어요. 그런데 내가 성품을 배워 보니 내 성품이 모자랐다는 것을 알았어요. 미안해요."

이 편지를 받은 남편은 그 다음날로 보따리를 싸서 한국으로 돌아왔다. 그리고 지금은 아주 행복한 가정으로 회복되어 잘 살고 있다. 남편과 함께 이런 행복을 꿈꾸며 살게 될 거라고는 꿈에도 생각하지 못했다.

부모성품대화학교를 통해 좋은 성품이 다른 사람과 풍성하고 좋은 관계를 맺을 수 있다는 것을 알게 되었다. 행복한 가정으로 회복하길 원하는 모든 이들에게 TAPE 요법을 실천해 보라고 꼭 권하고 싶다.(15기 (사)한국성품협회 수원본부 부모성품대화학교 수료생)

(2) 부모성품훈계학교(PCD : School of Parents Character Discipline)

① 프로그램 소개

부모성품훈계학교(PCD)는 성품 좋은 자녀를 양육하기 위한 부모의 바른 훈계법을 배우고, 6주간의 교육과정을 통해 부모가 자녀의 진로를 행복하게 열어 주도록 하는 부모 역할 효능감 증진 프로그램이다. 좋은 인성의 자녀로 키우기 원하는 전국의 초중고 학부모를 대상으로 진행하되 학교폭력에 노출된 가해자 및 피해자 학부모를 우대하는 것을 원칙으로 한다.

부모성품훈계학교(PCD)는 오프라인 6주 과정 또는 온라인 6강으로 진행한다. 주교재 〈성품 좋은 아이로 키우는 자녀훈계법(이영숙 저. 2008. 두란노)〉과 부교재 〈부모성품훈계학교 6주 과정 워크북((사)한국성품협회 제작)〉을 사용하여 다음과 같은 교육과정으로 진행한다.

[표 23] 부모성품훈계학교(PCD)의 6주 교육과정

	주 제	교육 내용
1주	자녀란 누구인가 -올바른 자녀관 정립-	· 올바른 부모관과 자녀관 · 애착이론으로 보는 부모의 역할
2주	성품훈계란 무엇인가 -올바른 인성을 키우는 훈계의 이해-	· 성품훈계의 정의와 목적 · 잘못된 훈계의 모형 · 훈계와 징벌의 차이
3주	성품훈계의 구체적 기술 -올바른 인성을 키우는 훈계의 실제-	· 성품훈계의 원리 · 성품훈계의 3단계
4주	성품훈계의 핵심, '교정과 보상' -올바른 인성을 키우는 훈계의 실제-	· 교정의 올바른 단계와 유형 · 바람직한 교정을 위한 실제적 방법들 · 보상과 소거 · 보상의 종류와 원칙
5주	기질에 따른 자녀훈계법 -올바른 인성을 키우는 훈계의 방법-	· 인간의 네 가지 기질 · 기질에 따라 다르게 하는 자녀훈계법
6주	훈계를 통한 관계 맺기의 행복 -올바른 인성을 키우는 훈계의 적용-	· 연령에 따른 자녀훈계법 · 출생 순위에 따른 자녀훈계법

_ 출처 : 이영숙 (2011), 한국형 12성품교육론, 좋은나무성품학교

2010년 10월부터 조선일보, 서울특별시교육청, 서울특별시 남부교육지원청, 인천광역시 남부교육지원청과 MOU를 체결하여 기업과 교육청 주최로 '부모성품교육'이 진행되었다. 초중고 학부모 500명을 집단으로 하여 6주간의 교

육 프로그램이 실시되었고, 많은 성과를 거두었다.

[표 24] 2013년 상반기 현재까지 조선일보와 함께 한 '부모성품교육 프로그램' 실적

횟수	일시	교육 내용	수강인원	주최, 후원
1	2012. 11. 8	조선에듀케이션 노원지역 브런치 에듀 "좋은 성품으로 사춘기 자녀와 대화하기"	700명	
2	2012. 11. 19	조선에듀케이션 인천지역 브런치 에듀 "좋은 성품으로 사춘기 자녀와 대화하기" (장소 : 인하대학교)	450명	
3	2012. 11. 20	조선에듀케이션 분당지역 브런치 에듀 "좋은 성품으로 사춘기 자녀와 대화하기" (장소 : 단국대학교 죽전 캠퍼스)	800명	조선일보 조선에듀케이션, (사)한국 성품협회
4	2012. 12. 6	조선에듀케이션 부산지역 브런치 에듀 "좋은 성품으로 사춘기 자녀와 대화하기" (장소 : 부산 신세계 센텀시티점)	450명	
5	2013. 4. 2	조선에듀케이션 목동지역 브런치 에듀 "초등 자녀를 위한 성품대화법 성품강연"	450명	
6	2013. 4. 18	조선에듀케이션 강남지역 브런치 에듀 "초등 자녀를 위한 성품대화법 성품강연"	500명	
총 3,350명 수료				

부모성품훈계학교(PCD)를 통해 부모들은 바른 자녀관을 확립하고, 자녀의 기질 체크를 통해 자녀의 장점과 강점을 찾게 되었다. 또한 부모가 바람직한 자녀의 미래를 열어줄 수 있도록 사랑으로 훈계하는 구체적인 교정과 보상의 기술

을 익힘으로써 좋은 성품의 자녀로 양육하도록 진로 코칭의 노하우를 깨달았다.

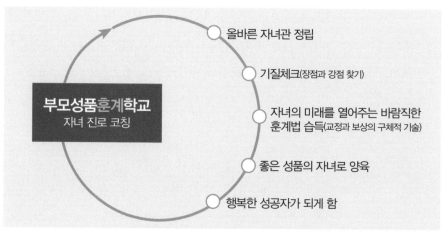

[그림 20] 자녀의 행복한 진로 코칭을 위한 부모성품훈계학교(PCD)의 효과
(출처 : 이영숙 (2011), 한국형 12성품교육론, 좋은나무성품학교)

② 적용 사례

다음은 부모성품훈계학교(PCD)를 수료한 학부모들의 소감이다.

훈계란, 아이에게 바른 길을 설명해 주고 기다리는 것이다.

좋은 엄마이고 싶었다. 그래서 아이들을 간섭하고 잔소리하고 지적해서 꾸짖고, 아이의 감정이나 기분은 전혀 배려하지 않고 혹여나 세상에 나가 욕먹는 아이가 될까봐 걱정이 앞서 잘못이나 실수를 용납하지 않고 야단치고 경고하고 매를 들었다. 그런데 아이에게 비친 내 모습은 엄마가 아니라 무섭고 사납고 엄한 사람으로, 보고 싶지 않은 사람이었던 것 같다. 부모성품 훈계학교를 통해 아이의 입장에서 아이의 눈으로 나를 보게 되었다.

징계보다는 사랑으로 자신이 사랑받고 있다는 것을 아이 스스로 느끼게 해 주고 싶다. 엄마의 욕심을 버리고 있는 모습 그대로를 인정하고 받아들이며, 많이많이 사랑해 주기로 다짐했다. ((사)한국성품협회 부모성품훈계학교 수료생 김O주)

잘못된 훈계가 자녀에게 평생 상처가 됩니다.

부모성품훈계학교를 수강하기 위해 첫 강의실에 들어섰을 때, "잘못된 훈계는 자녀에게 평생 상처가 됩니다."라는 슬로건에 큰 망치로 뒤통수를 맞은 기분이었다. 자녀 입장에선 훈계를 잔소리로 받아들이고 때론 엄마의 하소연과 불평불만으로 들릴 수밖에 없을 것이란 생각이 들었다.

협박의 말들, 울분의 감정이 불일 듯 일어나는 대로 쏟아 부은, 수없이 많은 말과 행동들이 스쳐지나갔다. 자녀에게 잘못된 훈계를 했고, 그 결과 내 아들이, 내 딸이 얼마나 마음 아팠을까 생각하니 가슴이 아팠다. 지금은 다 커버린 자녀를 다시 돌이킬 수는 없지만, 부모성품훈계학교를 마치면서, 이제부터라도 내 감정이 아닌, 내 욕구가 아닌 바른 지침으로 오직 자녀를 사랑하는 마음으로 자녀의 유익을 위해 훈계하리라 다짐해 본다. ((사)한국성품협회 부모성품훈계학교 수료생 조O덕)

아이를 진정으로 사랑하는 법을 배우는 시간이었어요.

훈계란 정말 어려운 단어다. 부모성품훈계학교를 듣기 전까지는 사랑과 관심을 갖고 아이들의 기질대로 한 명, 한 명에게 다른 방법으로 훈계해야 함을 알지 못했다. 내 기준에 맞지 않으면 사전에 약속도 없이 아이의 감정을 이기려 했던 부끄러운 모습들이 생각난다. 자녀가 어릴 땐 그나마 순종하는 것 같지만 초등학교 고학년이 되면서부터 매도 언성도 통하지 않았던 적이 있다. 훈계한답시고 과거의 잘못을 추궁해서 더 깊이 상처만 주고 아이의 마음에 적의와 좌절감만 싹트게 한 것을 깊이 반성했다. 부모성품훈계학교를 통해 훈계 후에도 연령에 맞게 어루만져주고, 아이의 인격을 존중하며 배려하고 깊은 관심으로 양육해야 함을 깨달았다.((사)한국성품협회 부모성품훈계학교 수료생 조O희)

잔소리가 필요 없는 성품훈계법

말 한마디만 잘못해도 화를 내며 소리를 지르는 영훈이를 어떻게 훈계하면 좋을지 항상 어려웠다. 책을 통해 방법은 잘 알고 있었지만, 실천이 잘 되지 않았다.

부모성품훈계학교를 통해 아이를 향해 진심으로 마음을 열고 싶다는 생각이 들었다. 그래서 본격적으로 실천에 옮기기 시작했다.

첫째, 엄마가 나에게 어떻게 대했는지만 신경 쓰면서 나도 모르게 엄마에게 받은 그대로 내 자녀에게 똑같이 대하고 있다는 것을 알게 되었다. 그리고 내 기준에 맞춰 내 자녀를 훈계했던 나의 태도들을 생각하면서, 부모성품훈계학교에서 배운 대로 내 자녀의 기질을 잘 파악하여 그에 맞는 훈계를 시작해야겠다는 다짐을 했다.

둘째, 영훈이가 화내고 짜증내는 원인이 엄마인 나에게 있음을 알게 되었다. 다정하지 못한 목소리와 화난 표정이 영훈이에게도 영향을 끼쳐, 배운 그대로 나에게 되돌려주고 있었던 것이다. 아이에게 너무나 미안하고 이러면 안 되겠다는 생각에 정신이 번쩍 들었다.

지금은 늦게 자고 아침에 일어날 때 짜증을 부리던 영훈이에게 "빨리 안 일어나? 어제 늦게까지 뭐 했길래, 그래!"라며 버럭 화내는 것이 아니라 "어제 늦게 자서 피곤하겠구나. 오늘은 10시에 자보는 건 어떨까? 그러면 내일 아침에는 잘 일어날 수 있을 거야. 한 번 해볼래?"라며 영훈이가 존중받고 있다는 느낌을 받도록 친절하게 생각을 전했다.

그러자 놀랍게도 영훈이에게 변화가 나타나기 시작했다. 그 날 이후로 영훈이는 1시간씩 일찍 자기 시작했고, 다음날에 일어날 때는 좀 덜 힘들게 일어나게 된 것이다. 특별히 잔소리를 하지 않아도 나쁜 습관과 태도를 바꾸려는 노력을 보여주는 것을 보며 성품훈계의 효과를 눈으로 확인했다. ((사)한국성품협회 잠실본부 부모성품훈계학교 수료생 우숙영)

훈계에 대한 자신감이 생겼어요.

성년이 된 큰 아들의 기질은 다혈질과 담즙질이다. 대화할 때 차분하게 말하기보다는 먼저 흥분하거나 큰소리로 다급하게 말하는 경우가 많았다. 그래서 동생과 자주 싸우기도 하지만 친절할 땐 동생을 잘 보살피는 형이기도 했다. 이런 아들과 대화를 할 때면 큰 소리로 싸우는 날이 많았고, 대화가 통하지 않아 아이도 그렇고 나 역시 스트레스를 많이 받았다.

부모성품훈계학교를 통해 자녀의 기질에 맞는 훈계법을 배우게 되었다. 아이와 비슷한 기질을 갖고 있으면서, 그동안 바쁘다는 핑계로 아들과 친근한 대화를 하지 못했는데, 이젠 아무리 바쁘고 피곤하더라도 여유를 갖고 아들과 대화를 시작해야겠다는 생각이 들었다.

그러던 어느 목요일 아침 출근길, 그 날 역시 바쁜 아침을 보내고 허겁지겁 집을 나왔다. 세탁을 하고 세탁물을 널지 않은 것이 생각나 아들에게 전화를 했다. 예전 같으면 "아들, 빨래 좀 널어 줄래?"라고 말했을 텐데 그날은 "엄마가 깜박 잊고 나왔는데 피곤하겠지만 빨래 좀 널어 줄 수 있겠니?"라고 말했다. 그런데 신기하게도 평상시 같으면 "저녁에 엄마가 와서 하세요!"라고 대답했을 텐데 그날은 "알겠어요. 지금은 피곤하니까 잠자고 일어나서 할게요."라고 순순히 대답을 하는 것이 아닌가! 출근하고 나서도 '정말 빨래를 널었을까?' 반신반의 했는데, 저녁에 가서 보니 정말로 반듯하게 빨래가 널려 있었다.

그날 아들을 보며 부모성품훈계학교에서 배운 대로 "많이 피곤했을 텐데, 엄마 일 도와줘서 고마워."라고 감사를 표현하는 것도 잊지 않았다.

이젠 아이들을 훈계하고 마주 대하는 것에 조금씩 자신감이 생긴다. 문제는 엄마인 나 자신에게 있다는 것을 잊지 않겠다.((사)한국성품협회 수원본부 부모성품훈계학교 수료생 조순희)

(3) 부모성품이노베이션(PCI : School of Parents Character Innovation)

① 프로그램 소개

부모성품이노베이션(PCI)은 6주간의 교육과정을 통해 부모가 스스로의 성품을 진단하고, 힐링 집중교육을 통해 인성을 계발하는 부모 자가진단-힐링 프로그램이다. 좋은 인성의 부모가 되기 원하는 전국의 초중고 학부모를 대상으로 진행하되 학교폭력에 노출된 가해자 및 피해자 학부모를 우대하는 것을 원칙으로 한다.

부모성품이노베이션(PCI)은 오프라인 6주 과정 또는 온라인 5강으로 진행한다. 주교재 〈나를 찾아 떠나는 여행, 성품(이영숙 저. 2007. 두란노)〉과 부교재 〈부모성품이노베이션 6주 과정 워크북((사)한국성품협회 제작)〉을 사용하여 다음과 같은 교육과정으로 진행한다.

[표 25] 부모성품이노베이션(PCI)의 교육과정

오프라인 과정	1주	감사의 성품으로 새롭게 시작하기
	2주	기쁨의 성품으로 나를 찾아 떠나기
	3주	긍정적인 태도로 나의 상처 치유하기
	4주	인내, 절제, 책임감의 성품으로 배우자 사랑하기
	5주	지혜의 성품으로 자녀 사랑하기
	6주	경청과 순종의 성품으로 새로운 세상을 향해 나아가기
온라인 과정	1강	성품으로 시작하기 '감사'
	2강	나를 찾아 떠나는 여행 '기쁨'
	3강	성품 내적 치유 '긍정적인 태도'
	4강	너를 찾아 떠나는 여행 '책임감'
	5강	새로운 세상을 향한 출발 '경청, 지혜'

_ 출처 : 성품저널 제2권 (2012). (사)한국성품협회

2007년 5월부터 진행된 부모성품이노베이션은, 2013년 현재 24기까지 운영되었다. 총 981명의 수료생들이 부모성품이노베이션을 이수했다.

부모성품이노베이션(PCI)을 통해 부모는 자신의 정신적·심리적·행동적 상태를 진단하고, 좋은 성품으로의 회복으로 자존감을 높임으로써 우울증·불안·열등감·스트레스의 원인을 근본적으로 해결한다. 행복한 가정의 복원을 위해 부부관계의 중요성을 재조명하고 위기관리법을 배움으로써 건강하고 행복한 삶으로의 성품 힐링을 돕는다.

② 적용 사례

다음은 부모성품이노베이션(PCI)을 수료한 학부모들의 소감이다.

포기하고 싶었던 순간을 행복으로 바꿔준 부모성품이노베이션

중학교 아이들을 키우면서, 답답한 순간들이 많았다. "왜 내 자녀만 유독, 이렇게 엇나가고 힘들게 할까?" 자녀를 향해 가졌던 원망과 불평이 결국은 부모로서 내가 보였던 성품 때문이라는 것을 알았다.

부모성품이노베이션을 통해 내 안의 상처들이 아이들을 얼마나 힘들고 지치게 만드는지 순간 순간을 돌아보게 되었다. 부모의 성품이 자녀에게 흘러간다는 강의를 듣고 말썽만 부린다며 몰아세웠던 아이들을 거울삼아 부모로서의 내 성품을 생각해 볼 수 있었다.

부모성품이노베이션의 모든 과정은 나에게 큰 메아리로 남아, 남편과 특히 포기하고 싶었던 아이들을 사랑하고 감사할 수 있도록 생활을 변화시키고

삶을 치유해 주었다. 아이들이 나를 보며 함박웃음을 짓고 있는 지금, 너무 행복하다. 부모성품이노베이션을 통해 좋은 성품으로 행복한 가정을 가꿀 수 있는 큰 힘을 얻게 됐다. (부모성품이노베이션 수료생 조O미)

부모성품이노베이션으로 임신우울증을 극복했어요.

둘째 아이를 갖고 태교를 하는 중에 좋은나무성품학교의 부모성품이노베이션을 만나게 되었다. 어린 나이에 결혼을 하고 첫째를 키우면서, 뉴스에서만 보던 우울증을 나도 겪게 되었다. 놀아달라고 떼쓰는 아이가 너무 싫어서 남편에게 떠밀기도 하고 혼자 눈물을 삼킨 적도 한두 번이 아니었다. 그러다가 둘째를 임신했는데 덜컥 너무 겁이 났다. 다른 사람들은 임신을 축복으로 여기는데 나는 무거운 짐을 더한 것처럼 마음이 자꾸만 슬퍼졌다.

그러던 와중에 만난 부모성품이노베이션은 나에게 꿈같은 시간이었다. 그저 그렇게 포기하며 살았던, 그러나 만족하지 못해 힘들었던 생활에 부모성품이노베이션이 희망을 주었다. 생각하기조차 서럽고 아프고 우울했던 지난 시간들을 더듬어 남모르게 곪아있던 상처를 치유하고, 좋은 성품으로 나를 사랑하는 방법을 배웠다.

사랑이라는 단어가 이렇게 절실하게 와 닿았던 적이 없다. 부모성품이노베이션을 수료하고 난 뒤에 첫째가 내 얼굴을 보며 자주 이야기한다. "엄마, 얼굴이 예뻐졌어!" 좋은 성품으로 회복하고 나니 다섯 살 난 아이가 보기에도 얼굴이 밝아졌나 보다. (부모성품이노베이션 수료생 김O미)

깨질 뻔한 우리 가정, 부모성품이노베이션으로 회복됐어요!

남편은 나에게 너무나 충격적이고 이해할 수 없는 존재였다. 결혼 생활 10년 동안 고비라는 말이 무색할 정도로 다툼도 많았고 이혼도 마음속으로 수없이 되뇌이며 지냈다.

그동안 남편에게 문제가 많다고 생각했는데, 부모성품이노베이션을 통해 내 기준에만 끼워 맞추려고 했던 나의 태도가 문제였다는 것을 알게 되었다. 그동안 그렇게도 많았던 남편과의 언쟁이 사실은 내 성품의 부족 때문이었다는 것을 깨달았다.

지금은 남편의 존재 자체만으로도 감사하는 그런 여자로 변화되었다. 남편의 존재에 대해 감사하는 순간 남편을 이해하게 되었고 남편에 대한 애정이 더 깊어졌다.

사실, 아이들은 유치원에서 나보다 먼저 성품을 배우고 있었다. 벌써 성품교육이 3년째에 접어든다. 성품교육을 받은 아이들의 눈 속에 엄마의 일관성 없는 모습들이 이상하게 보였을 것이다. 그리고 어떻게 행동해야 하는지 혼란스러웠을 것이다. 정말 중요한 성품교육을 가정에서는 실천하지 않고 유치원에만 의지했던 지난 시간들과 회복할 수 있었던 기회들을 놓친 것이 후회가 된다.

이제 일관된 모습으로 아이들을 가르칠 것이다. 아이들을 위해서라도 좋은 부부 관계를 유지할 것이며, 어려운 상황에서도 희망적인 생각, 말, 행동을 선택하는 그런 엄마의 모습을 보여줄 것이다.

성품…. 정말 놀랍기만 하다. 부모성품이노베이션은 깨질 뻔한 우리 가정을

다시 하나로 묶어준 고마운 과정이다.(부모성품이노베이션 수료생 안○○)

성품으로 새로운 희망을 찾았어요.

어린 시절, 나는 어려운 가정 형편에서 자랐다. 넉넉하지 않은 가정형편 때
문에 부모님은 돈 벌기에 항상 바쁘셨고, 엄마와 아빠는 애정 없이 자녀들
을 돌보셨다.

어렸을 적 부모님께 사랑이 담긴 칭찬을 한 번도 받아본 적이 없다. 그래서
항상 '오늘은 칭찬받았으면 좋겠다'라고 생각하며 지냈다. 학교에서 돌아오
면 따뜻하게 반겨주길 바랐고, 시험을 잘 보면 잘했다고 칭찬 받고 싶었고,
못하면 격려도 받고 싶었다.

하지만 어떤 상황이든 우리 남매들에게 부모님의 반응은 무관심과 채벌뿐
이었다. 이런 삶 때문이었는지 어릴 때나 어른이 된 지금이나 밖에 나가도
항상 자신감이 없고, 나의 부모가 그랬듯이 아이들에게 무뚝뚝하고 모진 말
로 상처를 주고 있다.

아빠 같은 무뚝뚝한 사람을 만나기도 싫었고 엄마처럼 그렇게 아이를 키우
고 싶지도 않았다. 하지만 막상 내 아이를 낳고 키우다 보니, 엄마가 했던 행
동들과 아빠가 했던 말들을 나도 모르게 아이들에게 쏟아내고 있는 자신을
보게 된다.

특히 큰 아들을 생각하면 마음이 아프다. ADHA 판정을 받게 된 큰 아이를
보면, 엄마인 나에게 문제가 많다는 생각이 든다. 아이에게 모진 말과 행동
으로 아이를 병들게 했다는 생각에 나 자신을 용서할 수 없을 정도로 화가

낳었다. 더욱이 큰 아이와는 반대로 작은 아이에게는 항상 따뜻한 말과 행동으로 사랑한다고 이야기해 주는데, 같은 자식이지만 왜 다른 태도로 아이들을 양육하는지 나도 잘 모르겠다.

부모성품이노베이션을 통해 원인이 나의 내면에 있는 상처 때문이라는 것을 알게 되었다. 나를 힘들게 하는 어린 시절의 아픔들이 머릿속에서 지워지지 않지만 이젠 그런 상처들로부터 나를 자유롭게 보내고 싶다.

부모성품이노베이션을 통해 약해진 몸과 마음들이 한층 더 건강하고 강해져서 기쁘다. 5주 동안의 짧은 기간이지만 이곳에서 나는 희망을 찾았다. '성품'이 바로 그것이다. 더 이상 나쁜 성품들이 흘러가지 않도록 내안에 쌓인 나쁜 것들을 훌훌 털어버리고 좋은 성품들이 쌓일 수 있도록 노력할 것이다. (부모성품이노베이션 수료생 문○○)

내 안에 있는 어린 아이에게

6살 아니면 7살, 어렴풋이 기억 속에 오빠의 폭력을 피해야 한다며 그 작은 다리로 도망쳤던 기억이 난다. 그러나 당시 중학생이며 크고 두려운 존재로 느껴졌던 오빠에게 결국은 붙잡혔고 그 혹독한 폭력은 혼절할 것 같은 아픔으로 다가왔다.

당시 아버지, 어머니는 5일장을 다니며 장사를 하기 위해 집을 비웠고, 위로 세 명의 오빠와 여동생이 있었다. 그 세 명의 오빠 중 특히 둘째 오빠가 무서웠다. 겨우 유치원을 다닐 나이에 밥을 하고 추운 날씨에 개울물의 얼음을 깨고 커다란 오빠의 교복을 빨고 집안 청소를 해야 했다. 맞는 이유는 다양했고, 맞지 않고 지나가는 날은 행운의 날이었다. 방청소한 것에 머리카락이 떨어져 있다고 맞았고 하얀색 교복바지에 검은 것이 묻어 있다고 맞았다. 나는 모든 것이 정말 내가 못해서 맞은 것으로 생각되었다.

지금의 난 그런 오빠로 인해 화 잘 내는 남편에게 말대꾸 안하고 잘 참는 아내로 외적으로는 편안한 가정을 이루고 있지만 속으로는 그때마다 분노한다. 이제 5년의 결혼생활에서 아직도 남편과의 이질감을 어쩔 수 없이 느낀다.

남편은 아내인 나를 많이 이해하고 아껴주지만 아직도 내 안의 자아는 그가 언제고 나를 상처 줄 수 있다고 생각해서인지 늘 방어자세로 경계하고 있다. 혹여 남편이 상처를 주게 된다면 그 상처를 최소화하려는 각오로 살아왔다. 그러던 중 만난 부모성품이노베이션 시간에 나는 내 안의 상처받고 숨어있는 나의 어린 아이에게 편지를 썼다.

내 안에 있는 어린아이 ○○에게
다른 아이들 같으면 엄마 아빠 무릎에서 어리광이나 부리고 따뜻하게 지냈을 내 어린아이야.
장사 나가고 안 계신 엄마, 아빠의 빈자리를 어린 네가 다 감당해야 했으니 얼마나 힘들었니? 둘째 오빠에게 맞기 싫어 그 작은 다리로 달려나갔지만 결국은 오빠에게 맞고 그 폭력을 다 당해야 했으니 얼마나 슬펐니?

그렇지만 이제 내가 이렇게 어른이 되었으니 너는 안심하거라. 내가 이
제 너를 보호하고 사랑해 줄게. 지나온 시절을 너무 슬퍼하지 말고 꿋꿋
하게 그 모든 것들이 나의 삶에 약이 되었다고 생각하자구나. 남편에 대
한 두려움도 떨쳐 버리고, 상처 안 받고 싶은 마음으로 두려움 속에서
남편을 대한 것들도… 이제 남편은 남편이고 나를 때린 오빠는 아니니
까… 이제 아무도 너를 함부로 하지 못하게 내가 보호해 줄게….
- 어른 ○○이 내안에 있는 어린 ○○에게

부모성품이노베이션을 통해 난 내가 얼마나 소중하고 존귀한 존재인지 깨
닫게 되었고 이제는 더 이상 나를 비롯해 어느 누구도 나를 함부로 대하도
록 방치하지 않고 나를 더 사랑해야겠다고 다짐했다.(부모성품이노베이션 수료
생 오○○)

(4) 성품파파스쿨-아버지성품학교(CPS : Character Papa School)

① 프로그램 소개

성품파파스쿨-아버지성품학교(CPS)는 좋은 성품의 아버지상을 정립하고
역할을 회복하여, 가정 내에서 신뢰받는 남편, 존경받는 아버지로 거듭날 수 있
도록 지원하는 아버지 성품교육프로그램이다. 전국의 아버지 또는 아버지 역

할을 담당하는 조부모와 좋은 인성의 자녀로 키우기 원하는 학부모들을 대상으로 진행하되 학교폭력에 노출된 가해자 및 피해자 학부모를 우대하는 것을 원칙으로 한다.

성품파파스쿨-아버지성품학교(CPS)는 3회차 또는 1회차의 다음과 같은 교육과정으로 진행한다.

[표 26] 성품파파스쿨-아버지성품학교(CPS)의 교육과정

3회차	1회	감사의 성품으로 자녀관계 회복하기
	2회	책임감의 성품으로 부부관계 회복하기
	3회	기쁨으로 배려하는 행복한 가족 축제
1회차	1회	인내의 성품으로 자녀 사랑하기

_ 출처 : 성품저널 제2권 (2012). (사)한국성품협회

2008년 11월부터 진행된 성품파파스쿨-아버지성품학교는, 2013년 현재 20기까지 진행되었다. 총 2,210명의 수료생들이 성품파파스쿨-아버지성품학교를 이수했다.

성품파파스쿨-아버지성품학교(CPS)에 참석한 아버지들은 '아버지'의 정체성과 영향력을 깨닫고 자신의 사명을 재발견함으로써, 좋은 성품으로 아내·자녀와 소통하고 행복한 관계를 맺게 되었다.

② 적용 사례

다음은 성품파파스쿨-아버지성품학교(CPS)를 수료한 학부모의 소감이다.

이혼했던 가정이 좋은 성품으로 화합했어요.

4년 전 나는 이혼을 했다. 서귀포에서 생활을 하면서 주말마다 아이들을 데려오거나 보러가곤 했다. 딸 서연이가 좋은나무성품학교의 유아 성품리더십교육을 받게 된 것은 3년 전, 4살 때였다. 처음 성품을 접한 서연이가 "긍정적인 태도란 '어떠한 상황에서도 가장 희망적인 생각, 말, 행동을 선택하는 마음가짐'이예요, 엄마."하고 또박또박 긍정적인 태도의 정의를 외우는 것을 보며 얼마나 신기하고 대견했는지 모른다.

그러다가 서연이를 위해 좋은나무성품학교의 '성품파파스쿨-아버지성품학교'에 남편이 참석을 하게 되었다. "아빠가 변해야 가정이 변한다."는 말에 남편이 큰 도전을 받은 것 같다. 성품이 조금씩 변화하기 시작하더니, 아이들 행사에도 많이 참석하고 최고의 아빠가 되기 위해 노력하는 모습을 지속적으로 보여주었다.

남편이 어느 날 전화를 해서는 '부부가 함께하는 성품파파스쿨'에 함께 참석해줄 수 있는지 물었다. 가벼운 마음으로 참석을 했는데 너무나 좋은 시간이었다. 다른 부부들 속에서 부부의 모습은 아니지만 아이의 엄마, 아빠로 참석을 하면서 예전에 연애하던 시절로 되돌아간 것 같았다. TV 속에서나 보던 커플 만들기 체험을 내가 주인공이 되어서 경험하는 것은 신선한 경험이었다. 그때의 여운이 아직까지도 남아 있다. 늦은 시간에 서귀포로 돌아가야 했지만 피곤한 줄도 몰랐다. 변화하기 위해 노력하는 남편의 모습을 보면서 다시 재결합을 해야겠다는 생각이 들었다.

쉽지 않은 결정이었고 올해 3월에 다시 제자리로 돌아왔다. 잃었다가 다시 얻은 가정이라 그 누구보다도 가족의 소중함을 절실히 알게 되었다. 힘든 시간을 보내면서도 밝고 명랑하게 자라준 서연이가 너무도 고맙고 사랑스럽다. 성품파파스쿨을 통해 우리 집은 매일처럼 유쾌한 웃음소리가 담장을 넘어가는 행복한 가정이 되었다.(제주 좋은나무성품학교 영락어린이집 박서연 어머니)

(5) 여성성품리더십스쿨

① 프로그램 소개

여성 성품리더십스쿨은 좋은 성품으로 여성의 정체성과 비전을 회복하고, 행복한 세상으로 변화시키도록 돕는 여성을 위한 힐링과 행복을 위한 치유 프로그램이다. 성품리더십을 함양하고 싶은 전국의 모든 여성을 대상으로, 힐링코스 6주, 행복코스 6주의 총 12주 과정으로 진행된다.

여성 성품리더십스쿨의 12주 교육과정은 다음과 같다.

[표 27] 여성 성품리더십스쿨의 12주 교육과정

	주	주제성품	주제
힐링코스	1주	창의성 리더십	여성의 탄생
	2주	기쁨 리더십	여성의 정체성과 리더십
	3주	순종 리더십	

힐링코스	4주	긍정적인 태도 리더십	여성의 비밀
	5주	감사 리더십	
	6주	인내 리더십	여성의 역할
행복코스	1주	배려 리더십	여성의 역할
	2주	지혜 리더십	여성의 태도
	3주	절제 리더십	
	4주	정직 리더십	여성의 사명과 비전
	5주	책임감 리더십	
	6주	경청 리더십	세상을 향한 여성의 사랑

_출처 : 성품저널 제2권 (2012), (사)한국성품협회

(사)한국성품협회 좋은나무성품학교의 여성 성품리더십스쿨은 2013년까지 (사)한국성품협회 수원본부에서 2기째 진행되고 있으며, 총 53명의 여성들의 삶을 치유하고 회복시켰다.

여성 성품리더십스쿨에 참여한 여성들은 내면의 상처 치유, 정체성 회복, 자존감 향상, 사고의 유연성 향상, 여성의 역할 재정립을 경험했다. 또한 나와 다른 사람들에게 행복을 줄 수 있는 좋은 성품을 개발하여, 자신과 가족·사회를 올바르게 세우는 데 기여했다.

② 적용 사례

다음은 여성 성품리더십스쿨을 수료한 여성들의 소감이다.

가장 아픈 상처를 좋은 성품으로 치유했어요!

아무에게도 말하지 못하고 참고만 있었던 원망들이 마음속에 쌓여만 갔다. 상처가 되었던 원망들은 잊혀질 만 하면 어느 순간 기억나 나를 괴롭게 했다. 시간이 지나면 해결되겠지 하며 잊고 지내다보면 어느새 나도 모르게 또 나타나 나를 병들게 했다. 이렇게 반복적으로 기억나는 과거의 상처와 원망들이 남편과 아이들에게 분노로 표출되곤 했다. 가족들에게 그대로 상처를 주고 있었다.

여성 성품리더십스쿨을 통해 적나라하게 내 안의 상처들을 들여다보았다. 그 곳에 모인 많은 여성들은 나처럼 상처로 얼룩진 사람들이었는데, 처음엔 각자의 상처들을 끄집어내는 것을 무척 힘들어 했다. 하지만 곧 서로의 아픔에 공감해 주면서 위로해 주었고 응원해 주는 친구가 되었다.

여성 성품리더십스쿨을 통해 여성이 여성의 자리를 찾으면 내 남편도 내 자녀도 제 자리를 찾는다는 것, 상처로 얼룩진 내 자신을 인정하고 배려할 때 다른 사람도 배려할 수 있다는 것을 알게 되었고 점차 내 안에도 변화가 일어나기 시작했다.

회복되어져가고 있는 여성 성품리더십스쿨의 시간이 정말 행복하고 기쁘다. 앞으로 나를 소중히 여기면서 나를 세워갈 것이다. 여성으로서 맡은 역할들에 감사하면서 나의 존재 자체만으로도 감사하며 소중히 여기는, 나 스스로를 존귀하게 여기는 그런 사람이 될 것이다. 그렇게 행복을 찾아 인생을 살아나갈 것이다.(1기 여성 성품리더십스쿨 수료생 지성미)

나의 변화로 우리 가정이 행복의 길을 걷기까지...

지난 몇 년 동안 매일 반복되는 일상에 나는 행복하지 않다고 생각하며 살아왔다. 가족들의 존재 자체를 잊은 채 감사보다는 불평하며 살았다.

6남매 중 맏딸인 나는 온화하고 푸근한 딸이 아닌 듬직하고 진중한 아들 같은 딸로 자라야만 했다. 다투기를 싫어하는 나는 불만이 있어도 표현하지 않고 침묵했고, 해결되지 않은 문제들은 마음에 쌓이기만 했다. '난 원래 그런 여자야'하면서 일관했다. 아이들의 장점을 칭찬하기보다는 보이는 단점을 지적하는 일이 더 많았고, 남편에게도 마찬가지였다. 서로 사랑한다고 말은 하지만 결국 우리 모두의 마음에는 상처만 자라고 있었던 것이다.

여성 성품리더십스쿨에 참석하는 동안 우리 가족에게 하나의 숙제가 생겼다. 다툼이 일어날 것 같은 상황이 생기면 상대방의 손을 꼭 잡아주는 것이다. 가족 간에 이렇게 손을 잡아주는 것이 의외로 익숙하지 않다는 것을 알고 무척 놀랐지만, 회복이 필요하기에 함께 실천하기로 했다. 손을 잡아주면서 "미안해", "고마워", "마음이 아파", "더 노력할게"와 같은 감정 표현도 상황에 맞게 꼭 하기로 했다.

가족 대표로 내가 먼저 아이들과 남편에게 용서를 구하고 실천하기 시작했다. 큰 딸 시은이에게 "시은아, 동생과 싸우면 언니인 너를 먼저 혼내고 너의 마음을 몰라준 것 미안하구나. 엄마를 용서해줄 수 있겠니?"라고 용서를 구했다. 내 사과를 받은 시은이는 감동을 받았는지 울면서 자기도 동생과 싸우지 않겠다며 용서를 구했다. 동생을 늘 귀찮게 여겼던 시은이는 그날 이후로 동생에게 책을 읽는 친구가 되었고 "언니가 도와줄게"하며 동생을 잘 돌봐주는 언니가 되었다. 막내 온유는 어린이집에 가기 싫다며 할머니 집에서 살고 싶다고 투정을 부리던 아이였는데, 지금은 "우리 집이 제일 좋아!"하며 날마다 "행복한 우리 집"이라고 노래를 부른다.

변함없는 일상이지만 이것이 얼마나 큰 행복이고 감사인지 이제야 깨닫게 되었다. 며칠 전엔 아이들이 "엄마 표정이 더 밝아졌어!"하며 서로 마주보고 웃기도 했다. 그동안 내 표정이 어땠을지 짐작이 가지만 이젠 하루하루 감사하며 기뻐하며 살기에 모든 일에 자신감이 생긴다.

여성 성품리더십스쿨을 통해 나의 변화로 우리 가족도 행복의 길을 걸어가고 있다. (1기 여성 성품리더십스쿨 수료생 안영숙)

화사한 축복으로 다시 피어난 인생

여름 끝 무렵, 상한 마음 탓에 유독 깊이 앓고 있었다. 우울에 갇히려는 생각과 빛 아래 있고자 하는 생각이 요란하게 다퉜고, 새벽엔 자주 오한이 났고, 사시나무 떨듯 떨면서 두려움을 버티고 나면 내 생이, 뼈와 살이 아픈 내 생이 어둠 속에 참담히 놓여 있었다. 여름이 다 가지도 않았는데, 나는 자주 추웠고 갈수록 목소리는 더 잠겨 누군가에게 말을 한다는 게 어려워져 갔다.

여성 성품리더십스쿨에 참석하면서 첫 몇 주는 혼란의 시간이었다. 내면의 상처를 응시하느라 슬펐고, 치유의 자리에 회복의 메세지를 덮느라 기뻤고, 집으로 돌아오면 생각지도 못한 사건들과 감정들을 감당하느라 버거웠다. 한 주 한 주가 지날수록, 여성의 정체성과 비전, 여성들의 성품에 대한 이야기가 마음에 진한 감동으로 울렸다. 여성 성품리더십스쿨을 마치고 집으로 돌아오는 길, 코스모스 한 무리가 참 아름다운 빛깔로 피어 있었다. 젖은 눈에 피었으나, 그 화사한 빛깔은 곧 축복으로 피고 또 피어난 것이 새로 피어난 나의 인생과 닮아 있었다. (1기 여성 성품리더십스쿨 수료생 김민자)

행복은 좋은 성품을 선택하는 것!
"착한 아이", "잘 참는 아이", "거절하지 못하는 아이"

이 단어는 30년이 넘도록 나를 따라다닌 수식어이다. 어린 시절 어려운 형편 속에서 나마저 힘들게 해서는 안 된다는 생각으로 스스로를 잃어버리고 남에게 보여지는 나로 살게 되었다.

힘들다고 생각할 줄 몰랐고, 내 생각이나 의견도 없이 남들을 따르는 게 배려이며 누구에게든 순종하는 것이 마땅히 해야 할 일이라고 생각했다. 그런데 문제는 결혼을 하고 아이를 낳고 육아를 하면서 내면의 어린 아이와 현실의 내 아이가 부딪히며 생겼다.

아이는 자신의 생각이 분명하고, 성품교육을 받아서 스스로 본인이 얼마나 소중한 존재인지 잘 아는 아이였다. 그런 아이에게 순종하지 못한다고, 이기적이라고 사소한 실수에도 화를 내며 매를 들고 소리치고 혼을 냈다. 시간이 흐를수록 관계는 더욱 악화되었고, 온순한 내가 아이에게만은 차갑고 무서운 사람으로 변한다는 게 이해할 수 없고 힘들었다.

여성 성품리더십스쿨 강의를 듣던 날, 내가 나에게 한계를 정하고 나를 너무 쉽게 포기하며 살았다는 것을 알게 되었다. 그리고 나를 가장 아프게 했던 상처들은 나의 잘못이 아니기에 후회하지도 않고 더 이상 아파하지 않아도 된다는 데에 위로를 받았다. 살면서 해야 할 중요한 한 가지는, 자기용납을 통해 진정한 인격체로 삶을 사는 것이라는 내용에서, 나를 용서하고 사랑해야겠다고 결심했다.

행복은 노력 끝에 이루어지는 것이 아니라 지금 나의 선택이라는 것!! 여성 성품리더십스쿨을 통해 부정적인 생각이 컸던 내가 긍정적으로 생각하고 행복을 선택하며 살아가게 되었다.(1기 여성 성품리더십스쿨 수료생 임지혜)

2. 한국형 12성품교육의 효과

1) 사례를 통한 효과검증

지금까지 한국형 12성품교육의 각 사례를 통해 확인한 성품교육의 효과는 크게 다음의 세 가지로 정리할 수 있다.

첫째, 개인의 내적 변화이다. 한국형 12성품교육에서 분류한 각 주제성품의 학습 이후 욕구좌절 내인성, 적절한 사회화, 권위에 대한 건강한 태도, 자존감의 향상, 만족지연능력, 자기통제 등의 심리적 변화가 있었다.

둘째, 표현 방법의 변화이다. 한국형 12성품교육은 정(情)과 한(恨)의 심리적 특성(최상진, 1999; 홍경완, 2009)으로 인해 자신의 감정을 잘 표출하지 못하는 한국 문화의 특징을 고려하여, 교육내용에 올바른 감정 표현 방법을 포함시켰다. 각 연령별 사례에서 성품교육을 통한 감정 표현 방법의 건강한 변화를 볼 수 있었다.

셋째, 관계의 변화이다. 한국 사회는 관계주의 문화를 바탕으로 개인을 전체의 부분으로 인식한다(최봉영, 1999). 관계를 중시하는 한국 사회의 특성을 반영한 한국형 12성품교육은, TAPE 요법을 통해 부부, 자녀, 또래 간 관계에서의 긍정적인 변화를 가져왔다.

한국형 12성품교육은 개인의 성품의 변화에서 시작하여 올바른 방법으로 감정을 표현하게 하고, 이 변화는 궁극적으로 관계에서 겪는 문제점을 해결하여 친밀한 관계를 회복하는 데까지 영향을 끼쳤다는 점에서 한국사회 안에서의 교육적 의의를 갖는다.

2) 학문적 접근을 통한 효과검증

필자는 2005년부터 한국형 12성품교육을 통해 행복한 가정, 행복한 학교, 행복한 사회를 세우는 것을 목표로 하여, 한국형 12성품교육론으로 인성교육을 실천하는 전국의 630여 개 좋은나무성품학교를 설립하고 전 연령별로 구체적인 인성교육을 실천해 왔다. 한국형 12성품교육론은 교육 현장에서 실제적으로 적용할 수 있는 분명한 교육의 목표와 활동들을 제시하여, 대상별·연령별·영역별로 우수한 교육적 평가들을 받았다.

한국형 12성품교육의 성품교육은, 2013 교육부가 인증하는 '우수 인성교육 프로그램'으로 선정되어(2013. 5. 31) 교육부 장관상을 받았으며, 특별히 어린이 언어 인성교육 프로그램으로 유아부터 초등 저학년에 이르기까지 바른말 고운말 지도를 통해 언어폭력 예방교육을 실천하고 있다.

또한 초등 및 청소년 인성 교과서를 만들어 서울시교육감 인정도서로 승인받고(교육과정과-1505호) 각 학교에 성품 전문지도사를 배출하여 창의적 체험활동 시간에 성품교육을 실천함으로써 학교폭력, 왕따, 청소년 가출, 자살률 증가 등에 대한 근본 대책을 예방하는데 힘써왔다. 더불어 인실련(인성교육범국민실천연합)과 함께 좋은 성품으로 대한민국의 행복한 미래를 세우는 일에 교두보 역할을 하고 있다.

필자가 좋은 성품으로 평생교육을 실현하기 위해 2005년 설립한 (사)한국성품협회 좋은나무성품학교는, 2013년 2월에 서울특별시교육청과 MOU를 맺고 서울시에 있는 각 초·중·고등학교에서 학부모 인성교육, 학생과 교사들을 위한 인성교육 프로그램을 실천하고 있으며, 그 외에도 서울특별시남부교육지원청 및 인천광역시남부교육지원청, 경기도평생교육진흥원 등과 MOU를 체결하여 '실천적 인성교육 생활화'를 위해 최선을 다하고 있다. 2011년부터 현재까지 서울특별시교육청과 경기도교육청에서 지정하는 '특수분야 직무연수기관'으로 선정되어, 초중고 국공립·사립학교에서 우수 인성교육 프로그램을 실천할 수 있도록 교원 직무연수로 인성교육을 담당하는 것도 필자가 심혈을 기울이고 있는 주요 인성교육의 한 부분이다.

성품을 가르치기 위해서는 무엇보다도 학부모 인성교육이 선행되어야 효과적이다. 필자가 만든 부모성품대화학교(PCC:School of Parents Character Communication)나 부모성품훈계학교(PCD:School of Parents Character Discipline), 부모성품이노베이션(PCI:School of Parents Character Innovation), 성품파파스쿨-아버지성품학교(CPS:Character Papa School)는 가정에서 인성교육을 시작할 수 있도록 부모의 역할을 강화해 주는 교육 프로그램이다. 한국형 12성품교육론에 입각한 부모성품교육은, 시·도교육청을 비롯한 전국의 많은 학교에서 부모성품교육 과정으로 채택되어, 이혼했던 가정이 재결합하고 사업에 실패한 가장이 자살 위기를 넘기는 등 깨진 가정, 부부간의 불화, 자녀와의 갈등이 해결되는 기적적인 회복과 치유를 가능하게 했다.

그동안의 인성교육은 '착한 아이 만들기'의 한 과정으로만 인식되어, 교육의 현장에서 추상적으로 접근되거나 구체적 실천과 적용이 용이하지 않은 한계점을 갖고 있었다. 그러나 진정한 인성교육은 마음의 힘을 기르는 심정 강화교육이며, 논리적 사고를 넓히는 사고력신장 교육이고, 내재돼 있던 감정들을 섬세하게 표현하는 감성 교육이며, 상황과 장소에 맞는 행동을 좋은 매너로 표현하여 글로벌 시민을 양성하는 예절교육이다. 필자는 성품교육을 통해 인지적·논리적·감성적·행동적 발달이 이뤄질 수 있음을 확인했고, 글로벌 지도자들을 키울 수 있는 품격 있는 교육으로 성품교육을 강조해 왔다.

'한국형 12성품교육론'으로 인성교육을 실천한 결과들은 우수한 사례들로 그 효과들이 입증되고 있다. 다음은 필자가 만든 '한국형 12성품교육론'을 이론적 배경으로 하여 성품교육의 효과를 연구한 논문들로, 이 외에도 한국성품학회와 여러 학계에서 활발하게 발표되며 계속적으로 검증되고 있다.

· 한국형 12성품교육론을 적용한 효과검증 논문들

① 이영숙(2011). 한국형 12성품교육이 유아의 인성개발, 정서지능, 자기통제 및 문제행동에 미치는 효과. 성품저널 제1권.
② 이영숙, 허계형(2011). 한국형 12성품교육을 실천한 유아교육기관의 교사 인식 및 인성개발 효능감. 성품저널 제1권.
③ 이영숙, 유수경(2012). 이영숙 박사의 한국형 12성품교육론을 바탕으로 한 청소년의 자존감에 대한 연구 : '기쁨'의 성품을 중심으로. 성품저널 제2권.
④ 이영숙, 임유미(2012). 이영숙 박사의 한국형 12성품교육론이 청소년의 대인관계 및 주관적 행복지수에 미치는 영향. 성품저널 제2권.
⑤ 이영숙, 변상규(2013). 한국형 12성품교육의 성품상담으로 본 대상관계이론과 임상을 통한 내면치유 사례연구. 성품저널 제3권.
⑥ 이영숙, 이승은(2013). 한국형 12성품교육론을 바탕으로 한 디지털키즈(kids)의 성품교육방안 연구. 성품저널 제3권.
⑦ 박민혜(2013). 성품교육 프로그램이 유아의 사회성 발달 및 문제행동에 미치는 영향. 한양대학교 교육대학원 석사학위논문.
⑧ 양영식(2012). 성품교육에 대한 유아교사의 인식 : 좋은나무성품학교 프로그램을 중심으로. 총신대학교 교육대학원 석사학위논문.
⑨ 정수미(2012). 기독교 성품교육 고찰에 의한 초등도덕교육 내용 개선점 모색. 고신대학교 교육대학원 석사학위논문.
⑩ 설미화(2011). 유아 성품교육에 대한 어머니의 인식 및 요구. 가톨릭대학교 석사학위논문.
⑪ 박갑숙(2009). 성품교육 프로그램이 유아의 인성에 미치는 영향. 경남대학교 교육대학원 석사학위논문.

외 다수가 있다.

3) 특허 및 국가기관 협력, 매스컴을 통한 효과검증

(1) 특허 등록을 통한 효과검증

성품교육으로 발명 특허 등록
특허 제 10-1059306호, 특허 제 10-1059354호 (2011. 8. 18)

(2) 국가기관 협력을 통한 효과검증

교육부
교육부 공식 인증 '우수 인성교육 프로그램' 선정
― 인증패 수상 (2013. 5. 31)

경기도평생교육진흥원
창의적 인재양성을 위한 프로그램 교류 MOU 체결
(2013. 7. 10)

서울특별시 교육청

서울특별시 교육청과 '서울 학생의 행복교육을 위한 실천적 인성교육 생활화'를 위한 MOU 체결(2013. 2. 13)

① 서울특별시 교육청 '2011 유·초·중·고 창의적 체험활동 내실화를 위한 좋은 성품 기르기' 특수분야 직무연수기관 지정 (2011. 7. 28)

② 서울특별시 교육청 '2012 초·중·고 창의적 체험활동 내실화를 위한 좋은 성품 기르기' 특수분야 직무연수기관 지정 (2012. 3. 20)

③ 서울특별시 교육청 '2012 초·중·고 교사와 학생의 관계항상을 위한 성품 대화법' 특수분야 직무연수기관 지정 (2012. 8. 22)

④ 서울특별시 교육청 '2013 초·중·고 좋은 인성을 키우는 성품 훈계법 1, 2' 특수분야 직무연수기관 지정 (2013. 3. 22)

서울특별시 남부교육지원청

① 서울특별시 남부교육지원청과 '희망 나눔·행복한 약속' MOU 체결 (2012. 6. 13)

② 서울특별시 남부교육지원청과 '희망 나눔·행복한 약속' MOU 체결 (2013. 7. 31)

경기도 교육청

경기도 교육청 '2011 초·중·고 창의적 체험활동 내실화를 위한 좋은 성품 기르기' 특수분야 직무연수기관 지정 (2011. 5. 30)

인천광역시 남부교육지원청

인천광역시 남부교육지원청과 '실천적 인성교육 생활화'를 위한 MOU 체결 (2013. 3. 8)

제주특별자치도서귀포시

제주특별자치도서귀포시 '드림스타트 어린이 성품교육 사업' MOU 체결 (2010. 5. 29)

한동대학교

한동대학교 ITBC, ITBE 과정 내 비즈니스 성품교육 적용에 관한 MOU 체결 (2012. 10. 30)

아주대학교

아주대학교 평생학습중심대학과 '성인학습자를 위한 평생학습기회 확대'를 위한 MOU 체결 (2010. 11)

백석대학교

백석대학교 및 백석문화대학교와 산학협력 MOU 체결 (2011. 12. 21)

한양여자대학교

한양여자대학교와 '인재양성과 기술교육체제의 연계성 강화'를 위한 MOU 체결 (2013. 4. 5)

혜천대학

혜천대학 '유아교육 산학협동'을 위한 MOU 체결 (2010. 10.)

서울 오금중학교

서울 오금중학교와 '성품교육으로 미래인재 육성하기'를 위한 MOU 체결 (2013. 3)

경기 신성중학교

안양 신성중학교와 '좋은 성품으로 학교 문화 바꾸기' MOU 체결 (2012. 5. 16)

서울 풍성초등학교
서울 풍성초등학교와 '성품교육으로 미래인재 육성하기'를 위한 MOU 체결 (2013. 3)

서울 영풍초등학교
서울 영풍초등학교와 '성품교육으로 미래인재 육성하기'를 위한 MOU 체결 (2013. 4)

서울 계상초등학교
서울 계상초등학교와 '성품교육으로 미래인재 육성하기'를 위한 MOU 체결 (2013. 5)

인천 서림초등학교
인천 서림초등학교와 '성품교육으로 미래인재 육성하기'를 위한 MOU 체결 (2013. 3)

미국 Trinity Christian School
미국 Trinity Christian School & Goodtree Character School MOU 체결 (2012. 2. 23)

(3) 매스컴을 통한 효과검증

EBS
부모 60분 1058회 '금요스페셜 만나고 싶었습니다 - 성품교육 전문가 이영숙 박사의 자녀훈계법'(2010. 8. 27)

라디오 멘토 부모 '인성예절교육의 중요성' (2011. 4. 26 / 5. 3)

MBC

대전 MBC 해피해피 라디오 '일요일의 행복 충전'
(2010. 10. 31 ~ 11. 4. 24)

TV 특강 '내 아이, 행복한 성공자로 키우는 성품 양육'
(2011. 2. 21 ~ 5. 24)

TV 특강 '이영숙 박사의 성품리더십' (2011. 7. 22 ~ 9. 16)

강원 365 '자녀인성교육과 부모의 자세 - 자녀와의
성품 대화법' (2011. 5. 12 / 5. 19 / 5. 26 / 6. 2)

① 꾸러기 식사교실 86회 질투의대마왕(예원이)
(2011. 9. 23)

② 꾸러기 식사교실 87회 보석이좋아요(형석이)
(2011. 9. 30)

③ 꾸러기 식사교실 89회 고추장은내운명(민석이)
(2011. 10. 14)

④ 꾸러기 식사교실 90회 짜증보이(채환이)
(2011. 10. 28)

⑤ 꾸러기 식사교실 91회 천방지축공주(관휘)
(2011. 11. 11)

⑥ 꾸러기 식사교실 92회 반항자매(은별,은솔)
(2011. 11. 18)

꾸러기 식사교실 100회 특집 (2012. 1. 19)

컬투의 베란다쇼 50회 '훈계의 품격' (2013. 5. 29)

TV 특강 '좋은 성품이 가장 좋은 스펙입니다'
(2013. 1. 4 ~ 29)

허참의 토크 & 조이 '한국형 12성품교육론의 창시자,
이영숙 박사 명사초청 특강 및 토크쇼' (2013. 9. 28)

KBS

라디오 종교와 인생 초대석 (2010. 8. 23 ~ 29)

행복한 교실 37회 '관계 맺기의 비밀' (2011. 2. 17)

라디오 교육을 말합시다 '성품 좋은 자녀로 키우는 가
정교육' (2011. 2. 3)

생방송 오늘 424회 430회 436회 472회 478회 '핑퐁
토크' (2011. 2. 24 / 3. 3/ 3. 10 / 4. 21 / 4. 28)

과학카페 193회 '유아기 뇌에 관한 보고서' (2011. 2. 7)

교실이야기 4회 '보아 어머니 편' 출연 (2012. 6. 13)

교실이야기 9회 '이수근 편' 출연 (2012. 8. 8)

8시 아침뉴스타임 '조부모가구 250만 시대'
(2013. 6. 13)

SBS
우리 아이가 달라졌어요 268회 '사랑의 매를 대체할
최고의 성품양육' (2011. 2. 22)

방송대학TV
OUN 초대석 함께 여는 미래 '1강-한국형 12성품교육,
2강-행복한 성공자로 키우는 성품양육'
(2011. 11. 25 / 12. 2)

CBS
세상을 바꾸는 15분 147회 '이제 키워드는 성품 입니
다' (2012. 5. 22)

세상을 이기는 지혜, 솔로몬 52회 '좋은 성품으로 결혼
예비하기' / 55회 '딸 같은 며느리, 과연 가능할까요' /
58회 '중독에 빠진 남편, 어떻게 할까요' / '말하는 것
도 준비가 필요합니다' (2013. 6. 13 / 6. 20 / 6. 27 / 7. 4)

CTS
4인4색 '이영숙 박사의 여성 성품리더십' 1부. 여성이
여 힐링하라 / 2부. 여성이여 행복하라 (2013. 4. 3 ~ 24)

CGNTV
2013 4/14 윈도우 포럼 1편 생명과 성품 (2013. 5. 17)

- 통합교육이 '자폐'를 열었다… 차세훈군 감동의 졸업식(2003. 2. 18)
- 좋은 부모 되려면 내면혁신 하세요 (2007. 8. 28)
- 가족들과 갈등… 내 성품에 문제?(2008. 2. 17)
- 엄마 말 한마디가 바른 사람 만들어요(2009. 3. 5)
- 성품이 좋은 아이로 키우고 싶으세요?(2009. 11. 25)
- [출판-성품 좋은 아이로 키우는 부모의 말 한마디] 정말? 아, 그래? 오, 저런… 부모가 경청하면 자녀 삶이 바뀌어요(2010. 4. 30)
- 지라니 합창단-좋은나무성품학교 협약식 통해 상호 문화교류 약속 (2010. 7. 4)
- [출판-행복을 만드는 성품] 세상을 바꾸는 성품교육 (2010. 7. 14)
- 조부모의 손자녀 교육을 위한 지침 (2010. 9. 16)
- 10월 16일 '2010 좋은성품 컨퍼런스' (2010. 10. 15)
- 이영숙 대표 좋은 성품 강연, "성품양육" (2010. 10. 21)
- 좋은나무성품학교 이영숙 대표 "무너지는 공교육… 대안은 성품교육서" (2010. 12. 30)
- 이제는 성품입니다 (2011. 6. 24)
- 성공은 성적아닌 성품에 달렸죠 (2011. 7. 13)
- [출판-한국형 12성품교육론] 자녀에게 문제가 있나요? '성품' 가르치세요 (2011. 11. 22)
- 참교육·참신앙… 기독대안학교 뜬다 'GICS 좋은나무성품국제학교 기독교 대안학교' (2012. 11. 2)
- 역경의 열매 이영숙 편 12회 연재 (2012. 12. 3 ~ 12. 18)
- 학교 폭력 답이 있다 (2013. 3. 15)
- 이영숙 박사, 중고생 2000명 대상 춘계 특강 (2013. 4. 25)
- 교육부, 한국성품협회 성품교육 우수 '인성교육 프로그램' 인증 (2013. 6. 20.)
- [출판-여성 성품리더십] 성품 전문가 이영숙 박사 책 출간 (2013. 5. 31)

[이영숙의 부모성품코칭] '파파스쿨' 존재에 대한 기쁨
조선일보 | 맛있는 교육

해마다 전국에 있는 좋은나무성품학교에서는 아버지 성품학교인 '파파스쿨'을 개최합니다. 아버지와 자녀들의 친밀한 관계를 회복하게 해주는 프로그램입니다.

그런데 작년 서울 잠실에 있는 말말유치원에서의 일입

- 화난 아이에게 '~씨'라 불러보세요 (2007. 10. 28)
- [이제 부모도 공부합시다-미래 인재 위한 인성교육의 키워드는 '창조력' (2010. 4. 26)
- 자녀의 미래 위해… 성취보다 '성품'을 칭찬하세요 (2010. 5. 3)
- [출판-행복을 만드는 성품] 창의로운 인성을 키우는 성품 이야기 (2010. 7. 19)
- 결과보다 과정을, 지능보다 노력을 칭찬해요… '마음의 힘'이 자란답니다 (2010. 8. 9)
- [교육 인터뷰] 아이들이 행복해야 세상이 행복하다 (2010. 11. 24)
- [출판-성품양육바이블] 양육원리에 기초한 구체적이고 실천적인 성품양육 가이드 (2010. 11. 26)
- [교육 인터뷰] 배움은 곧 즐거움 (2010. 12. 1)
- 놀이로 감정표현 기회 주고 부모는 일관적 태도 보여야 (2010. 12. 27)
- 당신의 아이는 정상입니다 (2011. 1. 28)
- [출판-성품양육바이블] 독서로 알찬 봄방학 보내기 (2011. 2. 14)
- 부모성품교육 칼럼 연재 (2010. 9 ~ 2013. 현재)

- [미주 중앙일보] '부모가 변해야 자녀도 바뀐다' 좋은나무성품학교 이영숙 박사 (2007. 4. 17)
- [미주 중앙일보] 성품 만들기 세미나 여는 이영숙 박

사 '성품 곧아야 성취 빛나요' (2007. 9. 24)
- [미주 중앙일보] 어린이 성품교육 지도자 되세요 (2007. 9. 28)
- [미주 중앙일보] 감사 긍정적인 삶의 태도 (2007. 10. 4)
- [미주 중앙일보] '정체성 없는 한인은 기쁨 부족' 한국 좋은나무성품학교 이영숙 대표 (2008. 12. 4)
- [출판-성품 좋은 아이로 키우는 부모의 말 한마디] 이영숙 지음 (2009. 2. 3)
- [출판-성품양육 바이블] 어떤 부모가 좋은 부모인지 (2010. 11. 5)
- [미주 중앙일보] 성품 교육이 건강한 사회 만듭니다 … 좋은나무성품학교 이영숙 대표 (2011. 10. 21)

동아일보

- 하나보다 둘, 둘보다 셋-첫째 못지않은 둘째, 셋째 (2008. 4. 23)

한국일보

- [미주 한국일보] 좋은나무성품학교 대표 이영숙 박사 (2006. 10. 22)
- 기적 만드는 관계 맺기 비밀-행복한 교실 방송 (2011. 2. 16)
- [미주 한국일보] 성품교육 통해 행복한 성공자로 (2011. 10. 17)
- [미주 한국일보] 좋은 성품을 배우면 가정이 회복돼요 (2012. 6. 7)
- [미주 한국일보] 좋은 성품 갖춘 리더 키운다 (2012. 6. 8)

연합뉴스

- 한국형 성품교육의 창시자, 이영숙 박사의 12성품교육 (2011. 5. 30)
- (사)한국성품협회 좋은나무성품학교 이영숙 대표 - '한국형 12성품론' 체계화로 전 연령 대상 독보적 성품교육 실시 (2013. 2. 8)

경기신문

- 오피니언 칼럼 연재 (2013. 1 ~ 2013. 현재)

여성가족부 위민넷

· 더 좋은 성품으로 더 가치있는 삶 이끌게 돕는 성품
교육전문가 (2011. 5. 15)

서울국제유아교육전

· 우리 아이 멘토링 칼럼 연재 (2011. 11 ~ 2013. 현재)

경기여성정보웹진 우리

· 90호 자녀교육 지름길 칼럼 연재 (2008. 6월호 ~ 7월호)

인천광역시 청소년상담복지센터

- 부모성품교육 칼럼 연재 (2009. 7. 31 ~ 9. 11)

미씨USA

- 800여 건 자녀교육 상담 (2006. 11 ~ 2012. 7)
- 자녀교육 칼럼 연재 (2006. 11 ~ 2013. 현재)

앙쥬

- 패밀리솔루션 & 부부솔루션 상담(2012. 12 ~ 2013. 현재)

참고문헌

교육인적자원부(2001). 초·중·고등학교 도덕과 교육과정 기준, 1963-97.

박갑숙 (2009). 성품교육 프로그램이 유아의 인성에 미치는 영향. 영남대학교 유아교육과 석사학위논문.

양영식 (2012). 성품교육에 대한 유아교사의 인식 : 좋은나무성품학교 프로그램을 중심으로. 총신대학교 교육대학원 석사학위논문.

이영숙 (2007). 이제는 성품입니다. 서울: (도)아름다운 열매.

이영숙 (2008). 나를 찾아 떠나는 여행, 성품. 서울: 두란노.

이영숙 (2009). 성품 좋은 아이로 키우는 부모의 말 한마디. 서울: 위즈덤하우스.

이영숙 (2010). 성품양육 바이블. 서울: 물푸레.

이영숙 (2010). 창의로운 인성을 키우는 성품 이야기-행복을 만드는 성품. 서울: 두란노.

이영숙 (2011). 한국형 12성품교육론. 서울: (도)좋은나무성품학교.

이영숙 (2011). 한국형 12성품교육이 유아의 인성개발, 정서지능, 자기통제 및 문제행동에 미치는 효과. 성품저널 제1권.

이영숙 (2012). 성품, 향기 되어 날다. 서울: (도)좋은나무성품학교.

이영숙 (2013). 여성성품리더십. 서울: 두란노.

이영숙, 변상규 (2013). 한국형 12성품교육의 성품상담으로 본 대상관계이론과 임상을 통한 내면치유 사례 연구. 성품저널 제3권.

이영숙, 유수경 (2012). 이영숙 박사의 한국형 12성품교육론을 바탕으로 한 청소년의 자존감에 대한 연구 : '기쁨'의 성품을 중심으로. 성품저널 제2권.

이영숙, 이승은 (2013). 한국형 12성품교육론을 바탕으로 한 디지털키즈(kids)의 성품교육방안 연구. 성품저널 제3권.

이영숙, 임유미 (2012). 이영숙 박사의 한국형 12성품교육론이 청소년의 대인관계 및 주관적 행복지수에 미치는 영향. 성품저널 제2권.

이영숙, 허계형 (2011). 한국형 12성품교육을 실천한 유아교육기관의 교사 인식 및 인성개발 효능감. 성품저널 제1권.

정수미 (2012). 기독교 성품교육 고찰에 의한 초등도덕교육 내용 개선점 모색. 고신대학교 교육대학원 석사학위논문.

좋은나무성품학교 비전 포트폴리오 (2009).

진재현, 고혜연 (2013). OECD 국가와 비교한 한국의 인구집단별 자살률 동향과 정책제언. 보건복지포럼 통권 제195호.

최봉영 (1998). '사회' 개념에 전제된 개체와 전체의 관계와 유형. 동양사회사상, 1, 79-104.

최상진·김기범 (1999). 한국인의 심정심리(心情心理) : 심정의 성격, 발생과정, 교류양식 및 형태. 한국심리학회지: 일반, 18(1). pp. 1-16.

한국교육개발원(2009). 학교 인성교육 실태분석(중학교를 중심으로). 연구보고 RP 2009-09.

한규석(2009). 사회심리학의 이해. 서울: 학지사.

허승희(1998). 초등학교 현장의 인성교육 프로그램 분석. 초등교육연구, 12.

홍경완 (2009). 사회적 고난체험으로서의 한. 신학과 철학, 15. pp. 119-145.

2013 청소년 통계 (2013). 여성가족부.

Adler, A. (1964). A Collection of Later Writings. In H. L. Ansbacher and R. R. Ansbacher (Eds.). Superiority and Social Interest(pp 17-52). Evanston, IL: Northwestern University Press.

Adler, Mortimer, J. (1984). *The Paideia Program.* NY: MacMillan Publishing Co.

Aristotle. Nichomachean Ethics. (1968). In *Readings in Western Civilization, 4th ed.,* edited by George H. Knoles and Rixford K. Snyder. Philadelphia and New York: J.B. Lippincott.

Arnold, John. (1990) *Visions of Teaching and Learning: Eighty Exemplary Middle Level Projects.* Columbus, Ohio: National Middle School Association.

Arnold, John. (1993). A curriculum to empower young adolescents. *Midpoints: Occasional Papers of the National Middle School Association* 4, No. 1. pp. 1-11.

Barton, Paul E., Richard J. Coley and Harold Weglinsky. (1998). "Order in the Classroom: Violence, Discipline and Student Achievement." Educational Testing Service.

Barton, Paul E., Richard J. Coley and Harold Weglinsky. (1998). Order in the Classroom: Violence, Discipline and Student Achievement. Educational Testing Service.

Baxter-Yoder, Denise. (1993). Personal correspondence.

Berkowitz, M.W., & Bier, M.C. (2006). What Works in Character Education: A Research-Driven Guide for Educators. Washington, D.C.: Character Education Partnership.

Bloom, Allan. (1987). *The Closing of the American Mind.* New York: Simon and Schuster.

Bolton, Bruce. (1997). Their Best Selves: Building Character Education and Service Learning Together in the Lives of Young People. Washington, D.C: Council of Chief State School Officers.

Book of Wisdom (no author). (1997). Sisters, Ore.: Multnomah Press.

Center for Learning. (1993). *Creating a Values-Based Reading Program.* Rocky River, Ohio: Center for Learning Press.

Confucius. (1993). The Analects. Oxford: Oxford University Press.

Conrad, D., and D. Hedin. (1989). High School Community Service: A Review of Research and Programs. Washington, D.C.: National Center on Effective Secondary Schools, U.S. Department of Education, Office of Educational Research and Improvement; and Madison, Wis.: Wisconsin Center for Education Research, School or Education, University of Wisconsin.

Covey, Stephen R. (1989). *The 7 Habits of Highly Effective People: Restoring the Character Ethic.* New York: Simon and Schuster.

Curry, Nancy E., and Carl N. Johnson. (1990). *Beyond Self-Esteem: Developing a Genuine Sense of Human Value.* Washington D.C.: National Association for the Education of Young Children.

Damon, William. (1995). *Greater Expectations: Overcoming the Culture of Indulgence in our Homes and Schools.* New York: Free Press.

Delattre, Edwin J. (1992) Diversity, ethics and education in America. *Ethics: Easier Said Than Done* 19 & 20. pp. 49-52.

DeRoche, Edward F., and Mary Williams. (1998). *Educating Hearts and Minds: A Comprehensive Character Education Framework.* Thousand Oaks, Calif.: Corwin Press, Inc.

Developmental Studies Center. (1997). *Blueprints for a Collaborative Classroom.* Oakland.

Dhammapada. (1961). In *The Wisdom of Buddhism.* Christmas Humphreys. New York: Random House. pp. 45-52.

Ennis, Robert. (1962). A Concept of Critical Thinking. *Harvard Educational Review* 32, No. 1. pp. 87-111.

Etzioni, Amitai. (1994). *The Spirit of Community: The Reinvention of American Society.* Touchstone Books.

Etzioni, Amitai. (1998). *The New Golden Rule: Community and Morality in a New Democratic Society.* Basic Books.

Gossen, Diane Chelsom. (1992). *Restitution: Restructuring School Discipline.* Chapel Hill, N.C.: New View Publications.

Great Books Foundation. (1992). Choosing the Great Books Selection: Four Basic Criteria. Chicago: Great Books Foundation.

Hester, Joseph P. (1994). *Teaching for Thinking.* Durham, N.D.: Carolina Academic Press.

Hester, Joseph P. (1995). *Thinking and Reasoning for Character Development: A Teacher Notebook.* Claremont, N.C.: Hester Learning Press.

Hester, Joseph P., and Philip Vincent. (1987). *Philosophy for Young Thinkers,* 2nd ed. Monroe, N.Y.: Trillium Press.

Himmelfarb, Gertrude. (1996). *The De-moralization of Society: From Victorian Virtues to Modern Values.* New York: Vintage Books.

Hinton, S.E. (1967). *The Outsiders.* New York: Viking Press.

Hoffman, Judy, and Anne Lee. (1997). *Character Education Workbook for School Boards, Administrators Community Leaders.* Chapel Hill, N.C.: Character Development Group.

Huffman, Henry. (1993). Character education without turmoil. *Educational Leadership* 51, No. 3. pp. 67-71.

Johnson, D.W., and R.T. Johnson. (Dec. 1989/Jan. 1990). Social skills for successful group work. *Educational Leadership* 47, No. 4. pp. 29-33.

Josephson, Michael. (1992). The six pillars of character. *Ethics: Easier Said Than Done* 19 & 20. pp. 65-81.

Kagan, S., G.L. Zahn, K. Widaman, J. Schwarzwald, and G. Tyrell. (1985). Classroom structural bias: Impact of cooperative and competitive classroom structures on cooperative and competitive individuals and groups. In *Learning to Cooperate, Cooperating to Learn,* edited by R. Slavin S. Sharan, S. Karan, R. Hertz-Lazarowitz, C. Webb, and R. Schmuck. New York: Plenum.

Kagan, Spencer. (1992). *Cooperative Learning.* Capistrano, Calif.: Resources for Teachers, Inc.

Kauffman, James, and Harold Burbach. (Dec. 1997). On creating a climate of classroom civility. *Phi Delta Kappan* 79, No. 4. pp. 320-325.

Kilpatrick, William, Gregory and Suzanne Wolfe. (1994). *Books That Build Character; A Guide to Teaching Your Child Moral Values Through Stories.* New York: Simon and Schuster.

Kilpatrick, William. (1992). *Why Johnny Can't Tell Right from Wrong.* New York: Simon and Schuster.

Kilpatrick, William. (1992). *Why Johnny Can't Tell Right from Wrong.* New York: Simon and Schuster.

King, Jr., Martin Luther. (1991). Letter from Birmingham City Jail. In *A Testament of Hope: The*

Essential Writings of Martin Luther King, Jr., edited by lames M. Washington. San Francisco: HarperCollins. pp. 289-302.

Kinsley, Carol W., and Kate McPherson, eds. (1995). *Enriching the Curriculum Through Service Learning.* Alexandria, Alexandria, Va.: Association for Supervision and Curriculum Development.

Kohlberg, Lawrence. (1981). *Essays on Moral Development, Vol. 1, The Philosophy of Moral Development.* New York: Harper & Row.

Kohlberg, Lawrence. (1984). *Essays on Moral Development, Vol. 2, The Psychology for Moral Development.* New York: Harper & Row.

Kohn, Alfie. (March 1991). Caring Kids: The role of the schools. *Phi Delta Kappan* 72, No. 7. pp. 496-506.

Kozol, Jonathan. (1978). Children of the Revolution: *A Yankee Teacher in the Cuban Schools.* New York: Delacorte Press.

Kurtines, William M., dan Jacob L. Gewirtz, eds. (1991). *Handbook for Moral Behavior and Development, Vol. 3: Application.* Hillsdale, N.J.: L. Erlbaum.

Lapsley, D.K., & Narvaez, D. (2006). Character Education. In Vol. 4(A Renninger & I Slegel, volume eds). Handbook of Child Psychology(W. Damon & R. M. Lerner, Series Eds.), New York: Wiley. pp. 248-296.

LeGette, Helen R. (1999). Parents, Kids Character: 21 Strategies to Help Your Children Develope Good Character. Chapel Hill, N.C.: Character Development Press.

Leming, James. (1981). Curricular effectiveness in Moral/values education: A review or research. *Journal of Moral Education* 9 & 10. pp. 147-164.

Leming, James. (Nov. 1993). In search of effective character education. *Educational Leadership* 51, No. 3. pp. 63-71.

Lewis, C.S. (1947). *The Abolition of Man: or, Reflections on Education with Special Reference to Teaching English in Upper Forms of School.* New York: Macmillan.

Lickona, T. (1976). The Moral Development and Behavior. 자녀와 아동들을 올바르게 기르기 위한 교육. 정세구역(1994). 서울: 교육과학사.

Lickona, T. (1991a). Education for character: How our schools can teach respect and responsibility. New York : Bantambooks. pp. 43-46.

Lickona, T. (1991b). Education for character: Does character education make a difference?

Lickona, T. (1992). Educating for Character: How Our Schools Can Teach Respect and Responsibility. New York: Bantam Books.

Lickona, T. Schaps, E. , & Lewis, C. (2002). Eleven Principles for Effective Character Education. Washington, DC: Character Education Partnership.

Lickona, Thomas. (1991). *Educating for Character.* New York: Bantam Press.

Lickona, Thomas. (1991). *Educating for Character: How Our Schools Can Teach Respect and Responsibility.* New York: Bantam Books.

Lockwood, A. (1978). The effects of values clarification and Moral development curricula on school-aged subjects: A critical review of recent research. *Review of Educational Research* 48. pp. 325-364.

Madden, N.A., and R.E. Slavin. (1983). Mainstreaming students with mild academic handicaps: Academic and social outcomes. *Review of Educational Research* 53. pp. 519-569.

McClellan, B. Edward. (1992). *Schools and the Shaping of Character: Moral Education in America, 1607-Present.* Bloomington, Ind.:Educational Resources Information Center.

McGuffey, William H. (1920). *Fifth Eclectic Reader.* New York: American Book Company.

McNamee, S. (1978). Moral behavior, Moral development, and motivation. *Journal of Moral Education* 7. pp. 27-31.

Milgram, S. (1963). Behavioral study of obedience. *Journal of Abnormal and social Psychology* 67. pp. 371-378.

Montessori Children's House of Newton. (1993). Duplicated information.

Naravaez, D., & Lapsley, D. K. (2006). Handbook of Child Psychology, 6th edition(Vol. 4). In R. M. Lerner(Author), W. Damon (Editor). Character Education. New York: Wiley. pp. 2-40.

Oliner, Samuel P., Oliner, Pearl M. (1988). *Altruistic Personality: Rescuers of Jews in Nazi Europe.* Free Press.

Oliner, Samuel, and Peal Oliner. (1988). *The Altruistic Personality: Rescuers of Jews in Nazi Europe.* New York: The Free Press.

Oxford Dictionary of English (2006, 6th edition). London: OUP Oxford. Payne, A. A., Gottfredson, D. C., & Gottfredson, G. D. (2003). Schools as communities : The relationship among communal school organization, student bonding and school disorder. Criminology, 41(3). pp. 749-776.

Parsons, Cynthia. (1991). *Service Learning from A-Z.* Chester, Vt.: Vermont Schoolhouse Press.

Piaget, Jean. (1965). *The Moral Judgment of the Child.* New York: Free Press.

Plato. Crito. (1961). In *The Collected Dialogues of Plato,* edited by Edith Hamilton and Huntington Cairns. New York: Pantheon Books.

Raths, Louis, Merrill Harmin, and Sidney B. Simon. (1966). *Values and Teaching: Working with*

Values in the Classroom. Columbus, Ohio: C.E. Merrill Publishing Co.

Rauhauser, Bill. (1993). *The Planning Book for Implementing Effective Schools.* Lewisville, Tex.: Rauhauser Publications.

Rawls, John. (1971). *A Theory of Justice.* Cambridge, Mass.: Harvard University Press.

Rest, James R. (1986). *Moral Development: Advances in Research and Theory.* New york: Praeger.

Ryan, Kevin, and Karen Bohlin. (1999). *Building Character in Schools: Practical Ways to Bring Moral Instruction to Life.* San Francisco: Jossey-Bass.

Ryan, Kevin. (April, 1993). Promoting responsibility in the classroom. *Character Newsletter* 1, No. 3.

Scotter, Richard D., John D. Haas, Richard J. Kraft, and James C. Schott. *Social Foundations of Education,* 3rd ed. Englewood Cliffs, N.J.: Prentice Hall, 1991.

Senge, Peter M. (1990). *The Fifth Discipline: The Art and Practice of Learning Organization.* New York: Doubleday.

Service Learning and Character Education: Report from Wingspread. (1996). Camden, Maine: Institute for Global Ethics, April. pp. 25-28.

Service learning graph from james Toole and Pamela Toole, Co-Directors, Compass Institute, St. Paul, Minn.

Simon, Sidney, Leland W. Howe, and Howard Kirschenbaum. (1972). *Values Clarification: A Handbook of Practical Strategies for Teachers and Students.* New York: Hart.

Slavin, Robert. (1983). When does cooperative learning increase student achievement? *Psychological Bulletin* 94. pp. 429-445.

Slavin, Robert. (Dec. 1989/Jan. 1990). Research on cooperative learning: Consensus and controversy. *Educational Leadership* 47, No. 4. pp. 52-54.

Sommers, Christina Hoff. (1992). Ethics without virtue means no ethics at all. *Ethics: Easier Said Than Cone* 19 & 20. pp. 60-62.

Sommers, Christina Hoff. (1992). Ethics without virtue means no ethics at all. *Ethics: Easier Said Than Done* 19 & 20. pp. 60-62.

Sprinthall, Norman. Social role taking: A neglected method of promoting moral and ego development. In *Moral Reasoning in the Professions: The Interface Between Applied Ethics and Social Science,* edited by James Rest. Hillsdale, N.J.: L. Erlbaum. pp. 199.

Stevenson, Chris. (1992). *Teaching Ten- to Fourteen-Year-Olds.* New York: Longman Publishing.

Stewart, John S. (Jane, 1975). Clarifying values clarification: A critique. *Phi Delta Kappan* 56, No. 10. pp. 684-688.

Swartz, Robert. (1992). Teaching moral reasoning in the standard curriculum. In *Learning for Life: Moral Education Theory and Practice*. Edited by Andrew Garrod. Westport, Conn.:Praeger. pp. 107-130.

Sweeney, Jim. (1988). *Tips for Improving School Climate*. Arlington, Va.: American Association for School Administrators.

Taylor, Charles. (1991). *The Ethics of Authenticity*. Cambridge, Mass.: Harvard University Press.

Urban, Hal. (1997). *Life's Greatest Lessons: 20 Thins I Want My Kids to Know*. Redwood City, Calif.: Great Lessons Press.

Vessels, Gordon G. (1998). *Character and Community Development: A School Planning and Teacher Training Handbook*. Westport, Conn.: Praeger.

Vincent, P. F. (1999). Developing Character In STUDENTS. Character Development Group Inc.

Vincent, Philip F. (1998). *Rules Procedures for Character Education: A First Step Toward School Civility*. Chapel Hill, N.C.: Character Development Group.

Vincent, Philip. (1991). The teaching of ethics as a means to facilitate moral development in gifted adolescents. Ed.D. dissertation, North Carolina State University, Raleigh, N.C.

Wilson, James Q. (1993). *The Moral Sense*. New York: Free Press.

Wong, Harry, and Rosemary Wong. (1991). *The First Days of School*. Sunnyvale, Calif.: Harry Wong Publications.

Wynne, Edward A., and Kevin Ryan. (1993). *Reclaiming Our School: A Handbook on Teaching Character, Academics, and Discipline*. New York: Merrill Press.

Wynne, Edward A., and Kevin Ryan. (1993). Reclaiming Our Schools: A Handbook on Teaching Character, Academics, and Discipline. New York: Merrill Press.

Wynne, Edward A., and Kevin Ryan. (1993). *Reclaiming Our Schools: A Handbook on Teaching Character, Academics, and Discipline*. New York: Merrill Press.

찾아보기

ㄱ

가정 26, 32, 64, 73, 148, 345, 427
가치 19, 58, 284
가치명료화 20, 45, 77, 78-96,
가치전도 19
감사 61, 253, 336-339, 410
감사하기(Thank you) 333, 359, 442
감성 310, 313, 349
감성지능 310-312
감수성 138-139
감정 33, 67, 72, 134, 136-142, 298, 309-310,
    313, 323, 331, 342, 348
개인주의 문화권 319-320
경청 61, 136, 336, 339, 410
고등학교 229, 244, 259-260, 262, 275, 368
공감인지능력(Empathy) 29, 60, 133-147, 336,
    337-339
공립학교 42, 56,
관계성의 능력 31
관계의 협소성 31

관계주의 문화권 319-320, 331
교사 31, 37, 40, 47, 49, 92, 113, 125-126, 136,
    141, 198, 204, 358
교원 성품직무연수 415-417
구조 집단 25
규범 중심적 동기 26
규칙 99, 125, 127, 153-157, 160-166, 171-179,
    281
그래픽 오거나이저(Graphic Organizer) 213-
    216, 220-224
긍정적인 태도 61, 309, 338-339, 410
기강 170
기쁨 60-61, 93, 336-339, 362, 410
기억 더미 317
기질 312-313

ㄴ

나치(Nazi) 25
내 마음 표현하기(Express) 333, 335, 359, 442
내면화 336
노인 60, 277, 339, 356

느낌 91, 309-310, 349,
니체(Friedrich Nietzsche) 19-21

ㄷ
다원주의 61, 86, 253
대화 117, 429, 430
도덕교육 42-45, 56, 110
도덕성 43, 49, 55, 70, 101, 111, 297, 321
도덕적 추론 능력 45, 97, 103, 106
독서교육 128, 227, 248, 253, 255, 282

ㄹ
로버트 콜스(Coles, R.) 69, 144
롤프 옌센(Rolf Jensen) 72

ㅁ
마틴 루터(Martin Luther) 34, 66
마틴 루터 킹(Martin Luther King) 95, 208, 244-245
맥내미(S. McNamee) 108
맥클랜(B. Edward MaClellan) 42-44
모델링 28, 61, 119, 155, 346
문제행동 52, 315
미국의 인성교육 60, 61, 151
밀그램(Stanley Milgram) 107

ㅂ
반정초주의(anti-foundationalism) 352
배려 30, 57, 61, 336-339, 410
백만장자 마인드 311
뱀의 눈(Snake Eyes) 104

법 시스템 121
본보기 21, 126, 238
봉사학습 125, 128, 259, 261, 264-265, 268, 271-279, 282
부모 26, 31, 69, 73, 136, 141, 204, 289, 307-308, 314, 358, 427
부모성품대화학교(PCC) 429-434
부모성품교육 427-429
부모성품이노베이션(PCI) 452-453
부모성품훈계학교(PCD) 444-447
분별력(conscience) 60-61, 143-149, 332, 336-339
브레인스토밍(brainstorming) 190, 217, 220
비구조 집단 25

ㅅ
사고력 교육 125, 127, 201, 281
사리논리 323-324
삼강오륜 321
상대주의 61, 82, 89, 114
새무얼 스마일즈(Samuel Smiles) 66
생각 33-34, 72, 206, 214, 298, 300, 308, 315, 340, 347, 357
생각의 기술 모델 214
샤머니즘 326-327, 331, 333-334
선 19-22
성격 299, 312-313
성경 61, 131, 245, 350, 355-356
성품 25, 31, 33, 66, 298-299, 300, 309, 313, 314, 315, 316-318, 339, 340, 350, 354
성품교육 33, 67, 130, 134, 143, 308, 313, 340

성품파파스쿨-아버지성품학교(CPS) 459-460
센터 포 러닝(Center for Learning) 253-255
순종 56, 61, 336-339, 410
스티브 버글래스(Steven Berglas) 72
습관 33-34, 112, 119, 122, 155-156, 164-165, 305, 317, 343, 349, 357
시 235-239
신생아성 반응울음(Sympathetic Crying) 147
신인간 21
신화 242-243
실용주의 130
심정논리 323-324, 355

ㅇ

아레테(arete) 346, 347-349
아리스토텔레스 33, 112, 116-117, 119-120, 121, 122, 124, 205, 314, 316, 318, 346, 348-349, 350, 357
애착 73, 301, 303-304, 307, 412
앤디 스탠리(Andy Stanley) 66
여성 성품리더십스쿨 462-463
영유아 73, 304, 339, 356, 409-412
영유아 성품놀이교육 409-412
예의 57, 153, 158, 176, 281, 318
올리너 부부(Samuel P. Oliner and Pearl M. Oliner) 25, 31
왕따 51, 55, 73, 326, 332, 367
요청하기(Please) 333, 334, 359, 442
용서 구하기(Apologize) 334, 442
우리성 323-326, 332
우화 239-242

월리엄 킬패트릭(William Kilpatrick) 54, 114, 232
유교문화 320-322, 331, 354-355
유대교육 352
유대인 25, 29, 30, 110, 354
유아 성품리더십교육 400-403
이영숙 25, 29, 33, 60-61, 72, 134, 143, 297, 298-299, 315-316, 322, 327, 334, 336-337, 339-341, 346, 349-350, 354, 369, 472
인격론 34, 66
인내 56, 61, 155, 336-339, 406
인성 22, 55, 62, 68, 112, 117, 119, 121, 125, 129, 131, 283, 291
인성교육 23, 37, 41, 42, 46, 47, 54, 64, 116, 125, 232, 264, 280, 284-291, 297
인성의 여섯 기둥 57
인성형성 42, 55, 88
인지적 도덕발달론 45, 77, 96, 97-99, 356
일상적 언어 322
임마누엘 칸트(Immanuel Kant) 97

ㅈ

자살 32, 50-51, 73, 470
자아발견 361-363
자존감 20, 60, 93, 146, 337, 369, 453
장 피아제(Jean Piaget) 99
절대 가치 130, 146, 353-354, 355-356
절제 56, 58, 61, 336-339, 410
정(情) 322-332, 354, 469
정직 56-57, 61, 336-339, 410
정초주의(Foundationalism) 351

조셉슨윤리연구소 57, 63

존 듀이(John Dewey) 43, 54

존 롤스(John Rawls) 98

존중 38, 56-57, 167, 173, 334

좋은나무성품학교 319, 361, 367-368

주니어 양서 프로그램 248-249, 252

중독 367

중학교 269, 271, 272-274, 368

지성 120, 123, 245, 347-348, 350

지역사회 22, 64, 276

지혜 61, 113, 336-339, 411

직장인 357

진로 코칭 363, 428, 447

질서 125, 127, 153, 156-157, 160, 164-165,
    167, 170, 171, 174, 178-180, 281

집단주의 문화 328-329

징계 174-178

ㅊ

창의성 61, 336-339, 411

책임감 38, 56-57, 61, 336-339, 410

처벌 174, 176-180

철학 및 역사 문헌 243

청년 339, 356, 360

청년 성품리더십교육 360-363

청소년 48, 146, 339, 356, 367

청소년 성품리더십교육 367-369

초등 성품리더십교육 381-383

초등학교 154, 172, 191, 269, 383

ㅋ

콜버그(Lawrence Kohlberg) 45-46, 96-110,
    146-148

ㅌ

탁월함 33, 57, 119, 347-350

탈무드 61, 131, 350, 352-353, 355-356

태아 60, 339, 355-357

토론 106, 117, 120, 169, 247, 250, 361

토머스 리코나(Thomas Lickona) 56, 145, 268

ㅍ

파이데이아 계획안 208, 209, 212

평생교육 298, 339, 355-357

포스트모더니즘 61, 130, 353

플라톤 116-119, 122-123, 281, 346-350

피터 센지(Peter Senge) 46

필 빈센트(Phil Vincent) 64, 83, 92, 93, 103,
    109, 125, 155, 168, 171, 177, 261, 266, 268,
    280

ㅎ

하인즈 딜레마 102, 110

학교폭력 50-51, 73, 332, 367, 381, 433

한(恨) 326-330, 332, 354, 469

한국의 인성교육 295

한국형 12성품교육 46, 60, 93, 131, 133, 146,
    295, 297-468

핵심 윤리 가치 60, 131-133

행동 26-31, 34, 67, 116, 120, 299, 314, 315,

341, 343
행복 33, 62, 308
협동학습 125, 127, 181-200, 281
효과검증 369, 426, 469, 470, 473
힘멜파브(Gertrude Himmelfarb) 19-20

(사)한국성품협회 64, 307, 361, 368, 381, 382,
    402, 411, 415, 427-429
CIRC 협동학습법 187
DSC(Developmental Studies Center) 195, 197-
    198
EQ 310-312, 313-314
IQ 310-313
One point Lesson 345-346, 358
TAPE 요법 327, 332-335, 355, 358

(사)한국성품협회 좋은나무성품학교가
좋은 성품으로 행복한 세상을 만듭니다

(사)한국성품협회 좋은나무성품학교는 이영숙 박사의 '한국형 12성품교육'을 바탕으로 2005년 설립되어, 물질만능주의와 성취위주의 교육이 만연한 교육 현장을 재정립하고, 좋은 성품으로 행복한 교육문화와 새로운 사회를 건설하도록 돕는 성품전문 교육기관입니다.

우리나라 최초로 '성품'이라는 단어를 교육에 접목하여 성품을 '한 사람의 생각, 감정, 행동의 총체적 표현(이영숙, 2005)'으로 정의하고, 특허 받은 성품교육(2011.8.18. 특허 제 10-1059306호, 특허 제 10-1059354호)으로 한국 문화와 한국인의 특성에 맞는 '한국형 12성품교육'의 연령별 모형을 창안하여, 태아부터 노인에 이르기까지 모든 세대를 행복하게 만드는 국민적 성품교육을 평생교육으로 전개합니다.

(사)한국성품협회 좋은나무성품학교는, 2010년 2월 2일 청와대 초청으로 '성품 좋은 국민이 국가 경쟁력이다'의 국가발전 방안을 제시하고, 서울특별시 교육청과 경기도 평생교육진흥원 등 국가 공공기관과의 MOU 체결을 통해 유초중고 공교육 성품교육·결혼이주여성을 위한 성품교육·다문화권 가정 성품교육·탈북자 가정 성품교육·군인 성품교육 등 좋은 성품의 문화를 확대하는 일에 힘쓰고 있습니다.

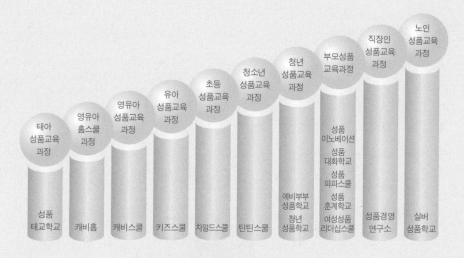

태아
성품교육
과정

영유아
홈스쿨
과정

영유아
성품교육
과정

유아
성품교육
과정

초등
성품교육
과정

청소년
성품교육
과정

청년
성품교육
과정

부모성품
교육과정

직장인
성품교육
과정

노인
성품교육
과정

성품
태교학교

캐비홈

캐비스쿨

키즈스쿨

차일드스쿨

틴틴스쿨

예비부부
성품학교
청년
성품학교

성품
이노베이션
성품
대화학교
성품
파파스쿨
성품
훈계학교
여성성품
리더십스쿨

성품경영
연구소

실버
성품학교

한국형 12성품교육의 평생교육 구조도(저작권 제C-2014-008460호)

(출처 : 성품저널 제2권 (2012). (사)한국성품협회)

더불어 한국성품학회를 통해 '한국형 12성품교육론'의 학문적 검증 및 효과 연
구를 도모하고, 좋은 성품으로 인성교육을 보급시키는데 전념함으로써 좋은 성
품으로 행복한 가정·행복한 학교·행복한 직장·행복한 사회를 건설하는 파트
너로 최선을 다하고 있습니다.

서울연구소 | 서울시 송파구 백제고분로 187
수원연구소 | 경기도 용인시 기흥구 서그내로 53번길 30
대전연구소 | 대전광역시 서구 관저동로 158 건양대 평생교육대학 2층
대표전화 1577-3828 | 팩스 (02)558-8472
홈페이지 www.goodtree.or.kr | www.ikoca.org

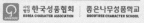

1
좋은 성품으로
행복한 세상
만들기